Hartmut Buchner (Hg.)
JAPAN UND HEIDEGGER

Sonja Jiun (1718–1804),
Kalligraphie *kanarazu tonari ari*,
siehe Erläuterung S. 263

JAPAN UND HEIDEGGER

Gedenkschrift
der Stadt Meßkirch
zum hundertsten Geburtstag
Martin Heideggers

Im Auftrag der Stadt Meßkirch
herausgegeben von
Hartmut Buchner

Jan Thorbecke Verlag Sigmaringen
1989

CIP-Titelaufnahme der Deutschen Bibliothek

Japan und Heidegger: Gedenkschrift der Stadt Meß-
kirch zum 100. Geburtstag Martin Heideggers / im
Auftr. d. Stadt Meßkirch hrsg. von Hartmut Buchner. –
Sigmaringen: Thorbecke, 1989
    ISBN 3-7995-4123-3
NE: Buchner, Hartmut [Hrsg.]; Meßkirch

© für alle Texte Martin Heideggers bei Dr. Hermann Heidegger, Stegen bei Freiburg i. Br.
© 1989 by Jan Thorbecke Verlag GmbH & Co., Sigmaringen

Alle Rechte vorbehalten. Ohne schriftliche Genehmigung des Verlages ist es nicht gestattet, das
Werk unter Verwendung mechanischer, elektronischer und anderer Systeme in irgendeiner Weise
zu verarbeiten und zu verbreiten. Insbesondere vorbehalten sind die Rechte der Vervielfältigung –
auch von Teilen des Werkes – auf photomechanischem oder ähnlichem Wege, der tontechnischen
Wiedergabe, des Vortrags, der Funk- und Fernsehübertragung, der Speicherung in Datenverarbei-
tungsanlagen, der Übersetzung und der literarischen oder anderweitigen Bearbeitung.

Gesamtherstellung: M. Liehners Hofbuchdruckerei GmbH & Co. Verlagsanstalt, Sigmaringen
Printed in Germany · ISBN 3-7995-4123-3

Inhaltsverzeichnis

Robert Rauser
  Geleitwort 9

I.

Hartmut Buchner
  Zur Einführung 13

Ryôsuke Ôhashi
  Die frühe Heidegger-Rezeption in Japan 23

Elmar Weinmayr
  Denken im Übergang – Kitarô Nishida und Martin Heidegger 39

Yasuo Yuasa
  Kiyoshi Miki und Tetsurô Watsuji in der Begegnung mit der Philosophie Martin Heideggers 63

Kôichi Tsujimura
  Ereignis und Shôki. Zur Übersetzung eines heideggerschen Grundwortes ins Japanische 79

II.

Hajime Tanabe
  Die neue Wende in der Phänomenologie – Heideggers Phänomenologie des Lebens (1924) 89

Seinosuke Yuasa
  Heidegger im Vorlesungssaal (1930) 109

Shûzô Kuki
  Heideggers *Vom Wesen des Grundes* – eine Inhaltsanalyse (Faksimile der Handschrift) 127

Hajime Tanabe
   Philosophie der Krise oder Krise der Philosophie? – Zu Heideggers Rektoratsrede (1933) 139

Keiji Nishitani
   Vorbereitende Bemerkungen zu zwei Meßkircher Ansprachen von Martin Heidegger (1966) 147

Kôichi Tsujimura
   Martin Heideggers Denken und die japanische Philosophie
   Festrede zum 26. September 1969 159

   Aus der Dankansprache Martin Heideggers (26. September 1969) 166

III.

Daisetsu T. Suzuki
   Erinnerungen an einen Besuch bei Martin Heidegger (1953) 169

Tomio Tezuka
   Eine Stunde mit Heidegger. Drei Antworten (1955) 173

Freiburger Ehrendoktor für Hajime Tanabe (1957) 181

Hajime Tanabe
   Ein Dankbrief an Martin Heidegger (1957, mit Faksimile) 185

Shinichi Hisamatsu – Martin Heidegger
   Wechselseitige Spiegelung
   Aus einem Gespräch mit Martin Heidegger (1958) 189

Keiji Nishitani
   Ein tiefes Gefühl für die Krise der modernen Zivilisation
   Nachruf auf Martin Heidegger (1976) 193

Eihô Kawahara
   Herzliches Beileid. Zum Tode Martin Heideggers (1976) 195

Jirô Watanabe
   Im Schatten von Kastanienbäumen
   Nachruf auf Martin Heidegger (1976) 199

Ryôsuke Ôhashi
   Erinnerungen an Fritz Heidegger (1982) 203

IV.

Martin Heidegger
Vorrede zur japanischen Übersetzung von *Was ist Metaphysik?* (1930) .. 209

Martin Heidegger – Shinichi Hisamatsu
Die Kunst und das Denken
Protokoll eines Colloquiums am 18. Mai 1958 (Alfredo Guzzoni) 211

Martin Heidegger – Takehiko Kojima
Ein Briefwechsel (1963–1965) 216

Martin Heidegger
Ein Brief an Keikichi Matsuo (1966) 228

Martin Heidegger
Zur Frage nach der Bestimmung der Sache des Denkens
Vorwort für die japanische Übersetzung (1968, mit Faksimile) 230

Martin Heidegger
Grußwort (1974)
anläßlich des Erscheinens von Nr. 500 der Zeitschrift *Risô* 232

V.

Hartmut Buchner
Zur japanischen Heidegger-Gesamtausgabe 237

Tadashi Kôzuma
Bibliographie der Heidegger-Übersetzungen und der deutschsprachigen
Heidegger-Texte in Japan 245

Abbildungen .... nach Seite 262
Erläuterungen zu den Abbildungen 263
Zu den Autoren und Übersetzern 267
Personenregister 275

Martin Heidegger in Schriften der Stadt Meßkirch

Geleitwort

Es ist mir als Bürgermeister der Geburtsstadt Martin Heideggers eine große Freude, diesen Gedenkband vorstellen zu können, der wegen seiner Einzigartigkeit von besonderer Bedeutung unter den Veröffentlichungen zum 100. Geburtstag des epochalen Philosophen sein dürfte.

Die Städtepartnerschaft zwischen Meßkirch und Unoke, die 1985 in Meßkirch und 1986 in Unoke feierlich besiegelt wurde, stand bei diesem Unternehmen Pate. Bereits in jenen Tagen reifte der Gedanke, zum 100. Geburtstag unseres Ehrenbürgers Martin Heidegger eine Schrift erscheinen zu lassen, die sich eingehend mit dem Thema »Japan und das Denken Martin Heideggers« befassen sollte.

Der tiefere Grund einer solchen Veröffentlichung liegt in dem Bestreben der Stadtverwaltung, einen erneuten Bogen durch diese Buchherausgabe nach Fernost zu spannen, um den Sinn einer solchen Partnerschaft weiter zu verdeutlichen.

Bei der Verwirklichung dieser Absicht hatte die Stadt das besondere Glück, in Dr. Hartmut Buchner einen kompetenten Mann gefunden zu haben, der als ehemaliger Intimus des Meßkircher Denkers die ihm übertragene Aufgabe mit viel Geschick und Engagement aufgenommen hat. Durch seine genauen Kenntnisse der japanischen Bezüge zu Heidegger, deren Detailliertheit und Reichweite war er geradezu für diese Arbeit prädestiniert. Dazu kam noch der glückliche Umstand, daß es ihm durch seine Vertrautheit mit dortigen Verhältnissen möglich war, bislang unbekannte Quellen zu erschließen.

Die umfangreiche Bibliographie – um nur einen Punkt herauszugreifen – ist ein beredtes Zeugnis für die erstaunliche Vielfalt der Heidegger-Übersetzungen ins Japanische. Allein aus dieser Zusammenstellung kann sowohl der Fachmann wie der Laie erkennen, wie immens die Bemühungen um das Denken Heideggers in Japan sind.

Die Einstreuung von früheren Zeugnissen der Verbindung Meßkirchs nach Fernost in diesem Werk beweisen, daß dieser Brückenschlag bereits in jener Zeit vorbereitet wurde.

Es ist mir ein aufrichtiges Bedürfnis, im Namen des Stadtrates und der Stadtverwaltung Dr. Hartmut Buchner als Spiritus rector und stets treibendem Motor herzlich für seine umsichtige, fachmännische Beratung zu danken. In diesen Dank möchte ich gleichermaßen jene einschließen, die in irgend einer Art am Zustandekommen dieses stattlichen Gedenkbandes mitgewirkt haben.

Die Sammlung des philosophischen deutsch-japanischen Gedankengutes möge zum 100. Geburtstag Martin Heideggers nicht nur die freundschaftlichen Beziehungen zwischen Unoke und Meßkirch vertiefen helfen, sondern auch zum weiteren Verständnis zwischen beiden Völkern beitragen.

Robert Rauser
Bürgermeister

I.

HARTMUT BUCHNER

Zur Einführung

I.

Als am 3. und 4. Mai 1985 die Partnerschaft zwischen den beiden kleinen Städten Meßkirch und Unoke/Japan besiegelt und durch ein deutsch-japanisches Symposion *Heimat der Philosophie* bekräftigt wurde, wies Meßkirchs Bürgermeister Robert Rauser in seiner Begrüßungsansprache auf den Sinn solcher Partnerschaft hin: »Der Sinn einer Partnerschaft liegt darin, den Reiz des Andersartigen aufzudecken, die Gemeinsamkeiten zu ergründen und zu pflegen. Sie soll informieren über Lebensgewohnheiten und Denkweisen, sie öffnet den Blick für persönliche und geschichtliche Gemeinsamkeiten und kann so das Fremde und das Ablehnende in den Völkern ausräumen.« Und etwas später heißt es: »Wir, die Bürgermeister Tadanori Nakai und Robert Rauser, versprechen heute als gewählte Repräsentanten unserer Städte, daß wir eine Brücke der echten Freundschaft und des gegenseitigen Verständnisses zwischen der Bundesrepublik Deutschland und Japan bauen wollen, indem wir uns um das gegenseitige Verständnis und um den Aufbau enger freundschaftlicher Beziehungen bemühen. Beide Städte sind der Überzeugung, daß ihre lange Geschichte, die tradionelle Kultur und *der Geist der Philosophie* Basis ihrer Partnerschaft sind«[1].

Bürgermeister Rauser vergaß auch nicht zu erwähnen, daß die ersten Überlegungen für eine Partnerschaft Meßkirch–Unoke noch in die Zeit seines zu früh verstorbenen Amtsvorgängers Siegfried Schühle zurückreichten und die konkrete Initiative von Ryôsuke Ôhashi aus Kyôto, einem Schüler Keiji Nishitanis, Kôichi Tsujimuras und Max Müllers, ausgegangen sei. Kôichi Tsujimura, der am 26. September 1969 auf Einladung der Stadt Meßkirch und auf Wunsch Heideggers die Festrede zu dessen 80. Geburtstag gehalten hat (s. u. S. 159), war seinerseits Schüler Hajime Tanabes und Keiji Nishitanis gewesen, die beide, ebenso wie Tsujimura selbst, einige Jahre bei Heidegger in Freiburg studiert und ihrerseits den »Erzvater« und eigentlichen Begründer einer japanischen Philosophie, Kitarô Nishida, zu ihrem großen und

---

1 R. RAUSER, *Begrüßungsansprache*, in: *Partnerschaftsfeier Unoke–Meßkirch – Symposion Heimat der Philosophie*, Hg. von der Stadt Meßkirch, Meßkirch 1987, S. 11 u. 15.

geachteten Lehrer gehabt hatten. Martin Heidegger, der einzigartige Sohn der Stadt Meßkirch, und der aus Unoke gebürtige Kitarô Nishida sind so die tragenden Pfeiler der genannten »Brücke der echten Freundschaft und des gegenseitigen Verständnisses«.

Wir kommen der Brücke, die hier gemeint sein könnte und in die von japanischer Seite schon vier Philosophen-Generationen eingegangen sind, vielleicht näher, wenn wir sie nach dem Vorbilde jenes *Steges* weiterzubauen uns mühen, den das unten wiedergegebene Tuschbild Meister Hakuins zeigt, das Martin Heidegger besonders liebte (Abb. 20). Heinrich Rombach, der bei der Partnerschaftsfeier Meßkirch–Unoke am 3. Mai 1985 den Festvortrag hielt, wobei er, etwas vereinfachend, die Dimension von Nishidas »ostasiatischem« Denken als »Nichtserfahrung« der Dimension von Heideggers abendländischem »Seinsdenken«, einander brauchend, gegenüberstellte, sagte bei dieser Gelegenheit: »In beiden Fällen, in der *Nichtserfahrung* und im *Seinsdenken*, stellt sich der Mensch in Wirklichkeit zurück und bietet sich als den Ort und die Zeit dar, an dem und in der sich das eigentliche Ereignis vollzieht. Auf diesen Dienst zurückgenommen, wird der Mensch auch zum Diener seiner selbst und nimmt damit Abstand von allen Versuchen, über die Natur und über seinesgleichen eine Herrschaft aufzurichten«[2]. Hier scheint mir etwas angesprochen zu sein, was in dem Tuschbild *mama-no-tsugihashi* Meister Hakuins Gegenwart ist. Allerdings wird bei solchen notgedrungenen Gegenüberstellungen, verfängt man sich in ihnen, leicht übersehen, daß es gerade Heidegger ist, der das sogenannte abendländische »Seinsdenken« als solches von Grund auf, das heißt aus *seinem* verborgenen Ursprung her in Frage stellt. Durch dieses ursprüngliche und inständige Infragestellen erst eröffneten sich Bereiche, in denen unvorhersehbare, nicht auszulotende und kaum fixierbare Einflüsse möglich wurden und Dinge, Bilder, Gedanken und menschliche Bezüge wachsen können, die sonst verschlossen wären oder verschüttet blieben.

II.

In einem kleinen Realienbuch zum Heidegger-Studium konstatiert Winfried Franzen zu Recht, das vielleicht erstaunlichste Phänomen in der bisherigen Wirkungsgeschichte des heideggerschen Denkens sei die außerordentlich intensive und extensive und, so möchte man ergänzen, schon sehr früh einsetzende Heidegger-Rezeption in Japan. Franzen bezieht sich dabei vor allem auf die beiden ersten *Heidegger-Bibliographien* von Hans-Martin Saß, auf Kôichi Tsujimuras schon genannte Festrede *Martin Heidegger und die japanische Philosophie* sowie auf Heideggers Dialog *Aus einem Gespräch von der Sprache – Zwischen einem Japaner und einem*

---

[2] Ebd., S. 46.

Fragenden, der auch dem Andenken an den Baron Shûzô Kuki gilt[3]. Kenner wissen zwar schon seit geraumer Zeit von diesem »erstaunlichsten Phänomen«, aber das Erstaunen muß fast blind bleiben, und das Phänomen kann als ein solches kaum zum Vorschein kommen, solange nahezu alle Zeugnisse und Dokumente jener nun schon bald siebzig Jahre währenden »Wirkungsgeschichte« allein schon aus sprachlichen Gründen unzugänglich bleiben. Man bleibt, wie Heidegger einmal in einem etwas anderen Kontext sagte, »draußen vor der Tür«[4]. So ist es denn der eigentliche Zweck dieser Gedenkschrift zum 100. Geburtstag Martin Heideggers auf der Basis der Städtepartnerschaft zwischen Meßkirch und Unoke, die Tür zur sogenannten »Wirkungsgeschichte« seines Denkens in Japan für uns wenigstens einen Spalt breiter zu öffnen, auch auf die ernüchternde, aber vielleicht heilsame Gefahr hin, daß das Erstaunliche dieser Geschichte eine echte Befremdung hervorruft, in der das wahrhaft Fremde erst konkret zu werden und als ein solches anzukommen vermag. Die mehrfachen Brechungen, die ein solches Unternehmen tragen und prägen, dürfen dabei weder übersehen noch als ein bloß notwendiges Übel in Kauf genommen werden.

Martin Heidegger hat, wenn die Rede auf Japan kam, wiederholt die große Einseitigkeit bedauert, die ein deutsch-japanisches Gespräch – nicht nur auf dem Gebiet der Philosophie – insofern bestimme, als zwar die japanische Seite in einem unerhörten Aneignungs- und Übersetzungsprozeß seit mehreren Generationen fast alles von uns rezipiere, wir aber so gut wie nichts oder jedenfalls viel zu wenig von ihr kennten und dies Wenige oft noch in spürbar unzulänglichen Vermittlungen. Abgesehen von einigen wenigen, nicht immer zentralen Aufsätzen zum Beispiel von Nishida, Tanabe und Nishitani gab es bis 1982, als Nishitanis Hauptwerk *Was ist Religion? (Shûkyô towa nanika)* erschien, kein einziges größeres Werk eines führenden japanischen Philosophen in deutscher Übersetzung; in diesen Tagen erst gesellt

---

3 W. Franzen, *Martin Heidegger* (Sammlung Metzler Nr. 141, Realien zur Literatur, Abt. D: Literaturgeschichte), Stuttgart 1981, S. 124ff. – Hans-Martin Sass, *Heidegger-Bibliographie*, Meisenheim 1968, und Ders., *Materialien zur Heidegger-Bibliographie 1919–1972* (mit einem Abschnitt 3: *Heidegger in Japan* von T. Kakihara und T. Kôzuma), ebd. 1975. Zur 3. Heidegger-Bibliographie von Saß, die ein Glossar von Übersetzungen wichtiger heideggerscher Grundworte auch im Japanischen enthält, s. unten S. 267. – Heideggers Dialog in: *Unterwegs zur Sprache*, Pfullingen 1959, jetzt auch *Gesamtausgabe* Bd. 12, Frankfurt a. M. 1985, vgl. bes. S. 102 bzw. S. 97. Von der dort S. 91 u. 128f. (S. 86f. u. 121f. GA) erwähnten frühen Heidegger-Vorlesung mit der Thematik »Ausdruck und Erscheinung« konnten bisher in Japan trotz intensiver Suche keine Nachschriften gefunden werden.
4 In einem Brief vom 27.12.1961 nach Kyôto: »Wie steht es mit dem Plan einer vollständigen Bashô-Übersetzung und derjenigen seiner Kommentatoren? Benl hat jetzt im Insel-Almanach einiges zum Nô-Spiel gesagt. Aber überall habe ich das Gefühl, als stünde man ›draußen vor der Tür‹.«

sich dazu Nishidas frühes Werk *Über das Gute (Zen no kenkyû)*⁵. Kiyoshi Miki und Tetsurô Watsuji, aber auch Shûzô Kuki sind bei uns in philosophischen Kreisen so gut wie unbekannt. Allgemein läßt sich sagen, daß erst in den letzten zehn Jahren, also nach Heideggers Tod, ein wirkliches und ernsthaftes, wenn auch immer noch allzu spärliches Interesse an diesen Dingen zu wachsen beginnt, abseits »eurotaoistischer« Moden und Garküchen⁶.

Natürlich beschäftigte es Heidegger auch immer wieder, wie sein Denken drüben in Japan aufgenommen und was dort aus ihm gemacht würde. In seinen Gesprächen mit japanischen Schülern, Kollegen und Freunden nahm er zuweilen die Gelegenheit wahr, einiges darüber zu erfahren⁷. Ihm ging es dabei allerdings nicht so sehr um bloße Rezeptionsgeschichte, schon gar nicht um eitle Selbstbestätigung, sondern in erster Linie darum, mit den japanischen Freunden zusammen vor die Fragwürdigkeit der Sache des Denkens zu kommen und zu hören, ob und wodurch und auf welche Weise von japanischer Seite her im jetzigen »planetarischen« Weltaugenblick dieser Sache des Denkens entgegengegangen und entsprochen werden könne, ohne daß es dabei zu einem nivellierenden Einheitsbrei komme, in dem das gewachsene und für ein fruchtbares Gespräch gebrauchte Eigene der beiden Seiten bis zur Unkenntlichkeit verrührt wäre. In solchen Gesprächen übte Heidegger eine große und freund-

---

5 K. NISHITANI, *Was ist Religion?*, vom Verfasser autorisierte u. mit einem Vorwort zur deutschen Ausgabe versehene Übertragung von Dora FISCHER-BARNICOL, Frankfurt a.M. (Insel) 1982; K. NISHIDA, *Über das Gute – Eine Philosophie der Reinen Erfahrung*, aus dem Japanischen übersetzt u. eingeleitet von Peter PÖRTNER, ebd. 1989. Leider fehlt bei Pörtner jeder Hinweis auf die bisherige westliche, zumeist englischsprachige Nishida-Literatur (einschl. Übersetzungen); wenigstens ein Literaturverzeichnis hätte dieser ersten deutschen Übersetzung eines größeren Werkes von Nishida sicher nicht geschadet, ebensowenig wie die Wiedergabe des kleinen Einführungsessays *How to read Nishida?* des Nishida-Freundes D. T. Suzuki, der der ersten, englischen Übersetzung von *Zen no kenkyû* voransteht (Tôkyô 1960).

6 Als ein gutes Anzeichen dafür kann auch auf einige deutsch-japanische philosophische Tagungen während der letzten Jahre hingewiesen werden; vgl. *All-Einheit – Wege eines Gedankens in Ost und West*, hg. von D. HENRICH, Stuttgart 1985 (ein japan. Parallelband erschien im Sôbunsha-Verlag Tôkyô 1986); ferner das oben Anm. 1 angeführte Meßkircher Symposion *Heimat der Philosophie*, das vorwiegend von Mitarbeitern der Japan. Heidegger-Gesamtausgabe getragen wurde; die Beiträge einer deutsch-japanischen Tagung im hundertsten Geburtsjahr Martin Heideggers unter dem Titel *Destruktion und Übersetzung – Zu den Aufgaben von Philosophiegeschichte nach Martin Heidegger*, die das Institut für Philosophie (Lehrstuhl I) der Ludwig-Maximilians-Universität München in Zusammenarbeit mit der Carl-Friedrich-von-Siemens-Stiftung im Januar 1989 unter der Leitung von R. Spaemann und Th. Buchheim veranstaltete, werden demnächst im VCH-Verlag Acta humaniora, Weinheim, erscheinen.

7 Manches davon ist in den oben erwähnten Dialog *Aus einem Gespräch von der Sprache* eingegangen. Zur Gefahr solcher einseitigen, weil notgedrungen nur in deutscher Sprache geführten Gespräche vgl. ebd. S. 88f. (*Gesamtausgabe* Bd. 12, S. 83ff.). In diese Gefahr sieht sich natürlich auch diese ganze Gedenkschrift gestellt. Im Brief nach Kyôto vom 27. 12. 1961 schreibt Heidegger einmal kurz und bündig: »Mir wird immer deutlicher, daß wir, solange wir nicht in den anderen Sprach-›geist‹ zu innerst eingedrungen sind, ratlos im Unbeholfenen bleiben.«

schaftliche Offenheit, geprägt von einer echten Strenge des fragenden Hinhörens, getragen von einer in Jahrzehnten sich bewährenden Zuneigung beider Seiten, bereit, vom Anderen zu lernen und aus Eigenem zu geben.

Wenn in dieser Gedenkschrift einiges davon spürbar werden und, mehrfach gebrochen, herüber- beziehungsweise wieder zurückkommen darf, dann mag sie ein geeignetes Geburtstagsgeschenk der Stadt Meßkirch sein, ein Dankgeschenk auch von japanischer Seite und ein Geschenk zugleich für alle jene, die sich dem von Heidegger gespurten epochalen Weg anvertrauen. Das Geschenk dieser Gedenkschrift gilt aber auch dem Andenken an jene japanischen Mitmenschen und fernen Nachbarn, die sich seit Beginn der zwanziger Jahre unseres oft unseligen Jahrhunderts auf den Weg gemacht haben, von und mit Martin Heidegger zu lernen und sich durch alle Stürme, Unbilden, Gefahren und auch Verführungen hindurch anschickten, in hoher Verantwortung, mit Mut und in wissender Treue auf diesem Weg die Spur zu halten.

III.

Von vorneherein stand fest, daß es bei dieser Gedenkschrift vornehmlich um *Japan* und Heidegger, also um Heidegger von Japan her gesehen und nicht so sehr um *Heidegger* und Japan, also um Japan im Denken Heideggers gehen sollte. Für eine zureichende Darstellung möglicher Anstöße und Einflüsse der japanischen oder überhaupt der »ostasiatischen« Seite auf Heideggers Denken ist es – trotz des Dialoges *Aus einem Gespräch von der Sprache* und einiger anderer Dinge – wohl zu früh, da hierfür möglicherweise wichtige Unterlagen (Aufzeichnungen, Briefe und anderes) noch nicht zugänglich sind[8]. Der Thematik *Japan* und Heidegger entsprechend, kam es also darauf an, vor allem die japanische Seite selbst zu Wort kommen zu lassen; hierbei handelt es sich mit wenigen, aber bisher entlegenen Ausnahmen um Texte, die erstmals in deutscher, meist sogar erstmals in einer westlichen Sprache erscheinen. Die sehr unterschiedlich gearteten Beiträge sowie ihre im Lauf der Vorbereitung dieser Gedenkschrift wachsende Anzahl machten eine gewisse Gliederung des ganzen Bandes nötig, wobei die Abteilungen II–IV chronologisch nach der Entstehung oder Erstveröffentlichung der einzelnen Stücke angeordnet sind.

Die erste Abteilung (I) hat einführenden Charakter. Ryôsuke Ôhashi gibt einen historischen Überblick über einige Hauptmomente in der Aufnahme des heideggerschen Denkens in Japan beziehungsweise durch japanische Philosophen, wobei das Hauptgewicht auf der frühen Rezeption liegt. Der Beitrag von Yasuo Yuasa ergänzt

---

8 Ein erster größerer Versuch in diese Richtung wurde in dem Sammelband *Heidegger and Asian Thought* unternommen, den Graham PARKES 1987 in der University of Hawaii Press, Honolulu, herausgegeben hat. Vgl. dort besonders den Beitrag *West-East Dialogue – Heidegger and Lao-tzu* von Otto PÖGGELER, S. 47–78.

die Ausführungen Ôhashis im Hinblick auf die bei uns fast unbekannt gebliebenen Kiyoshi Miki und Tetsurô Watsuji. Elmar Weinmayr geht der Frage nach, woran es geschichtlich der Sache nach liegen könnte, daß sich einerseits besonders von Kitarô Nishida her eine so große Offenheit gegenüber dem Denken Heideggers bilden konnte, und was andererseits das heideggersche Denken so wichtig gerade auch für die führenden Köpfe der sogenannten Nishida- beziehungsweise Kyôtoschule der japanischen Philosophie werden ließ. Man könnte zwar darauf hinweisen, daß in Japan seit Generationen alles, was im Westen Rang und Namen hat, aufgenommen und verarbeitet wird, aber das erklärt noch nicht das lange und ständig wachsende Interesse gerade an Heidegger, mit dem es drüben wohl doch eine besondere Bewandtnis hat. Hierfür muß es, so darf vermutet werden, auch Ansatzpunkte in der Philosophie von Nishida selbst geben.

Stellvertretend sozusagen für das im Rahmen dieser Gedenkschrift nicht ausführlich zu behandelnde große sprachliche Problem einer Übertragung Heideggers im Japanischen steht der Vortrag *Ereignis und Shôki* von Kôichi Tsujimura. Er macht deutlich, was dazu gehört, um in Japan ein gemäßes Wort für ein einziges Grundwort des heideggerschen Denkens zu finden. Eines der Hauptprobleme für das Übersetzen Heideggers in Japan liegt neben anderen auch darin, daß sich die bereits ins Japanische transponierte bisherige europäisch-philosophische Terminologie oft nicht für eine sachgemäße Wiedergabe des von Heidegger Gesagten eignet, daß hier also auch in Japan andere Wege gefunden werden müssen. Wir können uns nur schwer eine zureichende Vorstellung davon machen, was es, etwas verkürzt gesagt, für eine Sprache wie die japanische bedeutet, einen Heideggertext in sie zu übersetzen. Das ist ein Vorgang, der gerade auch *innerhalb* des Japanischen und *seiner* Möglichkeiten einiges bewegt. Dabei darf nicht übersehen werden, daß gerade Japan seit langer Zeit eine der größten und bedeutendsten Übersetzungkulturen ist, die es je gab.

Die zweite und dritte Abteilung (II und III) bringen eine Reihe authentischer und exemplarischer Zeugnisse aus der langen japanischen Heidegger-Rezeption, angefangen von Hajime Tanabes inzwischen zu einiger Berühmtheit gelangten, hier erstmals in eine westliche Sprache übersetzten Darstellung der heideggerschen Wende in der Phänomenologie von 1924 bis hin zu Kôichi Tsujimuras eindringlicher, von Heidegger selbst hochgeschätzter Meßkircher Festrede von 1969, die auch als eine eigene Einleitung in diese ganze Gedenkschrift gelesen werden kann[9]. Ein gewisses Problem bildete die angemessene Repräsentation von Shûzô Kuki, dessen Hauptverdienst gegenüber Heidegger wohl in seiner sehr eindringlichen Bemühung um eine

---

9 Mit einem Brief vom 16. 8. 1970 hatte M. Heidegger das Meßkircher Büchlein mit den Beiträgen zum 80. Geburtstag an Medard Boss nach Zürich geschickt und dabei bemerkt: »... worin der Vortrag des Japaners sehr belehrend ist.« In: M. HEIDEGGER, *Zollikoner Seminare*, Hg. von M. Boss, Frankfurt a. M. 1987, S. 359.

sachgerechte sprachliche Vermittlung Heideggers in Japan zu sehen ist; wird aus solchen Bemühungen »rückübersetzt«, geht gerade das, worauf es ankommt, verloren. Wir haben uns deshalb entschlossen, das Faksimile einer sehr genauen zweisprachigen Inhaltsanalyse Kukis von *Vom Wesen des Grundes* abzudrucken. Hajime Tanabes Kritik an Heideggers Haltung von 1933 steht aus gegebenem Anlaß in dieser Gedenkschrift, denn sie zeigt, wie man sich mit dieser Episode ernsthaft auseinandersetzen kann, ohne einer merkwürdigen Lust am Fertigmachen zu frönen und ohne mit billigem pathetischen Gestus selbst eine Unmenschlichkeit zu praktizieren, die man dem Angegriffenen leichtfertig unterschiebt. Allerdings bleibt es fraglich, ob Tanabe das, worum es Heidegger damals ging – nämlich die wohlverstandene *Selbstbehauptung* der deutschen Universität –, zureichend in den Blick bekommen hatte.

Die dritte Abteilung (III) möchte mit ihren ausgewählten Aufzeichnungen, Erinnerungen, Gesprächsprotokollen, Nachrufen und anderem bezeugen, daß persönliche Begegnungen und Gespräche zwischen Heidegger und japanischen Philosophen für Heidegger in Japan immer wieder eine wichtige Bedeutung hatten, wie denn überhaupt ein nicht zu unterschätzender Teil der japanischen Heidegger-Rezeption auch auf solch persönlichen Wegen vonstatten gingen[10]. Daß in dieser Abteilung der Bruder Fritz Heidegger erscheint (vgl. auch Abb. 30), mag nur den verwundern, der, im Unterschied zu vielen Japanern, nichts von dem langen brüderlichen Miteinander weiß, das für Martin Heidegger selbst immer sehr wichtig war. Mancher Japaner, der einen Besuch in Freiburg-Zähringen machte, schaute auch bei Fritz Heidegger in Meßkirch vorbei und erinnert sich dankbar der dort geführten Gespräche.

In der vierten Abteilung (IV) stehen neben schon einmal veröffentlichten, aber weitgehend unbekannt gebliebenen kleineren Heidegger-Texten auch solche, die zum ersten Mal im Original erscheinen. Dabei dürfte die Tatsache, daß Heidegger bereits 1930 ein eigenes kurzes Vorwort zur japanischen Übersetzung von *Was ist Metaphysik?* geschrieben hatte – es handelt sich um die erste Heidegger-Übersetzung, die überhaupt in Japan erschienen ist –, für manchen eine Überraschung sein.

---

10 Daß sich Martin Heidegger selbst trotz mehrerer einladender Anfragen nie entschließen konnte, einmal nach Japan zu kommen, hat sicher verschiedene, hier nicht weiter zu erörternde Gründe, vor allem solche sprachlicher und arbeitsmäßiger, später wohl auch gesundheitlicher Art. In späteren Jahren scheute er den unumgehbaren »Rummel«, dem ein inzwischen berühmt gewordener Philosoph drüben unweigerlich ausgesetzt gewesen wäre. Es bleibt bemerkenswert, daß von japanischer Seite offensichtlich schon sehr früh Bestrebungen im Gang waren, Heidegger nach drüben zu bekommen; anders ist eine Stelle aus einem Brief an K. Löwith vom 21.8.1924 nicht zu verstehen: »Wenn etwas mich drängte, nach Japan zu gehen – was ziemlich sicher ausgeschlossen ist –, dann wäre es das Bestreben, mich meinen Schülern zu entziehen, da sie nicht selbst auf den Gedanken kommen, anderswo zu lernen. Es ist hier sowieso alles verfilzt.« In: K. LÖWITH, *Gesammelte Werke* Bd. 8, Stuttgart 1984, S. 278.

Der Briefwechsel mit Takehiko Kojima und das Grußwort zur Nr. 500 der philosophischen Zeitschrift *Risô*, Heideggers letztes öffentliches Wort nach Japan, zeigen mit großer Eindringlichkeit, daß es in zunehmendem Maße die Fragen nach dem Wesen der Technik und nach unserer von ihm mitbestimmten planetarischen Weltzivilisation waren, in deren Kontext Heidegger die Notwendigkeit eines Gespräches und einer Auseinandersetzung mit dem japanisch-ostasiatischen Denken wachsen sah.

Die fünfte Abteilung (V) stellt die japanische *Heidegger-Gesamtausgabe* vor und bringt, erstmals in dieser Vollständigkeit und Detailliertheit, eine chronologisch angeordnete *Bibliographie* aller bisher erfaßbaren japanischen Heidegger-Übersetzungen und der wenigen in Japan deutsch erschienenen Heidegger-Texte; hier waren, selbst für Japaner, einige Wiederentdeckungen zu machen.

V.

Ohne die Mitarbeit und Mithilfe Vieler wäre die Herausgabe dieser Gedenkschrift nicht möglich gewesen. Im Namen auch der Stadt Meßkirch möchte der Herausgeber zuerst allen Autoren, Übersetzern, Nachlaßverwaltern sowie den japanischen Verlagen und Archiven danken, die Beiträge zur Verfügung stellten. Hier sind besonders zu nennen: das Kuki-Archiv an der Kônan-Universität (Kôbe), das Bibliotheks-Sondermagazin der Universität Kyôto für Kitarô Nishida und Hajime Tanabe, Eisei-bunko Tôkyô (Sammlung Hosokawa), Herr Seiji Yuasa, der Sohn Seinosuke Yuasas (Tôkyô), Herr Prof. Dr. Graham Parkes und der Direktor der University Press of Hawaii (Honolulu). Die Herren Prof. Dr. Tadashi Kôzuma (Sendai) und Prof. Dr. Ryôsuke Ôhashi (Kyôto) haben weit über ihre eigenen Beiträge hinaus mit unermüdlichem Rat und großer Findigkeit am Zustandekommen der Gedenkschrift mitgewirkt. Herrn Prof. Dr. Keiji Nishitani und Herrn Prof. Dr. Kôichi Tsujimura (beide Kyôto) danke ich für manchen in vielen Jahren gegebenen Rat und Hinweis. Danken möchte ich auf japanischer Seite auch den Herren Prof. Dr. Seiichi Ôe (Nishinomiya bei Kôbe), Prof. Dr. Takehiko Kojima (Tôkyô) Prof. Dr. Shizuteru Ueda (Kyôto), sowie Yoshigasu Matsui (Kôbe), Shizuhiro Taniguchi und Keizô Yamamoto (beide Kyôto). Auf deutscher Seite gilt der erste Dank Herrn Dr. Hermann Heidegger (Stegen bei Freiburg i. Br.) für die freundliche Erlaubnis zum Abdruck einiger Texte seines Vaters. Herr Elmar Weinmayr, M. A. (Augsburg) konnte während eines kurzen Japanaufenthaltes noch viele offene Fragen klären und hat großen Anteil an der ganzen Einrichtung der Gedenkschrift. Mitgeholfen haben auch Dr. Thomas Buchheim (München), Stefan Kunze (Breitbrunn a. Ch.), Evelyn Lachner (München), Günther Neske (Pfullingen), Klaus Opilik, M. A. (Bruckberg), Rita Ries (München) und Thomas Schilling (München). Aus Meßkirch gilt neben Bürgermeister Robert Rauser und seinem Gemeinderat, die das

Erscheinen der Gedenkschrift erst möglich gemacht haben, ein besonderer Dank Herrn Rektor i.R. Konrad Reinauer, dem Leiter des Meßkircher Heideggerarchivs, mit dem die Idee für die Gedenkschrift zum ersten Mal besprochen werden konnte, sowie Herrn und Frau Kleiner, Herrn Photograph King und der Meßkircher Katzenzunft. Frau Brigitte und Fräulein Annette Buchner haben bei der Erstellung der Druckvorlagen geholfen. Dem Thorbecke-Verlag mit seinem Lektor Herrn Dr. Grünewald ist für die gute Betreuung der Gedenkschrift zu danken.

Über die Quellen der einzelnen Beiträge wird jeweils in einer Titelanmerkung (hochgestelltes Sternchen) Auskunft gegeben. Bei japanischen Namen steht, entgegen dem japanischen Brauch, der Vorname an erster Stelle; wir folgen damit den meisten japanischen Verfassern, wenn sie selbst deutsch schreiben. Bei der Umschrift japanischer Namen und Worte wird in der Regel dem heute üblichen Hepburn-System gefolgt; Abweichungen ergeben sich dort, wo von japanischer Seite eine mehr der deutschen Phonetik entsprechende Schreibweise gebraucht wurde (zum Beispiel Yuassa statt Yuasa). Worte aus anderen Sprachen, die in japanisch geschriebenen Beiträgen oft als solche wiedergegeben werden, sind in der deutschen Übersetzung durch eine Sonderschrift gekennzeichnet. »Bibl.« ist Abkürzung für die Bibliographie von Tadashi Kôzuma in Abteilung V des Textteiles. Eckige Klammern markieren Übersetzer- beziehungsweise Herausgeberzusätze.

Am Schluß dieser einführenden Hinweise soll ein Wort Martin Heideggers aus seinem Beitrag zur Festschrift für Ernst Jünger stehen (*Über »die Linie«* beziehungsweise *Zur Seinsfrage,* 1955), das den Bereich nennt und auch wieder nicht nennt, in den diese Gedenkschrift auf ihre Weise gehört: »Ihre Lagebeurteilung trans lineam und meine Erörterung de linea sind aufeinander angewiesen. Zusammen bleiben sie dahin verwiesen, nicht von der Bemühung abzulassen, auf einer Strecke Weges, und sei sie noch so kurz bemessen, das planetarische Denken einzuüben. Es bedarf auch hier keiner prophetischen Gaben und Gebärden, um daran zu denken, daß dem planetarischen Bauen Begegnungen bevorstehen, denen die Begegnenden heute auf keiner Seite gewachsen sind. Dies gilt für die europäische Sprache und für die ostasiatische in gleicher Weise, gilt vor alldem für den Bereich ihrer möglichen Zwiesprache. Keine von beiden vermag von sich aus diesen Bereich zu öffnen und zu stiften«[11].

---

11 *Wegmarken, Gesamtausgabe* Bd. 9, Frankfurt a.M. 1976, S. 424.

RYÔSUKE ÔHASHI

Die frühe Heidegger-Rezeption in Japan*

I.

Wenn der Begriff der »Rezeption« eines philosophischen Gedankens nur die Interpretation dieses Gedankens aus verschiedenen Gesichtspunkten meint, so könnte das Bild der Heidegger-Rezeption in Japan einer Bibliographie der japanischen Heidegger-Literatur entnommen werden. Dieses Bild verschwimmt allerdings, wenn darüber nachgedacht wird, was überhaupt in dieser sogenannten Rezeption »empfangen« und übernommen wird. Einen Gedanken in wirklichem Sinne empfangen heißt, sich diesen Gedanken in einer Weise zu eigen zu machen, daß er nun als eigener Gedanke wächst und Neues gebiert. Rezeption ist eine Empfängnis. Die Rezeption in diesem Sinne geschieht nicht immer, ja kaum in der Gestalt der Sekundärliteratur. Die »Heidegger-Rezeption« muß, wenn der Begriff der Rezeption wie oben verstanden wird, von der »Heidegger-Forschung« unterschieden werden. Ihr Bild, das sich nicht in einer Heidegger-Bibliographie finden läßt, muß das Negativbild eines schöpferischen Selbstdenkens sein, oder anders gesagt: nur ein schöpferisches Denken ist zu einer echten Heidegger-Rezeption fähig.

Mit dem Titel »Die frühe Heidegger-Rezeption in Japan« ist eine Epoche der philosophischen Tätigkeit in Japan gemeint, in der eine schöpferische Heidegger-Rezeption wirklich geschah. Diese Epoche deckt sich etwa mit dem Zeitraum zwischen dem Ersten und dem Zweiten Weltkrieg, in dem das schöpferische Philosophieren im modernen Japan gedieh. Diese Epoche kann genauer datiert werden: Zwischen 1922 und 1935. Diese Zeitangabe mag befremden, da Heideggers *Sein und Zeit* erst im Jahre 1927 erschien und die frühe japanische Heidegger-Rezeption daher *vor* dem Erscheinen von *Sein und Zeit* begonnen haben muß. So sei zuvor einiges Historisches erwähnt:

Im Jahre 1922 fuhren zwei junge Japaner, Hajime Tanabe (1885–1962) und

---

* Bei den Quellennachweisen werden jeweils in Klammern folgende japanische Gesamtausgaben nach Band- und Seitenzahl angeführt: Hajime TANABE. *Tanabe Hajime zenshû*, Tôkyô 1963–1964. – Kiyoshi MIKI, *Miki Kiyoshi zenshû*, Tôkyô 1966–1968. – Shûzô KUKI, *Kuki Shûzô zenshû*, Tôkyô 1981–1982. – Tetsurô WATSUJI, *Watsuji Tetsurô zenshû*, Tôkyô 1961, 2. Aufl. 1976–1978. – Keiji NISHITANI, *Nishitani Keiji chosakushû*, Tôkyô 1987–1988.

Kiyoshi Miki (1897–1945), nach Deutschland, Miki zunächst nach Heidelberg und später nach Marburg (dann nach Paris), Tanabe nach Freiburg. Tanabe war 1919 von Kitarô Nishida (1870–1945), dem Erzvater der modernen japanischen Philosophie, als Extraordinarius an die Literarische Fakultät der damals Kaiserlichen Universität Kyôto berufen worden, um später als Nachfolger den Lehrstuhl Nishidas zu übernehmen. Er wurde aber zugleich auch ein Nishida-Kritiker. Miki war der Lieblingsschüler Nishidas, wandte sich aber später dem Marxismus zu und übte ebenfalls Kritik an Nishida. Er beendete einige Monate nach dem Zweiten Weltkrieg sein unglückliches Leben im Gefängnis, während sein Lehrer einige Monate vor dem Ende des Krieges starb. Außer Tanabe und Miki sind noch zwei weitere japanische Philosophen zu erwähnen, die im Vergleich mit den beiden eben genannten zunächst nur in lockerem Verhältnis zu Nishida standen, aber bald zu seinen Kollegen wurden: Shûzô Kuki (1888–1942) und Tetsurô Watsuji (1889–1960). Kuki, bekannt als Verfasser des Buches *Die Struktur von ›Iki‹*, auf das Heidegger in *Aus einem Gespräch von der Sprache – Zwischen einem Japaner und einem Fragenden* eingeht, war von 1921 bis 1929 in Europa. Im Jahre 1922 war er wie Miki in Heidelberg. Als Miki im Seminar Rickerts sein Referat *Wahrheit und Gewißheit* las, war auch Kuki dabei. In einem Brief Nishidas vom 21. März 1928 an Tanabe wird der Name Kuki erwähnt. Nishida schreibt, es wäre gut, wenn ein Mann von so vorzüglicher Bildung als »Lektor« bei ihm sein könnte. Nishidas Wunsch wurde Wirklichkeit: Unmittelbar nach seiner Heimkehr im April 1929 wurde Kuki zum Dozenten in Kyôto ernannt. Watsuji, der im gleichen Jahr wie Heidegger geboren war und 1925 als Dozent nach Kyôto berufen wurde, fuhr 1927, im Jahr des Erscheinens von *Sein und Zeit*, nach Berlin. Dort las er dieses Werk, das ihn aufs tiefste erschütterte. Sein großes Werk *Ethik* konnte, wie wir nachher sehen werden, nicht ohne Einfluß der und Auseinandersetzung mit den Gedanken von *Sein und Zeit* entstehen.

Die Stätten, an denen diese jungen Japaner arbeiteten, waren zugleich die Orte, in denen die damalige deutsche Philosophie blühte, wobei sich allerdings das Schwergewicht der philosophischen Kraft vom Neukantianismus, vertreten und verteidigt durch Rickert in Heidelberg, zur phänomenologischen Richtung, vertreten durch Husserl und dann Heidegger, allmählich zu verschieben begann. Diese Zeit war der Beginn der letzten Blütezeit der deutschen Wissenschaft, besser der deutschen Kultur überhaupt, die etwa seit 1890 trotz der Niederlage im Ersten Weltkrieg und der danach folgenden sozialen Unruhe nicht nur in der Philosophie, sondern auch in Bereichen wie der Geschichtswissenschaft (Meinecke, Troeltsch, Spengler), der Soziologie (Weber), der Psychologie (Freud), der Kunst (Expressionismus und Bauhaus) und anderer Wissenschaften epochale Ergebnisse in die Welt einbrachte. Im Jahre 1922 befand sich nun auch Japan, nachdem es bereits ein halbes Jahrhundert der Modernisierung hinter sich hatte und auf der Seite der Sieger des Ersten Weltkriegs stand, in Konkurrenz mit den Weltmächten im Aufstieg. Auch in

Wissenschaft und Kultur wollte das Land mit den europäischen Vorgängern konkurrieren. Die oben genannten jungen Japaner waren eben jene, die im Bereich der modernen Philosophie Japans bahnbrechende Leistungen vollbrachten. Die Heidegger-Rezeption durch die genannten Denker war so kein Zufall, sondern ein Signal des Verkehrs, der sich in der damaligen Philosophie und in der Kulturwelt überhaupt zwischen der westlichen und der fernöstlichen Welt abspielte.

II.

Der in diesen Band aufgenommene und erstmals ins Deutsche übersetzte Aufsatz Tanabes *Die neue Wende in der Phänomenologie – Heideggers Phänomenologie des Lebens* von 1924 ist der nicht nur in Japan früheste Bericht über das heideggersche Denken vor dem Erscheinen von *Sein und Zeit*. Dem Bericht liegt vor allem Heideggers Vorlesung *Ontologie (Hermeneutik der Faktizität)* vom Sommersemester 1923 zugrunde, die jetzt als Band 63 der Heidegger-Gesamtausgabe zugänglich ist. Als früher Bericht ist Tanabes Aufsatz allein schon in historischer Hinsicht wichtig. Aber auch inhaltlich zieht er unsere Aufmerksamkeit auf sich, und zwar nach zwei Hinsichten. Erstens: Heideggers Manuskript der genannten Vorlesung ist, wie die Herausgeberin des 63. Bandes in ihrem Nachwort berichtet, nicht vollständig. Es fehlen »ein oder zwei Blatt am Schluß der Vorlesung; sie bricht unvermittelt im Gedankengang ab«. Daher wurde als Ersatz eine Nachschrift, ergänzt durch eine andere, herangezogen. Allerdings beinhaltet der in Band 63 wiedergegebene Text nicht den Schlußteil des Berichtes von Tanabe, der von dem Gedanken der »Verfall-Geneigtheit« des Lebens als eines Grundzugs desselben sowie vom Gedanken der vorlaufenden Entschlossenheit zum Tode als der eigentlichen »Existenz« handelt. Da Tanabes Bericht keine Nachschrift in strengem Sinne ist, kann dieser Schlußteil nicht als Beleg dafür gewertet werden, daß Heidegger diesen Gedanken so formuliert hat, wie Tanabe ihn wiedergibt. Dennoch hat man guten Grund für die Vermutung, daß Heidegger im Sommersemester 1923 am Ende seiner Vorlesung etwas mehr vorgetragen hatte als im Band 63 der Heidegger-Gesamtausgabe erscheint.

Dieser Aspekt betrifft jedoch noch nicht unser eigentliches Anliegen. Für uns ist der zweite Aspekt, das heißt die noch unausdrückliche »Heidegger-Rezeption« durch Tanabe, wichtiger. Tanabe sah im Denken Heideggers eine neue »Wende« der Phänomenologie, die ihm zufolge darin liegt, daß Heideggers Denken die Aussicht eröffnet, die damals betriebene Philosophie der Wissenschaft einerseits und die Philosophie des Lebens andererseits zu vereinigen. Tanabe, der in seinem ersten Buch *Die neuere Naturwissenschaft* (1915)[1] den Standpunkt der Philosophie der Wissenschaft eingenommen hatte, zugleich aber schon ein selbständiger Denker sein

---

1 Hajime TANABE, *Saikin no shizenkagaku*, Tôkyô 1915 (Bd. II, 1–153).

wollte beziehungsweise war, mußte die neue Wende der Phänomenologie bei Heidegger auch als eine Forderung zur Wende seines eigenen Denkens empfunden haben. Gleich nach der Rückkehr verfaßte er tatsächlich den Aufsatz *Die Teleologie Kants*[2], mit dem er sich von dem Problem der mathematisch-physikalischen Natur ab- und dem Problem der Geschichte der menschlichen Gesellschaft zuwandte. Allerdings war die Richtung, die Tanabe nahm, eine andere als die der hermeneutischen Phänomenologie Heideggers. Tanabe versuchte, die Teleologie in seinem Sinne als Prinzip der Vereinigung der Geschichte, der Religion und der Moral aufzufassen und die Art und Weise dieser Vereinigung als »Willensdialektik« zu entwickeln. In dieser Willensdialektik kann man leicht die Vorform der »Dialektik der absoluten Vermittlung« erkennen, die Tanabe später in seiner sogenannten *Logik der Spezies* wiederholt und immer neu formulierte. Tanabe, der stets ein reges Interesse an der aktuellen Situation hatte und dem es um die ethische Entscheidung ging, mußte Heideggers hermeneutische Phänomenologie, in der es nach Tanabes Empfinden nur um statische theoria und nicht um wirkliches Leben geht und in der außerdem die Dialektik als »philosophische Verlegenheit« zurückgewiesen wird, wesensgemäß fremd bleiben. Daß er dieses Denken dennoch nicht ignorieren konnte, vielmehr in einer verborgenen Weise von diesem bestimmt war, ist daran zu erkennen, daß Tanabes Auseinandersetzung mit Heidegger etwa seit 1953, als sein spätes Denken begann, immer ausdrücklicher wurde. Sein großer Aufsatz *Lebensontologie oder Todesdialektik?* von 1958[3], dessen letzte Hälfte ins Deutsche übersetzt und in die Festschrift *Martin Heidegger zum siebzigsten Geburtstag* (Pfullingen 1959, S. 93–133) aufgenommen wurde, enthält in seiner ersten, nicht übersetzten Hälfte eine heftige Heidegger-Kritik. Die erste Fassung dieses Aufsatzes hatte deshalb auch den Untertitel: »Eine Auseinandersetzung mit der heideggerschen Ontologie«. Darin läßt sich sehen, daß und wie Tanabe durch die Auseinandersetzung mit Heidegger hindurch die sogenannte »Philosophie des Todes« als eine eigene und vor allem sich gegen die sogenannte heideggersche »Ontologie des Lebens« absetzende Philosophie entwickelte. Wenn man im Hinblick auf diese Entwicklung der Philosophie Tanabes auf seinen früheren Bericht *Die neue Wende in der Phänomenologie* zurückblickt, so zeigt sich, daß dieser Bericht keineswegs ein bloßer Bericht, sondern der erste Schritt der – wenn auch negativen – »Heidegger-Rezeption« Tanabes war.

Im Gegensatz zu dieser Heidegger-Rezeption Tanabes war Mikis Rezeption am Anfang durchaus positiv-produktiv. Auch ohne sein Geständnis in *Meine Wande-*

---

2 DERS., *Kanto no mokutekiron.* Zunächst veröffentlicht in *Tetsugaku kenkyû* Bd. 99–101, Juni–August 1924. Im gleichen Jahr erschien der Aufsatz als Buch im Iwanami-Verlag, Tôkyô (Bd. III, 1–72).
3 DERS., *Sei no sonzaigaku ka shi no benshôhô ka.* Die Originalfassung wurde nach dem Tode Tanabes in *Tetsugaku kenkyû*, Bd. 483, November 1962, veröffentlicht (Bd. XIII, 525–580).

*rung in Büchern*⁴ sieht man leicht, unter welchem Einfluß sein 1926 erschienenes Erstlingswerk *Studien zum Menschen bei Pascal*⁵ geschrieben war. In diesem ein Jahr vor *Sein und Zeit* erschienenen Werk praktiziert Miki die Methode der hermeneutischen Analytik des menschlichen Daseins, wenn auch nicht in so exemplarischer Weise, wie sie Heidegger in *Sein und Zeit* vorführt. Miki wollte den Kernpunkt des pascalschen Denkens in einer Analytik und Auslegung des menschlichen Daseins sehen, wobei dieses Dasein bei Miki allerdings eher auf existenzieller denn existenzialer Ebene betrachtet wurde. Immerhin, wenn er als ersten Grundzug dieses menschlichen Daseins die Unruhe und Langeweile, als zweiten die Zerstreuung und den Verfall und als dritten das Bewußt-sein (pensée) angibt, wenn er weiterhin in Anlehnung an Pascal die Sorge um den Tod als entscheidendes Element des Zeitbewußtseins heraushebt und auf Grund dieser Überlegungen das »Spiel« bei Pascal interpretiert, so ist nicht zu verkennen, daß Miki, der nun, um Heidegger zu hören, Heidelberg verließ und nach Marburg ging, Heideggers Denkweise, soweit er sie verstand, in seinem eigenen Werk anwendete. Wenn Miki Pascals »l'esprit de finesse« als »Hermeneutik« bezeichnet, die die sichtbare Wirklichkeit aus dem unsichtbaren Grund verstehen will, so war diese Hermeneutik nicht diejenige Diltheys, sondern die hermeneutische Phänomenologie Heideggers, wie Miki sie verstand.

In seiner Heidelberger Zeit hatte Miki einen Aufsatz *Der Satz an sich bei Bolzano*⁶ geschrieben, der uns sehen läßt, in welchem Zusammenhang Miki weiterhin von Heidegger bewegt wurde. Um es ganz kurz zu sagen: Miki radikalisiert den »Objektivismus« Bolzanos so weit, daß er die Sätze an sich, die Bolzano als von psychischen Vorgängen unabhängige, logische Urteile auffaßte, als der Realität gegenüber sekundär und von dieser abgeleitet versteht. Hinter den Sätzen an sich will er die Realität als das letzte Sein sehen. Auf diesem Standpunkt des logischen Objektivismus begegnete Miki nun dem »Nichts« bei Heidegger, das durchaus existenzielle Bedeutung hat. Miki war in seiner Anlage von vorn herein nicht nur philosophisch, sondern auch religiös; schon in seiner Studentenzeit wurde er von Shinran, dem größten Erneuerer des japanischen Buddhismus in der Kamakura-Zeit (1192–1333), angezogen. Auch in seinem Nachlaß befaßt sich Miki mit Shinran. Miki übernahm das »Nichts« bei Heidegger sicherlich auch auf Grund seiner buddhistischen Auffassung des Nichts. Zugleich fand er in ihm das »Nichts« der Neuzeit, das in der Gestalt des Nihilismus die europäische Geistesgeschichte bedrohte. Miki gestand, daß er Hölderlin, Nietzsche, Kierkegaard und Dostojewskij erst nach seiner Begegnung mit Heidegger zu lesen begann. Seinem späteren, philosophischen Werk,

---

4 Kiyoshi MIKI, *Dokusho henreki*, zuerst veröffentlicht in: *Bungei*, November 1941 (Bd. I, 9–422).
5 DERS., *Pasukaru ni okeru ningen no kenkyû*, Tôkyô 1926 (Bd. I, 1–191).
6 DERS., *Borutsâno no meidai jitai*, zunächst veröffentlicht in: *Shisô* Bd. 26, Dezember 1924 (Bd. II, 255–291).

der *Logik der Einbildungskraft*[7], liegt ein Denken des Nichts zugrunde, was auch von daher notwendig ist, daß die Einbildungskraft die Fähigkeit ist, ein Bild ohne dessen Gegenstand, somit aus dem Nichts, zu produzieren. Dieses Werk Mikis entstand in erster Linie aus der Kritik und aus der Überwindung des Denkens von Nietzsche. Aber die Grundlage der Beschäftigung mit Nietzsche kam eben von Heidegger. Wenn Miki von Heidegger bezüglich der Methode die Hermeneutik lernte, so gewann er bezüglich der Sache die Einsicht in die neuzeitliche Problematik des Nichts.

Die Heidegger-Rezeption Mikis brach ab, als Heidegger 1933 Mitglied der nationalsozialistischen Partei wurde. Gleich nachdem Miki Heideggers Rektoratsrede gelesen hatte, schrieb er einen kurzen Artikel *Heidegger und das Schicksal der Philosophie*[8], in dem er über den Schritt Heideggers klagte. Er schloß den Artikel mit folgendem Schrei: »Wohin tanzt der Nationalsozialismus fort? Stelle die Macht des Logos und das Recht der Vernunft wieder her!« Die Kurvenlinie, die Miki in seiner Heidegger-Rezeption als Spur hinterließ, war vielleicht im Hinblick auf das Heidegger-Verständnis eher eine mißlungene Verlaufslinie. Sie darf dennoch als eine wichtige Linie der Heidegger-Rezeption in Japan gelten.

III.

Es war 1929, als Kuki seinen Gedanken über *Die Struktur von ›Iki‹*[9] zum ersten Mal veröffentlichte. Das Buch desselben Titels wurde im nächsten Jahr, 1930, publiziert. Er hatte vorher im Wintersemester 1927/28 in Marburg Heideggers Vorlesung *Phänomenologische Interpretation von Kants Kritik der reinen Vernunft* (jetzt Band 25 der Gesamtausgabe) und im Sommersemester 1928 *Metaphysische Anfangsgründe der Logik* (Band 26) gehört. Seine erste Begegnung mit Heidegger fand in der Wohnung Husserls im Jahre 1927 statt; sein Besuch bei Heidegger in Marburg, vor allem die damalige Unterhaltung über »Iki« fand später in Heideggers Dialog *Aus einem Gespräch von der Sprache – Zwischen einem Japaner und einem Fragenden* bleibenden Widerhall. Von daher ist unmittelbar zu vermuten, daß *Die Struktur von ›Iki‹* unter einem gewissen Einfluß Heideggers entstand. Ein Einwand dagegen ist allerdings die Tatsache, daß Kuki schon vorher, in seiner Pariser Zeit 1926, die erste Fassung seines Gedankens über »Iki« schrieb. Aber schon in dieser ersten Fassung wird die hermeneutische Methode Heideggers, wenn auch noch nicht so klar bewußt wie in der später veröffentlichten Fassung, verwendet. Kuki schreibt, die Sprache sei

---

7 Ders., *Kôsôryoku no ronri*. Der erste Teil in Buchform, Tôkyô 1939. (Bd. VIII).
8 Ders., *Haideggâ to tetsugaku no unmei*, veröffentlicht zunächst in: *Serupan* November 1933 (Bd. X, 310–320).
9 Shûzô Kuki, *»Iki« no kôzô*. Zuerst veröffentlicht in: *Shisô*, Bd. 92/93. Januar und Februar 1929, dann als Buch im Iwanami-Verlag, Tôkyô 1930 (Bd. I, 1–86).

ein Ausdruck des Volks, und der Begriff »Iki« gelte als exemplarisches Beispiel für einen solchen Ausdruck. So war für die Erläuterung des Begriffs »Iki« die von Heidegger eingeführte hermeneutische Methode die einzig mögliche und notwendige. Sartre, damals ein Student an der École normale, war Kukis Hauslehrer. Sartre hörte von Kuki zum ersten Mal von Heidegger. Auf die Frage, woher und was Kuki schon damals von Heidegger wußte, gibt sein Pariser Iki-Manuskript von 1926 eine Andeutung. Im Anfangsteil dieses Manuskripts findet sich nämlich ein Hinweis auf Tanabes Bericht *Die neue Wende in der Phänomenologie*. Dieser auf japanisch geschriebene und bisher in Europa unbekannt gebliebene Bericht muß für Kuki eine wichtige Kenntnisquelle gewesen sein.

Heidegger läßt nun in *Aus einem Gespräch von der Sprache* den »Fragenden« von einer Streitfrage berichten, die er »mit Kuki oft erörterte, die Frage nämlich, ob es für die Ostasiaten nötig und berechtigt sei, den europäischen Begriffssystemen nachzujagen« (Band 12 der Gesamtausgabe, S. 83). Heidegger hatte offensichtlich Bedenken gegenüber Kukis Verstehensweise. In der Tat war das, was Kuki von Heidegger lernte, nicht das Wesentliche des heideggerschen Denkens. In diesem Denken geht es um den Sinn von Sein. Die existenziale Analytik des menschlichen Daseins ist dort nicht das primäre Anliegen, sondern soll allererst den Zugang zur Seinsfrage vorbereiten, die in der überlieferten Metaphysik »vergessen« blieb und insofern epochal neu war. Kuki verstand aber Heideggers Gedanken von Anfang an als »Anthropologie«. Das »europäische Begriffssystem«, dem Kuki nachjagte, war vielmehr das klassisch-metaphysische, was auch daraus zu ersehen ist, daß er das Begriffspaar essentia – existentia auf das Phänomen von »Iki« anwandte und der Frage nach der existentia des »Iki« den Vorrang vor der Frage nach dessen essentia gab. Kuki wollte dadurch die platonische Erkenntnislehre umkehren. Gerade das »Seinsverständnis« im Begriffspaar essentia – existentia sowie die Umkehrung der platonischen Erkenntnislehre steht aber für Heidegger noch im Bann der metaphysischen Seinsvergessenheit. Die Sache, um die es Heidegger ging, war am *Ende nicht die Sache Kukis*. Die beiden kreuzten einander letzlich im Gedankenaustausch. Fragt man also, welches Verständnis der Heidegger-Rezeption Kukis zugrundeliegt, so muß man sagen, daß Kukis Heidegger-Verständnis am Kern des heideggerschen Denkens vorbeigeht, auch wenn Kuki später eine exakte Erörterung zu *Sein und Zeit* schrieb, Seminare darüber hielt und heute noch maßgebende Übersetzungen zu manchen Termini Heideggers schuf. Dennoch muß man hinzufügen, daß ohne diese quasi-Heidegger-Rezeption Kukis ein höchst wichtiges Werk in der Ästhetik des modernen Japan, *Die Struktur von ›Iki‹*, nicht hätte entstehen können. Das zeigt, wie groß der Impuls des heideggerschen Denkens für die Japaner war, auch wenn dieser Impuls nicht vom Ganzen, sondern nur von einem Teil dieses Denkens ausging.

Tetsurô Watsuji wurde ebenfalls von diesem Impuls getroffen, als er, wie gesagt, im Jahre 1927 in Berlin zum ersten Mal *Sein und Zeit* las. Seine Begegnung mit dem heideggerschen Denken ereignete sich also nicht, wie bei Tanabe, Miki und Kuki, vor, sondern nach dem Erscheinen dieses Werkes. Watsuji war aber im Vergleich mit den drei genannten Philosophen ein frühreifer Denker. Sein erstes Buch, *Nietzsche* (1913)[10], ist ein heute noch anziehendes Werk. Watsuji war damals, ein Jahr vor dem Beginn des Ersten Weltkrieges, 24 Jahre alt. Wenn man sich daran erinnert, daß sogar Ernst Bertrams *Nietzsche – Versuch einer Mythologie* erst 1918 erschien und Heideggers intensive Beschäftigung mit Nietzsche noch später einsetzte, so sieht man, daß ein Genie schon bei seinem ersten Schritt reif ist. Dies gilt auch von Watsujis zweitem Buch, *Sören Kierkegaard* (1915)[11]. Watsuji war 26 Jahre alt, als er es schrieb. Mit diesem Buch begann die Kierkegaard-Rezeption in Japan auf einem heute noch kaum überholten Niveau. Man muß daran denken, daß sogar in Deutschland, wo die deutsche Kierkegaard-Ausgabe erst 1909 zu erscheinen begann, die Kierkegaard-Forschung nur langsam in Gang kam. Während sich Miki erst nach der Begegnung mit Heidegger Kierkegaard und Nietzsche zuwandte, so war Watsuji, der mit Heidegger Gleichaltrige, früher als dieser den existenzphilosophischen Gedanken der genannten beiden Denker nachgegangen. Im Vorwort zur 1947 erschienenen neuen Auflage des *Sören Kierkegaard*[12] verrät Watsuji, daß er Barth, Brunner, Gogarten, Heidegger, Jaspers und anderen gegenüber, die alle die Nietzsche-Taschenbuchausgabe und die neue Kierkegaard-Ausgabe als junge Zeitgenossen empfangen haben dürften, ein vertrautes Gefühl habe. Dieses Gefühl war sicherlich auch ein Rivalitätsbewußtsein, und in der Tat gilt Watsuji, auch wenn seine Werke aus sprachlichen Gründen leider nicht von jenen europäischen Zeitgenossen gelesen wurden, als großer Rivale in der denkerischen Auseinandersetzung mit den oben genannten Denkern.

Watsuji konnte aufgrund der Rezeption der Gedanken Kierkegaards und Nietzsches einerseits sofort auf das heideggersche Denken eingehen. Doch statt bloß von diesem Denker zu lernen wie Miki und Kuki, fand er andererseits kritisch eine wesentliche Problematik der Daseinsanalytik Heideggers: Zwar werde hier die ursprüngliche Zeitlichkeit des menschlichen Daseins, die Husserl in seinem »intentionalen Bewußtsein« nicht herausfinden konnte, in unerhörter Schärfe exponiert. Aber das menschliche Dasein, das Heidegger analysiere, sei das des Menschen als des vereinzelten Individuums und nicht des Menschen als Mitmenschen. Darum bleibe der Blick auf die ursprüngliche Räumlichkeit des menschlichen Daseins noch ungenügend.

Der Kritik an der ungenügenden Analyse der Räumlichkeit des Menschen bei Heidegger liegt Watsujis Einsicht in das Mensch-Sein zugrunde, die auf den japani-

---

10 Tetsurô Watsuji, *Niche*, Tôkyô 1913 (Bd. I, 1–39).
11 Ders., *Zeeren Kierukegôru*, Tôkyô 1915 (Bd. I, 393–679).
12 Ders., *Zeeren Kierukegôru*, Neue Auflage Tôkyô 1947.

schen Ausdruck für »Mensch« (ningen) zurückgeht. Ningen bedeutet zwar »Mensch«, wörtlich aber sagt es: »Mensch (nin) – Zwischen (gen)«. Nin allein bedeutet auch den Menschen. Gen, das Zwischen, bedeutet das Zwischen zwischen Mensch und Mensch, das heißt die Menschenwelt. Die heideggersche Auffassung als »In-der-Welt-sein« ist für Watsuji einleuchtend. Bloß werde dieses In-der-Welt-sein anhand des Verweisungszusammenhangs der Zeugganzheit für den vereinzelten Menschen, nicht aber anhand des »zwischen-menschlichen« Zusammenhangs in Betracht gezogen.

Der feine und scharfe Sprachsinn Watsujis führte ihn dazu, als Übersetzung des Wortes »Sein« nicht »sonzai« sondern »u« (oder »yû«) zu verwenden. Von *Sein und Zeit* gibt es sechs japanische Übersetzungen, wobei der Titel auf zweierlei Weise übersetzt wird, zum einen »sonzai (Sein) to jikan (Zeit)«, zum anderen »u (Sein) to toki (Zeit)«. Watsuji war der erste, der das in der Alltagssprache geläufigere Wort »sonzai« zugunsten des buddhistisch geprägten Wortes »u« zurückwies. Seine Begründung war: Erstens wird das deutsche Wort »Sein« sowohl als Verbum wie auch als Kopula verwendet, was auch von der Wendung des japanischen Zeichens »u« gilt, und zweitens bedeutet »sonzai« nicht das Sein überhaupt, sondern das Sein, das der Mensch als Zwischensein hat. »son« ist das Sein-Haben im Gegensatz zum Verlieren, und »zai« ist, im Gegensatz zum Verlassen, das Sich-Befinden an einem Ort als Subjekt. »Sonzai« bedeutet also streng genommen nicht das Sein überhaupt, sondern ein menschliches Sein in der Gesellschaft.

Der sich teilweise auf die japanische Wortwendung stützende Einwand gegen Heidegger bleibt nicht ein bloßer Einwand. Als Denker publizierte Watsuji 1934 *Die Ethik als Wissenschaft des »ningen«* [13]. Dieses Werk, das etwas später auf drei Bände erweitert erschien und als Hauptwerk Watsujis angesehen werden kann, ist in seinem Gesamtrahmen eine Anwendung der Daseinsanalytik Heideggers und in der Methode die Anwendung der heideggerschen Hermeneutik. Zugleich bildet die oben erwähnte Heidegger-Kritik einen Ausgangspunkt und auch ein Hauptmotiv dieses Buches.

Im darauf folgenden Jahr erschien Watsujis *Klima* [14], das auch ins Englische übersetzt wurde. Wie Watsuji im Vorwort dieses Werkes schreibt, ist sein Hauptmotiv wiederum sein Einwand gegen *Sein und Zeit*. Er versucht, die bei Heidegger vermißte *konkrete* Räumlichkeit und Geschichtlichkeit des Menschen in Rücksicht auf die klimatische Bestimmung des Menschen sowie dessen Seins- beziehungsweise Selbstverständnis herauszuarbeiten, wobei die hermeneutische Phänomenologie Heideggers nach wie vor berücksichtigt wird.

---

13 DERS., *Ningen no gaku toshite no rinrigaku*, Tôkyô 1934 (Bd. IX, 1–192).
14 DERS., *Fûdo*, Tôkyô 1935 (Bd. VIII, 1–256). Englische Übersetzung: *Climate. A philosophical study*. Translated by Geoffrey BOWNAS, Tôkyô 1962.

Watsuji nimmt nach der Publikation von *Fûdo* eine andere Richtung als Heidegger, auch wenn er seine dreibändige *Ethik*[15] als Erweiterung von *Die Ethik als Wissenschaft des »ningen«* später publizierte. Er wandte sich nämlich der überlieferten japanischen Ethik, Religion und Kunst zu und beschäftigte sich kaum mehr mit der europäischen Geisteswelt. Da außer den Werken Watsujis kein weiteres philosophisches Werk bis zum Ende des Zweiten Weltkriegs zu finden ist, das von einer Heidegger-Rezeption ausgeht oder sich in Auseinandersetzung mit dem heideggerschen Denken ausbildet, kann die frühe Heidegger-Rezeption in Japan datiert werden: von 1922 bis 1935.

IV.

Um diese Skizze der frühen Heidegger-Rezeption in Japan abzuschließen und deren Bedeutung noch hervorzuheben, soll innerhalb des gegebenen Rahmens noch ein Blick auf die Heidegger-Rezeption nach dem Zweiten Weltkrieg geworfen werden. Zuvor ist die allgemeine Bemerkung vorauszuschicken, daß nach dem Zweiten Weltkrieg, vor allem seit den fünfziger Jahren, die japanische Heidegger-Forschung überhaupt immer reger und präziser, aber auch tieferschürfend wurde, so daß sie selbst teilweise doch eine Heidegger-Rezeption in unserem Sinne genannt werden könnte. Um einen Überblick über die Heidegger-Forschung in den vergangenen dreißig Jahren in Japan zu geben, müßte man allerdings einen neuen Rahmen anlegen, der in dieser Skizze nicht mehr ausgearbeitet werden kann. Wenn der Verfasser aus den vielen kompetenten Heidegger-Forschern nur drei Namen auswählen dürfte, würde er folgende vorschlagen: Eihô Kawahara (geb. 1921), Yoshio Kayano (geb. 1925) und Jirô Watanabe (geb. 1932). Ihre Leistungen würden sowohl hinsichtlich der philologischen Sorgsamkeit als auch hinsichtlich der philosophischen Eindringlichkeit in Europa als erstklassig geschätzt werden. Nur sind sie wegen ihrer Sprache den europäischen Forschern leider nicht bekannt. Es soll weiterhin bemerkt werden, daß ihre Heidegger-Forschungen sowohl in der Methode als auch im Problembewußtsein nicht eigens als spezifisch »japanisch« bezeichnet werden können. Ein europäischer Leser würde sie, wenn er sie in europäischer Sprache in die Hand nehmen könnte, ohne fremdes Gefühl lesen können.

Anders verhält es sich mit einer anderen Richtung der Heidegger-Rezeption und -Forschung, nämlich derjenigen im Kreis der sogenannten Kyôto-Schule. Es ist daran zu erinnern, daß alle bisher erwähnten Philosophen, Tanabe, Miki, Kuki und Watsuji irgendein persönliches oder kollegiales Verhältnis zu Kitarô Nishida hatten. Der Kreis seiner Kollegen oder Schüler, die Nishidas Gedanken des »absoluten

---

15 DERS., *Rinrigaku*. 1. Bd. Tôkyô 1937. 2. Bd. Tôkyô 1942 (beide zusammen Bd. X). 3. Bd. Tôkyô 1949 (Bd. XI).

Nichts« – sei es positiv, sei es kritisch – übernommen haben, wird »Kyôto-Schule« genannt. Allerdings gehört außer Tanabe keiner der oben erwähnten Philosophen zum Kreis der Kyôto-Schule in engerem Sinne. Wenn der Verfasser hier wiederum wegen der Beschränkung des Rahmens nur drei Namen nennen möchte, die innerhalb dieses Kreises besondere Leistungen in der Heidegger-Rezeption hervorbrachten, so sollen es die folgenden sein: Hajime Tanabe (1885–1962), Keiji Nishitani (geb. 1900) und Kôichi Tsujimura (geb. 1922). Hier gilt wiederum das schon oben Gesagte: Das Bild der Heidegger-Rezeption deckt sich nicht mit dem Bild der Heidegger-Forschung. Denn nach der Zahl der Heidegger-Abhandlungen gerechnet, die die Genannten veröffentlichen, heben sich vor allem Tanabe und Nishitani gar nicht hervor.

Zuvor soll eine allgemeine Charakterisierung der Heidegger-Rezeption im Kreis der Kyôto-Schule versucht werden. Ihr liegt die Ansicht des »absoluten Nichts« zugrunde, und die Rezeption oder Forschung beinhaltet im Grunde auch die Auseinandersetzung zwischen zwei einander sehr nahen und doch zugleich sehr fernen Standpunkten, dem Standpunkt des abendländischen Seinsdenkens einerseits und dem ostasiatischen absoluten Nichts andererseits. Diese Auseinandersetzung wird an sich auch von Heidegger selbst gefordert. Denn es geht in seinem Denken letztlich um die abendländische »Metaphysik«, deren Vollendung nach ihm im *Wesen* der modernen Technik zu sehen ist, so daß heute der ganze Erdball auf das abendländisch erfahrene Sein um- und festgestellt wird. Heidegger hatte zugleich auch die Eigentümlichkeit der »ostasiatischen Welt« und deren Sprache im Auge. Sein Denken fordert von den Ostasiaten, aus ihrem eigenen Ort zu denken, wie er es schon von Kuki gewünscht hatte. Aus seinem eigenen Ort denken heißt, den eigenen Ort und dessen Herkunft heute neu in Frage zu stellen, zumal da im Zeitalter der modernen Technik jeder Ort auf der Erde mehr oder weniger abendländisch-technisch bestimmt wird. Allerdings entsteht eins mit diesem Selbstdenken auch der Anspruch, Heideggers Denken selbst, das dieses Selbstdenken fordert, anders als Heidegger zu verstehen und sich mit diesem auseinanderzusetzen. Miki, Kuki und Watsuji vollzogen zwar auch eine Heidegger-Kritik, nicht aber eine *gründliche Auseinandersetzung,* das heißt eine Auseinandersetzung, in der der Grund für die Auseinandersetzung selbst in Frage gestellt wird. Der Gedanke des absoluten Nichts, der aus der ostasiatischen Denktradition, vor allem aus dem Buddhismus kommt, gilt als ein radikal anderer Grund als der der abendländischen Metaphysik. Von diesem Grund aus wird eine gründliche Auseinandersetzung möglich oder notwendig. Diese bedeutet keineswegs, das Denken Heideggers buddhistisch zu verstehen oder überzuinterpretieren. Es handelt sich vielmehr um einen Dialog zwischen Gipfel und Gipfel oder Grund und Grund.

Nishida selbst beschäftigte sich nicht intensiv mit Heidegger. Er war schon 57 Jahre alt, als Heideggers *Sein und Zeit* erschien. Er las dieses Werk zwar, aber vermutlich nicht die nachfolgenden Werke. Das »Seinsverständnis« oder die »Existenz« bei Heidegger war für ihn, von seinem Standpunkt des Selbstgewahrens (jap.: jikaku) des absoluten Nichts her gesehen, nicht tief genug, was er wiederholt äußerte. Die letzten fünfzehn Jahre seines Lebens ging Nishida seinen Weg einfach weiter, ohne sich um Heideggers Denken zu kümmern. Es ist die Aufgabe der Nachwelt, nicht nur der japanischen, Nishidas Denken des absoluten Nichts einerseits und Heideggers Seinsdenken andererseits miteinander zu vergleichen und den ausgebliebenen Dialog oder die Auseinandersetzung zwischen beiden nachzuholen.

Was Tanabes Heidegger-Rezeption anbelangt, so haben wir vorhin schon kurz gesehen, daß und wie seine Spätphilosophie ineins mit der Auseinandersetzung mit Heidegger entstand. Hier ist nur hinzuzufügen, daß er das absolute Nichts in seinem Sinne durch und durch ethisch-existentiell verstand, so daß auch seine Auseinandersetzung mit Heidegger von diesem ethisch-existentiellen Standpunkt der »Handlung«, den Tanabe bei Heidegger vermißt, unternommen wurde.

Nishitani war 1938/39 zu einem Forschungsaufenthalt in Freiburg i. Br., wo Heidegger seit zehn Jahren lehrte und die Zeit seines Rektorats längst hinter sich hatte. Nishitani legte bei Heidegger ein Referat über Nietzsche und Meister Eckhart vor, das nach seiner Rückkehr unter dem Titel *Nietzsches Zarathustra und Meister Eckhart* veröffentlicht wurde[16]. Die Zusammenstellung von Nietzsche und Eckhart mußte damals etwas merkwürdig erschienen sein, aber Heidegger hielt, wie der Verfasser von Nishitani persönlich hörte, diese Zusammenstellung für sinnvoll. In diesem Aufsatz zeigt sich der Problemzusammenhang, in dem für Nishitani das Denken Heideggers steht: der europäische Nihilismus und die deutsche Mystik, noch bestimmter: das »Nichts«. Denn auch bei Heidegger wird das »Nichts« zunächst ineins mit der Grundfrage der Metaphysik »Warum ist überhaupt Seiendes und nicht vielmehr Nichts?« und später immer wieder ineins mit seinem Denken des Nihilismus als des Wesens der Metaphysik befragt. Als Nishitani 1949 das Buch *Nihilismus*[17] publizierte, schrieb er im Vorwort, es seien Nietzsche und Dostojevskij gewesen, die den jungen Nishitani erschütterten, wobei das gemeinsame Problem der beiden der »Nihilismus« war. Er schrieb weiterhin, daß ihn danach der buddhistische Standpunkt der »Leere« (śûnyatâ) immer tiefer ergriff. Diese »Leere« thematisierte er später in seinem ins Englische und Deutsche übersetzten Hauptwerk *Was ist Religion?*, 1961[18].

---

16 Keiji NISHITANI, *Niche no tsaratosutora to maisutâ ekkuharuto*. Zuerst aufgenommen in eine Gedenkschrift für Seiichi Hatano: *Tetsugaku oyobi shûkyô to sono rekishi*, Tôkyô 1938, dann in Nishitanis *Kongenteki shutaisei no tetsugaku*, Kyôto 1940. (Bd. I, 5–32).
17 DERS., *Nihirizumu*, Tôkyô 1949 (Bd. VIII).
18 DERS., *Shûkyô towa nanika*, Tôkyô 1961 (Bd. X). Englische Übersetzung: *Religion and Nothingness*, translated by J. V. BRAGT, University of California Press 1982. Deutsche Übersetzung: *Was ist Religion?*, übersetzt von Dora FISCHER-BARNICOL, Insel Verlag. Frankfurt a. M. 1982.

Das Gesagte nennt nur äußerliche Umstände. Wichtiger ist zu sehen, in welcher Nähe und Ferne die Leere bei Nishitani und das Nichts beziehungsweise Sein bei Heidegger zueinander stehen und welche Heidegger-Rezeption das Denken Nishitanis bewegte. Ich kann hierzu jetzt nur die folgende Bemerkung machen, die als Vorbereitung für eine spätere Ausführung angesehen werden möchte: Die Bedeutung, die das Denken Heideggers für Nishitani hatte, war im Grunde die gleiche, die das Thema »Nihilismus« für ihn hatte. Im sechsten Kapitel »Nihilismus als Philosophie (Heidegger)« des oben genannten Werkes *Nihilismus* wird Heideggers Denken als der letzte große Versuch der Überwindung des Nihilismus betrachtet. Daß aber die Erläuterung des inneren Verhältnisses von Nishitanis und Heideggers Denken beziehungsweise der »Leere« und des »Seins« keine leichte Aufgabe ist, läßt sich aus einem Wort Nishitanis selbst ersehen. Er schreibt nämlich im Vorwort zur neuen Auflage von *Nihilismus* (1966)[19]: »Es ist besonders das Heidegger-Kapitel, das ich einer Neufassung für bedürftig halte... Das sechste Kapitel dieses Buches muß mit Recht neu geschrieben, zumindest in weitem Maße ergänzt werden. Die Erläuterung des ›Wesens‹ des Nihilismus, wie sie im Denken des späteren Heidegger (vgl. zum Beispiel *Zur Seinsfrage*) unternommen wurde, ist so bedeutsam, daß man, wenn man heute das Problem des Nihilismus in Betracht ziehen will, unbedingt jene Erläuterung berücksichtigen muß.« Diese neue »Berücksichtigung«, die Nishitani für so notwendig hält, ist aber von ihm bis heute noch nicht veröffentlicht worden.

Tsujimura studierte bei Heidegger 1956 bis 1958. Er gilt als ein japanischer Schüler Heideggers, der, um es mit einem Wort seines alten Freundes Hartmut Buchner zu sagen, »wohl am gründlichsten, aber auch am beirrtesten in das heideggersche Denken eingedrungen ist – nicht nur in Japan«[20]. Am gründlichsten vielleicht deshalb, weil Tsujimura den Gedanken des absoluten Nichts nicht nur als Inhaber des philosophischen Lehrstuhls von Nishida und Tanabe, sondern auch als Laienschüler im Zen übernommen hatte und von diesem absoluten Nichts als dem zum abendländisch-metaphysischen radikal anderen Grund her das Denken Heideggers neu zu sehen versucht. Dieser Gang ist zugleich am »beirrtesten«, sicherlich wegen der Schwierigkeit und Dunkelheit der Sache, der Begegnung des abendländischen und des ostasiatischen Denkens in der tiefsten Tiefe. Die früheren Aufsätze Tsujimuras über Heidegger sind gesammelt in *Abhandlungen zu Heidegger*[21]. Er bezeichnet dieses Buch im Vorwort als ein »armes Buch, dem die Nummer Null auf meiner Werkliste gegeben werden muß«. Dieses bescheidene Wort ist auch insofern

---

19 DERS., *Nihirizumu*, Neue Auflage, Tôkyô 1966 (Bd. VIII).
20 Hartmut BUCHNER, *Natur und Geschick von Welt*, Referat, gehalten auf der deutsch-japanischen Heidegger-Tagung des Instituts für Philosophie I der Universität München vom 10.–12. 1. 1989 (Drucklegung vorgesehen).
21 Kôichi TSUJIMURA, *Haideggâ ronkô*, Tôkyô 1971.

wahr, als Tsujimura sein eigenes Werk noch nicht publiziert hat. Doch welches Werk als eigenständige, philosophische Arbeit, und nicht als philosophisches Geschwätz, ist dem noch möglich, der sowohl das »absolute Nichts« im Sinne Nishidas und im Sinne des Zen als auch das Denken Heideggers ganz ernst nimmt und beide Wege ohne Ausflucht durchwandern will? Der Ausdruck »die Nummer Null auf der Werkliste« verrät die philosophische Qual, die in dem Tal zwischen abendländischem und ostasiatischem Denkgebirge liegt. Zugleich weist er aber auf den Ort des Null-Punktes hin, von wo aus beide Gebirge vielleicht gleichzeitig gesehen und bestiegen werden könnten.

Im gegebenen Rahmen ist noch auf den ersten Aufsatz *Die Seinsfrage und das absolute Nichts* in Tsujimuras *Abhandlungen zu Heidegger* hinzuweisen, der als der genannte Null-Punkt gelten darf. Nachdem Tsujimura die Herkunft und die Entwicklung der Seinsfrage bei Heidegger erörtert hat, versucht er, die »Wahrheit des Seins« im Sinne Heideggers und das »absolute Nichts« miteinander zu vergleichen. Wir zitieren hier die entscheidende Einsicht, die Tsujimura gewonnen hat: Die »Wahrheit des Seins« ist sozusagen ein Schatten der »Wahrheit des Zen« und nicht die »Wahrheit des Zen« selbst. Wir zitieren weiterhin den Schlußabschnitt, der den genannten Ort des Null-Punktes wie folgt zum Ausdruck bringt: »Mit dem hinter uns Liegenden haben wir vielleicht, so läßt sich denken, einigermaßen klar gemacht, daß schließlich und endlich der Ort, an den die ›Frage‹, die Heideggers Denken von Grund aus bewegt hat, das heißt die ›Frage nach der Wahrheit‹ gelangt, nichts anderes sein kann als die ›Wahrheitsschau‹ (›kenshô‹) der zen-buddhistischen Wahrheit als das Selbst-Erwachen des absoluten Nichts.« Damit deutet Tsujimura an, daß die Problematik, die der Titel *Die Seinsfrage und das absolute Nichts* zeigt, noch nicht erledigt ist. Als noch offene Aufgabe nennt Tsujimura vor allem diejenige, vom Standort des Selbst-Erwachens des absoluten Nichts aus erneut das in Heideggers Denken zum Vorschein gekommene Problem zu betrachten und danach zu fragen. Die Heidegger-Interpretation Tsujimuras, die inzwischen in weitem Umfang fortgesetzt wird, bewegt sich im Ganzen, so erscheint dem Verfasser, um diese offengelassene Aufgabe – bis jetzt.

Die Epoche der frühen Heidegger-Rezeption in Japan von 1922 bis 1935, vertreten vor allem durch Miki, Kuki und Watsuji, war eine schöpferische und auch glückliche Epoche, in der das Land noch von keiner ernsten Niederlage im Krieg wußte und in der die geistige Welt die Gefahr, die in der Gestalt des europäischen Nihilismus und der abendländischen Technik das modernisierte Land anzugreifen begann, noch nicht ernst zu nehmen brauchte. Die geistige Welt war jung und kräftig genug, um, ohne sich darum zu bekümmern, weiter zu wachsen und zu gedeihen. Aber das heideggersche Denken selbst, das dieser geistigen Welt einen so starken Impuls gab, mußte gleich in den der genannten Epoche folgenden Jahren die bittere Erfahrung mit der politischen Wirklichkeit machen und, wenn auch nicht wegen der äußerlichen Lage, sondern um der inneren Entwicklung des eigenen Denkweges willen, eine Kehre erfahren.

Der Grund für diese Kehre war zumindest für Heidegger nicht ein bloß persönlicher, sondern ein im Hinblick auf das Geschick des Abendlandes notwendiger, so daß, wer sich mit Heidegger und auch mit dem Geschick der gegenwärtigen Welt ernsthaft beschäftigen will, diese »Kehre« mitmachen muß, was die äußerste Anstrengung des Denkens erfordert. Die Heidegger-Rezeption kann heute, wie eigentlich auch am Anfang, nicht so leicht und glücklich sich vollziehen. Dies zeigt sich exemplarisch in der nur kurz skizzierten japanischen Heidegger-Rezeption im Kreis der sogenannten Kyôto-Schule.

ELMAR WEINMAYR

Denken im Übergang –
Kitarô Nishida und Martin Heidegger[1]

> »*Die Europäer neigen dazu, ihre eigene bisherige Kultur für die einzig hochentwickelte und die beste zu halten. Sie tendieren dazu, zu meinen, andere Völker müßten, wenn sie einen Entwicklungsfortschritt machen, genauso wie sie selber werden. Ich halte dies für eine kleinliche Eingebildetheit. Die ursprüngliche Gestalt der geschichtlichen Kultur ist meines Erachtens reicher.«* Kitarô Nishida, 1937 (12, 390f.)[2]

I.

Daß Heideggers Denken in Japan unter anderem auch wegen seiner Bedeutung für die mögliche Entwicklung einer japanischen Philosophie geschätzt wird[3], mag verwundern, betrachtet man einige Bemerkungen Heideggers über das seiner Meinung nach nicht nur für die Philosophie »unausweichliche Gespräch mit der ostasiatischen Welt« (VA 43)[4]. Heidegger gilt die Philosophie als ein spezifisch europäisches Phänomen. Philosophie ist für ihn immer abendländisch-europäische Philosophie, – »es gibt keine andere, weder eine chinesische noch eine indische« (WD 136). Demgemäß muß für Heidegger das Unternehmen einer japanischen

---

1 Dieser Aufsatz ist Herrn Prof. Alois Halder zu seinem sechzigsten Geburtstag gewidmet.
2 Nishida wird zitiert nach: *Nishida Kitarô Zenshû* (Kitarô Nishida *Gesamtausgabe*) 19 Bde. (Tôkyô ³1979) (12, 390) = Bd. 12, S. 390. Sämtliche Übersetzungen vom Verfasser.
3 Vgl. z.B. K. TSUJIMURA, in: *Martin Heidegger im Gespräch*, hg. v. R. WISSER (Freiburg/München 1970) 27: »Heidegger ist für mich eine Art Wegweiser..., der vom Zen-Buddhismus zur Philosophie führen kann. Deutlicher gesagt, der Weg geht vom Zen aus und über ein Nachdenken des Denkens Heideggers zu einer möglichen japanischen Philosophie. Es ist ein notwendiger Umweg.«
4 Heideggers Schriften werden nach folgenden Siglen zitiert: GB = *Grundbegriffe* (= HGA II, 51) (Frankfurt/M. 1981); HW = *Holzwege* (Frankfurt/M. ⁶1980); ID = *Identität und Differenz* (Pfullingen ⁶1978); NII = *Nietzsche II* (Pfullingen ⁴o.J.); SD = *Zur Sache des Denkens* (Tübingen ²1976); SG = *Der Satz vom Grund* (Pfullingen ⁵1978); VA = *Vorträge und Aufsätze* (Pfullingen ⁴1978); US = *Unterwegs zur Sprache* (Pfullingen ⁶1979); WD = *Was heißt Denken?* (Tübingen ³1973); WM = *Wegmarken* (Frankfurt/M. ²1978).

Philosophie suspekt bleiben. So fragt er, »ob es für die Ostasiaten nötig und berechtigt sei, den europäischen Begriffssystemen nachzujagen« (US 87), und stellt japanischen Philosophen die Frage, weshalb sie sich »nicht auf die ehrwürdigen Anfänge« ihres »eigenen Denkens besännen, statt immer gieriger dem jeweils Neuesten in der europäischen Philosophie nachzurennen.« (US 131) Natürlich trifft Heidegger die Unterscheidung zwischen der europäischen Philosophie und den ostasiatischen Denktraditionen nicht, um diese abzuwerten oder sie zu verrechnen in der Geschichte eines Geistes, der sich zwar im Osten erhebt, aber in der europäischen Philosophie vollendet. In einer Zeit, in der Heidegger die philosophische Tradition des Abendlandes sich im Wesen der Technik vollenden und damit am Ende sieht, in einer Zeit, die ihm angesichts »der modernen Technisierung und Industrialisierung aller Erdteile« (US 87) unter dem Signum der »vollständige(n) Europäisierung der Erde und des Menschen« (US 103) zu stehen scheint, versucht Heidegger mit dieser Grenzziehung vielmehr auf die Originalität und die eigenen Möglichkeiten ostasiatischer Denktraditionen hinzuweisen. Dies mag – wenn man sich nicht daran stößt, daß ein Europäer hier Asiaten ihr Eigenes vorhält – eine gewisse Sympathie asiatischerseits verständlich machen. Verwunderlich bleibt jedoch, wieso gerade Heidegger, der doch auch mit zum »Neuesten in der europäischen Philosophie« gehört und der die ostasiatischen Denker gerade von sich und seiner Tradition weg –, auf ihre eigenen Anfänge hinweist, in der japanischen philosophischen Forschung zum Gegenstand einer intensiven und breiten Rezeption wurde und dabei sogar die Rolle eines wesentlichen Anknüpfungspunktes für die Entwicklung einer japanischen Philosophie[5], »die nicht dem Ort der abendländisch-europäischen Philosophie entstammt, sondern dem Quellgrund unserer eigenen (ostasiatischen sc.) geistigen Überlieferung entspringt«, spielt[6]. Dies überrascht um so mehr, als Heideggers Philosophie nicht mehr eine allgemeine, auch Ostasien einschließende Weltgeschichte zum Thema hat, sondern sich zurücknimmt auf das Bedenken einer geschichtlichen Welt, nämlich der abendländischen »Seinsgeschichte« und ihre Metaphysik.

Vielleicht wird der Ursprung und die Eigenart des Interesses, das Heidegger von japanischer Seite aus entgegengebracht wird, deutlicher, wenn man einen Blick auf die Philosophie Kitarô Nishidas wirft. <u>Kitarô Nishida (1870–1945)</u> ist der Initiator und bislang wohl genialste »Wegbereiter« des Versuchs, ausgehend von genuin ostasiatischen Wirklichkeitserfahrungen und Traditionen in Anknüpfung an und kritischer Auseinandersetzung mit westlicher Philosophie ein eigenständiges japani-

---

[5] Und nicht nur für eine japanische Philosophie; auch in China und Korea lassen sich ähnliche Bestrebungen ausmachen Vgl. z. B. Wing-cheuk CHAN, *Heidegger and Chinese Philosophy* (Taipei 1986) oder Hyong-kon Ko, *Sôn ûi sekye* (korean., *Die Welt des Zen*) (Seoul 1976).
[6] K. TSUJIMURA, *Martin Heideggers Denken und die japanische Philosophie*, in: *Martin Heidegger. Ansprachen zum 80. Geburtstag am 26. September 1969* (Meßkirch o. J. = 1970) 11; s. unten S. 160.

sches philosophisches Denken auf den Weg zu bringen. Das Verdienst Nishidas um die Begründung einer japanischen Philosophie – sichtbar unter anderem in seiner 19bändigen Gesamtausgabe sowie im Denken der auf ihn zurückgehenden Kyôto-Schule[7] – ist in Japan heutzutage unumstritten. »Nishidas Philosophie ist das erste originäre philosophische System Japans«[8]. Im folgenden will ich in Form einer schlaglichtartigen Vergegenwärtigung und Konturierung von Heideggers und Nishidas Denken der Frage nachgehen, inwieweit die Philosophie Nishidas, die sie motivierenden Erfahrungen sowie deren denkerische Durchdringung eine Konvergenz oder Nähe zu Heideggers Denken aufweisen – und daher vielleicht den auf Nishida folgenden Bemühungen um ein genuin japanisch philosophisches Denken eine Orientierung und Anknüpfung an Heidegger nahelegten.

II.

Für die direkte und unmittelbare Vermittlung und Rezeption der heideggerschen Philosophie in Japan spielt Nishida selbst kaum eine Rolle. Zwar finden sich in seiner Bibliothek einige Veröffentlichungen Heideggers[9], aber von einer Anknüpfung an Heidegger kann keine Rede sein. An den wenigen Stellen, an denen sich Nishida zu Heidegger äußert, mischen sich Würdigung und kritische Distanz. »Man kann erkennen, daß Heidegger Husserls bewußtseinsimmanenten Standpunkt überstiegen hat und auf einem konkreten Standpunkt steht. Aber beim Verstehen sieht man unumgänglich das Konkrete vom Abstrakten her. Natürlich läßt sich das eventuell als wissenschaftlicher Standpunkt auffassen, aber die Vorgehensweise, die das Konkrete vom Abstrakten her sieht, kommt nie aus dem Darstellen und Klassifizieren heraus.« (6,170) Nishida, der die Wirklichkeit, so wie sie ist, in ihrer »konkreten Logik« (9,179) denkend zu fassen sucht, wirft Heidegger vor, bei seinem Versuch, das Sein selbst zu denken, noch auf eine gewisse Weise dem Subjekt-Objekt-Schema verhaftet zu bleiben. »Die Welt, wie sie Heidegger denkt, ist noch eine Welt, die wir von außen anschauen; es ist nicht die Welt, in der wir uns befinden.« (7,180) »Auch Heideggers Ontologie überschreitet den Standpunkt des subjektiven Selbst nicht.« (11,178)

Heidegger selbst gesteht später ein, daß sein Denken in »Sein und Zeit« die

---

[7] Zur Kyôto-Schule s. *Japanisches Denken. Die Philosophie der Kyôto-Schule*, hg. v. R. Ôhashi, erscheint demnächst.
[8] Keiji Nishitani, Zen no kenkyû ni tsuite (Über *»Eine Untersuchung des Guten«*), in: *Nishida Kitarô. Gendai nihon shisô taikei* 22 (*Japanisches Denken der Gegenwart* Bd. 22) hg. v. K. Nishitani (Tôkyô [6]1970) 7–64, 9.
[9] Es handelt sich um: *Die Kategorien- und Bedeutungslehre des Duns Scotus* (1916); *Sein und Zeit* (1927); *Kant und das Problem der Metaphysik* (1929). Zahlreiche Anstreichungen in *Sein und Zeit* verraten dessen intensive Lektüre. Vgl. auch Abb. 2.

Tendenz habe, »erneut nur eine Verfestigung der Subjektivität zu werden« (NII 194). Dagegen betont er: »Die Frage nach dem Sein als solchem steht außerhalb der Subjekt-Objekt-Beziehung« (NII 195). In der kritischen Haltung, die Nishida und der späte Heidegger »Sein und Zeit« gegenüber einnehmen, zeigt sich eine Gemeinsamkeit ihres Denkens, die im Blick auf folgende Äußerungen noch deutlicher wird. In seinen Nietzsche-Vorlesungen formuliert Heidegger:

> »Wir meinen zwar, ein Seiendes werde dadurch zugänglich, daß ein Ich als Subjekt ein Objekt vorstellt. Als ob hierzu nicht vorher schon ein Offenes walten müßte, innerhalb von dessen Offenheit etwas *als* Objekt *für* ein Subjekt zugänglich... werden kann!« (NII 138)

Gute zehn Jahre vorher (1924) schreibt Nishida:

> »Damit das Bewußtsein und der Gegenstand sich aufeinander beziehen können, muß es etwas geben, das beide in seinem Inneren einschließt. Es muß so etwas geben wie einen Ort, in dem sich beide aufeinander beziehen. Was ist es, das die beiden sich aufeinander beziehen läßt?« (4,211)

Die Ähnlichkeit der beiden Zitate bis hinein in ihre Argumentationstruktur und Frageintention ist – in Anbetracht der Tatsache, daß eine direkte Beeinflussung ausgeschlossen scheint – überraschend. Sowohl Nishida wie Heidegger wenden sich gegen ein vor allem in der europäisch-neuzeitlichen Tradition artikuliertes Verständnis der Wirklichkeit und des Menschen in ihr im Rahmen bloßer Subjekt-Objekt-Beziehungen. Sie versuchen diese Selbst- und Wirklichkeitsauffassung, die in Form der modernen Wissenschaften und Techniken die gegenwärtige Welt maßgeblich prägt, in ihrer unbefragten Normativität und Selbstverständlichkeit zu hinterfragen, indem sie auf die Abkünftigkeit sowohl des Subjektseins des Menschen als auch des Objektseins der Dinge aus einer vorgängigen Eröffnetheit der Wirklichkeit im Ganzen beziehungsweise auf das Eingebettetsein der Subjekt-Objekt-Beziehung in einer sie umfassenden und erst ermöglichenden Tiefenstruktur hinweisen.

Heidegger denkt dieses Offene als das sich im Wechselbezug von Sein und Mensch ereignende Geschehen der Unverborgenheit (ἀλήθεια), als das das Seiende im Ganzen je in einer geschichtlich-epochal bestimmten Weise aufgeht und sich gestaltet und in dem sich so die Sinnhorizonte und Handlungsbahnen auftun, innerhalb derer das Seiende dem Menschen in bestimmter Hinsicht relevant und zugänglich ist und der Mensch mit ihm umgehen kann. Die Tradition der bisherigen Philosophie sieht Heidegger dadurch gekennzeichnet, daß ihr dieses ursprüngliche Eröffnungs- und Gebungsgeschehen von Wirklichkeit verborgen bleibt, da sie sich den Ursprung und Ermöglichungsgrund der bestimmten und gestalteten Wirklichkeit selbst wie ein – wenn auch höchstes und allgemeinstes – Seiendes vorstellt. In dieser Tradition wird die Gegebenheit und Gestaltetheit der Wirklichkeit zurückgeführt auf eine oberste Wesensgestalt, einen letzten Bestimmungsgrund, der als immer schon gegeben und vorliegend, das heißt allen Gestaltungen und Bestimmungen vorausliegend begriffen wird und damit einer Gestaltung oder Bestimmung weder bedürftig noch zugänglich zu sein scheint. In einem Rückgang hinter diese die Wahrheit des Seins verstellenden Vorstellungen versucht Heidegger, die jeweilige Gegebenheit und Gestaltetheit der Wirklichkeit aus dem Entbergungs- und Entstehungsgeschehen der ἀλήθεια zu denken.

Fragt Nishida nach dem Ort (des Geschehens), in dem die Seienden in einer je bestimmten Gestalt, zum Beispiel als Subjekt und als Objekt da sind und sich aufeinander beziehen, so tut auch er dies im Bewußtsein, mit dieser Frage einer Sache nachzudenken, die die europäische Philosophie bisher nicht radikal genug bedacht hat[10]. Die europäische Tradition denkt von ihrem griechischen Anfang an »das Sein als den Grund der Realität... bzw. den Grund der Realität als gestalthabend«, weswegen ihr auch nur »das Gestalthabende und Bestimmte als Realität« gilt. (7,430) Seiendes *ist* je nur da als ein so und nicht anders bestimmtes, es *ist* gegenwärtig in dieser und nicht in jener Gestalt. Das Sein des Seienden, das heißt die Gestaltetheit und Bestimmtheit des Seienden beruht somit immer in einer Abgrenzung und Differenzierung der Seienden gegeneinander. All die Abhebungen und Differenzierungen der Seienden gegeneinander, durch die sich Seiendes gestaltet und zum Vorschein kommt, können sich jedoch nur auftun an einem Ort, der dieses »gegen« ermöglicht, da er selbst nicht mehr »gegen«, das heißt kein zum Seienden Differentes ist, sondern die sich gegenüberstehenden Seienden in sich einschließt. Für die spezifischen Unterschiede und Differenzen einer Gattung ist zum Beispiel der Gattungsbegriff ein solcher Ort. Das gattungsbegriffliche Allgemeine ist als eine allgemeinste Gestalt jedoch immer noch durch eine Differenz zu anderen Gestalten und zuletzt als Sein durch eine Differenz zum Nichtsein bestimmt und daher nicht der letzte und umfassende Ort der Wirklichkeit[11]. Dieser letzte Ort, der die Wirklichkeit, das heißt die Seienden im Ganzen einschließt und sie als solche (in ihrer Differenzierung und Gestaltetheit) erst ermöglicht, ist in jeder Hinsicht schwer zu denken, da er sich durch keine Identität und keine Differenz mehr bestimmen läßt. Er ist nicht etwas von der Wirklichkeit Verschiedenes, aber auch nicht mit ihr identisch. Dieser Ort ist nichts anderes als die Wirklichkeit, aber er ist nicht

---

10 So weist Nishida z. B. in dem 1926 verfaßten Aufsatz *Torinokosaretaru ishiki no mondai (Das Problem des hintersichgelassenen Bewußtseins)* darauf hin, daß die europäische Philosophie bisher immer nur das »bewußtgemachte Bewußtsein« thematisiert, aber nie explizit nach dem »bewußtmachenden Bewußtsein« gefragt habe (12,5–17).
11 In bezug auf Platon schreibt Nishida z. B.: »In Platons Philosophie wird das Allgemeine als objektive Realität gedacht. Aber zu dem Gedanken, daß das Allgemeine, das wirklich alle Dinge in sich einschließt, der Ort sein muß, der alles zustande kommen läßt, kommt Platon nicht. ... Selbst die höchste Idee ist immer noch etwas bloß Bestimmtes und Besonderes.« (4,223 f.)

Wirklichkeit. Als Ort der Wirklichkeit hat er keinen Ort in der Wirklichkeit, ist in ihr nicht bestimmbar, von ihr her gesehen ein Nichts – aber eben nicht bloß ein Nichts im Gegensatz zum Sein, sondern ganz und gar einfach nichts, »absolutes Nichts«[12]. Der »Ort des Entstehens und Vergehens« (4,219), in dem alle Wirklichkeit ist, das heißt sich gestaltet und bestimmt, wird von Nishida als der »Ort des absoluten Nichts« gedacht[13]. Eine Grundintention der Philosophie Nishidas ist es, aufzudecken, daß Wirklichkeit nicht in einer letzten Bestimmung oder obersten Gestalt gründet, sondern sich immer befindet in diesem Ort des absoluten Nichts, mithin nur aufgeht in einer oder besser: als eine »Selbstbestimmung des Ortes des absoluten Nichts« und so immer eine »Bestimmung ohne Bestimmendes« (8,11), eine »Gestalt des Gestaltlosen« (4,6) ist. Dabei wird es für Nishida zu einer bedrängenden Frage, wie sich dieses »ineinander« und »zusammen« von äußerster Differenziertheit, Bestimmtheit und Gestaltetheit (Leben, Sein) und letzter Unbestimmtheit, Gestaltlosigkeit und Indifferenz (Tod, Nichts), als deren »zugleich« die Wirklichkeit je ist, in seiner konkreten Logik denken läßt. Diese Frage durchzieht Nishidas Denken von seiner ersten Studie *Eine Untersuchung des Guten (Zen no kenkyû*, 1911) bis zu seinem letzten, unvollendeten Aufsatz *Ortlogik und religiöse Weltsicht (Basho-teki ronri to shûkyô-teki sekaikan*, 1945)[14]; sie treibt sein Denken über zahlreiche Umbrüche und Neuansätze voran bis hin zu seiner Erläuterung und Beschreibung der geschichtlich-realen Welt als einer Welt »diskontinuierlicher Kontinuität« beziehungsweise »widersprüchlicher Selbstidentität«.

---

12 »Absolutes Nichts« (zettai mu) ist eines der zentralen Grundworte Nishidas. Wenn ich dieses Wort im folgenden eher umgehe und meide, so deswegen, weil das deutsche Wort »absolutes Nichts« m. E. das Verständnis dessen, was Nishida im japanischen Wort »zettai mu« denkt, eher verstellt. »Nichts« und »absolut« sind im Kontext europäischer Tradition mit einem Sinn beladen, der sie – ändert sich nicht diese Tradition und mit ihr der Sinn dieser Worte – als Übersetzung für »zettai mu« eher unangebracht erscheinen läßt. Vgl. E. WEINMAYR, *Nishida tetsugaku no konponteki gainen – doitsugo e no juyô (Die Grundbegriffe der Nishida-Philosophie – Ihre Rezeption in die deutsche Sprache)*, in: Y. KAYANO/R. ÔHASHI, *Nishida tetsugaku – shinshiryô to kenkyû no tebiki (Neue Materialien und Forschungshandreichungen zur Philosophie Nishidas)* (Kyôto 1987) 207–238, hier 226–228. Für eine Erläuterung des »Nichts« im Kontext ostasiatischer Tradition s. H. S. HISAMATSU, *Die Fülle des Nichts. Vom Wesen des Zen. Eine systematische Erläuterung* (Pfullingen 1975).
13 Vgl. dazu Heideggers Erläuterung der ἀλήθεια als »offener Mitte«. »Diese offene Mitte ist daher nicht vom Seienden umschlossen, sondern die lichtende Mitte selbst umkreist wie das Nichts, das wir kaum kennen, alles Seiende.« (HW 39).
14 Für deutsche Übersetzungen von Nishidas Texten vgl. Kitarô NISHIDA, *Die Intelligible Welt. Drei philosophische Abhandlungen* (Berlin 1943); DERS., *Über das Gute – Eine Philosophie der Reinen Erfahrung* (Frankfurt a. M. 1989), und: *Japanisches Denken. Die Philosophie der Kyôto-Schule*, a. a. O. Für eine Bibliographie und kritische Diskussion der zahlreichen englischen Übersetzungen s. J. C. MARALDO, *Translating Nishida* (erscheint Oktober 1989 in: *Philosophy East and West* Vol. 39, Nr. 4). Eine Bibliographie sämtlicher Übersetzungen und Sekundärliteratur in europäischen Sprachen bieten L. BRÜLL/M. ABE, *Bibliographie zur Nishida-Forschung in westlichen Sprachen*, in: KAYANO/ÔHASHI, *Nishida tetsugaku*, a. a. O., 389–398.

III.

Worte wie »widersprüchliche Selbstidentität« oder »diskontinuierliche Kontinuität« – überhaupt der Versuch, ein »zugleich« von augenscheinlich sich völlig Widersprechendem zu denken – sind für ein europäisches Denken, das die Unmöglichkeit eines solchen »zugleich« gerade als eine wesentliche Auszeichnung aller wahren Wirklichkeit erfuhr und im Satz vom Widerspruch zu einem obersten Gesetz für alles Nachdenken über diese Wirklichkeit machte[15], eine Zumutung und daher fragwürdig.

Allerdings kreist auch Heideggers Denken um ein ähnliches »zugleich«, wenn er die Geschehensstruktur der Wirklichkeit (ἀλήθεια) als ein »ineinander« und »zugleich« von »Entbergung und Verbergung«, »Sichzuschicken und Sichentziehen« oder »Anwesen und Abwesen« aufzuweisen versucht[16]. Heideggers Versuche, dieses »und« beziehungsweise »zugleich« zur Sprache zu bringen, sind zahlreich. Ich will im folgenden einen der Versuche vergegenwärtigen, der es meines Erachtens ermöglicht, Heideggers Denken in eine fruchtbare Spannung und Nähe zu Nishidas Denken zu bringen. In einer eigenwilligen und faszinierenden Interpretation des Anaximander-Spruches[17] versucht Heidegger, das »zugleich« von Anwesen und Abwesen zu fassen, indem er beschreibt, wie alles Seiende je nur übergänglich und jeweilig anwest. Übergänglichkeit und Jeweiligkeit besagen, daß Seiendes immer nur ist »zwischen Herkommen und Hinweggehen« (HW 350). Alles, was ist, west an als ein solches Zwischen, es ist immer »Übergang von Herkunft zu Hingang« (HW 354). Als dieses Zwischen, als Übergang hat Seiendes je seine Weile, in der es weilt, das heißt da ist. Statt von »Zwischen« und »Übergang« spricht Heidegger auch von »Fuge«.

»Die Je-Weiligen wesen an aus der Fuge zwischen Hervorkunft und Hinweggang. Sie wesen an im Zwischen eines zwiefachen Abwesens.« (HW 357) »Die je erteilte Weile des Weiligen beruht in der Fuge, die Anwesendes zwischen das zwiefache Ab-wesen (Herkunft und Hingang) übergänglich verfügt.« (HW 363)

---

15 Vgl. z. B. Aristoteles, *Metaphysik* Γ 3,1005 b 19: »τὸ γὰρ αὐτὸ ἅμα ὑπάρχειν τε καὶ μὴ ὑπάρχειν ἀδύνατον τῷ αὐτῷ καὶ κατὰ τὸ αὐτό.« oder Wolff, *Ontologie* § 28: »Fieri non potest, ut idem *simul* sit et non sit.«

16 S. z. B. VA 264: »... die schwebende Innigkeit von Entbergen und Verbergen...«; SG 109: »Beides, Sichzuschicken und Sichentziehen, sind Ein und das Selbe, nicht zweierlei.« Hierher gehören auch die Wortpaare »Ereignis und Enteignis« (vgl. SD 23, 46); »Wahrheit und Unwahrheit« (z. B. HW 40); »Sein und Nichts« (z. B. GB 54).

17 Heidegger selbst scheint die Möglichkeit im Blick gehabt zu haben, über seine Interpretation der frühen griechischen Denker in ein Gespräch mit der fernöstlichen Welt kommen zu können. In VA 43 bezeichnet er das »Gespräch mit den griechischen Denkern und deren Sprache« als »die Vorbedingung für das unausweichliche Gespräch mit der ostasiatischen Welt.«

Die Fuge wird von Heidegger beschrieben als das offene Zwischen, in dem alle Seienden übergänglich, jeweilig anwesen. Aber diese Fuge ist nicht so etwas wie eine feste Theaterbühne, auf der Seiendes für eine Weile auf- und dann wieder abtritt. Fuge »ist« nur als das Geschehen einer Fügung von Seienden, die sich fügen. Alles Jeweilige ist je nur in einer Fügung das, was es gerade ist, – aber jede Fügung ist eine Fügung, die die Jeweiligen verfügen. In Heideggers Worten: »Die Fuge gehört zum Je-Weiligen, das in die Fuge gehört.« (HW 352) Die Frage nach dem, was hier zuerst ist – die Fuge, in die eingefügt Seiendes erst ist, oder das Seiende, aus deren Fügung sich erst die Fuge bildet –, greift ins Leere. Vermutlich weil die jeweilige Fügung beziehungsweise Fuge selbst ein Phänomen des Übergangs, eine Gestalt des Zwischen ist. Die Fuge ist nur, insofern die Seienden sich in ihre Übergänglichkeit, in ihre Jeweiligkeit fügen und so »Fug geben«.

Was aber ist der Sinn dieser Fügsamkeit? Worin besteht ihr Kriterium? Dem oben Gesagten zufolge kann es nicht in einem über allem Seienden stehenden abstrakten Gesetz, zum Beispiel der obersten Verfügung einer allgemeinen »schicksalshaften« Vergänglichkeit, der das Seiende unterworfen ist, liegen. Fragen wir umgekehrt: Was passiert, wenn das Seiende sich nicht mehr in seine Übergänglichkeit fügt, wenn der Un-Fug die Oberhand gewinnt?

»Die Un-Fuge besteht darin, daß das Je-Weilige sich auf die Weile im Sinne des nur Beständigen zu versteifen sucht.« (HW 351 f.) »Das Je-Weilige beharrt auf seinem Anwesen. Dergestalt nimmt es sich aus seiner übergänglichen Weile heraus. Es spreizt sich in den Eigensinn des Beharrens auf. Es kehrt sich nicht mehr an das andere Anwesende.« (HW 351) »Doch dadurch spreizt sich auch schon jedes Weilige auf gegen das Andere. Keines achtet auf das weilige Wesen des Anderen. Die Jeweiligen sind gegeneinander rücksichtslos, jedes je aus der im weilenden Anwesen selbst waltenden und von ihm nahegelegten Sucht des Beharrens.« (HW 355)

Dies kann so weit gehen, daß die »Je-Weiligen sich... völlig in den schrankenlosen Eigensinn der Aufspreizung zum bloß beharrenden Fortbestehen zerstreuen, um so in der gleichen Sucht einander abzudrängen aus dem gegenwärtig Anwesenden.« (HW 356) Fügen sich die Seienden nicht mehr in ihre Übergänglichkeit, sondern nehmen sich und ihr Fortbestehen zum Wichtigsten und versuchen sich gegen die anderen Anwesenden durchzusetzen, so wird das Beisammensein, das heißt ein »Zueinander-Anwesen« (HW 365) von wirklich verschiedenen Seienden unmöglich. Fuge und Fügung hätten so ihren Sinn darin, dem »Zueinander-Weilen« (HW 349) einer – wie Heidegger betont, streng zu denkenden, das heißt nicht in eine allgemeine Einheit versammelbaren – »Mannigfaltigkeit des Je-Weiligen« (HW 356) Raum zu geben. Das Kriterium der Fügung ist die Eingelassenheit jedes Jeweiligen in eine plurale Vielfalt von anderen jeweiligen Seienden, die sich einander in wechselseitiger

Sorge und Rücksicht, Schätzung und Achtung sein lassen, das heißt fügen müssen, damit die gegenseitige Eingefügtheit und Abhängigkeit, in der sich jedes Jeweilige befindet, nicht in eine bloße »Verfügung über...« oder »Verfügbarkeit von...« ausartet und ein jedes Seiende »je nach seiner Weise zu jedem anderen« anwesen kann. (HW 346)

> »Indem... das Seiende selbst den Fug gibt..., ist es als das jeweilige Seiende solchen Wesens, daß es von sich aus nun auch jedes jeweilig Seiende sein läßt, was ein jedes ist. Jedes Seiende anerkennt... wechselweise jedes Seiende. So läßt denn auch eines dem anderen die ihm gehörige Schätzung« (GB 119); »die Je-Weiligen lassen eines dem anderen gehören: die Rücksicht aufeinander.« (HW 355)

Eine solche Rücksicht ist aber nur einem Seienden möglich, das nicht um jeden Preis auf sich und dem Fortbestehen seiner jeweiligen Gestalt besteht. Sich zurücknehmen, um anders sein zu lassen, anderem Raum zu geben, vermag – geschieht es nicht in Form einer eigene Wünsche unterdrückenden Unterwerfung unter ein moralisches Gebot oder eines zähneknirschenden Kompromisses – nur ein Seiendes, das sich vom Grund seines Selbst her als jeweilig und übergänglich, das heißt als ein »zugleich« von Anwesen und Abwesen weiß und deswegen auch noch sein eigenes Zurücktreten und Abwesen (Nicht-Sein) als eine genuine Weise seines Selbstseins erfahren kann. Die Bemerkung Heideggers, daß der Mensch »nur Hirt des Seins werden kann, insofern er der Platzhalter des Nichts bleibt« (HW 344), gewinnt ihre Konturen vor dem Hintergrund dieses Gedankens.

Nun hatte und hat die europäische Tradition, besonders in ihrer neuzeitlichen Prägung, ihre Schwierigkeiten mit solchem Sichzurücknehmen, mit einer das Andere in seiner Eigenart sein lassenden Rücksichtnahme. Wesentliches Merkmal der metaphysischen Tradition scheint eher zu sein, daß sie die Wirklichkeit immer im Rahmen eines bestimmten, dem Geschehen der Fügung aller Seienden zueinander enthobenen Allgemeinen denkt und die mannigfaltigen Einzelseienden nur insoweit zulassen kann, als sie sich diesem Allgemeinen fügen. Einen Grund dafür sieht Heidegger darin, daß in dieser Traditionsgeschichte ein Seiendes, der Mensch, sich zunehmend gegen seine Übergänglichkeit sträubt, auf seiner Fortdauer, dem uneingeschränkten Anwesen seiner selbst besteht und daher beginnt, sich gegen die anderen Seienden aufzuspreizen und durchzusetzen. Der Mensch möchte sich und die Wirklichkeit im Ganzen gerne außerhalb des Fügungsgeschehens, nicht mehr durchschnitten vom »zugleich« des An- und Abwesens und bloß jeweilig und übergänglich, sondern in dauernder und vollkommener Präsenz haben. Als neuzeitliches Subjekt schließlich betrachtet er die Wirklichkeit so, als stünde er gänzlich außerhalb des wechselseitigen Fügungsgeschehens. Von diesem Standpunkt her erfährt er das Seiende nicht mehr als anwesend in und aus dem Geschehen, in dem sich jeweilig und übergänglich alle Seienden (auch er) in einer Wechselseitigkeit gestalten und zueinander fügen, ohne sich um einen Fixpunkt zentrieren oder auf allgemeine Vorgaben zurückgreifen zu können. Als wirklich gilt ihm jetzt das, was sich ihm, dem obersten und allgemeinsten, weil unverfügten und unverfügbaren Seienden fügt, das heißt sich in seine Vorstellungen einordnen und einfügen läßt. Im Vorstellungs- und Verfügungsbereich des Subjekts (dem Selbstbewußtsein) ist das Seiende dem »zugleich« von Verbergung und Entbergung entrissen, es ist dauernd unverborgen und präsent, aber in einer Präsenz, deren einziges Kriterium die Bedeutung und der Nutzen des Seienden für das Subjekt ist. Heideggers Bemühen, durch seine Interpretation der Geschichte der Metaphysik als einer Geschichte der Seinsvergessenheit das »zugleich« von An- und Abwesen, von Ver- und Entbergung, das heißt die Jeweiligkeit und Übergänglichkeit als Urschicht aller Realität – auch der des neuzeitlichen Subjekts – aufzuweisen, lassen sich so verstehen als Versuch, einem aus den Fugen geratenen neuzeitlichen Subjekt ein ursprünglicheres Selbst- und Weltverständnis zu erschließen und damit die Möglichkeit einer Wandlung der Gestalt der Welt und des Menschen in ihr vorzubereiten.

Auch Nishidas Erläuterung der ursprünglichen Struktur der Wirklichkeit als diskontinuierliche Kontinuität und absolut widersprüchliche Selbstidentität bewegt sich – allerdings unter ganz anderen Vorgaben (vgl. dazu VI.) – in einer ähnlichen Spannung von zwei verschiedenen Auffassungen und Weisen menschlichen Selbstseins. In seiner Spätphilosophie (seit ca. 1935) bezeichnet Nishida diese beiden Weisen als den »Standpunkt des intellektuellen Selbst« und den »Standpunkt des handelnden Selbst«. Nishidas Denken läßt sich charakterisieren als Versuch, den Standpunkt des handelnden Selbst, der Nishida als die unhintergehbare, ursprüngliche und konkrete Realisationsweise von Selbst und Welt gilt, in all seinen Implikationen philosophisch zu klären und darzulegen. Ineins damit thematisiert Nishida das intellektuelle Selbst als eine zwar mögliche und berechtigte, aber zugleich Borniertheiten und Einschränkungen mit sich bringende Abstraktion beziehungsweise einseitige Gestalt des handelnden Selbst.

IV.

Nun beschreibt Nishida das Weltgeschehen zwar nicht wie Heidegger in seiner Anaximander-Interpretation als ein Fügungsgeschehen von mannigfaltigen Seienden, sondern als ein »Sich-einander-gegenüberstehen« (8,17), »Gegenseitig-aufeinanderwirken« (9,147) oder »Sich-wechselseitig-bestimmen« (8,65) von unzähligen Einzelseienden, aber im Blick auf die gedachte Sache lassen sich durchaus Konvergenzen ausmachen. Dem neuzeitlichen Subjekt, das sich unabhängig und außerhalb der Welt als des Ineinanderverfügtseins und Sichzueinanderfügens aller Seienden wähnt, entspricht der Standpunkt des intellektuellen Selbst.

»Der Standpunkt des intellektuellen Selbst ist – selbst wenn man dieses Selbst als ein allgemeines auffaßt – ein Standpunkt, der auf der Unabhängigkeit *eines* Selbst beharrt, ein Standpunkt, auf dem sich das Selbst außerhalb der Welt befindet und die Welt von außen betrachtet. D.h. dieser Standpunkt ist der des Subjektivismus und Individualismus.« (8,53)

Auf diesem Standpunkt erfährt sich das menschliche Selbst als unverfügt, das heißt von keinem anderen bestimmt und durch nichts bedingt. Seine Existenz entfaltet sich in uneingeschränkter Selbstbestimmung (Autonomie) und unbedingter Selbsthabe. Die Welt ist diesem Selbst eröffnet in der Kontinuität und Identität einer reinen Selbstvermittlung, das heißt sie ist ihm gegeben und vermittelt durch es selbst als die Mitte der Welt.

»Solange man denkt, daß ein Einzelnes bzw. unser Selbst sich ganz und gar selbst bestimmt, steht man auf dem Standpunkt des intellektuellen Selbst. Die Welt vom Standpunkt der Selbstvermittlung eines Selbst her zu betrachten, heißt, sie vom Standpunkt des intellektuellen Selbst her zu betrachten.« (8,52)
»Es bedeutet kurz gesagt, daß wir uns die Welt nach dem Modell eines individuellen Selbst bzw. in der Form der Selbstbestimmung eines Selbst vorstellen und dieses Selbst zur Welt aufspreizen.« (8,47)

Wird die Welt als Selbstbestimmung eines völlig aus dem wechselseitigen Bestimmungsgeschehen losgelösten, das heißt absoluten Seienden gedacht, so ist mit der Gegebenheit dieses Seienden auch schon die Wirklichkeit im Ganzen bestimmt. Sie kommt bloß noch als »ein Erkenntnisgegenstand bzw. als eine tote Sache, als Vergangenheit« (8,52) in Frage und erscheint als etwas »einfach Gegebenes« (9,181).

Nishida insistiert darauf, daß diese vom Standpunkt des intellektuellen Selbst aufgefaßte Wirklichkeit jedoch nur etwas »abstrakt-begrifflich Vorgestelltes« (9,181) sei. Bereits der Ansatz eines einzelnen in bloßer Selbstbestimmung allein für und durch sich Seienden hat sich – auch wenn es sich um ein allgemeinstes und höchstes Seiendes handelt – in der »Gegenstandslogik« (8,275) verfangen und verfehlt die »konkrete Logik« der Wirklichkeit. Konkret und das heißt auf dem Standpunkt des handelnden Selbst verhält es sich nämlich so, daß Selbstbestimmung nie im leeren Raum von Null an geschieht, sondern nur möglich ist in Ablehnung, Aufnahme oder Verwandlung bereits vorausgehender (Fremd-)Bestimmungen. »Das Selbst ist dadurch, daß es durch andere vermittelt wird, es selbst.« (8,85f.). Ein Selbst konstituiert sich als Einzelnes und Individuelles je nur in Kontrast, Differenz und Gegenhalt zu anderen Einzelnen.

»Es ist nicht so, daß es zuerst unabhängige Einzelne gibt und diese sich dann verbinden. Ein Einzelnes ist dadurch ein Einzelnes, daß es Einzelnen gegenübersteht.« (8,65) »Ein Einzelnes gründet im Sich-wechselseitig-bestimmen unzähliger Einzelner.« (8,56)

Die hier formulierte Einsicht in die Bedingungsverhältnisse des Zustandekommens von Einzelnen, und das heißt von differenzierter und gestalteter Wirklichkeit überhaupt, konfrontiert mit der Unmöglichkeit einer Letztbegründung des Bestimmungs- und Gestaltungsgeschehens der Welt. Welt läßt sich nicht vom Vielen her als nachträgliche Einigung und Zusammenfügung von immer schon vorliegenden einzelnen Seienden begreifen, da jedes Einzelne erst in und aus dem Bestimmungsgeschehen der Welt das ist, was es ist. Dieses Bestimmungsgeschehen ereignet sich jedoch nicht als eine sich bis ins Besondere ausdifferenzierende Selbstbestimmung einer bereits feststehenden Einheit oder eines obersten Allgemeinen, sondern als wechselseitige Bestimmung von unzähligen einzelnen, das heißt wirklich voneinander verschiedenen, nicht verallgemeinerbaren oder in eine Einheit versammelbaren Seienden.

»Welt kann weder als das Viele des Einen, noch als das Eine des Vielen gedacht werden. ... Als Substrat läßt sich an ihrem Grund weder das ganze Eine noch das einzelne Viele denken.« (9,148)

Die Unmöglichkeit einer Rückführung der Welt auf eine letzte (beziehungsweise erste) Einheit oder Vielheit erzwingt eine widersprüchliche Beschreibung der Welt. Nishida faßt die konkrete Welt als »Welt der absolut widersprüchlichen Selbstidentität des Einen und des Vielen« (9,152); in ihr gilt: »das Eine zugleich das Viele, das Viele zugleich das Eine« (9,150). Die Welt zeigt so ein Doppelgesicht, das jeden Versuch, sie aus einem Gegenüber in einem Blick zu fixieren oder eine eindeutige Aussage über sie zu treffen, irritiert. Als das Eine und Allgemeine umfaßt die Welt die vielen Einzelnen, vermittelt sie untereinander und bietet so allen Einzelnen den Ort, in dem sie miteinander in Beziehung stehen, aufeinander wirken, sich gegenseitig gestalten und so erst als Einzelne sein können. Als das »orthafte Vermittelnde« (8,41) von völlig unabhängigen, gegeneinander ganz und gar diskontinuierlichen Einzelnen hat diese Welt jedoch keine Mitte, ihre Einheit und Kontinuität ist zerrissen. Nishida bezeichnet sie daher als das »diskontinuierlich-kontinuierlich Vermittelnde« oder als »Ort diskontinuierlicher Kontinuität« oder »widersprüchlicher Selbstidentität«. Diese gebrochene Selbstidentität der Welt bedeutet, daß die eine Welt ihr Selbst nur in den vielen Einzelnen hat. »Das wahre ganze Eine hat sein Selbst in den einzelnen Vielen.« (11,398) Anders: Das, was die Welt ist, die Gestalt der Welt bestimmt sich je aus dem wechselseitigen Gestaltungsgeschehen und Wirkungszusammenhang aller Seienden. Umgekehrt ist das jeweilige Sich-bestimmen und -gestalten der Einzelseienden nichts anderes als eine Selbstbestimmung und -gestaltung des orthaften Vermittelnden, der Welt. Auf die Beziehung von Mensch und Welt gewendet, bedeutet dies: »Unser Leben ist ein Gestaltungsakt, in dem die Welt sich gestaltet.« (8,27) »Unser Handeln ist ein Gestaltungsakt der geschichtlichen Welt.« (8,86)

Die Doppeldeutigkeit des Genitivs im letzten Satz ist dabei als Ausdruck der absolut widersprüchlich selbstidentischen Struktur aller Wirklichkeit zu lesen. Denkt man den Menschen als das gestaltende Subjekt der Welt, das heißt führt man die konkrete Gegebenheit und Präsenz der Wirklichkeit auf die aktive Leistung des Menschen zurück und nimmt diesen als den Ursprung der Wirklichkeit, so übersieht man, daß jeder Mensch selbst im Bestimmungsgeschehen aller Seienden, das heißt in der Welt im Ganzen gründet. Betrachtet man umgekehrt den einzelnen Menschen als bloß passives, durch und durch gestaltetes Moment im kontinuierlich ablaufenden Selbstgestaltungsprozeß irgendeiner letzten und wahren Wirklichkeit, dem nur noch das bloß passive Anschauen der Wirklichkeit im nachhinein ihrer Gestaltung übrigbleibt, so übersieht man, daß das Ganze der Welt in Wahrheit und im letzten nur ist als das wechselseitige Bestimmungsgeschehen aller Einzelnen.

Beide Weisen des Übersehens haben eine gemeinsame Logik. Sie entspringen der Übersicht über die Wirklichkeit, die sich vom Standpunkt des intellektuellen Selbst aus bietet. Von einem »über« und »außen« herkommend, entfaltet sich dieses Sehen selbst schon im Unterschied von Subjekt und Objekt, weswegen ihm auch die Wirklichkeit durchgehend von diesem Unterschied durchzogen scheint. Im Rückgang hinter diese substanz- beziehungsweise subjektsmetaphysischen Vorstellungen, durch deren Brille sich die Wirklichkeit immer in einer Gründungsdifferenz von Ursache und Folge, Subjekt und Objekt, Aktivem und Passivem gegeben zeigt, faßt Nishida das Gestaltungs- und Gebungsgeschehen von Wirklichkeit in seiner konkreten Faktizität, und das heißt vom Standpunkt des (die widersprüchlich selbstidentische Struktur der Wirklichkeit realisierenden) handelnden Selbst her, als »handelnde Anschauung«.

»Hier ist das Wirken unseres Selbst, gerade indem es das Wirken unseres Selbst ist, ein Selbstgestaltungsakt der Welt. Wenn in diesem Sinne Welt und Selbst wie eins wirken, spreche ich von handelnder Anschauung.« (11,191)

Mit dem Wort »handelnde Anschauung« beschreibt Nishida, wie sich das diskontinuierlich-kontinuierliche beziehungsweise widersprüchlich selbstidentische Weltgestaltungsgeschehen im konkreten Handeln des menschlichen Selbst realisiert. »Handeln« spielt an auf die aktive und produktive Leistung des Menschen, der auf anderes einwirkt, Wirklichkeit gestaltet, hervorbringt und so sichtbar macht. »Daß wir handeln, heißt…, daß Dinge geschichtlich zum Vorschein kommen. Das ist der Grund dafür, daß wir durch Handeln Dinge sehen.« (8,65) Auf der Suche nach dem Ursprung oder Motiv dieses Handelns gelangt man jedoch nicht an den ersten Anfang einer Willensleistung eines autonomen Subjektes oder zu einem Ensemble letztbegründbarer Handlungsnormen. Die Frage nach dem »Wer« und dem »Warum« des Handelns verweist vielmehr darauf, daß das handelnde Selbst selbst nur im wechselseitigen Bestimmungsgeschehen aller Seienden existiert, mithin ein von anderen Gestaltetes, ein Ort der Gegenwart unzähliger fremder Willen ist.

»Spricht man vom Wirken, so geht man vom individuellen Subjekt aus. Aber wir wirken nicht von außerhalb der Welt, sondern befinden uns, wenn wir wirken, bereits inmitten der Welt. Unser Wirken ist ein Gewirktwerden.« (9,167)

Diesen Aspekt menschlichen Handelns akzentuiert der Wortteil »Anschauung«. Dem Menschen ist immer schon gestaltete und bestimmte Wirklichkeit präsent und eröffnet; in einer Anschauung hat sich ihm etwas vergegenwärtigt, ein Gesichtsfeld eröffnet, dessen alleiniger Herr er nicht ist. Die Wirklichkeit dringt so auf und in den Menschen ein; die Dinge drängen, verführen und bewegen ihn zum Handeln. »Man kann sagen, daß wir aus dem Sehen heraus wirken... und die Dinge aus dem Sehen heraus gestalten.« (9,168f.) Die Objekte menschlichen Handelns und Gestaltens haben so in der handelnden Anschauung zugleich den Rang gestaltender Subjekte. Bei jeder Handlung werden Dinge gesehen. Diese tauchen auf als Forderung, Verlockung, Behinderung, Ablenkung; sie machen bestimmte Handlungen unmöglich oder möglich, legen andere nahe usw., kurz: sie bestimmen wiederum das gestaltende Subjekt. Das Gestaltete gestaltet seinen Gestalter.

»Bei jeder Poiesis verändert nicht nur das Ich die Dinge, sondern auch die Dinge das Ich.« (8,70) »Was ich selbst gebildet habe, klebt nicht bloß an mir, sondern geht nach außen und bewegt umgekehrt mich.« (14,394) »Wir bilden die Dinge. Obwohl die Dinge von uns Gebildetes sind, sind sie etwas von uns Unabhängiges und bilden umgekehrt uns.« (9,153)

Gebildetes und Bildendes in einem existiert jegliches Seiende in der Weise von »Subjekt-zugleich-Objekt, Objekt-zugleich-Subjekt« (vgl. 8,31). Als Stätte eines »zugleich« von sich Widersprechendem, als absolut widersprüchliche Selbstidentität hat kein Seiendes, keine Gestalt dauernden Bestand. »Alle Dinge verändern sich, gehen über, nichts ist ewig.« (11,408) »Was lebt ist etwas, das stirbt. Es ist wirklich ein Widerspruch, aber in diesem Widerspruch besteht unsere Existenz.« (11,396) Jedoch gerade indem das Seiende übergeht – Nishida sagt auch »Leben/Tod vollzieht« (9,191) –, ist es je eine Umbruchstelle, ein Übergang, in dem sich das diskontinuierlich-kontinuierliche Gestaltungsgeschehen, das Entstehen und Vergehen von Wirklichkeit ereignet und fortsetzt. Alles, was ist, befindet sich nicht nur in Bewegung, sondern ist selbst eine »Bewegung von einem Gebildeten zu einem Bildenden« (10,237). Die Wirklichkeit im Ganzen ist eine, in einem radikalen und abgründigen Sinn, offene und schöpferische »Bewegung von Gestalt zu Gestalt«

(9,157), in der »die Welt der widersprüchlichen Selbstidentität des Einen und des Vielen... sich selbst ganz und gar grundlos... und ohne Ende gestaltet.« (11,400)

V.

Es ist nicht nur diese Herausstellung der nicht fixierbaren Bewegtheit und der abgründigen Unerschöpflichkeit geschichtlicher Wirklichkeit, die Nishida und Heidegger verbindet. Schon beim aufmerksamen (Zusammen-)Lesen obiger Vergegenwärtigung einiger wesentlicher Topoi und Denkfiguren der Spätphilosophie Nishidas mit zum Beispiel Heideggers Anaximander-Interpretation lassen sich zahlreiche weitere Parallelen und Gemeinsamkeiten entdecken. Es bedarf meines Erachtens keiner gekünstelten Konstruktion, um die Nähe zwischen der Sache von Nishidas Denken und derjenigen des heideggerschen zu erspüren. Läßt sich nicht auch eine Entsprechung ausmachen zwischen dem, was Nishida als »handelnde Anschauung« faßt, und dem, was der frühe Heidegger als »Dasein«, der späte als »ursprünglichen Bezug von Sein und Mensch« (vgl. zum Beispiel WM 401 f.) zur Sprache bringt? Deuten nicht sogar Nishidas Gedanke der »absolut widersprüchlichen Selbstidentität« und Heideggers Frage nach der »ontologischen Differenz«, das heißt nach der »Differenz *als* Differenz« (ID 37) in das Selbe?

Nun taucht dieses »Selbe« von Nishidas und Heideggers Denken bei beiden jedoch in abgründig verschiedener Gestalt auf. Das Grundwort von Nishidas Denken ist das »absolute Nichts« (zettai mu), während sich Heideggers Denken auf die Frage nach der Wahrheit des Sein zuspitzt[18]. Fegt die Entfernung zwischen »Nichts« und »Sein«, die die Nähe von Nishidas und Heideggers Denken durchschneidet, nicht alle Fragen nach einer Konvergenz, jede Möglichkeit eines Vergleichs vom Tisch? Sicherlich lassen sich Nishidas und Heideggers Denken nicht einfachhin nebeneinander halten und vergleichen. Beide haben ihren je eigenen Ort in einer anderen Welt, in verschiedenen Sprachen, Denk- und Lebenstraditionen, – und den Ort, in dem sich diese beiden Welten, die ostasiatische und die europäische,

---

18 Dieser Unterschied spiegelt sich meines Erachtens auch in der jeweiligen Erläuterung des Weltgeschehens als einerseits eines Fügungsgeschehens und andererseits eines Bestimmungs- bzw. Gestaltungsgeschehens. In einer Welt des (substanzhaftharten, unbeugsamen) Seins vollzieht sich die kritische Erinnerung an den Geschehenscharakter, die Bewegtheit alles Wirklichen in einer Akzentuierung der »Fügsamkeit« bzw. »Schmiegsamkeit« (vgl. VA 173). Vor dem Hintergrund einer Tradition, die die Wirklichkeit als »Leere« bzw. »Nichts« und d.h. auch in unbegrenzter Modellierbarkeit und Anpassungsfähigkeit erfährt, erschließt sich der Geschehenscharakter der Wirklichkeit als ein Bestimmen und Gestalten (Hervortreiben, Konturieren). Die kritische Intention Heideggers und Nishidas gegenüber ihrer je eigenen Tradition ließe sich dann dahingehend deuten, daß es in der »Welt des Seins« auf das »Lassen«, in der »Welt des Nichts« auf das »Tun« ankomme. Die Nähe und Ferne zwischen Heidegger und Nishida wäre dann die zwischen »sein lassen« und »nichts tun«.

ihre Sprachen und Wirklichkeitserfahrungen, kontinuierlich miteinander vermitteln, bruchlos ineinander übersetzen lassen – diesen Ort gibt es nicht immer schon und einfachhin. Vermutlich wäre ein solcher Ort nur möglich als ein Ort diskontinuierlicher Kontinuität. Und deutet nicht schon die Tatsache, daß es uns möglich ist, dieses schillernde »zugleich« von Nähe und Ferne zwischen Heidegger und Nishida zu verspüren und zu schwanken zwischen der Wahrnehmung von sowohl Verschiedenheit als auch Selbigkeit, darauf, daß wir uns – ob gewollt oder nicht – immer schon in diesem diskontinuierlich-kontinuierlichen Ort befinden? Dieser Ort eröffnet und entfaltet – wenn wir Nishidas Gedanken folgen – seine Vermittlungsleistung allerdings nur dort, wo die jeweilige Einzelwelt nicht selbstbestimmt sich als die Mitte des Ortes nimmt und die je andere Welt nur in sich zurück-versetzt (angleicht, begreift, versteht), sondern selbst in einer diskontinuierlich-kontinuierlichen Übersetzung in die andere Welt über-setzt, bei diesem Übergang sich im Anderen und das Andere in sich entdeckt, dabei einen Bruch erleidet und sich in dieser Brechung selbst neu findet. Anders gewendet: Zu einer schöpferischen Vermittlung – sei es im Sichzueinanderfügen oder im Sich-wechselseitig-bestimmen – kommt es nur, wenn sich keine der Einzelwelten auf die bloße »Kontinuität« oder den »schrankenlosen Eigensinn der Aufspreizung zum bloß beharrenden Fortbestehen« ihrer eigenen Tradition und Gestalt versteift, sondern im Wissen um ihre »absolut widersprüchliche Selbstidentität« beziehungsweise ihre eigene Jeweiligkeit und Übergänglichkeit in der Begegnung das Zerbrechen ihrer eigenen Kontinuitäten, ihres »Selbst« und seiner Selbstverständlichkeiten und ineins damit ihre eigene unvorhersehbare Umgestaltung und Neubestimmung riskiert.

Daß man eher von Nishida und Heidegger als zum Beispiel von Hegel oder Kant her auf solche Gedanken über die Art (interkultureller) Vermittlungen kommt, liegt vermutlich daran, daß sowohl Nishidas als auch Heideggers Denken je der Erfahrung eines großen geschichtlichen Umbruchs entspringen, selbst Reflex und Reflexion eines geschichtlichen Übergangs sind. Für Heidegger ist es die Erfahrung des Atomzeitalters, in dem er die europäische Moderne und die gesamte Geschichte der abendländischen Metaphysik sich vollenden und damit am Ende sieht. Für Nishida ist es die Erfahrung der rasenden und durchgreifenden Verwestlichung Japans seit der sogenannten »Landesöffnung« Japans (1868), die einen radikalen Umbruch und eine bis heute nicht abgeschlossene Neugestaltung der japanischen Welt mit sich brachte.

VI.

Nishidas Philosophie selbst ist ein genuiner Ausdruck dieser Umbruchszeit, insofern in ihr japanische und ostasiatische Denktradition und europäische Philosophie untrennbar ineinander verschmolzen sind. Die europäische Begrifflichkeit, in der sich Nishidas Philosophie entfaltet, verdeckt allerdings ihre Herkunft aus und Verwurzelung in fernöstlichen Denk- und Lebenstraditionen (Buddhismus, Konfuzianismus, Taoismus) weitgehend. Mit einem Hinweis auf ein zentrales Grundwort buddhistischer Tradition möchte ich die Kontinuität zwischen dieser Tradition und Nishidas Philosophie wenigstens kurz illustrieren.

Die buddhistische Lehre beschreibt die fundamentale Existenzweise alles Seienden mit dem Wort »pratîtyasamutpâda« (sanskr.) beziehungsweise »engi« (jap.)[19]. Das Schriftzeichen »en« bedeutet ungefähr Beziehung, Abhängigkeit, Verbindung; das Zeichen »ki« beziehungsweise »gi« Entstehen. »Engi«, »Entstehen in Abhängigkeit«, »Aufgehen in Beziehung« meint, daß kein Seiendes für sich existiert, sondern nur in Beziehung zu allem Anderen das ist, was es gerade ist. Eines der schönsten Bilder für diese Wirklichkeitserfahrung ist das Gleichnis vom Netz im Palast der Gottheit Indra[20]. In jede Masche dieses Netzes ist ein Kristall eingeflochten. Da jeder Kristall für sich klar, das heißt »leer« oder »nichts« ist, spiegeln sich alle anderen Kristalle in ihm, wie er sich auch in allen anderen Kristallen spiegelt. Die Wirklichkeit ist dieses »unerschöpfliche, unendliche Spiegelspiel«[21], ein Wirkungszusammenhang, in dem alles mit allem zusammenhängt. Das Wissen um diese Realität hat sich im Kegon-Sutra[22] zum Beispiel in folgenden Sätzen niedergeschlagen:

> Die Seienden existieren nie an sich selbst. Wenn man auf welche Weise auch immer nach ihrer Substanz suchen will, ist diese doch nie zu greifen. (5,56/1,149)
> Alles Leben ist unbeständig. Alles Seiende ist leer und ohne ein Selbst. (5,57/1,151)
> Durch die Wirkungszusammenhänge entstehen alle Dinge. Durch die Wirkungszusammenhänge vergehen alle Dinge. (5,83/1,224)
> Das Schaffen und das Geschaffene vermitteln sich und haben keine eigene

---

19 Zu »engi« vgl. a. Mitsuyoshi SAIGUSA, Über »Relationalität«, in: All-Einheit. Wege eines Gedankens in Ost und West, hg. v. D. HENRICH (Stuttgart 1985) 109–114. Siehe auch den Beitrag Ereignis und Shôki von K. TSUJIMURA, unten S. 81.
20 S. Kegon gokyôshô (Das Kegon-Buch der fünf Lehren), hg. von Shigeo KAMATA (Tôkyô 1979) 286 ff. Vgl. auch Kôichi TSUJIMURA, Zur Differenz der All-Einheit im Westen und im Osten, in: All-Einheit, a.a.O., 22–32, hier 26 f.
21 Kegon gokyôshô, a.a.O., 265 ff., 276 ff.
22 Kegon-kyô. Kokuyaku daizôkyô (Kegon-Sutra. Großer Sutren-Schatz in jap. Übersetzung) Bd. 5–7 (Tôkyô 1917); in deutscher Übersetzung: Das Kegon Sutra, übersetzt von Torakazu DOI, 4 Bde. (Tôkyô 1978 ff.). Folgende Zitate stammen alle aus Bd. 5 der japanischen Ausgabe; die Übersetzung entnehme ich dem ersten Band der deutschen Ausgabe.

Wesenheit. Das Schaffen für sich und das Geschaffene für sich ist nie zu greifen, wie eifrig man auch streben mag. Diese Stelle der Ungreifbarkeit, das ist gerade die Sache, worauf sämtliche Buddhas gründen. (5,93/1,230)

Zweifelsohne ist Nishidas Gedanke der »handelnden Anschauung« und der »absolut widersprüchlichen Selbstidentität« ein Versuch, diese »Stelle der Ungreifbarkeit« zwar nicht zu begreifen, aber doch philosophisch aufzuweisen und zu ergründen. Auch Nishidas Erläuterung der Realität als eines im Ort der diskontinuierlichen Kontinuität vermittelten Gegenseitig-aufeinander-wirkens aller Dinge weist zurück in die buddhistische Einsicht von »engi«.

Allerdings findet diese buddhistische Erfahrung und ihre traditionelle Fassung in Nishidas Philosophie einen durch und durch europäischen Ausdruck. Nishida rekurriert in seinem Denken so gut wie nie auf alte buddhistische Texte oder Formulierungen, er lehnt sich fast ausschließlich an die Fragestellungen und die Begrifflichkeit europäischer Philosophie an. Bei einem Großteil der Grundbegriffe Nishidas handelt es sich daher nicht um aus der ostasiatischen Geistesgeschichte vertraute Worte, sondern um Kunstworte, die im Kontext der Rezeption der westlichen Philosophie in Japan neugebildet[23] oder -definiert wurden (zum Beispiel Erfahrung, Vermittlung, Subjekt, Objekt, Allgemeines, Einzelnes, Identität)[24]. Daß Nishida sein Denken in Kategorien westlicher Provenienz entwickelt, hat zur Folge, daß sein Denken in Japan oft als fremd empfunden wird. Der Kritiker Hideo Kobayashi charakterisierte Nishidas Sprache einmal sogar als »grotesk«[25]. In diesem

---

23 Auch das japanische Wort für Philosophie (tetsugaku = Weisheits-Lehre) ist ein solches, inzwischen aber ganz gewohntes, neues Wort. Als Japan sich 1868 dem Westen öffnete und mit der westlichen Zivilisation und Wissenschaft auch die europäische Philosophie aufzunehmen begann, wurden – da es japanischem Empfinden nach eine der Philosophie entsprechende Denkweise und damit auch ein passendes Wort bislang in Japan nicht gab – durch Neuzusammenstellung chinesischer Schriftzeichen mehrere neue japanische Worte für »Philosophie« gebildet, von denen sich dann tetsugaku durchsetzte. Von Nishi Amane (1829–1897), der die Hauptrolle bei dieser Namensfindung spielte, wurden unter anderem auch die Namen kyûrigaku (Lehre von der durchdringenden Erforschung der Prinzipien) oder rigaku (Prinzipien-Lehre) vorgeschlagen. Vgl. dazu Art. *tetsugaku*, in: *Heibonsha-tetsugaku-jiten (Philosophisches Wörterbuch des Heibonsha-Verlages)* (Tôkyô [8]1977) 973 und L. BRÜLL, *Zur Entwicklung der japanischen Philosophie*, in: *Japan Handbuch*, hg. v. H. HAMMITZSCH (Wiesbaden 1981) 1295–1297.

24 Zur semantischen Problematik dieses Aspektes der Rezeption europäischer Philosphie in Ostasien s. Soon-Young PARK, *Die Rezeption der deutschen Philosophie in Japan und Korea*, dargestellt als Problem der Übersetzung philosophischer Texte (Bochum Diss. 1976) v.a. 39–102.

25 Dieses »Unjapanische« seiner Philosophie war auch Anlaß für Kritik von ultranationalistischer Seite. Als Nishida 1943 vorgeworfen wurde, seine »Philosophie folge nicht ergeben dem Kaiserreich Japan« (vgl. 11,189), antwortete Nishida mit einem kleinen Aufsatz über *Tradition*, in dem unter anderem geschrieben steht: »Der Tradition gemäß wirken, heißt nicht, bloß der Vergangenheit folgen. ... Tradition lebt, wenn unser Selbst ineins damit, daß es als Selbstgewahrungsmoment der geschichtlichen Welt ganz und gar von der Tradition gestaltet ist, die Welt wiederum zu einer Tradition gestaltet, d.h. wenn es durch und durch schöpferisch ist.« (11,189f.).

Fremdheitsgefühl, das in Japan gleichermaßen Grund für Bewunderung wie Unverständnis gegenüber Nishidas Philosophie ist, kommt zum Ausdruck, daß Nishidas Philosophie nicht in einer bruchlosen Kontinuität mit der japanischen Tradition steht; sein Denken läßt sich nicht einfachhin aus ihr erschließen.

Umgekehrt sperrt sich Nishidas Philosophie genauso gegen ein Verständnis, das sie – verleitet durch ihre Kompatibilität und Kontinuität mit der traditionellen europäischen Philosophie suggerierende Sprache – allein im Kontext europäischen Philosophierens thematisieren und erschließen will. Formulierungen wie »absolut widersprüchliche Selbstidentität«, »Subjekt-zugleich-Objekt« und ähnliche bleiben hier fragwürdig und unbefriedigend. Vom Standpunkt europäischer, sich (vermeintlich) selbstausweisender Logizität aus gesehen, hat es den Anschein, Nishida arbeite mehr mit unausgewiesenen Behauptungen, als daß er die Sache »vernünftig-logisch« durchdenke und begründe; kurz: der Eindruck drängt sich auf, es handle sich hier gar nicht um eine »richtige« Philosophie. Dieser Eindruck mag recht behalten, beschränkt man das Wort »Philosophie« auf einen, nämlich den bisher in Europa vorherrschenden – spätestens seit Nietzsche jedoch dieser Tradition selbst schon fragwürdig gewordenen – Typus ontotheologischen Philosophierens. Aber damit ist über das Denken Nishidas noch gar nichts gesagt. Ist es nicht möglich in einer Welt anderer Herkunft, aus anderen Wirklichkeitserfahrungen und Traditionen schöpfend, in einer anderen Sprache und ihrer anderen Logik lebend, auch anders »vernünftig-logisch« zu denken, als dies bisher in Europa gewöhnlicherweise der Fall war?

Sowohl die Meinung, Nishidas Denken sei kein »richtiges« japanisches Denken, wie auch der Vorwurf, es handle sich um keine »richtige« Philosophie, betrachten Geschichte und Tradition unbefragt im Horizont von Kontinuität, weswegen sie auch ein Wesen, eine richtige Identität der jeweiligen Tradition feststellen können. Mit dieser geschichts- beziehungsweise substanzphilosophischen Annahme verbaut man sich jedoch nicht nur ein Verständnis zentraler Gedanken Nishidas, sondern wird zugleich blind für die innerste Eigenart und den Ursprung von Nishidas Denken. Die Verständnisprobleme und Unzulänglichkeiten, die sich ergeben, wenn man Nishidas Denken bloß als Philosophie europäischen Zuschnitts oder bloß als ein Denken traditionell japanischer Art betrachtet, beruhen darin, daß Nishidas Denken selbst eine diskontinuierlich-kontinuierliche Vermittlung von ostasiatischer Tradition und europäischer Philosophie ist. Nishida denkt nicht nur über absolut widersprüchliche Selbstidentität nach, sein Denken selbst ist eine solche absolut widersprüchliche Selbstidentität, die sich je gestaltet und neugestaltet, indem »das Subjekt die Umwelt gestaltet und die Umwelt das Subjekt gestaltet« (10,237). Das Subjekt ist in diesem Fall Nishida selbst, herkommend aus der japanischen Tradition, geprägt durch seine Zen-Erfahrung. Die »Umwelt« Japans zu Lebzeiten Nishidas ist die westliche Welt, und das heißt für den Denker Nishida auch die westliche

Philosophie. Insofern Nishida (auf dem Standpunkt des handelnden Selbst) sich denkend auf das wechselseitige Gestaltungsgeschehen dieser beiden Denktraditionen einläßt, ist der Ort diskontinuierlicher Kontinuität und die übergängliche Bewegtheit alles Wirklichen nicht allein der Gegenstand von Nishidas Denken. Sein Denken (ent-)steht vielmehr selbst in diesem Ort und in einer übergänglichen Bewegung von Gestalt zu Gestalt. *Das Denken des Übergangs realisiert sich in einem Übergang des Denkens.*

VII.

Um einem möglichen Mißverständnis des Wortes »Übergang« vorzubeugen, möchte ich noch einmal auf die diskontinuierlich-kontinuierliche Struktur dieses Übergangs hinweisen. »Übergang« bedeutet in bezug auf Nishidas Denken nicht »weg« von der japanischen Tradition »hin« zur europäischen Philosophie, denn genauso wie sich in diesem Übergang die europäische Philosophie bricht, gelangt auch die japanische Tradition in eine neue Gestalt. So gesehen ist der Übergang zugleich ein Rückgang ins Japanische – allerdings kein Rückgang in eine (gleichsam erst durch die europäische Philosophie aufgedeckte) bessere, wahrere Wesensgestalt japanischer Tradition, sondern in die Herkunft dieses Übergangs, die selbst je nur im Übergang Gestalt annimmt und gegenwärtig ist.

Um diese diskontinuierlich-kontinuierliche Struktur von Übergängen weiß auch Heidegger. »Der Übergang ist nicht Fort-schritt und ist auch nicht Hinübergleiten vom Bisherigen in Neues. Der Übergang ist das Übergangslose« (NII 29). Mit dieser Bestimmung des Wesens von Übergängen weist Heidegger auf die Gangart seines eigenen Denkens. Heideggers Denken selbst ist ein übergängliches, insofern er in ihm den »Übergang vom vorstellenden ins andenkende Denken« (VA 174, s.a. WM 375) versucht. Der Anlaß für Heideggers übergängliches Denken ist allerdings nicht der Zusammenstoß zweier verschiedener Herkunftswelten, sondern die von Heidegger als Verwüstung und Zerstörung der Erde erfahrene Verwirklichung und Kulmination des vorstellenden Denkens der europäischen Philosophie (Metaphysik) im Gestell der modernen Technik und die sich daraus ergebende Notwendigkeit eines »anderen Anfangs« (NII 29), das heißt eines grundlegend anderen Denkens, das vielleicht eine Neubestimmung und Neugestaltung der europäischen Welt und ihrer Tradition vorbereiten könnte[26]. Diese Stoßrichtung von Heideggers Denken kommt plakativ zum Ausdruck in seinem Diktum vom »Ende der Philosophie« und der anstehenden »Aufgabe des Denkens«. (SD 61–80) »Aber mit dem Ende der Philosophie ist nicht auch schon das Denken am Ende, sondern im Übergang zu einem

---

26 Vgl. dazu auch K. TSUJIMURA, *Zur Bedeutung von Heideggers »übergänglichem Denken« für die gegenwärtige Welt*, in: *Wirkungen Heideggers. Neue Hefte für Philosophie* 23 (1984) 46–58.

anderen Anfang.« (VA 79) In unserem Zusammenhang ist bemerkenswert, daß der heideggersche Übergang dieselbe diskontinuierlich-kontinuierliche Struktur aufweist wie Nishidas Übergang. Besonders deutlich läßt sich dies an den verschiedenen Worten sehen, durch die Heidegger das Verhältnis seines Denkens zur bisherigen Tradition der Metaphysik charakterisiert.

Der Titel »Übergang« könnte als bloßer Weggang aus der Metaphysik, das heißt als Übergang vom Bereich der Metaphysik in einen anderen Bereich verstanden werden. In Abwehr dieses diskontinuierlichen Mißverständnisses spricht Heidegger daher auch vom »Schritt zurück«. Der »Schritt zurück« tritt vor der Metaphysik zurück (vgl. ID 39f.) und bewahrt sie, indem er sie aus diesem Gegenüber erst in ihrer vollen Wahrheit sichtbar macht und so in ihre Wahrheit bringt. Diese Kontinuität ist jedoch nur die eine Seite des »Schrittes zurück«, denn im »Schritt zurück« wird die Wahrheit der Metaphysik gerade darin entdeckt, daß die Metaphysik – kurz gesagt – nicht die ganze Wahrheit ist. Auf diese Weise destruiert der »Schritt zurück« den Allgültigkeitsanspruch der Metaphysik und ist zugleich ein Schritt aus der Metaphysik heraus. »Der Schritt zurück bewegt sich daher aus der Metaphysik in das Wesen der Metaphysik.« (ID 41) »Der Schritt zurück aus dem vorstellenden Denken der Metaphysik verwirft dieses Denken nicht.« (VA 178) Aber suggeriert das Bild vom Schreiten und Gehen nicht noch zuviel Kontinuität? Heidegger spricht deswegen auch vom »Sprung des Denkens«. »Der Sprung bringt das Denken ohne Brücke, d.h. ohne die Stetigkeit eines Fortschreitens, in einen anderen Bereich.« (SG 95) »Der Absprungsbereich ist die Geschichte des abendländischen Denkens.« (SG 157) Da in der Rede vom Sprung aber nur die Diskontinuität zur Sprache kommt, muß Heidegger sogleich einschränken: »Der Sprung verläßt diesen Bereich und läßt ihn gleichwohl nicht hinter sich... Der Sprung ist ein wesenhaft zurückblickender Sprung.« (SG 119) »Der Sprung des Denkens läßt das, wovon er abspringt, nicht hinter sich, sondern eignet es sich auf eine ursprünglichere Weise an.« (SG 107). Auch in der doppelten Rede von sowohl der »Verwindung« (kontinuierlich) als auch der »Überwindung« der Metaphysik (diskontinuierlich) versucht Heidegger meines Erachtens auf das diskontinuierlich-kontinuierliche Verhältnis seines Denkens zur Tradition der Metaphysik hinzuweisen[27]. Mit dem Wort »diskontinuierliche Kontinuität« läßt sich jedoch nicht nur die Stellung des heideggerschen Denkens zur

---

27 Vom Standpunkt der diskontinuierlichen Kontinuität im Denken Nishidas her gesehen, scheint bei Heidegger allerdings der Aspekt der Kontinuität stärker zu sein. Heideggers Übergang ist ein »Übergang in den anderen Anfang« (NII 29). Aber dieser andere Anfang ist nicht irgendein anderer, sondern der von Heidegger (auch geschichtlich gedachte) Anfang zur abendländischen Metaphysik. Daher kann Heidegger sein Denken auch explizit als einen *Rückgang* »in den ersten Grund des Anfangs« (NII 29) bzw. »in den Grund der Metaphysik« (WM 363) verstehen. Die archäologische und geschichtsphilosophische Tönung des Heideggerschen Denkens ergeben sich vermutlich aus diesem Vorrang der Kontinuität. Daß Heidegger in einem Gespräch mit D. Suzuki Nishidas Philosophie als »westlich«, und zwar im pejorativen Sinne von »nicht genuin japanisch« bezeichnet

Metaphysik beschreiben, es darf zugleich als eine Umschreibung und Neuformulierung der Sache des heideggerschen Denkens gelten. Der Versuch, das Kontinuitäts- und Identitätsdenken der europäischen Metaphysik nicht einfach umzukehren, sondern in einem Denken des »zugleich« von An- und Abwesen durch den Aufweis der Jeweiligkeit und Übergänglichkeit alles Seienden gleichsam zu unterlaufen, läßt sich interpretieren als Versuch, die diskontinuierlich-kontinuierliche Struktur der geschichtlichen Wirklichkeit aufzudecken[28].

Dieses »diskontinuierlich Kontinuierliche« der Philosophie Heideggers, das es unmöglich macht, ihn nahtlos an die traditionelle Philosophie anzuschließen, aber genauso unfruchtbar, ihn einfach »unphilosophisch« zu lesen, ist wohl eine wesentliche Ursache für die Schwierigkeiten, die die deutsche philosophische Forschung mit Heidegger hat. Umgekehrt ist dieses »diskontinuierlich Kontinuierliche« jedoch vermutlich gerade der Grund für die Faszination, die Heidegger auf japanische Denker ausübt. Die von japanischer Seite aus verspürte Nähe Heideggers, das Interesse, das Heidegger entgegengebracht wird, beruhen in dem Entgegenkommen, das Heideggers diskontinuierlich-kontinuierliches Denken für ein japanisches Denken bedeutet, das sich, seine widersprüchliche Selbstidentität realisierend, selbst im diskontinuierlich-kontinuierlichen Zwischen von japanischer Tradition und europäischer Philosophie zu entfalten versucht. Daß dieses Entgegenkommen von Heidegger gar nicht ausdrücklich beabsichtigt war, daß es nicht die Gestalt einer zu den japanischen Bemühungen spiegelbildlichen Bewegung von West nach Ost hat (– Symmetrie ist eine Gestalt der Identität –), sondern ganz im Horizont seiner eigenen Herkunft verbleibt[29], macht es vielleicht noch fruchtbarer. Mit seinen allein der inneren Fragwürdigkeit europäischer Tradition und Welt entspringenden Fragen und Einsichten gibt es einem Denken ostasiatischer Herkunft zahlreiche Anknüpfungspunkte und Anstöße zu einer vertieften wechselseitigen Bestimmung, in der sich sowohl Ostasiatisches europäisch philosophisch klären, als auch Europäisches vom Standpunkt ostasiatischer Tradition und Wirklichkeitserfahrung aus interpre-

---

(vgl. unten, S. 170), zeigt meines Erachtens auch, daß Heidegger mehr auf dem Standpunkt der Kontinuität und Identität steht.
28 So zeigt z.B. die »Seinsgeschichte« bzw. das »Seinsgeschick« eine diskontinuierlich-kontinuierliche Strukur. »Die Folge der Epochen im Geschick von Sein ist weder zufällig, noch läßt sie sich als notwendig errechnen.« (SD 9).
29 Vgl. dazu auch folgende Äußerung Heideggers in: *Der Spiegel* 23/1976, S. 214: »Meine Überzeugung ist, daß nur von demselben Weltort aus, an dem die moderne technische Welt entstanden ist, auch eine Umkehr sich vorbereiten kann, daß sie nicht durch Übernahme von Zen-Buddhismus oder anderen östlichen Welterfahrungen geschehen kann.« Kurz davor sagt Heidegger jedoch: »Und wer von uns dürfte darüber entscheiden, ob nicht eines Tages in Rußland und in China uralte Überlieferungen eines ›Denkens‹ wach werden, die mithelfen, dem Menschen ein freies Verhältnis zur technischen Welt zu ermöglichen?«

tieren läßt³⁰. Heideggers Denken ist so auch einer der wenigen (philosophischen) europäischen Schritte hin zu dem Ort, in dem sich Ostasien und Europa schöpferisch begegnen können. An einer der wenigen Stellen, an denen sich Heidegger explizit zum interkulturellen Gespräch äußert, schreibt er:

»Es bedarf auch hier keiner prophetischen Gaben und Gebärden, um daran zu denken, daß dem planetarischen Bauen Begegnungen bevorstehen, denen die Begegnenden heute auf keiner Seite gewachsen sind. Dies gilt für die europäische Sprache und für die ostasiatische in gleicher Weise, gilt vor alldem für den Bereich ihrer möglichen Zwiesprache. Keine von beiden vermag von sich aus diesen Bereich zu öffnen und zu stiften.« (WM 418)

Daß keine der beiden Welten diesen Bereich *allein von sich aus* eröffnen kann, heißt in Nishidas Worten nichts anderes, als daß dieser Bereich ihrer Begegnung sich nur als ein Ort diskontinuierlicher Kontinuität auftun kann oder, noch anders, daß die Begegnung nur dann glücken kann, insofern beide Seiten ihr eigenes Selbst als ein absolut widersprüchlich selbstidentisches Selbst durchschauen, das heißt sich auf die Bewegung von Gestalt zu Gestalt einlassen. Daß dies bisher mehr (fast nur) von japanischer Seite aus nicht nur gewußt, sondern auch realisiert wird, ist bedauerlich. Liegt es etwa daran, daß die auf ihre Universalität und Freiheit sonst so stolze europäische Tradition »die Freiheit, die in das allspielende Gefüge der nie ruhenden Verwandlung befreit« (WM 417), nicht kennen will?

---

30 Diese Doppelbewegung »ostasiatische Interpretation des Europäischen – europäische Interpretation des Ostasiatischen« ist ein Charakteristikum des Denkens der Kyôto-Schule. Ein herausragendes Beispiel hierfür bietet K. NISHITANI, *Was ist Religion?* (Frankfurt 1982).

YASUO YUASA

Kiyoshi Miki und Tetsurô Watsuji in der Begegnung mit der Philosophie Martin Heideggers*

Am 26. Mai 1976 starb Heidegger. Die Nachricht von seinem Tod erreichte Japan am folgenden Tag. Noch in der gleichen Nacht beklagte der bekannte Nachrichten-Moderator Isomura in der Kommentarsendung eines NHK-Fernsehprogramms seinen Tod und berichtete eingehend über die Werke des Philosophen, an deren Anfang *Sein und Zeit* stand. Isomura schloß mit der Bemerkung, daß »ein westdeutscher Fernsehsender dem Tod dieses Philosophen nur einen zehn Sekunden langen Bericht widmete«. Aus irgend einem Grund hinterließ das einen starken Eindruck bei mir. Ich fragte mich, ob der Name Heidegger im Gedächtnis der heutigen geistigen Welt Deutschlands schon verblaßt war. Doch sieht es eher so aus, als ob sich die Welt in ihrer gegenwärtigen geistigen Lage kopfüber in wirtschaftliche, wissenschaftliche und technische Entwicklungen gestürzt und dabei die Philosophie hinter sich gelassen hat. Über jenes für die Menschheit und die Philosophie höchst bedeutsame Ereignis wird in der Öffentlichkeit nicht laut gesprochen. Heideggers Lebensweise in seinen späteren Jahren, in denen er ein Eremitendasein in einem abgelegenen Winkel der Welt führte, könnte vielleicht der Schicksalsweg sein, an dem die gegenwärtige Philosophie festhalten sollte. Es ist ein unglückseliges Zeitalter, wenn, wie in der faschistischen Periode vor dem Krieg, über eine philosophisch gerüstete Ideologie laut gesprochen wird. Es ist aber auch ein unglückseliges Zeitalter, wenn die Philosophie vollständig vergessen ist. Ehe er starb, durchlebte und durchharrte Heidegger jene beiden unglückseligen Zeitalter.

Es herrscht wahrscheinlich allgemeine Übereinstimmung darüber, daß von den Philosophen in der gegenwärtigen Welt Heidegger den größten und beständigsten Einfluß auf die Philosophie in Japan ausgeübt hat. Sartre wurde nach dem Zweiten Weltkrieg zwar populär, doch glitt sein Einfluß etwas in den journalistischen Bereich ab. Im folgenden möchte ich meine Gedanken über die Begegnung der modernen japanischen Philosophie mit Heidegger darlegen, indem ich den Leser zuerst in die

---

* Der folgende Text ist eine auszugsweise (Einleitung, Abschnitt II und III) Übertragung des Aufsatzes *The Encounter of Modern Japanese Philosophy with Heidegger* von Y. Yuasa, erschienen in dem Sammelband *Heidegger an Asian Thought,* hg. von Graham Parkes, Honolulu (University of Hawaii Press) 1987, S. 155–174. Nach Auskunft von Y. Yuasa und G. Parkes hat sich die japanische Vorlage für die englische Übersetzung (Monte Hull u. S. Nagamoto) nicht mehr auffinden lassen.

moderne japanische Philosophie einführen und sodann zwei Philosophen, Kiyoshi Miki und Tetsurô Watsuji, als Beispiele für diese Begegnung aufgreifen möchte. Ich habe diese Philosophen gewählt, weil beide versuchten, in ihrer je eigenen Weise über Heideggers Philosophie hinauszugehen, auch wenn sie von ihm stark beeinflußt waren. Über Heideggers Philosophie sind viele Untersuchungen veröffentlicht worden, und seine Werke werden immer noch in den philosophischen Fakultäten der japanischen Universitäten als Studientexte verwendet. [Der nun bei Yuasa folgende Abschnitt I über die Kyôto-Schule wird in vorliegender Übersetzung übersprungen.]

II. Kiyoshi Miki – Existenzangst und zeitgenössische Politik

Kiyoshi Miki studierte an der Kaiserlichen Universität Kyôto bei Nishida, Hatano und Tanabe und ging dann 1922 nach Deutschland, wo er zuerst in Heidelberg bei Rickert studierte. Im darauffolgenden Herbst wechselte er nach Marburg und studierte etwa ein Jahr lang bei Heidegger. Er ging dorthin, weil er, nachdem er von Heideggers gutem Ruf gehört hatte, bei ihm persönlich lernen wollte. Eine Schilderung aus Mikis »Reisetagebuch meiner Lektüre« *(Dokusho Henreki)* bringt lebhaft in Erinnerung, wie Heidegger zu jener Zeit in Deutschland aufgenommen wurde. Heidegger war damals zweiunddreißig, Miki sechsundzwanzig Jahre alt. Beide, Lehrer und Student, waren jung, und ihr künftiges Schicksal lag für sie im Dunkeln. *Sein und Zeit* war noch nicht veröffentlicht.

> »Nachdem ich nach Marburg gegangen war und bei Heidegger studierte, war ich ganz davon in Anspruch genommen, mit großer Zuneigung Hölderlin, Nietzsche, Kierkegaard und Dostojevskij zu lesen. Hölderlin beeinflußte damals die intellektuelle/geistige Atmosphäre der deutschen Jugend. Heideggers Philosophie war Ausdruck der ›Nachkriegsangst‹. Später setzte sich Heidegger auf dem Weg über Hölderlin mit der Dichtung auseinander (*Hölderlin und das Wesen der Dichtung*, 1936) ... Das damalige Deutschland befand sich in einem Zustand völliger geistiger Verunsicherung. Während es mir noch so schien, als ob Hölderlins Popularität zunehmen würde, wurden Menschen wie Gandhi ebenso bereitwillig aufgenommen. Auch konnten wir als Außenstehende die Tendenz in der Studentenschaft wahrnehmen, sich in einen linken und rechten Flügel zu spalten. Die Philosophie Professor Heideggers konnte selbst als Ausdruck dieser Verunsicherung angesehen werden. Seine Philosophie entsprang der vorherrschenden, durch die Popularität von Nietzsche, Kierkegaard und Hölderlin geprägten Atmosphäre. Dies war auch der Grund, weshalb Heidegger eine solch überwältigende Resonanz bei den jungen Studenten fand«[1].

---

1 Kiyoshi MIKI, *Dokusho Henreki (Reisetagebuch meiner Lektüre)*, in: *Miki Kiyoshi Zenshû (K. Mikis Gesammelte Werke)*, Bd. 1, Tôkyô (Iwanami Shoten) 1966–1968, S. 369 ff.

Nach Beendigung seiner Studien in Deutschland wandte sich Miki nach Frankreich. In seiner Pariser Pension las er Pascal und bemerkte später dazu: »Während ich über die *Pensées* nachdachte, fühlte ich, wie sich das, was ich von Professor Heidegger gelernt hatte, mit Leben erfüllte.« So schrieb er in Paris *Eine Studie über den Menschen bei Pascal* (*Pasukaru ni okeru Ningen no Kenkyû*, 1926). Dieses Buch nahm die *Dasein*analytik, wie sie in *Sein und Zeit*, das im folgenden Jahr erscheinen sollte, entwickelt wurde, vorweg und wandte sie auf Pascal an.

Mikis erstes Werk erschien also noch vor der Veröffentlichung von *Sein und Zeit*. Er mußte Heideggers Philosophie wohl in Vorlesungen und Gesprächen erfaßt und in sich aufgenommen haben. Seinen ersten Schritt als Philosoph tat er also, indem er sich Heideggers Philosophie zu eigen machte. Als er jedoch 1925 nach Japan zurückkehrte, begann er sich sehr schnell dem Marxismus zuzuwenden. Er überraschte die Öffentlichkeit durch eine neue Interpretation des Marxismus auf der Grundlage von Heideggers Existenzphilosophie. Es war die Zeit der herannahenden Wirtschaftskrise und der ideologischen Verwirrung am Vorabend des Faschismus. Mikis neue Interpretation fand großen Widerhall in literarischen Kreisen und ließ ihn über Nacht zu einer zentralen Figur in der kritischen Welt werden. Auf der anderen Seite wurde er von orthodoxen Marxisten heftig kritisiert, weil er unrechtmäßigerweise eine bürgerliche Philosophie ins Spiel brachte. Daraufhin widmete er sich der Aufgabe, eine Synthese von Existenzialismus und Marxismus zu schaffen. Diese Thematik wurde nach dem Zweiten Weltkrieg von Sartre aufgebracht, doch Miki nahm die Problematik bereits zwanzig Jahre früher in Angriff. Als man wegen der weltweiten wirtschaftlichen Depression die sogenannte Strukturkrise des Kapitalismus verkündete, begannen die beiden Schlagworte der »Existenzangst« und der »sozialistischen Revolution« als eine Art Stimulans zu wirken und die Gemüter der jüngeren Generation in Japan zu fesseln. Die japanische Geheimpolizei, die alle Bewegungen unter den jüngeren Intellektuellen scharf überwachte, begann damit, Kommunisten und Sozialisten festzunehmen und Sympathisanten zu kontrollieren. Auch Miki kam 1930 für kurze Zeit ins Gefängnis. Dieser Vorfall war der Auslöser für seinen Rückzug von der Universität und der Beginn seiner aktiven Rolle in der zeitgenössischen literarischen Szene.

Ich werde der Stellung von Miki zu Heidegger im folgenden noch ein wenig weiter nachgehen und die knappe Darstellung seiner Philosophie auf später verschieben. In dem 1930 geschriebenen Aufsatz *Heideggers Ontologie* merkte er in bezug auf die Grundhaltung von Heideggers Philosophie kritisch an, sie sei das Projekt »einer Rückkehr vom Griechischen zum ursprünglich Christlichen«. Das Griechische ist eine Haltung, die das unvergängliche Wesen der Dinge dem logos oder der Vernunft entsprechend faßt. Der zeitgenössische Vertreter dieser Haltung ist Husserl. Hinter Husserl steht die Tradition der Vernunftphilosophie seit Descartes. Heidegger dagegen interpretiert das eschatologische Moment oder, mit anderen

Worten, das Leben des Menschen im Hinblick auf den Tod als dem Ende des Lebens. Der Mensch, von dem er spricht, das Dasein, ist somit der christliche Mensch. Heideggers Vorgänger sind Augustinus, Pascal und Kierkegaard. Miki kritisiert an Heidegger überdies, daß seine Philosophie, wie er behauptet, nicht »zeitgemäß« sein könne, weil sein Dasein auf dem Standpunkt des individuell-subjektiven Lebens verharrt und so ohne den gesellschaftlichen Aspekt bleibt. Gleichwohl könne man »etwas Neues« in Heideggers Philosophie erkennen, sofern sie eine Kritik an der modernen Vernunft darstellt. Mikis zentrales Anliegen ist einerseits auf das Irrationale gerichtet, das auf dem Grunde der Angst im Leben verborgen liegt, andererseits zielt es auf die geschichtlichen und gesellschaftlichen Strömungen, die über das Individuelle hinausgehen. Hinsichtlich des Ersteren galt Heidegger seine Sympathie, doch was das Letztere betrifft, so empfand er ihn als unbefriedigend. Hier tritt die Diskrepanz zwischen Heideggers und Mikis Anliegen deutlich zutage.

Aus unserer heutigen Sicht erscheint es durchaus lohnend, einige Worte zu Mikis Kritik, daß das Wesen von Heideggers Philosophie christlich und ungriechisch sei, anzufügen. Da wir wissen, daß Heidegger sich nach dem Zweiten Weltkrieg mehr dem Griechischen annäherte und sich von der christlichen Tradition löste, war diese Kritik verfrüht. Aber wo sie den frühen Heidegger betrifft, so sollten wir anerkennen, daß Mikis Auffassung richtig ist. Jedoch hat er den Punkt übersehen, an dem Heidegger als sein fundamentalstes Anliegen Philosophie und Geschichte in den Mittelpunkt stellte. Es mag gewiß richtig sein, daß für den frühen Heidegger die »Existenzangst« dort, wo sie für ihn mit der »Nachkriegsangst« zusammenfiel, ein wichtiges Anliegen war. Doch später wurde klar, daß Heideggers Hauptanliegen auf die Ursprünge des europäischen Geistes in der Frühzeit zielte und nicht so sehr auf das zeitgenössische Europa. Heidegger stellt *Sein und Zeit* ein Zitat aus Platons *Sophistes* voran, und er tut dies wohl nicht aus bloßer Lust an der Zurschaustellung von Gelehrsamkeit. Eher scheint es so, daß Heidegger jemand ist, der zu seiner Sichtweise von geschichtlichen und gesellschaftlichen Strömungen auf dem Umweg über die geistige Tradition der Klassiker kommt. Dies zeigt sich an der treffsicheren und zugleich unbefangenen und erfrischenden Art, mit der er die Klassiker der Philosophie auslegt. Ganz anders Miki und Sartre, deren Denken sich an der Konfrontation mit unmittelbar stattfindenden gesellschaftlichen Entwicklungen entzündete. Eines von Heideggers Grundproblemen, das schon im Ansatz seiner Ontologie verborgen liegt, bestand kurz gesagt darin, einen neuen Zugang zu den beiden Traditionen zu eröffnen, die das Rückgrat des europäischen Geistes bilden. Er tat dies, indem er Christentum und griechische Philosophie bis in ihre Ursprünge zurückverfolgte. Die Frage nach der Bestimmung des heutigen Europa kann nur im Durchdenken dieser Herkunft zureichend gestellt werden. Denn das Problem liegt nicht in der modernen Geisteshaltung, sondern in den Ursprüngen des europäischen

Geistes selbst. Dieses Anliegen kündigt sich bis zu einem gewissen Grade bereits im Aufriß des Gesamtplanes von *Sein und Zeit* an. In diesem Sinne ist es zu verstehen, warum Heideggers Blick auf die Überlieferung, auf das Gewesene und auf die Ursprünge gerichtet war. Im Gegensatz dazu war Mikis Blick auf das Zeitgenössische und Aktuelle gerichtet. Unglücklicherweise erkannte Miki nicht, was Heidegger im Blick hatte. Ein solches Mißverständnis unterlief nicht allein ihm; ein ähnlicher Unterschied in der Auffassung trennte Heidegger von Sartre, wie nach dem Zweiten Weltkrieg im *Brief über den »Humanismus«* deutlich wurde.

Nachdem 1933 Heideggers Engagement für die Nationalsozialisten bekannt wurde, schrieb Miki einen kurzen Aufsatz mit dem Titel *Heidegger und das Schicksal der Philosophie*. Darin geht es um Heideggers Rektoratsrede *Die Selbstbehauptung der deutschen Universität*. Er merkte an, daß Heideggers Position in die Nähe Nietzsches geriet, vornehmlich in bezug auf dessen Gedanken des amor fati, wobei er dies kritisierte und vor der darin liegenden Gefahr warnte: »Es scheint, als fände Heidegger das Prinzip für die nationalistische Einheit Deutschlands in Blut, Boden und Schicksal, also im Bereich des Pathos, wo es kein feststellbares objektives Prinzip gibt.«

Heideggers Verbindung mit dem Nationalsozialismus war eine Episode, die zutiefst befremdete. Die Tragik bei Heidegger kam daher, daß er, der bislang ausschließlich im akademischen Bereich tätig war, ganz plötzlich in den Strudel der Politik geriet. Von seiner philosophischen Ausrichtung her gesehen lag seine Achillesferse gerade darin, daß er ein Kritiker des modernen Rationalismus war. Was mich bei der Lektüre des erst nach Heideggers Tod veröffentlichten Interviews in der Zeitschrift *Der Spiegel* interessierte, war seine eigene Sicht der Rektoratsrede. Er sagt dort zunächst, daß er ganz von einer umfangreichen Auslegung des vorsokratischen Denkens beansprucht gewesen sei. Folgt man seinen Ausführungen, so muß *Die Selbstbehauptung der deutschen Universität* als eine Gegenstellung zur Politisierung der Wissenschaft durch die Nationalsozialisten begriffen werden. Für den politisch Handelnden, der versucht, mit Hilfe von Macht die unmittelbare Wirklichkeit zu steuern, ist es freilich müßig und unsinnig, ein längst vergangenes Denken ins Spiel zu bringen, wenn es sich um aktuelle politische Veränderungen handelt. Für einen Philosophen jedoch ist es keineswegs bedeutungslos, angesichts der politischen Krise im damaligen Europa einen nachdenklichen Blick auf die westliche Geistesgeschichte zu werfen.

Der Verfasser glaubt, daß die indirekte Ursache für die geistige Krise im damaligen Europa in der westlichen Geschichte der epistēmē, das heißt noch vor der Neuzeit liegen dürfte, auch wenn diese Auffassung etwas von Heideggers Ansicht abweicht. Es hat den Anschein, daß diese Frage bis heute noch keine klare Antwort gefunden hat, auch wenn die Beurteilung des Nationalsozialismus als Ideologie bereits zu einem eindeutigen Ergebnis gelangt ist. *Sein und Zeit* ist ein Buch voller

Widersprüche; die dort verwendete Sprache schafft an der Oberfläche eine Atmosphäre von Modernität, doch im Grunde wird eine weitergesteckte Perspektive entfaltet, von der aus die Ursprünge der westlichen Geistesgeschichte fragwürdig werden.

Bei Mikis Kritik an seinem Lehrer blieb unklar, wie er »das Schicksal der Philosophie« beurteilte. In dem 1939 geschriebenen Aufsatz *Erinnerung an Professor Heidegger* notiert Miki in der Erinnerung an die Zeit seines Studiums bei Heidegger in Marburg, daß es ihn überrascht habe, in Heideggers Arbeitszimmer eine so große Zahl literarischer Werke zu finden. Am Schluß dieses Aufsatzes äußert er folgendes:

> »Zu der Zeit, als er Rektor der Universität Freiburg war, hielt er noch an der Ansicht fest, wie er sie in *Die Selbstbehauptung der deutschen Universität* zum Ausdruck gebracht hatte. Er legte dieses Amt jedoch bald nieder, vielleicht weil seine Verbindung mit den Nazis ohne Erfolg geblieben war. Wie ich höre, liest er gegenwärtig über die Philosophie der Kunst. Wenn ich daran denke, daß sich in Japan, als der Druck auf die Marxisten größer wurde, viele in die Kunstphilosophie flüchteten, kann ich Professor Heideggers gegenwärtige Geisteshaltung nachfühlen, und ich sehe mich veranlaßt, über das Verhältnis von Philosophie und Politik in grundsätzlicher Weise nachzudenken«[2].

Das war zu jener Zeit, als der Zweite Weltkrieg bereits erklärt worden war und sich auf dem asiatischen Kontinent der chinesisch-japanische Krieg dahinschleppte. Miki war nun schon über vierzig Jahre alt und begann, den Schatten der Politik und die Bedrohung durch den Krieg zu spüren. Es war das letzte Mal, daß Miki auf die Person Heideggers Bezug nahm.

Die Art und Weise von Mikis Auseinandersetzung mit Heidegger zeigt deutlich das Verhaltensmuster, das die japanischen Intellektuellen bei ihrer Annäherung an die Existenzphilosophie an den Tag legten. Mikis Sympathie und Enttäuschung in bezug auf Heideggers Philosophie zeigte sich in noch größerem Maße an der Reaktion der jüngeren Generation Japans auf die politische und gesellschaftliche Situation nach der Kriegsniederlage. Einerseits waren sie von der tief in der menschlichen Natur verwurzelten, rational nicht faßbaren Angst angesprochen, andererseits empfanden sie eine politische Situation, in der Menschen unterdrückt wurden, als Herausforderung. Eine wahrhaft menschliche Weise des Lebens beruht im Streben nach wirklicher Wahrheit *(shinjitsu)* sowohl in der inneren wie auch der äußeren Welt. Darin ist auch ein Grund zu sehen, weshalb Sartres Anspruch, daß der Existentialimus ein Humanismus sei, nach dem Krieg schlagartig an Popularität gewann. Obwohl diese Reaktion eine allgemeine Tendenz innerhalb der modernen

---

2 Kiyoshi MIKI, *Haiddegeru Kyôju no Omoide (Erinnerung an Professor Heidegger)*, in: *Gesammelte Werke* 17, S. 274 ff.

Staaten Europas und Amerikas widerspiegelte, schwand Sartres Popularität seit Beginn der siebziger Jahre, was aber nicht bedeutet, daß wir eine Antwort gefunden haben. Vielmehr ist diese Krise zu einem Dauerzustand geworden. Von der Politik können wir vermutlich keine Antwort erwarten.

Wie ging Miki dieses Problem als Philosoph an? Der zentrale Begriff, der sein Denken von Anfang an durchzog, war derjenige der »fundamentalen Erfahrung« *(kiso keiken)*, zu sehen bereits im Vorwort zu *Eine Studie über den Menschen bei Pascal*. Er entspricht dem Begriff »Leben« bei Dilthey oder der »Seinsweise des Daseins« bei Heidegger. Miki bezeichnet sie deshalb als *fundamentale* Erfahrung, weil sie der Rationalität, das heißt dem logos zugrundeliegt und dessen Tätigkeit trägt, indem sie ihn zugleich hervorbringt. Nach Mikis Ansicht nahmen sowohl Dilthey als auch Heidegger die Rationalität nicht ernst genug und legten zuviel Gewicht auf das irrationale Pathos. Im Bereich der fundamentalen Erfahrung erscheint die Angst beziehungsweise das irrationale Pathos in der Tat als eine Art Wirbel. Jedoch sollte man, insofern der Mensch ein durch logos bestimmtes Wesen ist, Rationalität und Pathos nicht voneinander trennen. Es gilt, dort, wo der logos anzutreffen ist, auch ein Pathos freizulegen und sehen zu lernen, daß das Pathos die Geburtsstätte und der Grund des logos ist. Und umgekehrt gilt es, dort, wo das Pathos anzutreffen ist, den logos freizulegen. Miki sagt, daß es die hermeneutische Aufgabe oder sogar Pflicht des Philosophen sei, den logos, auf den das Pathos hinzielt und dem es entsteigt, zu klären.

Der Aufsatz *Die anthropologische Form des Marxismus (Marukusushugi no Ningengakuteki Keitai)* stellt den Versuch dar, die »fundamentale Erfahrung« des Marxismus herauszustellen. Gewöhnlich wird der Marxismus als politische Ideologie verstanden. Jedoch liegt ihm eine philosophische Anthrologie zugrunde, auf die sich seine Ideologie stützt. Sie zeigt das Bild eines vom Verstand geprägten Menschen, der über einen klar umrissenen logos verfügt. Folglich wäre es die Aufgabe eines Philosophen, die Anthropologie des Marxismus aufzuhellen, indem er ein Pathos in der fundamentalen Erfahrung der Marxisten freilegt. Miki versuchte dieses Pathos mittels der existentialen Sichtweise des Menschen, wie sie in *Sein und Zeit* zum Ausdruck kommt, aufzudecken. Seine Interpretation zeigt – wie diejenige Sartres auch – eine Tendenz, Marxismus und Existentialismus auf der Grundlage des Humanismus miteinander zu verbinden.

Miki unternahm den Versuch, diese Sichtweise für die Herausbildung einer methodologischen Theorie zum Verständnis von Geschichte fruchtbar zu machen. In seiner *Philosophie der Geschichte (Rekishi Tetsugaku*, 1932) unterscheidet er drei Arten von Geschichte. Die erste ist die Geschichte als wirkliches Ereignis, die er als Geschichte qua Dasein *(sonzai)* bezeichnet. Die zweite ist Geschiche als Diskurs *(rogosu)*, womit die Beschreibung der Ereignisse gemeint ist. Die dritte ist die Geschichte als gelebtes Ereignis *(jijitsu)*. Der Ausdruck *jijitsu* entspricht dem deutschen Wort Tatsache und bedeutet die »Sache« als »Tat«. Hierbei handelt es sich um eine fundamentale Erfahrung, die die wirkliche Geschichte aus sich entläßt, wobei der Begriff dem des »Lebens« bei Dilthey beziehungsweise dem des Daseins bei Heidegger korrespondiert. Wenn wir unseren Blick auf die vergangene Geschichte richten, so müssen wir versuchen, darüber Aufschluß in der qua logos (das heißt als Beschreibung von Ereignissen) verstandenen Geschichte zu gewinnen. Geschichte qua logos bildet die Geschichte qua Dasein (Ereignisse) nach. Auf ihrem Grunde liegt darüber hinaus so etwas wie gelebte menschliche Erfahrung (Tatsache) verborgen, welche diejenige Geschichte hervorgehen ließ, die in der Geschichtsphilosophie befragt wird. Die Dialektik, bislang für die einzige Methode der Geschichtsphilosophie gehalten, hat sich bloß mit der Art und Weise der an der Oberfläche sichtbaren Veränderungen innerhalb der Geschichte qua Dasein beschäftigt. Sie macht bei einer horizontalen Dialektik halt, die auf der Ebene des Ontischen bleibt. Was wir brauchen, ist vielmehr eine vertikale Dialektik, die denjenigen menschlichen »Grundakt« freilegt, der Geschichte hervorbringt. Nach Mikis Auffassung wäre dies erst eine wahrhaft ontologische Dialektik, die zwischen logos und Pathos vermittelt. Solch ein Denken kommt Diltheys Auffassung der spezifischen Erkenntnisart in der Geschichtswissenschaft nahe, wenn man diese im Lichte Heideggers betrachtet. Auf der anderen Seite jedoch halten es fortschrittliche Gelehrte, die sich auf Miki berufen, für eine theoretische Vertiefung des marxistischen Geschichtsbewußtseins. Den Verfasser erinnert Mikis Geschichtsphilosophie allerdings eher an eine Methode, die der »Psychohistorie« E. H. Eriksons vergleichbar ist, wenn auch die komplizierte Terminologie, wie sie in der deutschen Philosophie bevorzugt wird, Mikis eigentliche Absicht verstellt.

Miki gebraucht den Begriff *jijitsu* anstelle von Diltheys »Leben« und Heideggers Dasein, weil er mehr Gewicht auf die menschliche Tat legte, die Geschichte hervorbringt. Was er an Diltheys und Heideggers Sicht des Menschen kritisierte, war, daß sie den subjektiven, gefühlsmäßigen Aspekt zu sehr betonten und den die Welt miteinbeziehenden Aspekt nicht genügend beachteten. Miki versuchte, Heideggers Philosophie von einem Standpunkt aus zu überwinden, auf dem der Mensch in einer geschichtlichen Situation durch seine Tat einen neuen Logos schafft. Doch würde man zögern, zu behaupten, daß Miki ein herausragendes philosophisches System errichtet habe. Seine Sorge um die politische Situation Japans während des Krieges ließ ihm keine Zeit, sich ganz dem spekulativen Denken zu widmen. In der Zeit zwischen dem Chinesisch-Japanischen und dem Pazifischen Krieg entwarf er ein ideologisches Konzept, das von der Hoffnung auf Zusammenarbeit zwischen den asiatischen Völkern getragen war. Er betonte, daß es sich dabei um einen »Kooperationalismus« *(kyôdôshugi)* handeln müßte, der über Liberalismus, Marxismus, Totalitarismus und Nationalismus hinausgeht. Aber der plötzliche Umschwung in der damaligen Politik machte seinen philosophischen Traum zunichte. Gegen Ende des

Krieges wurde er von der übernervös reagierenden Polizei verhaftet. Im September 1945, als die ersten amerikanischen Soldaten in Tôkyô auftauchten, starb er im Gefängnis.

In seinen späteren Jahren läßt Mikis Denken eine zunehmende Annäherung an Nishidas Philosophie erkennen. Sein Gedanke, daß die der Geschichte-stiftenden Tat zugrundeliegenden Gefühle als Pathos freigelegt werden können, kommt Nishidas Idee einer »tätigen Einsicht« nahe. Die Welt ist die Sache, die sich in der menschlichen Tat ereignet, die ihrerseits aus der Leidenschaft für das Leben entspringt. Miki hatte die Absicht, seinen Denkansatz in einem umfangreichen Werk mit dem Titel *Die Logik der Einbildungskraft (Kôsôryoku no Ronri)* zu vertiefen, doch blieb dieses Werk unvollendet. Während der Arbeit an diesem Buch intensivierte sich zugleich seine Beschäftigung mit der religiösen Welt. Nach seinem Tod wurde ein unvollendetes Manuskript gefunden, in dem er sich mit Shinran, einem berühmten japanischen Buddhisten des Mittelalters, befaßte. Der von Shinran in Japan begründete Glaube der Schule des »Reinen Landes« hatte in Mikis Familie eine lange Tradition.

III. Tetsurô Watsuji – Natur und Sitten

Tetsurô Watsuji war acht Jahre älter als Miki und demnach gleichaltrig mit Heidegger. Er studierte bei Köber an der Kaiserlichen Universität Tôkyô. Früh schon beschäftigte er sich mit Kierkegaard und Nietzsche, und er war der erste, der die Existenzphilosophie in Japan bekannt machte. In seiner Jugend hatte er starkes Interesse an der Literatur und wollte selbst Schriftsteller werden. Der von ihm am höchsten geachtete Autor war Natsume Sôseki, der als humanistischer Schriftsteller sehr bekannt war. Inspiriert von Tenshin Okakura, der östliche Kunst ins Bostoner Museum brachte, entwickelte er ein Interesse an alter japanischer Kunst. Das Buch *Wallfahrt zu den alten buddhistischen Tempeln (Koji Junrei, 1919)*, das er als junger Mann veröffentlichte, enthält die Schilderung einer Reise zu den alten Tempeln in Nara. Mit diesem Werk gewann er sich ein großes Publikum. Als Philosoph machte er dann zunächst die überlieferte östliche Kultur zum Hauptthema seiner Untersuchungen. Hier sind vor allem Werke wie *Die alte japanische Kultur (Nippon Kodai Bunka, 1920)* und *Der frühe Buddhismus als praktische Philosophie (Genshibukkyô no Jissentetsugaku, 1927)* hervorzuheben. Obgleich er ein ausgezeichneter Kenner der westlichen Philosophie war, hielt er es für seine eigentliche Aufgabe, eine dem japanischen Denken angemessene Philosophie zu entwickeln. 1925 wurde er Professor auf dem Lehrstuhl für Ethik an der Kaiserlichen Universität Kyôto.

Im Frühjahr 1927, fünf Jahre nach Mikis Aufenthalt in Europa, verließ Watsuji den Hafen von Yokohama auf einem Schiff der NYK-Linie. Die Überfahrt über den indischen Ozean und das Mittelmeer nach Marseille dauerte länger als einen Monat.

Auch wenn es heute, im Zeitalter des Flugverkehrs, beinahe unglaublich erscheinen mag, so war Europa für die Inseln des Fernen Ostens damals eine Art El Dorado, das unwirklich hinter fernen Wolken aufschimmerte.

Ich erwähne Watsujis Überfahrt hier, da die Erfahrung dieser Reise der Anstoß für ihn war, sein berühmtes Werk *Klima und Kultur. Eine anthropologische Untersuchung (Fûdo. Ningengakuteki Kôsatsu*, 1935) zu verfassen. Er unterschied darin die Klimazonen des südlichen eurasischen Kontinents in drei Typen. Die erste ist die Monsunzone, die sich von Indien bis Südostasien erstreckt. Die zweite ist die Wüstenzone Vorderasiens mit Arabien als Mittelpunkt. Die dritte ist die Weidezone Europas. Was ihn besonders beschäftigte, war der Gegensatz zwischen Monsun- und Wüstenzone. Während in der einen die Natur voll üppigsten Lebens ist, besteht die andere aus totem Stein und Sand. Es entwickeln sich dort zwei völlig verschiedene Kulturen. Könnte es nicht sein, daß dieses Phänomen zu den klimatischen Unterschieden in einem Bezug steht? Watsuji stellt hier die Kosmologie des Buddhismus und Hinduismus derjenigen des jüdisch-christlichen Glaubens und des Islams gegenüber. In der Monsunzone entwickelte sich ein gefühlsbestimmter Pantheismus beziehungsweise Polytheismus; in der Wüstenzone entstand ein absoluter Monotheismus, der starke Willenskraft und strenge Moral forderte. Worin könnte der Grund für diesen Unterschied liegen? In der Monsunzone läßt die Natur Pflanzen und Tiere durch große Wärme und Regenreichtum gedeihen. Daher rührt eine aufnahmebereite Lebenshaltung, welche die Segnungen einer großen und lebendigen Natur empfängt. Diese Natur kann aber auch zerstörerisch werden und Überschwemmungen oder Dürrezeiten verursachen; doch wenn diese überstanden sind, kehrt sie bald wieder in ihren vormaligen Zustand zurück. Deshalb nimmt die östliche Welterfahrung das Lebensschicksal an und gewinnt das Heil durch Anrufung der Götter. Im Gegensatz dazu würde die Natur der Wüstenzone denjenigen, die nur dasitzen und warten, den Tod bringen. Der Mensch muß in dieser Zone tätig der Natur widerstehen, um sein Leben zu erhalten. Dies verlangt eine strenge Moral, bei der man dem Willen eines absoluten Gottes, der die Natur übersteigt, gehorchen muß. Watsuji war der Meinung, daß hier, historisch gesehen, die Geburtsstätte für die Aggressivität des Ich-Bewußtseins liegt, wie sie innerhalb der geistesgeschichtlichen Überlieferung des Westens sichtbar ist.

Watsuji kam 1927 nach Europa, also im selben Jahr, in dem *Sein und Zeit* veröffentlicht wurde. Das Erscheinen dieses Buches übte damals große Wirkung auf die philosophische Welt Europas aus. In der nun folgenden Passage, in der er den Eindruck, den dieses Buch auf ihn machte, wiedergibt, scheint etwas von der Erfahrung seiner Überfahrt durch, die in *Fûdo* Gestalt gewonnen hat.

»Im Frühsommer 1927, als ich in Berlin Heideggers *Sein und Zeit* las, kam ich das erste Mal darauf, über das Problem des Klimas nachzudenken. Mich fesselte der

Versuch, die Struktur der menschlichen Existenz in Hinsicht auf die Zeit zu untersuchen, doch fiel es mir schwer, einzusehen, weshalb, wenn schon der Zeit eine solche Rolle innerhalb der Struktur der subjektiven Existenz zugestanden wird, nicht in der gleichen Weise auch der Raum als Bestandteil der Grundstruktur der Existenz in Ansatz gebracht wurde. Es wäre zwar falsch, zu behaupten, daß der Raum in Heideggers Denken überhaupt nicht in Betracht gezogen würde, zumal ja der Begriff lebendige Natur in der deutschen Romantik neues Gewicht erhielt, doch bestand bei ihm ebenso die Tendenz, daß das allzu helle Licht, in das er die Zeit stellte, den Raum in den Hintergrund treten ließ. Mir schien hier die Grenze von Heideggers Ansatz zu liegen, denn wenn Zeit nicht als mit dem Raum verknüpft gedacht wird, ist es nicht die Zeit im erfüllten Sinne; Heidegger mußte an diesem Punkt haltmachen, weil sein Dasein nur das Dasein des Einzelnen war. Er sah die menschliche Existenz in der Welt als eine solche des Einzelnen *(hito)* an. Geht man von einer zweifachen, das heißt individuellen und gesellschaftlichen Strukturiertheit der menschlichen Existenz aus, so kam er nicht über die Abstraktion eines einzelnen Aspektes hinaus. Doch nur dann, wenn die menschliche Existenz in ihrer faktischen Dualität genommen wird, werden Raum und Zeit miteinander verknüpft und erscheint auch die Geschichte (was bei Heidegger nie ganz deutlich wird) erst in ihrer wahren Gestalt. Gleichzeitig offenbart sich der Zusammenhang zwischen Geschichte und Klima«[3].

Beim Lesen dieser Zeilen spüre ich den feinen Unterschied einer »persönlichen Begegnung«. Miki begegnete Heidegger mit sechsundzwanzig Jahren. Eine persönliche Begegnung in der Jugend, wo man überaus empfänglich und beeinflußbar ist, gibt dem Leben eine Richtung. Watsuji jedoch war damals beinahe vierzig und hatte schon eine gesicherte Stellung in der Gesellschaft. Wichtig ist auch, daß er durch seine Untersuchungen zur alten japanischen Kultur und zum frühen Buddhismus in einer ganz selbständigen Weise zur Kenntnis des östlichen Geistes gelangt war. Dieser Tatsache ist es auch zuzuschreiben, daß er sogleich auf die »Begrenztheit« von *Sein und Zeit* aufmerksam machen konnte, ohne sich vom äußerst verführerischen Ton dieses Werkes gefangen nehmen zu lassen. In der Zeit, als Watsuji Nietzsche und Kierkegaard studierte, wäre er wahrscheinlich vollauf begeistert von Heideggers Philosophie gewesen.

In den Schlußkapiteln von *Fûdo* macht Watsuji darauf aufmerksam, daß es so, wie es einen kulturellen Unterschied der Zeit nach gibt, auch einen solchen gibt, der auf den »Ort« *(tokoro)* zurückzuführen ist. Kultur und Geschichte basieren auf Natur und Klima. Dies wird zum Beispiel dann offenkundig, wenn wir die jeweilige Eigenart der östlichen und westlichen Kunst betrachten. Watsuji stellt hier die

---

3 Tetsurô WATSUJI, *Climates and Culture* – A Philosophical Study, übers. von Geoffrey BOWNAS, Tôkyô (Kokuseido Press) 1971, Vorrede.

Geschichtsphilosophie von Hegel und Marx in Frage. Hegel sagt, daß die Weltgeschichte im Osten anfängt und sich im Westen vollendet, gerade so, wie der Gang der Sonne[4]. Eine derart vereinfachende Entwicklungstheorie steht im Widerspruch zu den tatsächlichen Gegebenheiten der heutigen Welt. Geschichte und Kultur entwickeln sich in die verschiedensten Richtungen und auf vielfältige Weise. Die spezifische Entwicklung der europäischen Zivilisation stellt nur eine davon dar. Watsuji behauptet, daß es ein Irrtum sei, das Wesen von Geschichte und Kultur für alle Völker nach dem Maßstab der europäischen Zivilisation zu beurteilen. Hier zeigt sich deutlich, wie selbstbewußt und stolz Watsuji als Asiate war.

Watsujis Idee, die Geschichte vor dem Hintergrund der Frage nach dem Klima zu betrachten, erinnert mich an die Geschichtsauffassung der *École d'Annales,* die kürzlich in Frankreich von sich reden machte. Die Theorie dieser Schule geht vor allem vom Studium der Geschichte des europäischen Mittelalters aus. Sie stellt diejenige Weltsicht in den Mittelpunkt, die sich den natürlichen Lebensumständen, Sitten und der Lebensweise der einfachen Bevölkerung verbunden weiß, alles Dinge, die im Grunde der Geschichte verborgenliegen. Ursprünglich bezieht sich der japanische Ausdruck *fûdo* nicht einfach nur auf »Klima« als ein Naturphänomen. Er bedeutet ebenso die Lebensweise und die Sitten, die wesentlich durch das Klima geformt werden. In der Tradition westlicher Denkmuster gelten Kultur und Kunst als etwas vom Menschen Gemachtes, und Natur und Kultur sind einander entgegengesetzt. Die östliche Kunst jedoch steht nicht im Gegensatz zur Natur, wie man an der Gartenkunst und Tuschmalerei Japans sehen kann, die beide vom Zen-Buddhismus beeinflußt wurden. Vielmehr ist die Kultur eng mit der Natur verbunden und bringt das in der Natur verborgene unsichtbare Leben in reiner Form zum Ausdruck. Demgemäß kann die Geschichte, sofern sie ein Produkt des menschlichen Lebens ist, nicht bestimmt werden, ohne das Klima *(fûdo)* in Betracht zu ziehen. Geschichte und Natur gehören, wie Geist und Körper des Menschen, untrennbar zusammen. Da Watsuji jedoch auf der Suche nach einer Methode für seine Philosophie des *fûdo* auf Husserls Phänomenologie zurückgriff, unterließ er es, seine eigene theoretische Grundlage klar zu bestimmen.

Nach seiner Rückkehr aus Europa veröffentlichte Watsuji zahlreiche Bücher, die die japanische Kulturgeschichte und die Geschichte der westlichen Philosophie zum Thema hatten. Er begann damals auch mit der Arbeit an seinem theoretischen Hauptwerk, der *Ethik (Rinrigaku).* Dieses Buch zeigt uns eine außergewöhnliche Begegnung mit Heideggers Philosophie, auf die ich später noch eingehen werde. 1934 ging Watsuji an die Kaiserliche Universität Tôkyô (weshalb er auch nicht zur Kyôto-Schule gezählt wird). 1937 brach der Chinesisch-Japanische Krieg aus.

---

4 Vgl. G.W.F. HEGEL, *Vorlesungen über die Philosophie der Geschichte,* Werke Bd. 12, (Suhrkamp) Frankfurt/Main 1970, S. 135f. (Anm. d. Übers.).

Watsuji war in einer gewissen Sorge, was die Zukunft Japans betraf. Aber er war kein Pazifist, denn er war der Auffassung, daß sein Land im Recht war. Seit seiner Jugend stand er im Ruf eines konservativen Intellektuellen. Er war bekannt für seine Feindschaft gegenüber dem Marxismus und wurde immer wieder von fortschrittlicheren Intellektuellen aus dem anderen Flügel angegriffen.

Als der Pazifische Krieg ausbrach, glaubte er, daß es ein gerechter Krieg wäre, durch den die unterdrückten Völker Asiens befreit würden. In einer poltitischen Streitschrift, die er während des Krieges verfaßte, trat er, gestützt auf den japanischen Shintô-Glauben und den Samurai-Weg, für die Heiligkeit des Kaisers ein. Darin behauptet er, daß der Nationalcharakter der Vereinigten Staaten im Kern von einem animalischen Trieb bestimmt sei, der auf Schnelligkeit und Nervenkitzel aus ist. Er glaubte daran, daß die geistige Kraft des Ostens am Ende die materielle Stärke des Westens übertreffen würde (Robert Bellah hat einen interessanten Artikel über dieses Pamphlet geschrieben und ihn Ruth Benedicts *The Chrysanthemum and the Sword* gegenübergestellt)[5]. Nach dem Krieg gab das Hauptquartier der amerikanischen Besatzungsstreitkräfte die Anweisung, die Nationalisten zu ächten, und Watsuji entging nur knapp seiner Entfernung von der Universität wegen dieser Streitschrift.

Watsuji war der Ansicht, daß die Japaner ein Volk mit einer ganz bestimmten geschichtlichen Mission im gegenwärtigen Zeitalter seien. Diese Mission bestehe darin, die von imperialistischen Kräften des Westens kontrollierte Weltordnung umzustürzen. Ebenso wie Hegel, der die geschichtsbeherrschende Macht des absoluten Geistes im preußischen Staat verkörpert sah, glaubte Watsuji an die Vorsehung, die Japan den Weg zeigt und es führt. Infolgedessen war Japans Niederlage ein schwerer Schlag für ihn. Er mußte sich mit der Tatsache abfinden, daß die historische Mission Japans im gegenwärtigen Zeitalter mißlungen war. (Es war Ironie des Schicksals, daß die Niederlage Japans den asiatischen Völkern nach und nach die Unabhängigkeit brachte. Die List der Vernunft[6], von der Hegel sagt, daß sie letztlich die Geschichte beherrscht, hatte den japanischen Militarismus bestraft, indem sie ihn für ihre historische Aufgabe in einem gewissen Sinne einsetzte.) Nichtsdestoweniger hörte Watsuji auch nach Japans Kriegsniederlage nicht auf, gegen die Reden zu protestieren, in denen der linke Flügel die Geschichte und die kulturelle Tradition Japans hämisch kritisierte. Im Gegensatz zu den kritischen Anwürfen fortschrittlicher Intellektueller und Journalisten gegen den Kaiser bestand er darauf, daß die überlieferte Kultur Japans und die Existenz des Kaisers mit der Demokratie in Einklang gebracht werden könnten. In seinen späteren Jahren vermied er jede

---

5 Robert N. BELLAH, *Japan's Cultural Identity. Some Reflections on the Work of Watsuji Tetsurô*, in: *Hito to Shisô (Man and Thought)*, ed. Y. YUASA, Tôkyô (Sanichi Shobô) 1973.
6 Vgl. Enzyklopädie der philosophischen Wissenschaften, Werke Bd. 8, (Suhrkamp) Frankfurt/Main 1970, § 209 (Anm. d. Übers.).

Berührung mit dem Journalismus und widmete sich ausschließlich gelehrten Untersuchungen.

Die *Ethik* (1937–1940), Watsujis dreibändiges Hauptwerk, war stark von *Sein und Zeit* beeinflußt. Er geht davon aus, daß die Ethik eine Ontologie beziehungsweise eine ontologische Analyse des Menschen ist. Freilich beachtete Watsuji ebensowenig wie Miki das spätere Werk Heideggers. Auch weicht sein System in der Sache vollständig von Heideggers Denken ab, ungeachtet der Tatsache, daß er sich offenbar seiner Terminologie bedient, eine Tendenz, die schon in *Fûdo* erkennbar war. Es waren hauptsächlich zwei Punkte, die Watsuji bei Heidegger kritisierte: Zum einen den Umstand, daß Heidegger die Seinsweise des In-der-Welt-seins nur von der Zeitlichkeit her interpretierte und dem Gesichtspunkt der Räumlichkeit zu wenig Gewicht beimaß. Der zweite Punkt war der, daß er das Dasein hauptsächlich als das des Einzelnen begriff, ohne dabei die gesellschaftlichen Beziehungen zwischen dem Selbst und den Anderen ausreichend zu berücksichtigen. Hinter diesen beiden Kritikpunkten, die zuinnerst miteinander verknüpft sind, steht Watsujis ausgeprägtes asiatisches Empfinden.

Watsuji betrachtet die Beziehungen des Menschen in der Gesellschaft primär als eine solche, die vom Phänomen des »Zwischen« *(aidagara)* getragen sind. Der japanische Ausdruck *aidagara* bezeichnet das Wesen der mannigfaltigen menschlichen Beziehungen, wobei Nähe und Ferne dieser Beziehungen keine Rolle spielen. Aida (zwischen) meint die räumliche Entfernung zwischen zwei Dingen. Den gesellschaftlichen Beziehungen des Menschen liegt der natürliche Raum zugrunde. Hier kommt ein Gedanke aus *Fûdo* zum Tragen, wo ja das Raumbewußtsein den Vorrang vor dem Zeitbewußtsein erhielt. Ein Mensch *(ningen)* ist für Watsuji ein Bindeglied im gesellschaftlichen Beziehungsgeflecht, das in den Lebens-Raum gehört.

Watsuji erläutert die Verfaßtheit der menschlichen Existenz *(ningen sonzai)*, indem er sich auf die Bedeutung des Ausdrucks *ningen* im Japanischen stützt[7]. Dieser setzt sich aus zwei chinesischen Zeichen zusammen, wovon das eine »Mensch« *(nin)*, das andere »zwischen« *(gen* oder *aida)* bedeutet, und jedes von beiden kann sowohl Singular wie auch Plural sein. Daraus folgert Watsuji, daß das menschliche Leben nur im »Zwischen« als der ihm zugehörigen Grundlage existieren kann. (Auf dieser Grundlage des »Zwischen« ist übrigens auch die Räumlichkeit zu sehen.) Wir sollten darauf hinweisen, daß diese Sicht des Menschen ein Erbe der ostasiatischen Überlieferung der konfuzianischen Ethik ist. Was die Art seines Verhaltens angeht, so ist ein Mensch *(ningen)* a priori durch seine Stellung innerhalb der gesellschaftlichen Hierarchie bestimmt. Selbstverständlich lehnt Watsuji die Rangunterschiede der Feudalzeit ab. So etwas wie ein gesellschaftliches Geflecht

---

7 Vgl. dazu auch den unten S. 273 genannten kurzen Artikel *Was heißt »Ningen«?* des Heideggerschülers Seinosuke Yuasa (Anm. d. Übers.).

menschlicher Beziehungen gibt es jedoch in jedem Zeitalter. Wenn der Einzelne sich gegen die Ordnung des Ganzen auflehnt, so erlangt er vielleicht für eine kurze Zeit die Unabhängigkeit, doch muß er dann wieder in das Geflecht einer gesellschaftlichen Ordnung zurückkehren; anders gibt es für den Menschen keine Lebensmöglichkeit. Watsujis Menschenbild wurde einmal als östlicher Konservatismus kritisiert. Merkwürdigerweise erinnert es mich jedoch an die Menschensicht des Strukturalismus nach Lévi-Strauss, eine Sicht, die gerade dabei ist, an die Stelle des Existentialismus zu treten.

Für sein methodisches Vorgehen nahm Watsuji Diltheys Hermeneutik und Heideggers Ontologie in Anspruch. Durch seine Interpretation des eigentümlichen Gebrauches japanischer Worte entfaltete er geschickt den darin liegenden Bedeutungsgehalt zu philosophischen Begriffen. Hier zeigt sich der Einfluß von Diltheys Methodologie und Heideggers umsichtiger Art des philosophischen Sprechens. Watsujis Haltung gegenüber Heidegger ist in mancher Hinsicht von ganz eigener Art. Wie schon gesagt, bezeichnet Watsuji seine Philosophie (seine Ethik) als »Ontologie des Menschen«. Doch ist es nicht, wie dies bei Heidegger der Fall war, seine Absicht gewesen, die Frage nach dem Sinn von Sein selbst zu stellen. Sein Denken ist in der Sache mehr einer Anthropologie verwandt, die die hermeneutische Methode zur Anwendung bringt. Bei Heidegger sind die beiden möglichen Seinsweisen des Daseins Alltäglichkeit und eigentliche Existenz. Die Seinsweise des alltäglichen Mit-seins mit Anderen (das heißt die Seinsweise von das Man) meint nichts anderes als das gewöhnliche Leben inmitten des Geredes, der Neugier und der Zweideutigkeit. Das Gewahrwerden der Angst, die sich auf dem Grunde der Alltäglichkeit verbirgt, und ineins damit auch der Blick auf den eigenen Tod eröffnen einen Weg zur eigentlichen Existenz, die uns dazu befähigt, ein eigentliches Selbstbewußtsein zu wählen. Im Gegensatz zu Heidegger hält es Watsuji nicht für sinnvoll, von der Existenz auszugehen. Als objektiven Ausdruck der Seinsweise der menschlichen Existenz betrachtet er die Grundnormen des Verhaltens wie zum Beispiel Gebräuche und Moral, oder, ganz allgemein gesagt, die Sitten, die den alltäglichen Lebens-Raum steuern und einschränken. Dementsprechend vermag die Hermeneutik das Wesen der menschlichen Natur auf dem Wege über diesen objektiven Ausdruck aufzuhellen, indem sie das, was in ihm liegt, analysiert. Das Bewußtsein des Einzelnen und die Angst vor dem Tod sind ohne Bedeutung, denn im Tod verschwindet der Einzelne, das gesellschaftliche Geflecht als Weise der menschlichen Existenz besteht jedoch fort.

Folglich setzt Watsujis Ethik auch nicht, wie dies in der Tradition der westlichen Ethik üblich ist, bei der Analyse des moralischen Bewußtseins des Einzelnen an. Er stellt vielmehr die Ehegemeinschaft an den Anfang, denn wenn es nicht die Beziehung zwischen Mann und Frau gäbe, könnte kein menschliches Leben entstehen. Damit ist die westliche Sichtweise, die einen Dualismus von Geist und Körper, Liebe und Sexualität erzeugt, zurückgewiesen. Die Verfaßtheit des Menschen ist nicht allein durch den Geist bestimmt, sondern durch einen Geist, der sich im Körper konkretisiert. Dies ist deshalb so, weil das menschliche Leben nur im *Raum* existieren kann, wofür der Körper die unerläßliche Vorbedingung ist. Aus der Zwei-Personen-Gemeinschaft bilden sich Familien und aus den einzelnen Familien eine örtlich begrenzte Gemeinschaft. Diese entwickelt sich weiter zu einem wirtschaftlichen Gefüge. An der Spitze des wirtschaftlichen Gefüges stehen die verschiedenen kulturellen Gemeinschaften (die an Bildung, Kunst und Religion beteiligt sind). Die menschliche Existenz entwickelt sich auf diese Weise als ein pyramidenförmiges hierarchisches Gefüge. An der Spitze der Pyramide steht der Staat. Die Religion ist für Watsuji ein Phänomen, das der kulturellen Ebene zugehört und so dem Staat nachgeordnet ist. Diese Sicht ist durch den historischen Umstand geprägt, daß der Shintoismus, die alte, in Japan beheimatete Religion, sich niemals außerhalb des japanischen Volkes ausgebreitet hat.

So handelt also Watsujis Ethik ausschließlich von den Sitten als jenen Maßgaben, die im tatsächlich existierenden Gesellschaftsgefüge wirksam sind. Es wird kein fundamentales Prinzip wie das moralische Gesetz oder das transzendentale Ideal angenommen, wie es ein westlicher Leser von einer Ethik vielleicht erwarten würde. Auch mir scheint, daß Watsujis Ethik in dieser Hinsicht unzureichend ist, doch muß gesagt werden, daß sie bezeichnend ist für die östlich geprägte Haltung im Denken Watsujis. Er macht keinen Unterschied zwischen dem ens morale und dem ens physicum. Das Leben stellt immer eine untrennbare Einheit von Natur und Sitten dar, wie auch Klima und Geschichte, Natur und Kultur, Körper und Geist in der alltäglichen Lebenswelt nicht getrennt sind.

Watsuji nennt das höchste Prinzip seiner Philosophie *śûnyatâ* (Leere). Dieser Begriff ist aus dem Mahayana-Buddhismus, genauer gesagt von Nâgârjuna entlehnt. Methodologisch betrachtet, ist die Herleitung dieses Begriffes bei Watsuji nicht ganz klar. Dieser Begriff läßt mich eher an den absoluten Geist bei Hegel oder an Nishidas Begriff *basho* (wörtlich: »Ort«) denken, der dem absoluten Nichts entspricht. Alles menschliche Leben entstammt der Quelle der »Leere« und kehrt dorthin zurück. Watsuji sagt, daß alle Unterscheidungen darin verschwinden. Dies ist offenbar eine philosophische Konzeption pantheistischer Natur. So war denn auch Spinoza einer von den Philosophen, die Watsuji besonders schätzte.

(Übersetzt von Evelyn Lachner und Klaus Opilik)

KÔICHI TSUJIMURA

Ereignis und Shôki*
Zur Übersetzung eines heideggerschen Grundwortes ins Japanische

Der Gesamttitel dieses Symposions lautet zunächst: die Rezeption Heideggers in Japan und die Nishida-Tanabe-Philosophie – wobei man wissen muß, daß die Basis von Nishidas Denken der Buddhismus ist. Das mir zugeteilte Thema zum nachkommenden Gespräch ist die Rezeption Heideggers in Japan. Dieses Thema könnte vielleicht in zwei Hinsichten behandelt werden: nämlich *erstens* über die Einführung und Überlieferung des Denkens Heideggers in Japan seit 1924 bis heute einen philosophiegeschichtlichen Bericht zu erstatten. Das hätte seinen Sinn und Bedeutung, obwohl ich hier wegen der Beschränktheit meiner Kenntnis darauf Verzicht tun muß. Das Gesprächsthema könnte *zweitens* in sich ein Erfordernis enthalten, wie es Heidegger selbst einst wie folgt schrieb: »in den Bereich zu gelangen, der es vielleicht ermöglicht, das gewandelte europäische Denken in eine fruchtbare Auseinandersetzung mit dem ostasiatischen ›Denken‹ zu bringen.« Im folgenden versuche ich, eine kurze Strecke des zweiten Weges zu einer Auseinandersetzung zu gehen.

Den Titel dieses Versuches, der ursprünglich lautete: Ereignis und Freiheit, muß ich eben wegen der Beschränktheit meines Wissens ändern zum Titel: Ereignis und Shôki. Trotzdem klingt der Titel noch allzu groß für mein Denkvermögen. Deswegen muß ich mit meiner kleinen Erfahrung der Übersetzungen von einigen Schriften Heideggers anfangen. Vor einigen Jahren habe ich seine Schrift *Zur Sache des Denkens* mit der Hilfe meines hier anwesenden alten Freundes Hartmut Buchner ins Japanische übersetzt. Dabei war und ist das am schwersten zu übersetzende Wort, das heißt der schwerste zu verstehende Sachverhalt das »Ereignis«. Nach langer Überlegung und mit großem Zögern habe ich gewagt, das Ereignis mit einem alten, buddhistischen Wort »Shôki (性 起)«[1] zu übersetzen. Seitdem aber bleibt es mir eine stets zu bedenkende Frage, ob und inwiefern das Ereignis dem Shôki entsprechen

---

* Vortrag im Rahmen des deutsch-japanischen philosophischen Symposions unter der Leitung von O. F. Bollnow am 12. Juli 1975 im Japanischen Kulturinstitut Köln. Deutsche Erstveröffentlichung in: *Jahrbuch für Philosophie (Tetsugaku-ronsô)*, hg. von der Gesellschaft für philosophische Forschung an der staatlichen Universität Kyôto (Kyôto-daigaku Tetsugaku-ronsô-kankôkai), Bd. 8, Kyôto 1981, S. 67–73. Im folgenden eine durchgesehene Fassung der Erstveröffentlichung.

1 S. unten Abb. 29 (Kalligraphie des Schriftzeichens von Sh. Hisamatsu).

kann oder nicht. Heute muß ich Ihnen ein Stück meines Verständnisses von Ereignis und Shôki vorlegen, um Ihre Kritik und Belehrung zu erbitten. In diesem Versuch möchte ich in drei Teilen folgendermaßen vorgehen: *erstens* eine kurze Darstellung der fünf Hauptzüge des Ereignisses, so weit es von mir verstanden werden konnte; *zweitens* eine kurze Erläuterung und Erörterung des Shôki; *drittens* ein Versuch zur genannten Auseinandersetzung in der Form des Fragens.

I

Alles, was Herr Professor Heidegger vom »Ereignis« beziehungsweise »Sichereignen« gesagt hat, kann ich hier ruhig als Ihnen wohlbekannt voraussetzen. Trotzdem müssen zuerst einige Hauptzüge des Ereignisses erwähnt werden, damit eine Auseinandersetzung des Shôki mit dem Ereignis einen bestimmten Weg einschlagen könnte.

(1) Das Ereignis spricht im »Es« in der Wendung »Es gibt Sein«, »Es gibt Zeit«. Heidegger sagt: »Was beide, Zeit und Sein, in ihr Eigenes, das heißt in ihr Zusammengehören, bestimmt, nennen wir: das Ereignis« (*Zur Sache des Denkens*, S. 20). Gerade deswegen »ist das Ereignis so zu denken, daß es weder als Sein noch als Zeit festgehalten werden kann. Es ist gleichsam ein ›neutrale tantum‹, das neutrale ›und‹ im Titel ›Zeit *und* Sein‹ (*ebd.*, S. 46 f.). Wir achten auf das genannte ›neutrale tantum‹. Vielleicht in diesem ne-utrum tantum von Zeit und Sein könnten Zeit und Sein zusammengehören.

(2) Ereignis heißt: Zusammengehören von Sein und Mensch. »Im Menschen waltet ein Gehören zum Sein, welches Gehören auf das Sein hört, weil es diesem übereignet ist« (*Identität und Differenz*, S. 22). Zunächst können wir vielleicht sagen, daß Sein und Mensch niemals gleichrangig sind, sondern der Mensch erst dann Mensch ist, wenn er, dem Anspruch des Seins entsprechend, hört.

(3) Das »Sichereignen« ist gesagt sowohl von dem *Gestell* als dem Wesen der modernen Technik als auch von dem *Geviert* als dem Welten der Welt, in welchem Welten erst die Dinge dingen können. Das »Sichereignen« ist auch von der »Kehre« gesagt. Diese Kehre ist diejenige von der Verwahrlosung des Dinges wie auch der Verweigerung der Welt zur Wahrnis des Wesens des Seins wie auch zum Welten der Welt. Kurz, die Kehre nennt jetzt »das Ereignis der Kehre« im Sein.

(4) Durch das Ereignis der Kehre sind die Dinge ins Dingen und die Welt ins Welten gestillt. Vermutlich in diesem Zusammenhang des Stillens hat Heidegger einmal gesagt: »Die Sprache spricht als das Geläut der Stille« (*Unterwegs zur Sprache*, S. 30). In diesem Zusammenhang muß ich noch einen Satz anführen, der lautet: »Das so Ereignete, das Menschenwesen, ist durch die Sprache in sein Eigenes gebracht, daß es dem Wesen der Sprache, dem Geläut der Stille, übereignet bleibt. Solches Ereignen ereignet sich, insofern das *Wesen* der Sprache, das Geläut der Stille, das Sprechen der Sterblichen *braucht*, um das Geläut der Stille für das Hören der

Sterblichen zu verlauten« (*Unterwegs zur Sprache*, S. 30). In anderem Zusammenhang deutet Heidegger den Spruch von Parmenides »Ἀληθείης εὐκυκλέος ἀτρεμὲς ἦτορ«, das heißt »das nichtzitternde Herz der gutgerundeten Unverborgenheit« als »den Ort der Stille« (*Zur Sache des Denkens*, S. 75). Es ist mir leider noch nicht klar, in welchem Verhältnis das *Geläut* der Stille und der *Ort* der Stille stehen.

(5) Gegen Ende seines Vortrags *Zeit und Sein* sagt Heidegger, daß das Ereignis »sein Eigenstes der schrankenlosen Entbergung entzieht«. Und weiter: »Vom Ereignen her gedacht, heißt dies: Es enteignet sich in dem genannten Sinne seiner selbst. Zum Ereignis als solchem gehört die Enteignis« (*Zur Sache des Denkens*, S. 23).

In aller Kürze sei nochmals auf die fünf Hauptzüge des Ereignisses, wie sie sich mir zeigen, hingedeutet: nämlich (1) »*Es*«, das Sein gibt und das Zeit gibt; (2) Zusammen*gehören* von Sein und Mensch; (3) das *Ereignis der Kehre* im Sein; (4) *Ort der Stille* und *Geläut der Stille*; (5) *Ereignis* und *Enteignis*. Auf den inneren Zusammenhang der genannten fünf Züge des Ereignisses kann ich mich jetzt nicht einlassen. Vielleicht liegt die Grundbedeutung von Ereignis im folgenden: Etwas in sein Eigenes Erbringen und darin Behalten, sei dieses Etwas die Zeit, sei es das Sein, sei es der Mensch, sei es die Welt, sei es das Ding, sei es die Unwelt, sei es das Unding, sei es die Sprache.

II

Wir müssen auch in aller Kürze das Shôki erläutern und erörtern.

(1) »Shôki« heißt, ganz grob gesagt, die Wahrheit von »Engi (縁起)«. Die gewöhnliche Kennzeichnung von Engi ist: »Ist dieses, so ist jenes; ist dieses nicht, so ist jenes nicht«. Zum Beispiel bin ich, so sind Sie, sind Sie nicht, so bin ich nicht. Also bedeutet das Engi ein Zusammengehören von allem und jedem Seienden hinsichtlich seines Seins sowie Nichtseins. In diesem Zusammengehören und durch dieses Zusammengehören hat jedes und alles Seiende einschließlich des Menschen keineswegs sein eigenständiges, substanzielles Sein, und deswegen verändert sich, entsteht und vergeht alles und jedes Seiende ganz abhängig von den jeweiligen Ursachen und Veranlassungen. In dieser Welt von Engi, das heißt vom Zusammengehören, ist alles vergänglich, ja grundlos vergänglich, weil diese Welt *selbst* entsteht und vergeht. In dieser Welt von Engi gehören das Wahre und das Falsche, das Reine und das Unreine, das Gute und das Böse vermischt zusammen. Aber gerade deswegen ist diese Welt von Engi für uns Ursache und Anlaß, um Buddha zu werden.

(2) Damit der letztgenannte Satz von uns in der wahrhaften Weise angeeignet werden könne, muß das Engi, das heißt das Zusammengehören von allem und jedem

Seienden, *als* das Zusammengehören erblickt werden. Dieses *als* Zusammengehören erblickte Zusammengehören *selbst* heißt Shôki, wobei im betont genannten »*als*« ein Erblicken oder vielmehr ein *Erwachen* sich zeigt. Das Shô im Shôki besagt ursprünglich das Dharma im folgenden drei-einigen Sinne: Das Dharma bedeutet *erstens* »Halten« beziehungsweise »Zusammenhalten«, und dann *zweitens* »das (Alles und Jedes) zusammenhaltende Gesetz«, und *drittens* »alles und jedes von diesem Gesetz Zusammengehaltene«, das heißt »alles und jedes Seiende«. Das Ki im Shôki so wie das Gi im Engi heißt: Geschehen, Aufgehen, Sichereignen im geläufigen Sinne. Also bedeutet das Shôki, daß sich das wahre Dharma nach seinem Gesetz in allem und jedem Seienden ereignet. »Shôki« heißt also: die Welteinsicht oder die Weltbewegtheit des Buddha, das heißt des Erwachten.

(3) Shôki und Engi sind nicht das Gleiche, sondern das Selbe. In welchem Sinne? Wir wohnen alltäglich in der Welt von Engi, in der alles mit allem zusammengehört. Wenn wir zu diesem Zusammengehören *als* Zusammengehören erwachen, dann kehrt sich die Welt von Engi zur Welt von Shôki. Aber das *vollkommen* durchgeführte Erwachen geht über den Unterschied von Erwachen und Nichterwachen hin-weg. Deswegen kehrt sich die Welt von Shôki wieder zur Welt von Engi. In diesem Sinne sind Shôki und Engi das Selbe. Die zur Welt von Engi wiedergekehrte Welt von Shôki ist die wahre alltägliche Welt. Wenn wir zum Beispiel uns miteinander in wahrhafter Weise begrüßen können »Guten Tag«, dann wohnen wir hier in der wahren alltäglichen Welt von Shôki.

(4) Zur Veranschaulichung dieser Weltbewegtheit namens *»Shôki«* hängt hier diese Kalligraphie von meinem Lehrer Professor Hisamatsu (s. unten Abb. 28). Zur Erläuterung und Erörterung von Shôki hat er diese Kalligraphie auch hergestellt. Wörtlich übersetzt sagt sie: »*Du sollst nirgendwo wohnen oder bleiben und sollst das Herz oder den Willen (im tiefsten und weitesten Sinne) durchbrechen lassen*«. Der hier genannte Wille ist natürlich Ihr Wille und mein Wille, aber er ist kein Eigenwille, sondern gerade deswegen gleichsam der Weltwille. Dieser Weltwille sieht mir mindestens aus wie eine Weltflamme, durch deren Flammen erst die alltägliche Welt *als* wahre Welt weltet. Dies möge zunächst eine Erläuterung zum Shôki sein.

(5) Woher quillt aber dieser Weltwille? Woraus flammt diese Weltflamme auf? Zunächst aus dem genannten *»Nirgendwo-wohnen«*, das heißt zunächst aus dem »*Nichts*« im Sinne von *kein Etwas*. »*Aus dem Nichts*«, das habe ich nur vorläufig und ungenau gesagt. Denn dieses Nichts im Sinne von kein Etwas ist dasjenige, was in sich ganz unbestimmbar und doch ganz freiwillig und freizügig sich bestimmt: jeweils zu Ihnen, jeweils zu meinen Freunden Herrn Buchner und Herrn Ueda, natürlich zu mir selbst und zu allen und jeden mir unbekannten Menschen, zur ganzen Menschheit – ja nicht nur zu allen Menschen, sondern zu allen und jeden Dingen, ja zur jeweiligen Welt-Geschichte. Dieses Nichts, das kein Abstraktum des menschlichen Denkens oder Einbildens ist, ist *dieses, was wir selbst* sind. Zu diesem Nichts lesen Sie bitte

einmal das bald auf deutsch erscheinende Büchlein »Fülle des Nichts« von Professor Hisamatsu[2]

III

Dem Ereignis im Sinne Heideggers habe ich mindestens für mich persönlich im eben angedeuteten Zusammenhang begegnen können und müssen. In aller Kürze muß ich Ihnen jetzt auch meinen Versuch der Interpretation zu den oben gezeigten fünf Hauptzügen des Ereignisses vorlegen.

(1) »Es gibt Sein«, »Es gibt Zeit«. Dieses »*Es*« hat Herr Professor Heidegger, vom »Geben«, das heißt vom »Schicken« und »Reichen« her, das Ereignis genannt, wobei »*Es*« selbst, das heißt das Schickende wie auch das Reichende an sich hält, das heißt dem Denken sich entzieht. Heidegger sagt und warnt: »Das Ereignis *ist* weder, noch *gibt* es das Ereignis. Das Eine wie das Andere sagen, bedeutet eine Verkehrung des Sachverhalts, gleich als wollten wir den Quell aus dem Strom herleiten.« (*Zur Sache des Denkens,* S. 24) Seine Warnung kann ich wohl verstehen. Jedoch und gerade deswegen muß ich fragen: Ist sein Denkweg, daß wir das »Es« *aus der Art des Gebens her denken,* das zu ihm gehört, nicht ein Versuch, den Quell aus dem Strom herleiten zu wollen? Ich weiß, daß es für das Denken *fast* keine andere Möglichkeit gibt. Denn dieses »*Es*«, das Sein gibt und Zeit gibt, könnte meines Erachtens als das obengenannte *Nichts* im Sinne von kein Etwas sein, also als das ganz Unbestimmbare und zugleich Sichbestimmende verstanden oder erfahren werden. Heidegger selbst hat gesagt, wie ich schon erwähnte: »Das Ereignis ist so zu verstehen, daß es weder als Sein noch als Zeit festgehalten werden kann. Es ist gleichsam ein ›neutrale tantum‹«. Diese seine Andeutung weist auf die Möglichkeit hin, wie mir scheint, das genannte »Es« könnte das genannte Nichts sein. Wenn es sich damit so verhält, so könnte das Ereignis das *Ereignis von Nichts* sein. Das bleibt aber eine Frage.

(2) »Ereignis heißt: Zusammen*gehören* von Sein und Mensch«. Das Ereignis in diesem Sinne ist als Zusammen*gehören* von Sein und Mensch, in dem das Vereignen wie auch Übereignen ermöglicht wird, weder Sein noch Mensch. Das Ereignis wäre gleichsam ein *Wirbel*, in dem Sein wie auch Mensch entschwinden und aus dem zugleich Sein wie auch Mensch zustande kommen. Kommt nicht in der Heideggerschen Formulierung des Zusammen*gehörens* die *Seite des Entschwindens von Sein und Mensch* etwas zu kurz? Diese Seite des Entschwindens oder des Entwerdens von beiden, die im Buddhismus oft mit einem leeren Kreis angedeutet wird, das heißt das schon genannte Nichts sollte in der sachgemäßen Weise *schon* im genannten Zusammen*gehören* als die Bedingung von dessen Ermöglichung enthalten sein.

---

2 Shinichi Hisamatsu, *Die Fülle des Nichts – Vom Wesen des Zen.* Übers. von Takashi Hirata und Johanna Fischer, hg. von Eberhard Cold, Pfullingen (Neske-Verlag) o.J. (= 1976 u.ö.).

(3) Das Sichereignen ist von der Verweigerung der Welt so wie von der Verwahrlosung des Dinges gesagt vielleicht deshalb, weil die Verweigerung so wie die Verwahrlosung die Wahrheit beziehungsweise die Unwahrheit des Seins betrifft. Das ist, so weit ich sehen konnte, die unerhört tiefgreifende Einsicht von Heidegger in die heutige Weltzivilisation. Die hiergemeinte Verwahrlosung besagt: Das Gestell als Wesen der modernen Technik west, indem es das Ding nicht als Ding wahrt. Das Gestell läßt in seinem Stellen das Ding ohne die Hut – ohne die Wahrnis seines Dingwesens. Heidegger sagt einmal: »In der Verwahrlosung des Dinges ereignet sich Verweigerung von Welt.« Die Welt wäre vielleicht, könnte man sagen, die Hut, die Wahrnis des Dingwesens. Mit der Verweigerung der Welt und der Verwahrlosung des Dinges hängt vielleicht die *Heimatlosigkeit des heutigen Menschen* zusammen.

Was deutet sich in den drei miteinander zusammenhängenden Phänomenen der heutigen Weltzivilisation an? Auf Heideggers Antwort kann ich mich jetzt nicht einlassen. Nur kurz buddhistisch gesagt: Hierin zeigt sich die Hölle. Gehe in die Hölle! das ist das endgültige Erfordernis des Buddhismus. Eine Schule des Buddhismus spricht vom »Weltalter des letzten Dharma«. Diese Schule des Buddhismus sagt uns, daß gerade in diesem Weltalter des letzten Dharma das unerhörte, tiefe Dharma zur Erscheinung kommt. Etwas Ähnliches sagt Heidegger durch sein Denken von Hölderlins Vers: »Wo aber Gefahr ist, wächst das Rettende auch«. Damit aber das Gestell durch die Gefahr hindurch zum Ereignis *selbst* gewendet werden könne, muß der Wille zum Willen, der das Gestell durchwaltet, unbedingt ein für allemal von der obengenannten Weltflamme verbrannt und dadurch zu einem die wahre Welt stiftenden Willen verwandelt werden. Anders könnten wir niemals, wie Heidegger warnt, »dem menschlichen Eigensinn entsagen« (*Die Technik und die Kehre*, S. 45).

(4) Der Ort der Stille und das Geläut der Stille. In welchem Verhältnis die beiden stehen, das ist mir noch nicht klar. Vielleicht müssen wir den Ort wie auch das Geläut aus der Stille zu verstehen versuchen. Könnten wir nicht so sagen, daß der Ort der Stille selbst spricht – als Geläut der Stille? Ist nicht die Stille selbst das Sprechende? Der Anhalt für diese Ansicht liegt zunächst im folgenden Satz Heideggers: »Als das Stillen der Stille ist die Ruhe, streng gedacht, stets bewegter denn alle Bewegung und immer regsamer als jede Regung« (*Unterwegs zur Sprache*, S. 29). Das Ding dingt, die Welt weltet – ist dies nicht schon das Sprechen der Sprache? Den Sachverhalt sagt einer unserer Verse ganz einfach: »Singt ein Vogel, wird der Berg noch stiller.«

(5) »Zum Ereignis als solchem gehört die Enteignis.« Das heißt nach Heidegger, daß das Ereignis sein Eigenstes der schrankenlosen Entbergung entzieht. Hier sagt Heidegger sehr vorsichtig: »*Vom* Ereignen *her* gedacht, heißt dies: Es enteignet sich in dem genannten Sinne seiner selbst.« In einem anderen Zusammenhang schreibt Heidegger einmal: »Das Entzücken verstehen Sie dann wörtlich als Entziehen, Hinzücken – nämlich in die Stille« (*Unterwegs zur Sprache*, S. 141). Vielleicht

könnten wir die Enteignis, das Sichentziehen des Ereignisses als dessen Sichentziehen in die Stille verstehen. Die Enteignis in solchem Sinne heißt im Buddhismus das Entwerden, das ist der Rückgang in den ursprünglichen Grund. Ohne diesen Rückgang in den ursprünglichen Grund zu vollziehen, findet überhaupt kein Buddhismus statt. In diesem Sinne ist die Enteignis auch im Buddhismus sehr wichtig. Die Enteignis, das heißt die Λήθη in der ’Αλήθεια, die von Heidegger einst als »die eigentliche Unwahrheit« oder als »das eigentliche Un-wesen der Wahrheit« (*Vom Wesen der Wahrheit*, 2. Aufl. S. 20) bezeichnet wurde, ist älter als die ’Αλήθεια, wie er sagt. Von diesem »eigentlichen Un-wesen der Wahrheit«, das jetzt, wie mir scheint, die »Enteignis« genannt ist, schrieb Herr Professor Heidegger einst wie folgt: »Für den Wissenden allerdings deutet das ›Un‹ des anfänglichen Un-wesens der Wahrheit als der Un-wahrheit in den noch nicht erfahrenen Bereich der Wahrheit des Seins (nicht erst des Seienden)« (*Vom Wesen der Wahrheit*, S. 20). Dieser unerhörte Gedanke hat mich am tiefsten erschüttert. Seitdem habe ich heute noch eine Ahnung davon, daß der genannte »noch nicht erfahrene Bereich der Wahrheit des Seins«, das heißt jetzt die »Enteignis« der ursprüngliche, aber verborgene Quellgrund seines Denkens sein müßte. Die so gedeutete »Enteignis« könnte nach meiner armen Erfahrung *beinahe* das Selbe sein wie das »Nichts« im Sinne von »kein Etwas.« Sie scheint mir die eine von der deutschen Seite ausgestreckte Hand zu sein, die tief unser Herz, mindestens mein Herz ergriffen hat. Dies ist der Grund dafür, daß ich mich dazu entschlossen hatte, von »Heideggers Denken in der Begegnung mit dem Buddhismus« zu sprechen[3].

Falls ich mich darüber nicht täusche, daß die Enteignis der verborgene Quellgrund von Heideggers Denken wäre, dann müßte ich den genannten Satz »Zum Ereignis als solchem gehört die Enteignis« noch einmal sich umkehren lassen und sagen: Zur Enteignis gehört das Ereignis. Oder vielmehr könnte ich einfach sagen: »Enteignis: Ereignis; Ereignis: Enteignis«. Dies ist kein Wortspiel, sondern betrifft unsere menschliche Freiheit im Sinne dessen, daß wir ganz freizügig bald in die Enteignis hineingehen, bald in das Ereignis hereinkommen können. Enteignis: Ereignis, Ereignis: Enteignis – dies macht einen frei sich bewegenden Ring aus, wie mir scheint. Oben habe ich gesagt: Die Enteignis könnte *beinahe* das Selbe sein wie das buddhistische Nichts; denn zwischen den beiden besteht ein sehr feiner und leiser und deswegen tiefer Unterschied, so weit ich sehe. Diesen Unterschied mag der Denker Heidegger gut wissen. Warum? Weil er *so* gesagt hat: »*Vom Ereignen her gedacht*, …« Diese Wendung zeigt, wie mir scheint, die Grenze nicht nur des Denkens Heideggers, sondern überhaupt des Denkens selbst, sei es das abendländisch-europäische Denken, sei es das sogenannte ostasiatische *Denken*. Die Enteig-

---

[3] Der Vortrag sowie die Erstveröffentlichung trugen den Untertitel: *Heideggers Denken in der Begegnung mit dem Buddhismus.*

nis selbst bleibt, wie oft im Buddhismus gewarnt, das Undenkbare schlechthin und doch zugleich das sich zum Denken Bestimmende selbst, falls die Enteignis im Sinne Heideggers und das Nichts im buddhistischen Sinne miteinander verwandt werden könnten. Meine letzte Frage ist folgende: Ist das Denken von der *Enteignis her* nicht möglich? Ist das Denken des Undenkbaren (genitivus subjectivus) und zugleich sich zum Denken Bestimmenden selbst nicht möglich? Das Denken des großartigen Fragenden Herrn Professor Heidegger hat mich in eine solche Frage gestellt.

Zu lang und schlecht habe ich gesprochen. Zu guter Letzt möchte ich diesen Vortrag zur Begegnung von deutschen und japanischen Philosophen mit einem Vers unseres mächtigsten Zen-Meisters Daitô schließen, der wörtlich lautet: »In alle Aionen sind wir voneinander abgeschieden und gar in einem Moment nie getrennt; den ganzen Tag begegnen wir uns einander und gar in einem Augenblick niemals.«

II.

HAJIME TANABE

Die neue Wende in der Phänomenologie – Heideggers Phänomenologie des Lebens*

I.

In der modernen deutschen Philosophie nimmt die Phänomenologie einen bedeutenden Platz ein. Das kommt meiner Meinung nach daher, daß sie vergleichsweise große Aussichten besitzt, die beiden Pole der sogenannten »Philosophie der Wissenschaft« und der »Philosophie des Lebens«[1] zu vereinigen, weil sie einerseits ursprünglich in der Philosophie als strenger Wissenschaft entspringt, anderseits die Struktur der Erfahrung analysiert, die Evidenz der Anschauung zur letzten Grundlage der Wahrheit macht und so allgemein den Ausblick auf den ganzen Bereich des Lebens

---

* Die folgende Übersetzung wurde nach dem japanischen Originaltext in *Tanabe Hajime Zenshû* (*Gesammelte Werke von Hajime Tanabe*, THZ), Bd. 4, Chikuma Shobô, Tôkyô 1963, (Nachdruck 1972, S. 17–34) erstellt. Tanabes Abhandlung erschien japanisch zuerst in: *Shisô*, Oktober 1924. Der Übersetzer zog die Treue zum japanischen Original der Schönheit des deutschen Stils vor. Wegen ihrer Länge mußten aber trotzdem manche japanische Sätze aufgeteilt werden. Im japanischen Text hat Tanabe oft deutsche Ausdrücke unmittelbar hinter die japanischen Äquivalente gesetzt. Das heißt: Er hat Übersetzungsanweisungen gegeben. Die vorliegende Übersetzung ins Deutsche hat die von Tanabe eingestreuten deutschen Fachausdrücke alle übernommen. Manche Fachausdrücke hat Tanabe zwar nicht deutsch wiedergegeben, aber durch Anführungszeichen als Zitat gekennzeichnet. Die vorliegende deutsche Übersetzung hat sich bemüht, die entsprechenden deutschen Fachausdrücke von z. B. Husserl oder Heidegger zu finden und durch Anführungszeichen als Zitat zu kennzeichnen.

1 Zu den immer wieder auftauchenden, mit Tanabes Anführungszeichen versehenen Ausdrücken gehören auch »Philosophie als Wissenschaft« (gaku no tetsugaku) und »Philosophie des Lebens« (sei no tetsugaku). Weil Tanabe in diesen beiden Ausdrücken die beiden Pole der Philosophie symbolisiert sieht, zwischen denen die Philosophie sich hin- und herbewegen muß, und nicht nur bestimmte philosophische Schulen damit bezeichnen will, hat auch die vorliegende Übersetzung sie meist in dieser auseinandergezogenen Form wiedergegeben. Zusammengezogen würden sie nicht das bezeichnen, was Tanabe meint (also nicht so etwas wie »Wissenschaftsphilosophie« oder »Lebensphilosophie« im engen Schulsinn).
An einer Stelle unterscheidet Tanabe ausdrücklich zwischen sei no tetsugaku (»Philosophie des Lebens«) und sei toshite no tetsugaku (»Philosophie-als-Leben«): vgl. die Dilthey-Stelle.
Tanabe hat selbst einige Klammern verwendet. Die vorliegende Übersetzung unterscheidet runde Klammern (Klammern von Tanabe) und eckige Klammern (Klammern des Übersetzers). Der Übersetzer hat nur in wenigen Fällen durch eckige Klammern gekennzeichnete Zusätze gemacht, die z. B. Tanabes Satzbau leichter lesbar machen sollen. (Anm. d. Übers.)

eröffnet. Der transzendentale Formalismus der kantianischen Schule[2], der zeitweilig eine die Wissenschaftswelt beherrschende Einflußkraft zeigte, kann wegen seiner Lebensferne[3] nicht lange die Herzen der Menschen an sich binden. Die Zweiweltentheorie seines radikal durchgeführten Platonismus[4] ist dem zeitgenössischen Menschen, der angesichts der schmerzlichen Wirklichkeit leidet und sich quält, allzu schroff und unzugänglich. Die Tendenz des Zeitalters hat sich in diejenige Richtung gewandt, die die wahre Gestalt des Lebens selbst konkret verstehen und mitten aus ihm heraus lebendige Kraft schöpfen will. Die sogenannte »Philosophie des Lebens«, die heutzutage zur modischen Losung geworden ist, stellt tatsächlich nur das Produkt dieser Tendenz dar.

Auch die Tatsache, daß der Verteidiger der einsamen Festung der kantianischen Schule und unentwegte Bekämpfer der »Lebensphilosophie« Rickert[5] natürlich in seinem Werk [*Die*] *Philosophie des Lebens* [1920], aber auch in anderen seiner Schriften anscheinend keine Ermüdung kennt, diese zu kritisieren und anzugreifen, kann man wohl von einer anderen Seite her gesehen als Beweis dafür bezeichnen, daß die Tendenz der Zeit hauptsächlich in diese Richtung geneigt ist. Es ist das unaufgehbare Verlangen der modernen Philosophie, das Leben, von dem sich die Philosophie – als – Wissenschaft beziehungsweise – als – Theorie loszulösen gezwungen worden war, mit Hilfe irgendeiner Methode wiederzugewinnen. Husserl -

---

2 »kantianische Schule«: Im Japanischen steht Kanto-ha (»Kant-Schule«). Gemeint sind die zeitgenössischen Neukantianer, aber es wird keine Unterscheidung zwischen ihnen gemacht (z.B. in »Marburger Schule« und »Südwestdeutsche Schule«). Darum benutzt die Übersetzung im Deutschen den offenen Ausdruck »kantianische Schule«. (Anm. d. Übers.)

3 »Lebensferne«: Ein Beispiel dafür, wie Tanabe die zeitgenössischen philosophischen Termini oder Schlagwörter in seinen japanischen Text einbaut! Zuerst bringt er das japanische sei yori no hedatari (»Abstand vom Leben«) und unmittelbar danach als Präzisierung »Lebensferne«. Die deutsche Übersetzung setzt sofort Tanabes präzisen Ausdruck »Lebensferne«. Sie verzichtet auf den allgemeineren japanischen Ausdruck, wenn Tanabe selbst eine präzisere Übersetzung vorschlägt. (So geht die Übersetzung auch an anderen Stellen vor.) (Anm. d. Übers.)

4 »die ›Zweiweltentheorie‹ seines radikal durchgeführten Platonismus«: Von der japanischen Grammatik her ist der Bezug von »radikal durchführt« zunächst »Platonismus« (tetteiseraretaru Puratonshugi no nisekairon Zweiweltentheorie: sic!). Doch an einer späteren Stelle spricht Tanabe von tetteiteki-na nigenron: radikaler Dualismus. Weil er nun auch in anderen Werken Dualismus (nigenron) und Zweiweltentheorie (nisekairon) miteinander auswechselt, könnte sich auch hier das »radikal durchgeführt« eher auf die »Zweiweltentheorie« und weniger auf »Platonismus« beziehen. Mit anderen Worten: Es kommt ihm hier auf die Betonung der Zweiheit, des Dualismus, an (im Gegensatz zur Einheit im Sinne eines Monismus: vgl. unten die Monismus-Stelle). (Anm. d. Übers.).

5 Hier wurde absichtlich ein zu dem Wort »Rickert« gehörender Relativsatz verkürzt wiedergegeben, einmal weil er das Gleiche aussagt wie der Hauptsatz, zum andern weil sonst die deutsche Satzkonstruktion zu umständlich geworden wäre. Wörtlich müßte die nähere Bestimmung zu Rickert lauten: »Rickert, der den Willen zeigt, die einsame Festung der kantianischen Schule zu verteidigen, und dem es nicht genug ist, selbst wenn er den ganzen Tag sich mit Angriffen gegen die sogenannte ›Lebensphilosophie‹ beschäftigt... (Anm. d. Übers.)

beabsichtigte anfangs, die Frage zu klären, wie die Erkenntnis der Mathematik möglich sei, und indem er der wahren Gestalt der zeichenhaften Erkenntnis nachging, die in ihr wesentliche Bedeutung besitzt, trat er in allgemeine logische Untersuchungen ein; um [dann] das Wesen des Bewußtseins als der gemeinsamen Grundlage klarzumachen, auf der sich die an der logischen Erkenntnis beteiligten intentionalen Akte treffen, schlug er zum ersten Mal phänomenologische Forschungen vor. Es ist unbestritten, daß für ihn die Phänomenologie ursprünglich »Philosophie als Wissenschaft« darstellt, in der doppelten Bedeutung, daß sie die wissenschaftliche Erkenntnis zum Gegenstand ihrer Untersuchungen macht und [gleichzeitig] beansprucht, auch selbst wissenschaftliche Erkenntnis zu sein.

Daß Husserl mit der Abfassung der Abhandlung *Philosophie als strenge Wissenschaft* [1911] die Philosophie als strenge Wissenschaft energisch propagierte, ist ebenfalls selbstverständlich. Aber das Bewußtsein, das Husserl, vom oben beschriebenen Weg her kommend, zum Gegenstand der phänomenologischen Forschung machte, ist – wie er selbst betonte – das von jedem Plan und jeder Theorie unverbogene, unverfälschte Bewußtsein, das wir unmittelbar erfahren. Was wir als seine Struktur ans Licht bringen, gründet auf der Evidenz der Anschauung, die – so wie sie ist: unverändert – vor uns offenbar wurde. Das heißt: Zwar wollte Husserl ähnlich wie die kantianische Schule in der Suche nach der Grundlage der wissenschaftlichen Erkenntnis das sogenannte »Apriori« erforschen. Aber statt daß er gemäß der »transzendentalen Methode«, welche die Methode der kantianischen Schule ist, den logischen Rückgang zum Ursprung durchführte und nach dem bloß formalen Apriori forschte, versuchte er die transzendentale Struktur des Bewußtseins zu klären, und zwar gestützt auf die Anschauungserfahrung[6], wie sie die »Philosophie des Lebens« als einzige Methode betrachtet. Darüber hinaus wollte Husserl da, wo die »Philosophie des Lebens« ohne jedes prinzipielle Methodenbewußtsein vorangeht, ein außerordentlich exaktes methodisches Bewußtsein einführen und dadurch ihrer Erkenntnis den Charakter einer strengen Wissenschaft sichern. Weil sich diese Methode jedenfalls die Struktur der unmittelbaren Erfahrung zum Gegenstand macht, kam es dazu, daß sie nicht nur den Weg der Klärung der logischen Erkenntnis, den Husserl voranschritt, sondern auch allgemein die Aussicht auf die Klärung des gesamten Bereichs des Lebens eröffnete, welche sich die

---

6 »Anschauungserfahrung«: Tanabe verwendet in diesem Aufsatz immer taiken (gewöhnlich als »Erlebnis« übersetzt) und nicht keiken (gewöhnlich als »Erfahrung« übersetzt); und zwar an Stellen, wo er von Husserls Philosophie spricht (die ja auch das Wort »Erlebnis« kennt), aber auch wo er von Heideggers Philosophie spricht. Da nun das deutsche Wort »Erfahrung« einen größeren Bedeutungsspielraum besitzt (es kann auch den Aspekt des »Erlebnisses« mitmeinen), hat die vorliegende Übersetzung – ähnlich konstant wie Tanabe taiken verwendet – stets als »Erfahrung« übersetzt. Der Leser sollte aber berücksichtigen, daß hinter »Erfahrung« im japanischen Original taiken (»Erlebnis und Erfahrung«) steht. (Anm. d. Übers.)

»Philosophie des Lebens« zum Ziel gesetzt hat. Es braucht auch nicht zu verwundern, daß beispielsweise Scheler, den Rickert als Repräsentanten der »Philosophie des Lebens« zum Ziel seiner Kritik machte, aus seiner [Husserls] Schule hervorgegangen ist. Weil ursprünglich der Ausdruck »Philosophie des Lebens« ein unbestimmter Begriff ist und nur eine Tendenz ausdrückt, ist wohl sogar Scheler ein Philosoph, der von denjenigen her gesehen, die sich selbst als Vertreter der reinen »Philosophie des Lebens« betrachten, noch der »Philosophie der Wissenschaft« zugeordnet werden muß. Doch jedenfalls wenn man einen Standpunkt sucht, der von der »Philosophie der Wissenschaft« ausgeht und verhältnismäßig viele Anliegen der »Philosophie des Lebens« erfüllt, ist meiner Meinung nach die Phänomenologie zweifellos der beste. Hierin liegt der Grund, warum die Phänomenologie Husserls unerwartete Popularität erlangt hat, obgleich er anfangs als »mathematischer Metaphysiker« bezeichnet und von einem Teil als Vertreter der modernen Scholastik betrachtet wurde und obwohl die Schwerverständlichkeit seiner Thesen allgemein bekannt ist. Ich glaube auch, es ist keineswegs ein Zufall, daß Dilthey, zu dem die heutigen Anhänger der »Philosophie des Lebens« in Verehrung aufschauen und bei dem sie die Quelle ihres Denkens suchen, schon auf Husserls *Logische Untersuchungen* [1900–1901] aufmerksam wurde und ihren Wert zu schätzen wußte.

Wenn man ferner die Augen von der Seite der oben beschriebenen »Tendenz des Zeitalters« wegwendet und eng eingeschränkt auf den Bereich der Philosophie als solcher denkt, verdankt die Philosophie ursprünglich ihre Geburt dem Verlangen nach einer Weltanschauung. Eine Weltanschauung kann nicht bloß durch ein Teilmoment der von Rickert so genannten **Heterothesis** wie zum Beispiel der Form gegenüber dem Inhalt oder der Norm gegenüber der Wirklichkeit zustandekommen. Nein, ein solcher radikaler Dualismus ist im Bezug auf das ursprüngliche Verlangen nach einer Weltanschauung etwas in sich selbst Unzufriedenes. Vielmehr müssen die Verschmelzung von Inhalt und Form und die Übereinstimmung von Wirklichkeit und Norm in irgendeiner Methode die Grundlage der Weltanschauung bilden. Heutzutage wird die Situation allmählich immer offensichtlicher, daß diejenigen, die eine Stütze in der philosophischen Klassik suchen, weniger die Dualisten Platon und Kant, als vielmehr die Monisten Aristoteles, Leibniz und Hegel in Anspruch nehmen wollen. Diese Tatsache ist nichts anderes als eine Illustration der Verhältnisse in diesem Bereich. Auch daß die Einflußkraft der kantianischen Schule im ursprünglichen Sinn im Verfallen begriffen ist, kommt daher. Demgegenüber ist es schwer zu leugnen, daß die Phänomenologie – wenn wir einmal von dem absehen, was sie bis heute zu leisten vermochte – den Anschein erweckt, jedenfalls die oben beschriebenen Anliegen vergleichsweise weitgehend befriedigen zu können. Die reine Logik, die ursprünglich die ewige Wahrheit im Bezug auf den bloß formalen Gegenstand anzielt, kann sich wohl – wie das Beispiel der Mathematik zeigt – als sogenannte **formale Ontologie** vom Inhalt rein ablösen und, von der Erfahrung des Bewußtseins abstrahierend, gültiges Wissen entfalten. Aber schon auf Grund von Kants Lehre von der transzendentalen Deduktion beziehungsweise von den Schemata kann man vermuten, daß man in der transzendentalen Logik die Übereinstimmung von logischer Form und Anschauungsinhalt zum Problem erheben und die Erfahrung des Bewußtseins als der Verbindung verschiedenartiger Akte in Betracht ziehen muß, sofern man nicht den besonderen Standpunkt Cohens einnimmt. Erst recht wird allmählich immer deutlicher, daß der radikal durchgeführte transzendentale Formalismus unfruchtbar ist, in dem Maße wie man von der Erkenntnistheorie her, die sich nicht nur den Gegenstand der Erkenntnis, sondern auch die Erkenntnis des Gegenstandes zur Aufgabe macht, zur Ethik und zur Ästhetik voranschreitet. Schließlich bei der Religionsphilosophie angelangt, kann man [diese Unfruchtbarkeit] nicht mehr verbergen. Meiner Meinung nach ist es eine unbestreitbare Tatsache, daß die Phänomenologie den Menschen Hoffnung einzuflößen scheint, jedenfalls in diesen Bereichen die Mängel des Kantianismus zu beheben, dem Verlangen nach einer einheitlichen Weltanschauung – auch wenn sie selbst nur Vorbereitungsarbeit zu leisten vermag – relativ große Aussichten [auf Erfüllung] zu geben und die Fähigkeit zu haben, eine konkrete Problemstellung zu ermöglichen. Es muß wohl anerkannt werden, daß die Phänomenologie, auch von dieser Seite her gesehen, eine nicht zu ignorierende wichtige Bedeutung besitzt.

Aber zeigt etwa die Phänomenologie Husserls oder vielmehr die von ihm geschaffene phänomenologische Methode tatsächlich in genügendem Maße die Sachlichkeit[7], die ihr ursprüngliches Anliegen darstellt? Rickerts Erkenntnistheorie wird durch logische Konstruktion aufgebaut, wenn sie lehrt, daß »wahr« und »falsch« Bestimmungen des Urteils sind und die Vorstellung sie nicht besitzt; daß die Erkenntnis zwischen Subjekt und Objekt zustandekommt und das Subjekt nicht der Vorstellung, sondern nur dem Urteil gehört; daß deshalb die Erkenntnis im Urteil besteht; daß nun aber das Urteil der Bejahung beziehungsweise Verneinung zum Wesen hat und das transzendente Sollen als der die Bejahung normierende Maßstab oder – falls man vom objektiven Weg her vorangeht – der den Satzsinn darstellende transzendente Wert den Gegenstand der Erkenntnis bildet. Ferner kommt sie von ihrer Aussage her, daß das, was dem Bewußtseinsinhalt Gegenstandscharakter verleiht, ganz Form ist, zur Überzeugung, daß das Erkenntnisproblem eben ein Formproblem ist. Wenn man damit die phänomenologische Erkenntnistheorie Hus-

---

[7] »Sachlichkeit«: Im Japanischen steht gutaisei, eigentlich also »Konkretheit« (vgl. THZ 4, S. 22). Im folgenden gibt die deutsche Übersetzung das Substantiv gutaisei immer mit »Sachlichkeit« (als Programm der Phänomenologie: »Zu den Sachen selbst!«) wieder. Das ebenso häufig vorkommende Adjektiv oder Adverb gutaiteki-na oder -ni wird mit »konkret« übersetzt. Aber man sollte beim Lesen des Wortes »konkret« auch die Bedeutung »sachlich«/»bei den Sachen« im Gedächtnis behalten. An einer Stelle spricht Tanabe von gutaika-suru (»versachlichen«/»in Sache verwandeln«). (Anm. d. Übers.)

serls vergleicht, welche die Kastenvorstellung des Bewußtseins wie bei Rickert verwarf, die Immanenz des intentionalen Gegenstandes zum allgemeinen Wesen des Bewußtseins machte und – gestützt auf die Wahrnehmung, durch die der Gegenstand unverändert urtümlich gegeben wird, beziehungsweise allgemein gestützt auf die Adäquatheit der Anschauung – auf Grund des Wesens der Sinnfülle[8] die Grundlage der Erkenntnis in einer Urteilslehre finden wollte, die nun umgekehrt auf einer Vorstellungslehre fußt, muß man anerkennen, daß sie in ihrer »Sachlichkeit« bei weitem überlegene Eigenschaften besitzt. Besonders die Theorie von der durch die sinnliche Wahrnehmung fundierten kategorialen Anschauung wirft gewiß ein Stück Wegs Licht auf das Problem von Inhalt und Form. Es ist wohl kaum zu leugnen, daß die Leistungen, die Husserl im Bezug auf die Klärung der logischen Erkenntnis vollbracht hat, unvergänglich sind. Aber man kann nicht behaupten, daß Husserls Phänomenologie selbst, die in der Beziehung der Fundierung die Schichten des Bewußtseins auf der gegenständlichen Seite zu erhellen und die Struktur des Bewußtseins von dem Standpunkt aus zu klären versuchte, der im Möglichen in jedem Bewußtsein das allgemeine Wesen findet, insofern sie die Verbindung mit der Wirklichkeit abbrechen und das Wesen des möglichen Bewußtseins schauen will, vollendete »Sachlichkeit« besitze. Ursprünglich erkennt die Phänomenologie entsprechend der These Brentanos das allgemeine Wesen des Bewußtseins in der Intentionalität an und betrachtet es als Eigenart des Bewußtseins, daß [wie] in dem Modell »Ich nehme im Bewußtsein ›Bewußtes wahr« – »Ego cogito cogitationes«[9] das Ich als der Pol in der einen Richtung des Bewußtseins den Gegenstand als den Pol in der anderen Richtung [des Bewußtseins] intendiert. Mit anderen Worten: [Die Phänomenologie] ist der Auffassung, daß es die Wesensnatur des Bewußtseins ist, sinnhafte Erfahrung zu sein, und daß das Zentrum des Sinnes nichts anderes als der intentionale Gegenstand ist. Doch »Sinn« ist das, was das Ich vollendet[10], und er hat dementsprechend Sinn in Beziehung zum Ich. Der Sinn ist verschieden je nach dem, wie – konkret gesehen – das Ich zum Gegenstand in Beziehung tritt. Konkret gesehen dürfte etwas, von dem man denkt, daß es im selben Sinngehalt besteht, zum Beispiel ein Kunstwerk, auf dem das Bild der Gottesmutter dargestellt ist, in seinem Sinn sich verändern je nach dem, wie sich die Weisen unterscheiden, in denen das Subjekt zu ihm in Beziehung steht, das heißt je nach dem, ob es ihm bloß als einem Gegenstand des ästhetischen Genusses gegenübertritt oder ob es ihm mit religiösem Glauben im Herzen begegnet. Weil die logische Erkenntnis ursprünglich als die Erkenntnis der mathesis universalis zum Denkgegenstand überhaupt bloß als »irgendeinem« in Beziehung steht, ist der Sinn ihres Gegenstandes ursprünglich

---

8 »Sinnfülle«: imi-jûjitsu (auch »Sinngehalt-Fülle«). (Anm. d. Übers.)
9 Die zwei Verben des »Modells« (ishiki-suru »im Bewußtsein vollziehen« und cogito »denken«) sollen sich entsprechen. (Anm. d. Übers.)
10 »vollendet«: kansei-suru (»vervollkommnen«, »vervollständigen«). (Anm. d. Übers.)

etwas Abstraktes, das zu solchen Umgangsweisen des Ichs keine Beziehung besitzt. Folglich kann seine Sinnstruktur phänomenologisch erhellt werden, selbst wenn man diese Methoden des Umgangs des Subjekts außer acht läßt. Doch im Bezug auf das Bewußtsein unseres konkreten Lebens nur von einem derartigen Standpunkt her die Struktur zu untersuchen und zu beschreiben, muß ungenügend sein. Hier wird eine noch konkretere Phänomenologie des faktischen Bewußtseins[11] verlangt. Wenn die Phänomenologie als »Philosophie des Lebens« oder als ihr vorbereitender Teil Bedeutung besitzen will, ist das mit der Methode Husserls, die, auf dem oben beschriebenen abstrakten Standpunkt stehend, den bloß formalen logischen Gegenstand versachlicht und in der Beziehung der »Fundierung« die Übereinanderlagerung der Schichten bis in den Bereich des Geistes vorantreibt, gewiß unmöglich. Etwas noch Konkreteres als eine derartige konstruktive Phänomenologie ist vonnöten.

Weiter, der zweite Mangel von Husserls konstruktiver Phänomenologie besteht darin, daß der Erkenntnischarakter der Phänomenologie selbst unklar ist als Folge davon, daß es sich bei ihr um eine statische Analyse handelt. Für diesen Standpunkt, der das Bewußtsein von dem Punkt der »Intentionalität« her reflektiert und analysiert und seine Struktur im Wesen schaut und beschreibt, ist das Bewußtsein ein fixierter Gegenstand. Daß es phänomenologisch erkannt wird, bleibt für es ganz ohne wesentliche Beziehung. Es wird als etwas gedacht, was dazu in einer bloß äußeren Beziehung steht. Hier haben wir einen Punkt, wo die Phänomenologie, die in Richtung auf die Gegenstandswelt der äußeren Wahrnehmung die Abbildtheorie überwand, in der Richtung ihrer eigenen Erkenntnis, das heißt in der Richtung der inneren Wahrnehmung nach wie vor Reste der Abbildtheorie in sich birgt. Doch auch die phänomenologische Reflexion muß offensichtlich ein Akt des Bewußtseins sein. Das Bewußtsein entfaltet in der Erkenntnis der Phänomenologie sein eigenes Wesen. Das heißt sie stellt die Selbstausgelegtheit des Bewußtseins selbst dar. Die Phänomenologie selbst ist das Sichwissen des Bewußtseins[12], ist nichts anderes als das Grundphänomen des Bewußtseins. Daher ist das Bewußtsein dasjenige, dessen

---

11 Aus der unten auftauchenden Entsprechung von genjitsu no sei für »faktisches Leben« bei Tanabe (vgl. THZ 4, S. 31) hat der Übersetzer geschlossen, daß Tanabe mit genjitsu-ishiki auf Wortfeld der »Faktizität« anspielen wollte; vgl. zu diesem Wortfeld: M. HEIDEGGER, *Gesamtausgabe*, II. Abteilung: Vorlesungen, Band 63: *Ontologie (Hermeneutik der Faktizität)*, Frankfurt 1988, S. 7 ff. Frühe Freiburger Vorlesung, Sommersemester 1923. Herausgegeben von Käte Bröcker-Oltmanns. Die gewöhnliche, einfache Übersetzung wäre: genjitsu-ishiki = »wirkliches Bewußtsein« oder »reales Bewußtsein«. – Übrigens sollte der eben genannte Text der Freiburger Vorlesungen von 1923 als Hintergrund zum ganzen Tanabe-Aufsatz vergleichend gelesen werden. (Anm. d. Übers.)
12 »das Sichwissen des Bewußtseins«: ishiki no jikaku (zur Problematik der Übersetzung von jikaku wurde schon viel geschrieben; vgl. z. B. J. LAUBE, *Dialektik der absoluten Vermittlung. Hajime Tanabes Religionsphilosophie als Beitrag zum »Wettstreit der Liebe« zwischen Buddhismus und Christentum*, Freiburg 1984, S. 27 ff.). (Anm. d. Übers.)

Wesen darin besteht, sich selbst in der Phänomenologie dynamisch zu entfalten und seine Selbstauslegung zu vollziehen. In der sogenannten »Philosophie des Lebens« wird seit Dilthey für wichtig erachtet, daß die Philosophie als solche eine Manifestation des Lebens darstellt, und die Philosophie-als-Leben[13] macht ihre Eigentümlichkeit aus. Damit auch die Phänomenologie in der Richtung der »Philosophie des Lebens« »Sachlichkeit« offenbart, muß sie sich bis zu diesem Punkt fortentwickeln. Auf Husserls Standpunkt stehend eine Phänomenologie als »Philosophie des Lebens« zu lehren, ist inkonsequent. Hier wird eine Phänomenologie gefordert, die wahrhaftig in der konkreten Erfahrung, in der wir den Weg der Annäherung besitzen, vollendet wird, [eine Phänomenologie], welche die Intentionalität des Bewußtseins klärt, die relativ zur Art und Weise, wir wir uns zur [Erfahrung] verhalten, Sinn besitzt, [eine Phänomenologie], die selbst als Selbstbewußtseinsentfaltung[14] des Bewußtseins als solchen anerkannt wird. Was Martin Heidegger unter dem Namen »hermeneutische Phänomenologie« zu entwickeln versucht, will gerade diese Forderung erfüllen. Heidegger kam anfangs aus der Schule Rickerts und trat in diejenige der Phänomenologie ein. Im Zusammenhang damit, daß er die Grenze des Standpunkts von Husserl erkannte, beabsichtigt er unter dem Einfluß Diltheys, die Phänomenologie in eine neue Richtung zu wenden. Schon die Aristoteles-Studien Heideggers wurden als in ihrer Zeit unvergleichliche [Leistung] gewürdigt. Nun ist auch die Wende, die Heidegger der Phänomenologie geben möchte, dabei, in Entsprechung zur modernen Neigung in Richtung der »Philosophie des Lebens« die Aufmerksamkeit zu erregen. Die Werke Heideggers umfassen außer einer (unveröffentlichten) Philosophiegeschichte des Mittelalters und der frühen Neuzeit in der Reihe *Aus Natur und Geisteswelt* als Forschungsarbeiten bis heute meines Wissens nur folgende zwei: die Doktordissertation *Die Lehre vom Urteil im Psychologismus* [1914] und die Habilitationsschrift *Die Kategorien- und Bedeutungslehre des Duns Scotus*[14a] [1916]. In der ersten Schrift steht er auf dem Standpunkt Rickerts; die zweite

---

13 »Philosophie-als-Leben«: Hier steht im Japanischen ausdrücklich: sei toshite no tetsugaku. (Anm. d. Übers.)
14 »Selbstbewußtseinsentfaltung des Bewußtseins«: ishiki sono mono no jikakuteki hatten. Vgl. Anm. 12! (Anm. d. Übers.)
14a Doktordissertation und Habilitationsschrift jetzt in der *Heidegger-Gesamtausgabe*, Bd. 1: *Frühe Schriften 1912–1926*, hg. von Fr. W. v. HERRMANN, Frankfurt a. M. (Klostermann-Vlg.) 1978, S. 59 ff. und S. 189 ff. – Von Heideggers Publikationsabsicht einer Abhandlung *Philosophiegeschichte des Mittelalters und der frühen Neuzeit* in der populärwissenschaftlichen Schriftenreihe *Aus Natur und Geisteswelt* des Teubner-Verlages ist bisher nichts bekannt gewesen. Vgl. jedoch zum möglichen weiteren Kontext den Aufsatz *Why the first Draft of »Being and Time« was never published* von Theodore KISIEL, in: *Journal of the British Society for Phenomenology*, Bd. 20, Nr. 1, Manchester 1989, S. 3–22, bes. S. 5. – Bei den von Tanabe genannten Aristoteles-Studien Heideggers kann es

entspricht der Übergangzeit, in der er von diesem [Standpunkt] zur Phänomenologie Husserls überzugehen im Begriffe ist. Beide [Schriften] zeigen nicht das neueste originelle Denken Heideggers selbst. Infolgedessen haben wir noch keinen Weg, dieses unmittelbar kennenzulernen. Es kommt noch hinzu, daß für Heidegger, der sich die äußerst genaue Reflexion und Analyse zum Anliegen macht, die Errichtung eines logischen Systems verwirft und wenigstens bruchstückhaft ein wahres Verstehen der lebendigen konkreten Tatsachen erlangen will, so etwas wie die Organisation eines Systems wohl nur ein müßiges Unterfangen sein mag. Es ist wohl auch unvermeidlich, daß es bei dem noch jungen Heidegger viele unausgereifte Teile in seinem Denken gibt. Ich bedauere, daß ich das im Bereich der Phänomenologie konstruktive Denken Heideggers nicht genug geordnet vorstellen kann. Ich frage mich, ob ich nicht wenigstens etwas genauer erklären könnte, worin die neuen methodischen Ansichten Heideggers und die Wende bestehen, die er der Phänomenologie geben will, und zwar auch auf das gestützt, was ich von ihm persönlich gehört habe. In der Phänomenologie, die es eigentlich als ihre Wesensaufgabe betrachtet, mit dem eigenen inneren Auge hinzusehen[15] und das Gesehene zu beschreiben, hat wohl nicht so sehr das positive Ergebnis, als vielmehr das Verstehen der neuen Momente ihrer Methode die größere Bedeutung. Ich will jetzt hauptsächlich auf diesen Aspekt das Schwergewicht legen und die ganz groben Umrisse des Denkens Heideggers vorzustellen versuchen. Wegen der nicht leicht zu überwindenden Sprachhindernisse und der Fehlerhaftigkeit meines eigenen Verständnisses kann ich nicht garantieren, daß keine unerwarteten Mißverständnisse vorkommen. In diesem Punkt muß ich von vornherein um die Nachsicht von Martin Heidegger und die des Lesers bitten. Es gäbe für mich kein größeres Glück, als wenn diese unvollkommene Präsentation auch als eine Art Auskunftsmittel dienen würde – solange, bis eines anderen Tages das von Heidegger verfaßte neue Werk veröffentlicht wird. (Ferner muß ich anmerken, daß diese Präsentation auf Heideggers Vorlesungen während des Sommersemesters 1923 in Freiburg beruht und ich in Bezug auf die späteren Veränderungen und Entwicklungen seines Denkens nichts wissen kann.)

---

15 »mit dem eigenen inneren Auge hinzusehen«: jiko no shin-gan o motte teishi-suru (wörtlich: »mit dem Auge des Herzens starren auf«). Vgl. M. HEIDEGGER, *Ontologie (Hermeneutik der Fakizität)*, S. 74: »ein bestimmtes Hinsehen«. Vgl. auch S. 52 ff. (Anm. d. Übers.)
sich nur um die Vorlesungen vom Wintersemester 1921/22 (*Gesamtausgabe* Bd. 61, bereits erschienen) und Sommersemester 1922 (*Gesamtausgabe* Bd. 62, noch nicht erschienen) handeln, die Tanabe offensichtlich kannte und z.T. wohl selbst gehört hat; in Frage kommen auch noch einige Seminare Heideggers aus jener Zeit. (Anm. d. Übers.)

II.

Um die Bedeutung der neuen Wende zu verstehen, die Heidegger der Methode der Phänomenologie geben will, müssen wir zunächst die Eigenart der ursprünglichen phänomenologischen Methode Husserls kennenlernen. Diese wird wohl durch die phänomenologische Einstellung charakterisiert, die man im Durchgang durch die zwei Stufen der Reduktion, nämlich der eidetischen Reduktion und der transzendentalen Reduktion, von der sogenannten natürlichen Einstellung herkommend, erreichen kann. »Natürliche Einstellung« meint diejenige Haltung, die wir im Bereich des praktischen Wissens und in der Forschung der Einzelwissenschaften täglich einnehmen. Wenn wir ihr folgen, gibt es außerhalb unseres Ichs viele andere Iche, und gegenüber diesen eigenen und fremden Ichen existiert die Welt des Nichtichs als die das Ich transzendierende Gesamtheit der einzelnen Tatsachen, die inmitten der unendlichen Zeit und des unendlichen Raumes unendlich entstehen und vergehen. Das Ich erkennt die »Sachen« dieses Transzendenzbereiches und nimmt ihm gegenüber die Haltungen von Liebe und Haß, Begierde und Abscheu ein. Alle diese Erkenntnis- und Gefühlshaltungen besitzen die Unterscheidung in »richtig« und »falsch«. Dementsprechend bringen sie Unterschiede im Bezug darauf hervor, ob man den Transzendenzbereich wirklichkeitsgemäß erfaßt oder ob der Umgang mit ihm allgemeine Anerkennung findet. Alltagswissen und auch Einzelwissenschaften bewegen sich auf dieser Voraussetzung. Ihnen gegenüber nennt [Husserl] jetzt »eidetische Reduktion«, wenn man von den durch die Bestimmungen von Zeit und Raum individualisierten Einzeltatsachen ausgeht, sie durch die Vorstellung frei ändernd sich auf den Standpunkt des Möglichen stellt und [dann] auf den Standpunkt überwechselt, der durch die sogenannte formalisierende Abstraktion das allgemeine Wesen schaut. Zum Beispiel: Die Beziehung von »links und rechts«, die die beiden besonderen jetzt auf meinem Tisch sich befindenden Bücher besitzen, ist individuell. Wenn man durch die Vorstellung an die Stelle dieser besonderen Bücher frei verschiedene [andere] Dinge eintauscht und die räumliche Beziehung von »links und rechts« durch Formalisierung abstrahiert, die auf dem Standpunkt des Möglichen allgemein zwei Gegenstände besitzen, kann man hier die Beziehung von »links und rechts« in ihrem allgemeinen Wesen schauen, ohne Rücksicht auf die Einzeltatsachen. Allgemein gesprochen: Auf einen solchen Standpunkt überzuwechseln und anstelle der besonderen Tatsachen das allgemeine Wesen zu schauen, ist der Standpunkt der eidetischen Reduktion. Die Erkenntnis des Wesens, das der Gegenstand ihres Standpunkts ist, muß offensichtlich transzendental sein. Das, was Ontologie beziehungsweise Gegenstandstheorie heißt, entspricht dem. Wenn der Schöpfer der Gegenstandstheorie, Meinong, die Objekte dieser Wissenschaft heimatlose Gegenstände nannte, so ist das eine sehr treffende Metapher. Die Mathematik ist zwar ihr deutlichstes praktisches Beispiel. Aber natürlich gehören die formale Logik, die transzendentallogischen Forschungen, welche die transzendentale Struktur der verschiedenen Bereiche zu klären versuchen, und Husserls sogenannte regionale Ontologie ebenfalls zu ihr.

Weil Husserl am Anfang seiner *Ideen zu einer reinen Phänomenologie und phänomenologischen Philosophie* [1913] hauptsächlich die oben beschriebene ontologische, eidetische Reduktion lehrt und unter anderen das Beispiel der Geometrie vorbringt, ist nicht unbedingt die Gefahr des Mißverständnisses ausgeschlossen, als ob auch die Phänomenologie nur mit diesem [Verfahren] zustandekomme. Tatsächlich war man sich im Zeitalter von Husserls *Logischen Untersuchungen* [1. Auflage 1900–1901] dieses Punktes nicht bewußt, und diejenigen Schüler Husserls, die sein Denken dieser Periode übernehmen (die sogenannten »Göttinger od. Münchener Phänomenologen«), haben die Tendenz, die Ontologie und die Phänomenologie miteinander zu identifizieren. Aber zwischen der Ontologie als der transzendentalen Wesenswissenschaft vom Gegenstand und der Phänomenologie als der transzendentalen Wesenswissenschaft vom Bewußtsein besteht ein wichtiger Unterschied. Wenn auch die eidetische Reduktion fähig sein mag, die erstere zu ermöglichen, so kann sie doch die letztere nicht möglich machen. Gegenstand und Bewußtsein kann man nicht als in derselben Reihe stehend denken. Vom Standpunkt der radikalen Reflexion her gesehen, wird auch der Gegenstand erst durch die Intentionalität des Bewußtseins zum Gegenstand. Diese Intentionalität – gerade sie ist das durch den schöpferischen Blick Brentanos geklärte allgemeine Charakteristikum des Bewußtseins. Um das Wesen des Bewußtseins zu erhellen, muß sie als erste in Betracht gezogen werden. Was verlangt wird, um von diesem Gesichtspunkt aus das Wesen des Bewußtseins ans Licht zu bringen, das ist die oben erwähnte transzendentale Reduktion. Sie bedeutet: Man schaltet das naive Vorurteil aus, das in der natürlichen Einstellung das Ich und das Nichtich einander gegenüberstellt und der Meinung ist, das letztere [das Nichtich] existiere dem ersteren [dem Ich] gegenüber transzendent; man klammert die Bewußtseinsakte ein, die ein Verlangen nach solcher Transzendenz in sich einschließen; durch die sogenannte »phänomenologische ἐποχή«[16] verwandelt man alles Transzendente in Immanenz und reflektiert nur auf Grund der Beziehung der Intentionalität vom Standpunkt des Sinnes aus die Struktur der gegenständlichen Seite, und zwar in Parallele zur Aktseite, welche diese intendiert. Gerade das ist die grundlegende Eigenart der phänomenologischen Haltung. Wenn zum Beispiel Walter (Walter, *Zur Ontologie der sozialen Gemeinschaften*) oder Winkler (Winkler, *Phänomenologie und Religion*) besonders dies als »phänomenologische Reduktion« bezeichnen, hat das auch gute Gründe für sich[17]. Denn die eidetische Reduktion ist der

---

16 »phänomenologische ἐποχή«: Tanabe schreibt Epochē tatsächlich griechisch. (Anm. d. Übers.)
17 Tanabe gibt in diesem Aufsatz die Buchtitel nur mit dem Jahr der Veröffentlichung an, ohne Verlag und Verlagsort. Bei den gerade genannten Werken von Walter und Winkler nennt er nicht einmal das Jahr der Veröffentlichung. Gerda WALTHER, *Ein Beitrag zur Ontologie der sozialen*

methodische Standpunkt, welcher der »Eidetik« gemeinsam ist, von der alle transzendentalen Wesenswissenschaften, nicht nur die Phänomenologie, sprechen. Aber gerade diese transzendentale Reduktion bildet die methodische Eigenart der Phänomenologie als der Wesenswissenschaft des transzendentalen Bewußtseins. (Doch Husserl denkt an eine Metaphysik als Tatsachenwissenschaft des transzendentalen Bewußtseins, die auf dem Standpunkt der transzendentalen Empirie steht, der nur die transzendentale Reduktion, nicht aber die eidetische Reduktion umfaßt. Einstweilen lasse ich das jetzt außer Betracht.) Wenn wir das von der Entwicklung des Denkens Husserls her betrachten, sieht es so aus: Der ontologische Standpunkt wurde von Bolzanos Denken im Bezug auf eine objektive Logik überliefert; der phänomenologische Standpunkt ist das Ergebnis der Verwandlung des Grundgedankens der intentionalen Psychologie Brentanos in die Immanenz auf die Grundlage von Descartes' Cogito; die Periode der *Logischen Untersuchungen* legte den Schwerpunkt vor allem auf den ersteren [den ontologischen Standpunkt]; die Eigenart und Unterscheidung des letzteren [des phänomenologischen Standpunkts] gegenüber einer deskriptiven Psychologie war damals noch nicht klar bewußt, trat aber danach allmählich in den Vordergrund; in den *Ideen [zu einer reinen Phänomenologie und phänomenologischen Philosophie]* wurden beide [Standpunkte] als gleichrangig betrachtet; schließlich in neuester Zeit scheint es, daß sogar der Gedanke, die Ontologie bilde den Leitfaden der Phänomenologie, verworfen wird und die transzendentale Reduktion den Vorrang erlangt. Jedoch obwohl auf diese Weise die transzendentale Reduktion einen so wichtigen Platz besetzt hält, daß sie mit Recht »phänomenologische Reduktion« genannt wird, ist es eine unbestreitbare Tatsache, daß bei Husserl die eidetische Reduktion immer noch als unverzichtbares Verfahren der Phänomenologie gilt und die von ihr verlangte, auf der Vorstellung fußende freie Verwandlung [der Gegenstände] und folglich die formalisierende Abstraktion auf dem Standpunkt des Möglichen wesentliche Elemente der phänomenologischen Methode bilden. Hier wird die Eigenart Husserls als eines aus dem Studium der Mathematik hervorgegangenen Logikers aufrechterhalten. Der Einfachheit halber möchte ich von diesem Punkt her Heideggers methodische Revolution ableiten.

Das allgemeine Wesen des Bewußtseins liegt in der Intentionalität. Um jetzt die wesentliche Struktur der Intention zu klären, die eine bestimmte Art von Akt oder auch verschiedene Arten von Akten des Bewußtseins miteinander verbunden zustandekommen läßt, muß man die auf eine bestimmte Zeit und einen bestimmten Gegenstand eingeschränkte Faktizität durch die Vorstellung frei verändern und auf

---

Gemeinschaften – mit einem Anhang zur *Phänomenologie der sozialen Gemeinschaften.* Sonderdruck aus *Jahrbuch für Philosophie und phänomenologische Forschung*, hg. von Edmund HUSSERL, Bd. VI, Halle (Niemeyer-Verlag) 1922. VI und 158 S. Robert WINKLER, *Phänomenologie und Religion* – Ein Beitrag zu den Prinzipienfragen der Religionsphilosophie, Tübingen (J. C. B. Mohr) 1921, VII u. 101 S. (Anm. d. Übers.)

dem Standpunkt des Möglichen das universale Wesen schauen. Das ist der Standpunkt Husserls. Mit anderen Worten gesagt: In einem gewissen Sinn handelt es sich hier um nichts anderes als um den Abbruch der Beziehungen zur Wirklichkeit. Meiner Meinung nach ist dieser Standpunkt zweifellos ursprünglich richtig, um das Bewußtsein der formalen Logik und Mathematik zu erforschen. Wenn man ferner die Naturerkenntnis methodisch bis zur letzten Konsequenz durchführt, besteht auch das Wesen des Bewußtseins der Naturerkenntnis darin, daß es – befreit vom sogenannten »Anthropomorphismus« – die menschenbezogenen und subjektbezogenen Verhältnisse abschüttelt und in Richtung auf die ewigen Wahrheiten von Logik und Mathematik formalisiert wird. Wenn man das für richtig hält, dann kann man wohl nicht behaupten, daß die freie Veränderung auf dem Standpunkt des Möglichen als Methode der phänomenologischen Betrachtung unangemessen ist. Freilich wenn wir uns auf das Bewußtsein unseres Lebens, das heißt auf das Bewußtsein unseres konkreten Geisteslebens richten, muß das Schauen von einem derartigen Standpunkt [des Möglichen] aus derjenigen Absicht der Phänomenologie widersprechen, die ihren ursprünglichen Geist ausmacht, nämlich das Schwergewicht auf die »Sachlichkeit« zu legen. Husserl denkt zwar, auch in diesem Fall auf dem oben beschriebenen Standpunkt stehenbleibend, den Bereich des kulturellen Geistes als etwas auf der Grundlage der Natur »Fundiertes« bloß durch den Bewußtseinsakt der Sinngebung in der Struktur seiner Schichten erforschen zu können. Aber so etwas ist nur eine Konstruktion, die dem ursprünglichen Geist der Phänomenologie entgegensteht. Konkret gedacht: Allgemein ist jedweder Sinn etwas, was das Subjekt vollendet, und entsprechend seiner Beziehung zum Subjekt ändert sich sein Charakter. In welcher Beziehung und auf welche Weise das Subjekt den Sinn vollendet, hängt davon ab, wie das Subjekt mit der besonderen Umwelt umgeht[18]. Losgelöst davon wird der Sinn geistiger Kultur bloß zu einem Produkt der Abstraktion, welcher der Zugang[19] ganz verweigert wurde. Ursprünglich ist unser Geistesleben kein Bewußtsein einer bestimmten abstrahierten wissenschaftlichen Erkenntnis, sondern nichts anderes als die in der Geschichte lebendig sich entfaltende Wirklichkeit selbst. Die konkreteste Phänomenologie des Geisteslebens ist keine Phänomenologie des wissenschaftlichen Bewußtseins bezüglich eines bestimmten abstrahierten Bereiches, vielmehr muß sie die Phänomenologie des

---

18 »umgeht«: kôshô-suru. Tanabe hat ausdrücklich diese Übersetzung angegeben, obgleich das, was er damit japanisch ausdrücken will, sowohl dem »Umgang« wie auch der »Begegnung« mit »Welt« bei Heidegger entspricht, wie der Vergleich der Texte Tanabes mit Texten Heideggers in *Ontologie (Hermeneutik der Faktizität)* (1923) und *Sein und Zeit* (1927) zeigt (*Gesamtausgabe*, Band 2, Frankfurt 1977). (Anm. d. Übers.)
19 »Zugang«: tsûro. Tanabe gibt die deutsche Übersetzung an. Später verwendet er den Doppelausdruck sekkin no tsûro (wörtlich »Annäherungszugang«). (Anm. d. Übers.)

lebendigen, konkreten Bewußtseins, mit anderen Worten: des Daseins selbst sein[20]. Das läßt von seinem Wesen her nicht zu, daß man auf einem abstrakten Standpunkt wie dem der »freien Veränderung« beziehungsweise des »Möglichen« steht. Denn nicht der Abbruch der Beziehungen zur Wirklichkeit, sondern gerade die Erfassung der Wirklichkeit selbst ist ihre unerläßliche Bedingung. Die eidetische Reduktion als etwas, was den Abbruch der Beziehungen [zur Wirklichkeit] verlangt, muß von der Methode einer solchen Phänomenologie des faktischen Bewußtseins her gesehen als ihr Element verworfen werden. Auf demjenigen Standpunkt der radikalen Immanenz das Verstehen des »Daseins« zu vollziehen, der nur mit Hilfe der transzendentalen Reduktion alle Gegenstandsbereiche dem intentionalen Bewußtsein immanent macht und in dem auch die Welt dem Ichbewußtsein immanent ist, das dem Gegensatz von Selbst und Anderen vorausliegt: das ist Phänomenologie. Weil auf einem solchen Standpunkt auch das dieses Verstehen vollziehende Bewußtsein nichts außerhalb des faktischen Bewußtseins sein kann, ist Phänomenologie nichts anderes als Selbstverständnis, als Selbsterfassung des faktischen Bewußtseins. Heidegger nannte die Phänomenologie als die Selbstauslegung dieses Bewußtseins »hermeneutische Phänomenologie«, um sie von der »konstruktiven Phänomenologie« Husserls zu unterscheiden. Sie stellt nichts anderes als das Sichwissen des im radikalisierten Sinn konkreten Bewußtseins dar. Man kann wohl behaupten, daß das Verlangen nach Sachlichkeit, welches im ursprünglichen Geist der Phänomenologie das Unmittelbare, Konkrete betont und es nicht durch theoretische Konstruktionen beschädigen will, hier vergleichsweise vollkommen befriedigt wird.

Aber umgekehrt gedacht: Besteht nicht die Sorge, daß die Phänomenologie, die einen derartigen Zugang beziehungsweise eine solche Annäherung betont und sich das Bewußtsein zum Gegenstand macht, das den Sinn vollendet je nach der Weise, wie es mit der Welt mit Hilfe irgendeiner Methode umgeht, [dadurch] ihr Verstehen zu etwas extrem Individuellem werden läßt, wobei zwischen den Subjekten überhaupt keine Verbindung besteht? Nein! Nach Heidegger ist ein solches solipsistisches beziehungsweise relativistisches Denken [selbst] schon Produkt theoretischer Konstruktion. Konkret gesehen, besitzt das Dasein immer die fließende Öffentlichkeit seiner Ausgelegtheit; die faktischen Lebenstätigkeiten werden darinnen vollzogen[21]. Die einzelnen Teile des modernen Bewußtseins, die geschichtlich in dieselbe Lage versetzt wurden, verstehen sich gegenseitig durch diese Öffentlichkeit und besitzen [durch sie] einen gemeinsamen Weg der Annäherung. Weil darüber hinaus die

---

20 »Dasein«: Tanabe setzt an dieser Stelle hinter genjitsu-sonzai (»faktisches Sein«) selbst das deutsche »Dasein«. Im folgenden ist also hinter dem deutschen Wort »Dasein« immer das japanische genjitsu-sonzai zu denken. Übrigens werden im vorliegenden Satz »konkretes Bewußtsein« und »faktisches Sein« (»Dasein«) identifiziert. (Anm. d. Übers.)
21 »die faktischen Lebenstätigkeiten«: genjitsu no seikatsu un-i (wörtlich: »die wirklichen Worte und Taten des Lebens«). (Anm. d. Übers.)

Geschichte nicht in den Ereignissen der Vergangenheit besteht, sondern darin zustandekommt, wie die Gegenwart die Vergangenheit sieht, ist auch das vergangene Bewußtsein nichts anderes als etwas im gegenwärtigen Bewußtsein Verstandenes. Alles wird im modernen Bewußtsein verstanden und gedeutet. Die hermeneutische Phänomenologie, die, vom Annäherungsweg beziehungsweise Anhaltspunkt her gesehen, das moderne Bewußtsein als einzig möglichen Gegenstand erwählt, ist weder ein Solipsismus noch ein Historismus, sondern nichts geringeres als eine »strenge Wissenschaft«, die einen solchen Relativismus ablehnt und universales Verstehen zuläßt. Strenge Wissenschaft als formale Deduktion zu definieren, ist eine Art Vorurteil. Wo der Gegenstand dem Subjekt einen hinreichenden Annäherungsweg zeigt und dadurch das erstere [der Gegenstand] die Erfassung durch das letztere [das Subjekt] vollkommen zu machen vermag, da kommt strenge Wissenschaft zustande. Auch die hermeneutische Phänomenologie ist in diesem Sinn strenge Wissenschaft. Weil diese Wissenschaft gleichzeitig die »Selbstausgelegtheit«, die »Selbstauslegung« des Daseins ist, gehört sie als Entfaltung des Daseins gleichzeitig zum Sein als solchen. Gerade das aber stellt Philosophie als allerkonkreteste Wissenschaft dar.

III.

Wie eben erklärt, muß die hermeneutische Phänomenologie als Ansatzpunkt oder Anhaltspunkt, bei dem sie ihre Betrachtung beginnt, die öffentliche Ausgelegtheit des Daseins selbst nehmen. Diese Ausgelegtheit erscheint in zwei Richtungen. Die eine ist das moderne geschichtliche Bewußtsein (die Geschichtsanschauung) und die andere das moderne philosophische Bewußtsein (die Weltanschauung). Geschichte ist – wie auch oben schon erklärt – nicht Abbildung vergangener Tatsachen. Sie zeigt [vielmehr], wie die Gegenwart die Vergangenheit sieht, wie sie sie anerkennt und wie sie sie aufbewahrt oder verwirft. Folglich ist sie [die Geschichte] nichts anderes als ein Anzeichen dafür, wie sich die Gegenwart selbst verhält. Die Kulturgestalten der Vergangenheit sind Ausdruck [Ausgelegtheit] vergangenen Seins. Die Kulturgestalten ein- und desselben Zeitalters haben einen durch seine verschiedenen Kulturbereiche Kunst, Literatur, Religion, Moral, Wissenschaft, Wirtschaft und so weiter (die »Kultursysteme«, wie Dilthey sie nennt) hindurchgehenden gemeinsamen, einheitlichen Stil. Die Eigenart des geschichtlichen Bewußtseins besteht darin, daß es die gegenständlichen Besonderheiten der Vergangenheit durch die Vermittlung dieser Einheit des Stils als kulturelle Ausdrucksgestalten in ihrem jeweiligen eigenen Bereich voraussehen kann. Was dagegen die Rangordnung dieser Kulturgestalten durch Vergleich festlegt, inmitten des Zeitlichen, Veränderlichen eine überzeitliche, unveränderliche systematische Ordnung errichtet und so das erstere [das Zeitliche] durch das letztere [das Überzeitliche] organisiert, ist eben das zweite, das philosophische Bewußtsein. Es setzt eindeutig das geschichtliche Bewußtsein voraus und wird durch dieses fundiert. Mit anderen Worten: Auch das moderne philosophische Bewußtsein mußt etwas geschichtlich Begrenztes [Bedingtes] sein. Eine von der Geschichte losgelöste Philosophie ist nur ein Produkt der Abstraktion, welcher der Zugang zu ihren Problemen verwehrt wurde. Das gegenwärtige Bewußtsein des Daseins ist es, das sich auf diese Weise in Geschichte und Philosophie – beim einen durch die Vermittlung des einst Gewesenen, beim anderen durch die Vermittlung des immer Seienden – selbst auslegt. Weil im ersten Fall [im Fall der Geschichte] das Interesse durch die vergangenen Tatsachen geweckt wird, durch sie bewegt wird und ihnen nachgeht, nennt [Heidegger] die phänomenologische Besonderheit des Daseins in diesem Fall »die gezogene od. geführte Neugier«. Weil dagegen im zweiten Fall [im Fall der Philosophie] das Interesse durch die Tatsachen nicht gefesselt wird, sondern zum Ziel hat, sie autonom zu beherrschen und zu ordnen, kann man die Besonderheit des Seins in diesem Fall »die sich selbst führende Neugier« nennen. In beiden Fällen zeigt sich das Dasein in diesem Grundphänomen der Neugier in seiner eigentümlichen Bewegtheit. Geschichte und Philosophie bestehen nicht bloß aus sogenannten Kulturgütern, die durch historische Materialien objektiv aufbewahrt und überliefert werden und von denen wir zufällig Kenntnis erlangen. Sie sind [vielmehr] der Weg, auf dem das Sein oder das Leben selbst sich lebt und seiner selbst versichert[22]. Verstehen von Sein beziehungsweise Leben besteht darin, dadurch die Frage kategorial zu klären, was sein Grundphänomen, die Neugier, bedeutet, und zwar als Bewegtheit des Seins, als Bewegtheit, in der sich das Sein selbst im Da offenbart.

Wenn es so ist, wie versteht dann Heidegger von diesem Standpunkt aus das Sein? Heidegger bestimmt das Sein zunächst durch die formale Anzeige:

»Dasein (faktisches Leben) ist Sein in der Welt«[23]. Diese [These] beabsichtigt er, durch Einsicht in den Ursprung konkreter Erfahrung und Anschauung zu füllen. »Welt« ist die allgemeine Bezeichnung für das, was Gegenstand des Umgangs ist. »Welt ist [,] was begegnet«[24]. Die Fähigkeit, Gegenstand des Umgangs zu werden und die Art und Weise des Umgangs zu bestimmen, kann man mit dem Wort »Bedeutsamkeit« ausdrücken. Es bedeutet, daß mit der faktischen Welt als mit dem Besorgten

---

22 »auf dem das Sein oder das Leben selbst sich lebt und seiner selbst versichert«: Tanabe sieht den Lebensvollzug wie Heidegger transitiv. Das Leben lebt sich (im Japanischen setzt Tanabe ikasu: »beleben«). (Anm. d. Übers.)
23 »Dasein (faktisches Leben) ist Sein in der Welt«: Tanabe zitiert diesen Satz mit *bestimmtem* Artikel. Bei HEIDEGGER, *Ontologie (Hermeneutik der Faktizität)*, S. 80 steht: »Die Vorhabe, in der Dasein (jeweilig eigenes Dasein) für diese Untersuchung steht, läßt sich in formaler Anzeige fassen: Dasein (faktisches Leben) ist Sein in *einer* Welt«. Heideggers Formulierung ist noch »formaler« als die von Tanabe. (Anm. d. Übers.)
24 »Welt ist [,] was begegnet«: Bei Heidegger finden wir a.a.O., S. 86: »Welt ist, was begegnet.« (Anm. d. Übers.)

umgegangen wird. **Welt** meint **Umwelt**. Welt kommt durch **Sorgen** zustande. Es verhält sich nicht so, wie in der konstruktiven Phänomenologie Husserls gedacht wird: Zuerst wird die natürliche Welt – ohne Sorge, ohne Sinn – vorausgesetzt; auf ihrer Grundlage kommt die Welt des sinnhaften Geisteslebens durch den Akt der »Sinngebung« zustande. Nicht so, sondern erst die im Umgang [wirkende] Bedeutsamkeit läßt das Sein entstehen. Wenn das so ist, was ist also Bedeutsamkeit? Nach Heidegger wird sie in den drei Phänomenen der **Erschlossenheit**, **Vertrautheit** und **Unberechenbarkeit** sichtbar. Wenn man die Erschlossenheit unterteilt, ergeben sich die **Vorhandenheit** und der **mitweltliche Vorschein**. »Vorhandenheit« bedeutet: Gegenwärtigsein, um irgendeinem Zweck zu dienen. »Mitweltlicher Vorschein« will sagen: Diese Gegenwart ist nicht für das isolierte Ich, sondern sie ist für die Gesamtheit von Selbst und Anderen gegenwärtig, die ein gemeinsames Leben führen. So zeigt der Mensch im Umgang mit der Welt Sieg oder Niederlage, läßt Überlegenheit oder Unterlegenheit anderen Menschen gegenüber erkennen, wohnt folglich an der Kreuzung von Ehre und Scham; so bildet die Bedeutung von **Mitwelt** ein wichtiges Element der Welt. Zweitens »Vertrautheit«: Sie meint natürlich nicht theoretische Erkenntnis, sondern Gewandtheit im täglichen Leben. Die »Unberechenbarkeit« besteht drittens darin, daß trotz dieser Gewandtheit in vielen Fällen das, womit wir umgehen, unserer Erwartung widersprechende Seiten zeigt. In der gegenseitigen Abwechslung dieser beiden Aspekte liegt die Bedeutsamkeit der Welt. Entsprechend der Fortdauer, Auflösung usw. der Sorge manifestiert sie [die Welt] die Modi der Zeit: »noch nicht«, »erst jetzt«, »schon«, »gerade eben«, »bis jetzt«, »dieses Mal«, »erstmals«, »schließlich« usw.[25] Dies sind die Momente der faktischen Zeit. Dann erscheinen im Umgang [mit der Welt] die Momente des faktischen Raums »sehr fern«, »sehr weitläufig«, »gleich da« usw. aus der Bestimmung verschiedenartiger Abstände und aus der Bestimmung der Richtung »wo – da«[26]. Die ursprünglichste Zeitlichkeit und Räumlichkeit sind nichts anderes als derartige Kategorien der hermeneutischen Phänomenologie. Nun, weil die Sorge – wie oben erklärt – in der

---

25 Einige dieser Zeit- und Orts-Momente finden sich bei HEIDEGGER, *Ontologie (Hermeneutik der Faktizität)*, S. 101: »Besorgtes ist da als noch nicht, als erst zu-, als schon, als nahezu, als bis jetzt, als fürs erste, als schließlich.« – Da die wörtliche Übersetzung aus Tanabes japanischem Text nicht ganz dieselben Bedeutungsnuancen ergibt, erkennt man, daß Tanabe keine schriftliche deutsche Vorlage besaß und den Sinn mancher Momente japanisch nicht genau wiederzugeben vermochte. Z.B. das vorletzte Moment der Reihe »fürs erste« findet in Tanabes kono tabi hajimete (»dieses Mal erstmals«) keine adäquate Übersetzung ins Japanische. Die bei Heidegger, S. 101, verzeichneten Momente des Raums werden ebenfalls nicht genau übernommen. (Anm. d. Übers.)
26 Man beachte Heideggers Unterscheidung zwischen »Ent-fernung und Ausrichtung« einerseits, andererseits »Entferntheit (Nähe) oder gar Abstand« und den »festen Richtungen«: vgl. *Sein und Zeit, Gesamtausgabe*, Band 2, Frankfurt 1977, S. 140–145. – Ent-fernung und Ausrichtung sind ursprüngliche »Seinsarten« des Daseins. »Abstand« und »feste Richtung« gehen daraus erst hervor. Tanabe bringt Beispiele des Abstands und der festen Richtung, scheint aber Ent-fernung und Ausrichtung zu meinen. (Anm. d. Übers.)

sogenannten »Mitwelt« des Gemeinschaftslebens zum Vorschein kommt, wird in der Sorge der Gegensatz von Selbst und Anderen sichtbar: Das Ich legt sich in der Sorge den anderen Ichen gegenüber aus und gleichzeitig bildet eben diese Sorge als seine Selbstauslegung das, worum sich die anderen Iche sorgen. Das aber ist der »mitweltliche Vorschein« der Sorge. Ich, Welt und Gemeinschaftsbereich (»Mitwelt«) bilden die drei Grundmomente des Daseins. Das sie durchziehende Grundphänomen ist nichts anderes als die Sorge. Man kann nicht behaupten, daß jedwedes Phänomen primär und definitiv durch die Intentionalität charakterisiert wird. Vielmehr muß man feststellen, daß eben die Sorge das ursprünglichste Phänomen ist.

Die Sorge entsteht aus der Besorgnis; die Besorgnis kommt aus der Not[27]. Aber

---

[27] »Die Sorge entsteht aus der Besorgnis; die Besorgnis kommt aus der Not«: kanshin wa hairiyo yori shôji, hairyo wa hitsuyô yori kuru (vgl. THZ 4, S. 33). In: *Ontologie (Hermeneutik der Faktizität)* findet sich kein direktes Äquivalent für Tanabes japanischen Satz über den Ursprung der Sorge. Höchstens im § 26 »Begegnischarakter der Welt« könnten Sätze wie folgende Tanabe zu seiner Herleitung der Sorge im Sinn der noch nicht ausgereiften Sorge-Phänomenologie des Heideggers von 1923 angeregt haben: »Sorgen als solches ist gerade das, was ursprünglich die Welt da hat und die Zeitlichkeit so stellt, daß für es und in ihm Welt begegnet. Dieses Grundphänomen darf in keiner Weise abgeschwächt werden. [Neuer Abschnitt:] Sein im Wie eines solchen Sorgens ist die Besorgnis. Sie kennzeichnet Leben als umgänglich besorgendes Gestelltsein in eine Welt. Sorgen ist Sein-in-einer-Welt und darf nicht als ein Akt im Bewußtsein gedeutet werden« (HEIDEGGER, *Ontologie...*, S. 102). Weiter erklärt Heidegger: »In diesem nivellierten Da der besorgenden Sorglosigkeit, in dem die Welt als Selbstverständlichkeit begegnet, schläft die Sorge. Dadurch besteht in der Welt die Möglichkeit einer ausbrechenden Bedrängnis. Nur als bedeutsame kann die Welt begegnen als Bedrängnis« (S. 103). In diesem Kontext ist auch auf Bd. 61 der *Gesamtausgabe* zu verweisen: *Phänomenlogische Interpretationen zu Aristoteles. Einführung in die phänomenologische Forschung* (Vorlesung Wintersemester 1921/22), hg. von Walter BRÖCKER und Käte BRÖCKER-OLTMANS, Frankfurt a. M. 1985; diese Vorlesung hat Tanabe vermutlich gekannt. Vgl. vor allem das dort S. 131 ff. zur »Ruinanz und Darbung« des Lebens Gesagte. Im Sinn der eben zitierten Heidegger-Sätze hat Tanabe wohl die Sorge (kanshin) aus der Besorgnis (nach seiner Übersetzung steht hier hairyo, das bei den Übersetzern von *Sein und Zeit* für das Besorgen im Umgang mit der Welt reserviert ist) hergeleitet und die Besorgnis dann aus der Bedrängnis (bei Tanabe hitsuyô: »Not«). Heidegger hatte 1923 noch nicht die klar differenzierte Sicht und Sprache im Bezug auf die Phänomenologie der Sorge von 1927. Aber auch Tanabe hat bei hairyo noch nicht Besorgnis und Besorgen unterschieden. Vielleicht sogar auch nicht kanshin (Sorge) und hairyo (Besorgnis/Besorgen) ganz getrennt. Denn die hairyo-Stellen im nun folgenden Text zeigen einmal, daß Tanabe kanshin und hairyo hintereinanderreiht (z. B. THZ 4, S. 33: *kanshin* naishi *hairyo*) oder miteinander austauscht (shi ni taisuru hairyo: S. 33, sono *kanshin* ni oite ika-ni shi to kôshô-suru: S. 34; an diesen beiden Stellen geht es Tanabe im Sinne Heideggers darum, wie das Leben sich dem Tod gegenüber verhält; *hairyo* und *kanshin* werden hier *beide* für Heideggers »Sorge« eingesetzt!). Vgl. auch die letzten Abschnitte der vorliegenden Übersetzung des Tanabe-Textes. Obgleich man Tanabes Satz »Kanshin wa hairyo yori shôji, hairyo wa hitsuyô yori kuru« mit Blick auf *Sein und Zeit* (*Gesamtausgabe* Bd. 2) anders übersetzen möchte, verbietet das die Treue zum japanischen Text. Heidegger erklärt *Sein und Zeit*, S. 256: »Die formal existenziale Ganzheit des ontologischen Strukturganzen des Daseins muß daher in folgender Struktur gefaßt werden: Das Sein des Daseins besagt: Sich-vorweg-schon-sein-in-(der-Welt-)als Sein-bei (innerweltlich begegnendem Seienden). Dieses Sein erfüllt die Bedeutung des Titels *Sorge*, der rein ontologisch-existenzial gebraucht wird.

Sorgen ist weniger das positive Verfolgen des Nötigen, vielmehr muß man es als Unterwegssein zu bezeichnen. Folglich ist es Unruhe. Von daher kann man sagen, daß das Leben Bewegtheit ist. Aber diese Bewegtheit des Lebens stellt nicht einfach ein neutrales Ereignis dar. Vielmehr handelt es sich um eine Geneigtheit zur Welt, mit der [das Leben] sich selbst in seiner Bewegung aufrechterhalten will. Sie entspringt in dem »Hang des Lebens, sich von der von ihm gelebten Welt mitnehmen zu lassen«. In diesem Hang erscheinen der Reihe nach die als die drei Stufen des Abfallens des Lebens von ihm selbst, des Verfallens an die Welt und des Zerfalls seiner selbst zu beschreibenden Grundtendenzen. Man kann das auch einfach als »Verfall-Geneigtheit« des Lebens bezeichnen. Gleichzeitig drückt es die Eigenart des faktischen Seins des Lebens aus. Es ist genau das, was man »Verhängnis« nennt. Diese Verfall-Geneigtheit ist keineswegs eine Krankheit des Lebens, die bloß vorübergehend auftritt; durch den Fortschritt der Zivilisation kann man sie nicht ausmerzen. Nein! Sie gehört zum Grundcharakter des Lebens selbst. Es verhält sich vielmehr umgekehrt: Die eben beschriebene idealistische Sicht stellt gerade den Verfall des Lebens dar, insofern es sich von der Sorge beziehungsweise Besorgnis als seinem Wesen wegwendet und in der Sorglosigkeit zeitweilige Muße sucht. Der Daseinscharakter des Lebens liegt in seiner Sorgensbewegtheit. Diese Bewegtheit wird besonders in der Besorgnis bezüglich des Todes, in der Sorge um die Interpretation des Todes am schärfsten ausgedrückt. Ebensowenig wie das Leben natürlich kein bloßer Ablauf ist,

---

Ausgeschlossen bleibt aus der Bedeutung jene ontisch gemeinte Seinstendenz wie Besorgnis, bzw. Sorglosigkeit. [Neuer Abschnitt:] Weil das In-der-Welt-sein wesenhaft Sorge ist, deshalb konnte in den voranstehenden Analysen das Sein bei dem Zuhandenen als *Besorgen*, das Sein mit dem innerweltlich begegnenden Mitdasein Anderer als *Fürsorge* gefaßt werden...« (Hervorhebungen und runde Klammern von Heidegger). – Heidegger unterscheidet hier also Sorge, Besorgen und Fürsorge sowie Besorgnis bzw. Sorglosigkeit. Das japanische Äquivalent für Sorge bzw. Sorgen ist bei Tanabe kanshin (THZ 4, S. 32 gibt er diese deutsche Übersetzung ausdrücklich an). Auch die *Sein und Zeit*-Übersetzung von Tsutomu Kuwaki (*Sonzai to jikan*, 3 Bände, Iwanami Shoten, Tôkyô 1960–1963) und von Kôichi Tsujimura (*U to toki*, Kawade Shobô Shinsha, Tôkyô 1967) setzen für »Sorge« kanshin. Für »Besorgnis« benutzt Kuwaki shinpai-yûryo (Band 2, Nachdruck 1973, S. 128) und schreibt ausdrücklich mit Furigana-Silbenschrift »Besorgnis« daneben. Tsujimura gebraucht nur shinpai (Nachdruck 1970, S. 227). Das »Besorgen« wird von beiden Übersetzern übereinstimmend mit hairyo wiedergegeben (Kuwaki, S. 129; Tsujimura, S. 228). Die »Fürsorge« übersetzen beide mit koryo (ebenda). In gleicher Weise unterscheiden Shinzaburô Matsunami und Munetaka Iijima im *Lexikon des Existentialismus* (*Jitsuzonshugi Jiten*, Tôkyôdô Shuppan, Tôkyô 1964, 9. Nachdruck 1972, S. 54) kanshin, hairyo und koryo als Sorge, Besorgung und Fürsorge.
Von diesem Sprachgebrauch der japanischen Heidegger-Übersetzer her gesehen, hätte man erwartet, daß obiger Tanabe-Satz folgendermaßen zu übersetzen wäre: »Die Sorge entsteht aus dem Besorgen. Das Besorgen kommt aus der Not.« Es ist aber offensichtlich, daß dieser deutsche Satz Heideggers Aussageabsicht (gemessen an *Sein und Zeit*) nicht entsprechen kann. Denn Besorgen und Fürsorge gehen aus der Sorge hervor, nicht umgekehrt. Außerdem wird im Zusammenhang des zentralen Heidegger-Zitats über die Sorge in »Sein-und-Zeit« (vgl. oben) von »Not« nicht gesprochen. (Anm. d. Übers.)

ist der Tod auch nicht das bloße Aufhören oder Abbrechen eines solchen Ablaufs. Vielmehr steht er als etwas Unvermeidliches dem Dasein gegenüber. Man kann sogar sagen: Gerade darin, wie das Leben den Tod sieht und wie es in seinem Sorgen mit ihm umgeht, zeigt es seine Seinsart[28]. Wenn es dem ihm als etwas Unvermeidliches entgegenstehenden Tod entfliehen und ihn im mitweltlichen Sorgen verdecken und vergessen will, ist das Flucht des Lebens selbst [vor sich selbst], das heißt nichts anderes, als daß die letzte Seinsmöglichkeit des Lebens zur Seinsunmöglichkeit wird. Auf dieser Grundlage das Dasein in seiner ursprünglichen Seinsart zu erfassen, ist letztlich unmöglich. Weil die Art und Weise der Besorgnis gegenüber dem (Tod), vor dem es fliehen möchte, aber nicht fliehen kann, die Seinsart des Daseins formt, ist vielmehr zu betonen, daß gerade da, wo sich das Leben freiwillig für den sicheren Tod entschließt, es sich selbst für sich selbst offenbart[29]. Auf diese Weise erscheint in Sorge-Besorgnis beziehungsweise in Verfall-Geneigtheit und Gegen-Bewegtheit[30] gegenüber dem Tod die Seinsart des Daseins. In dieser Seinsart sich selbst für sich selbst dynamisch auszulegen, eben das ist nichts anderes als Existenz[31] im konkreten Sinne.

Oben habe ich die ganz groben Umrisse der hermeneutischen Phänomenologie Heideggers – im Rahmen dessen, was ich verstehen konnte – vorgetragen. Dadurch kann man sich wohl ungefähr vorstellen, in welche Richtung er die Phänomenologie des Lebens fortentwickeln will. Indem ich noch einmal betone, daß diese Wende für die Phänomenologie eine sehr wichtige Bedeutung besitzt, möchte ich diese kurze Vorstellung jetzt abschließen[32].

(Übersetzt von Johannes Laube.)

---

28 »Seinsart«: sonzaisei (»Seinscharakter«). (Anm. d. Übers.)
29 »sich selbst für sich selbst offenbart«: jikakuteki ni kengen-suru (»im Sichwissen sich manifestieren«). (Anm. d. Übers.)
30 »Gegen-Bewegtheit«: handôteki dôsei (»reaktive Bewegtheit«). (Anm. d. Übers.)
31 »Existenz«: Tanabe setzt hinter sonzai das deutsche Wort »Existenz« (vgl. THZ 4, S. 34). Heute wird das existenzphilosophische Wort »Existenz« meist mit jitsuzon japanisch wiedergegeben. Nach dem *Lexikon des Existenzialismus (Jitsuzonshugi jiten)* von MATSUNAMI und IIJIMA wird jitsuzon als Abkürzung für shinjitsu-sonzai (»wahres Sein«) oder genjitsu sonzai (»wirkliches Sein«, »faktisches Dasein«) verstanden (vgl. Jitsuzonshugi jiten, S. 76f.). Auch Tanabe benutzt in späteren Auseinandersetzungen mit Kierkegaard, Jaspers, Heidegger für »Existenz« jitsuzon (Vgl. z.B. Bd. 9–11 der *Gesammelten Werke von Hajime Tanabe, Tanabe Hajime Zenshû*). (Anm. d. Übers.)
32 Als Tag des Abschlusses des Textes gibt Tanabe den 28.7.1924 an. (Anm. d. Übers.)

SEINOSUKE YUASA

Heidegger im Vorlesungssaal*

Uns befällt ein sonderbares Gefühl, wenn wir lesen, wie Raskolnikow, der die alte Frau ermordet hat, das Gefängnis verläßt und vor seiner Verbannung nach Sibirien vor allen Leuten, ohne sich um sie zu kümmern, niederkniet und die Erde küßt. Gleichzeitig können wir nicht abstreiten, daß sich in diesem sonderbaren Gefühl eine Art Neid und unsere Hochachtung angesichts der Schlichtheit des Russen und seines Vertrauens in die Festigkeit des Bodens verbirgt. Wenn wir im Blick auf die Philosophie Heideggers ein ähnliches Gefühl bekommen, so liegt das daran, daß seine Philosophie sozusagen die Erde küßt. Heideggers Philosophie duftet nach Erde. Falls jemand kritisiert, Heideggers Philosophie rieche zu stark nach Erde, so möchte ich diesem folgendes erwidern. Es ist ein notwendiges Schicksal, daß die Menschen, die ihr Leben von der Erde haben, die Erde zur Grundlage ihres Philosophierens machen. Erst dadurch, daß wir uns der Notwendigkeit dieses unseres Schicksals von Grund auf bewußt werden, kommen wir in die Lage, die Endlichkeit unserer Philosophie zu überwinden. Daß wir dieses Schicksal als ein notwendiges spüren, könnte man in Heideggers Worten auch als Transzendenz bezeichnen. Gerade habe ich die Anhänglichkeit des Russen an die Erde mit Heideggers Philosophie verglichen. Dabei dürfen wir aber nicht übersehen, daß es zwischen diesen beiden einen wesentlichen Unterschied gibt. Die Anhänglichkeit des Russen an die Erde ist instinktiv. In anderen Worten: Man könnte sie vergleichen mit der blinden Liebe der Eltern gegenüber ihren Kindern. Die Liebe des Russen zur Erde kennt die Transzendenz noch nicht. Seine Liebe ist eine Liebe vor dem Transzendieren. Im Gegensatz dazu hat Heideggers Verbundenheit mit der Erde das Transzendieren bereits hinter sich. Der Ort, an den der Mensch zurückkehrt, wenn er das Seiende, das er selbst nicht ist, zu dem er aber zugleich auch gehört, transzendiert, ist schließlich der Mensch selbst, der kein Seiendes ist, aber zugleich zum Seienden gehört. Sowohl vor als auch nach dem Transzendieren ist der Mensch nach wie vor Mensch. Allerdings ist das Transzendieren im Leben dieses Menschen, der nach wie vor Mensch ist, ein Ereignis von wesentlicher Bedeutung. Wenn

---

* Seinosuke YUASA, *Kyôjô ni okeru haidegâ*, in: *Risô* 16 (1930) 62–83 (Doppelpaginierung in arabischen Ziffern: 274–295). (Anm. d. Übers.)

folgender Vergleich erlaubt ist: Die Liebe des Russen zur Erde ist die Liebe einer Frau, die noch keine Erfahrungen mit Männern hat. Dagegen kann ein Mensch, der das Geschehen des Transzendierens bereits hinter sich hat, mit einer Frau verglichen werden, die bereits Erfahrungen mit Männern hat. Egal, ob eine Frau Erfahrungen mit Männern hat oder nicht, sie ist nach wie vor eine Frau. Aber in unserem alltäglichen Leben wissen wir nur zu gut, daß es für das Leben einer Frau, die nach wie vor Frau ist, von wesentlicher Bedeutung ist, ob sie Erfahrungen mit Männern hat oder nicht. Die Liebe einer Frau, die keine Erfahrungen mit Männern hat, ist nicht mehr als die dem Unendlichen zugewandte und eines festen Bodens entbehrende Sehnsucht der Menschen des romantischen Zeitalters. Mit dieser Sehnsucht, dadurch, daß wir zum Himmel aufblicken und vergeblich seufzen, können wir uns das Endliche nicht zu eigen machen. Hier erwartet uns das Schicksal des Volkes Israel, dem bestimmt war, auf ewig herumwandern zu müssen, das Schicksal von Wanderern, die sich, getrieben von der Sehnsucht nach einer ruhigen eigenen Wohnstätte, immer auf einer Reise befinden, deren Ziel niemand kennt. Wer kann uns garantieren, daß unser Schicksal schlimmstenfalls vielleicht nicht sogar das Schicksal des Ikaros ist, der, bloß weil er seinen Leib vergaß, seine letzte Stätte im, wer weiß wie tiefen, Meer fand? Erfahrungen mit einem Mann zu machen, ist ein Abenteuer. Macht eine Frau Erfahrungen mit einem Mann, so gabeln sich hier zwei Wege. Der eine Weg führt zu einem besseren Leben, der andere zu einem schlechteren. Um das Leben in seiner Tiefe kennenzulernen, ist dieses Abenteuer notwendig. Die Gelegenheit zu diesem Abenteuer ist allen Menschen gegeben. Welchen der beiden Wege ein Mensch bei diesem Abenteuer wählt, das liegt in der eigenen Verantwortung eines jeden Menschen. Die Transzendenz ist im gleichen Sinne ein Abenteuer, ein Abenteuer, das Schmerz und Leid mit sich bringt. Aber ohne sich auf dieses Abenteuer einzulassen, ist es nicht möglich, zur Wahrheit des Seienden zu gelangen. Allerdings gabeln sich auch bei diesem Abenteuer zwei Wege. Der eine Weg führt zu einem Leben inmitten der Wahrheit, der andere zu einem Leben inmitten der Unwahrheit. Dieses Abenteuer, das heißt unsere Möglichkeit zur sogenannten Transzendenz, ist für uns Menschen von wesentlicher Bedeutung. Dabei haben wir zugleich die Verantwortung dafür, welchen der beiden Wege wir beim Transzendieren einschlagen. Eine entscheidende Rolle spielt dabei die eigentliche Existenz des Menschen, das heißt die Entschlossenheit zur eigenen Freiheit.

Ich will hier nicht viele Worte *über* Heideggers Philosophie verschwenden. Vielmehr will ich Heidegger selbst sprechen lassen. Vielleicht ist der Ausdruck »Heidegger selbst sprechen lassen« ein bißchen übertrieben. Denn ich habe vor, der Nebenvorlesung Heideggers vom Sommersemester des letzten Jahres folgend, Heideggers Interpretation des akademischen Lebens darzulegen¹. Was ich hier vorlegen kann, ist selbstverständlich nur Heidegger, soweit ich ihn verstanden habe. Beim Entwerfen dieses Manuskripts habe ich es absichtlich vermieden, Schriften Heideggers hinzuzuziehen. Zum einen, weil ich denke, daß Heideggers Schriften in Japan schon ziemlich verbreitet und bekannt sind, zum anderen, weil ich befürchte, daß durch das Hinzuziehen seiner Schriften der gerade durch die Vorlesung unmittelbar erhaltene, durch und durch lebendige und tiefe Eindruck zerstört wird. Falls es Stellen gibt, an denen ich Heidegger dunkler gemacht habe, als er es selbst ist, so liegt das allein am ungenügenden Vermögen meinerseits. Für mich wäre es die größte Freude, wenn ich mit dieser Niederschrift jungen Leuten in Japan, die mit der Philosophie beginnen wollen, Mut machen könnte, die schwer verständlichen Schriften Heideggers selbst in die Hände zu nehmen.

Einführung in das akademische Leben²

Ist von einer Einführung in das akademische Leben die Rede, so beschränkt sich die Notwendigkeit dieser Einführung nicht allein auf die jungen Studenten, die jetzt gerade die Oberschule beendet haben und das akademische Leben erstmals zu schmecken bekommen, oder auf diejenigen, die bereits die Erfahrung von zwei oder

---

1 Es handelt sich also um die einstündige Freiburger Vorlesung *Einführung in das akademische Studium* vom Sommersemester 1929. Diese Vorlesung, die ursprünglich als Band 29 der deutschen HGA herausgegeben werden sollte, wurde nicht veröffentlicht. F. W. v. Hermann, der Herausgeber der Vorlesung *Grundbegriffe der Metaphysik. Welt – Endlichkeit – Einsamkeit* (= Vorlesung im Sommer-Semester 1929, HGA Bd. 29/30) (Frankfurt/M. 1983), schreibt im Nachwort dieses Bandes: »Entgegen der Ankündigung im Verlagsprospekt, in dem die Vorlesung (Grundbegriffe der Metaphysik sc.) als Band 30 aufgeführt wird, erscheint sie jetzt unter der Doppelnummer 29/30. Denn Nachforschungen des Nachlaßverwalters, Herrn Dr. Hermann Heidegger, haben ergeben, daß die für das Sommer-Semester 1929 angekündigte und als Band 29 vorgesehene Vorlesung ›Einführung in das akademische Studium‹ nicht nur nicht gehalten, sondern auch nicht als Manuskript ausgearbeitet worden ist.« (537) Allerdings bezeugt – wenn auch mit einem Irrtum bezüglich des Datums – H. W. PETZET, *Auf einen Stern zugehen. Begegnungen und Gespräche mit Martin Heidegger 1929–1976* (Frankfurt 1983), daß diese Vorlesung gehalten wurde: »Heidegger las im Wintersemester 1928/29 eine Einführung in das akademische Studium, in der er das Höhlengleichnis Platons interpretierte.« (16) Ebenso bezieht sich O. PÖGGELER, *Heideggers politisches Selbstverständnis*, in: *Heidegger und die praktische Philosophie*, hg. v. A. GETHMANN-SIEFERT und O. PÖGGELER (Frankfurt 1988) 17–63, auf diese Vorlesung: »...verknüpfte er im Sommer 1929 in seiner Freiburger Antrittsvorlesung und in der Vorlesung *Einführung in das akademische Studium* sein Fragen nach der Möglichkeit von Philosophie wieder mit der Frage nach der Rolle der Universität. Diese Fragelinien mündeten in die Rektoratsrede...« (22). (Anm. d. Übers.)

2 Bei folgender Übersetzung des japanischen Vorlesungsreferates ergab sich ein nahezu unlösbares terminologisches Problem. Während heutzutage die jeweiligen Übersetzungsworte für heideggersche Fachtermini relativ eindeutig definiert sind, ist es bei diesem frühen Zeugnis der japanischen Heideggerrezeption oft nicht eindeutig zu klären, welches heideggersche Wort Yuasa mit seinen Übersetzungstermini meint. Um drei Beispiele zu geben: Das Wort »sonzai« (heute zusammen mit

drei Jahren Studentenleben haben. Für die Dozenten, die am Pult stehen und diese Studenten lehren, ist eine solche Einführung genauso notwendig. Vermittels dieser Einführung wollen wir der wirklichen Wahrheit des akademischen Lebens gründlich nachfragen. Wenn wir diese Einführung halten, ist es unsere größte Hoffnung, daß wir selbst, indem wir dieser Wahrheit nachfragen, zu unserem eigenen eigentlichen Leben als Menschen vorstoßen. Zuerst wollen wir unsere Augen auf das studentische Leben unserer Umgebung richten und dieses betrachten. Aber können wir unser Ziel denn hinlänglich erreichen, wenn wir unsere Augen nur auf die verschiedenen Organisationen des akademischen Lebens richten? Bedeutet eine so geartete Betrachtung des akademischen Lebens nicht einen Rückfall in die in einem schlechten Sinn zu verstehende Alltäglichkeit unseres Lebens, der wir doch entkommen wollen? Wenn wir unser akademisches Leben auf eine solche Weise betrachten, scheint es uns den Charakter eines Warenhauses zu haben. Äußerlich besehen ist die Verschiedenartigkeit des in diesem Leben Stattfindenden fast schwindelerregend. Auf das Innere hin gesehen aber sind die Ereignisse, die unser Interesse wirklich fordern und auch wecken, äußerst selten. Was wir jetzt in diesen akademischen Organisationen suchen, ist eine lebendige Wissenschaft. Wir wollen an den Forschungsarbeiten der Forscher teilhaben und die Freude daran teilen. Aber ist bei der gegenwärtigen Organisation der Universität überhaupt die Möglichkeit gegeben, daß alle Studenten in diesem Sinne an den Forschungen der Forscher partizipieren können? Gesetzt, das ist nicht der Fall, besteht dann das gesamte akademische Leben nicht bloß aus den armseligen Entdeckungen der Forscher? Was für einen Sinn hat die Aufteilung in all die einzelnen Fachdisziplinen tatsächlich? Hat diese Aufteilung nicht zur Folge, daß sich die Forscher voneinander zurückziehen und ein gegenseitiges Verstehen fast unmöglich wird? Nicht nur, daß kein Fachmann um die ursprüngliche Zielsetzung seines Fachgebietes weiß, es wagt auch niemand mehr, eine Frage bezüglich dieser Zielsetzung zu stellen. Wir bemerken hier eine Verlegenheit und einen Mangel an Ehrfurcht. Ein jeder widmet sich ganz der Wissenschaft seines Fachgebietes und vertieft sich in die Verbesserung der Techniken seiner Fachdisziplin. Ist diese Verlegenheit vielleicht bloß ein vorübergehender Zustand, der sich aus der Ergiebigkeit der Wissenschaften ergibt? Um ein Beispiel zu geben: Ist es gut, daß sich die Arbeit des Arztes als eines Arztes darauf beschränkt, unzählige Krankheiten und Todesfälle zu registrieren? Solange das Ziel des Arztes darin besteht, die Kenntnisse

»u« die Übersetzung von Heideggers »Sein« scheint bei Yuasa sowohl für »Sein«, »Existenz« als auch für »Dasein« stehen zu können. Das Wort »kaijisei« (heute: Erschlossenheit) kann bei Yuasa auch »Offenbarkeit« oder »Eröffnetheit« meinen. Das Wort »nise«, im folgenden durch »Unwahrheit« übersetzt, könnte genauso gut ein Übersetzungswort für Schein, Trug, Irre sein. Dieses terminologische Problem sowie die Tatsache, daß es sich hier um die Übersetzung einer Übersetzung handelt, darf nicht aus den Augen verloren werden, wenn man diese Übersetzung für eine Rekonstruktion der Vorlesung verwenden will. (Anm. d. Übers.)

seines Fachgebietes zu vermehren, können wir diese Frage bejahen. Wenn seine Aufgabe jedoch darin besteht, diese unzähligen Todesfälle und Krankheiten so, wie sie sind, in ihrem Eigenen auf sich wirken zu lassen, müssen wir diese Frage ganz und gar verneinen. Daß ein Arzt angesichts unzähliger Krankheiten und Todesfälle diesen einfach ungerührt gegenübersteht, ist im Sinne einer Vertiefung in das Material seiner eigenen Fachdisziplin vielleicht lobenswert. Aber ist das nicht zugleich ein Übergehen der Wirklichkeit? Obwohl wir der Wirklichkeit ganz nahe kommen, begehen wir immer wieder die Dummheit, an ihr vorbeizugehen. Ist es denn so, daß Krankheit und Tod in das eine und Verbrechen und Sünde wieder in ein anderes Fachgebiet gehören? Gibt es keinen Bereich, in dem all diese sich versammeln und zusammenkommen? Wir, die wir es wagen, an allem Eigentlichen vorbeizugehen, sollten uns all dieses Eigentliche ins Gedächtnis rufen und zu einem Ereignis machen, das unser inneres Interesse zu wecken vermag. Auf diesem Weg gelangen wir zu einem noch schärferen Leben als Menschen.

Wenn wir so sprechen, ist es keinesfalls unsere Absicht, die Wissenschaften zu verneinen, noch spielen wir mit kritischen, gegen die Wissenschaft opponierenden Worten. Wir wollen damit auch nicht unsere Zustimmung zur Frage jener Erziehungsreform, der die festen Fundamente fehlen, zum Ausdruck bringen. Das Einzige, worum es uns geht, ist, daß wir uns selbst auf diesen inneren Wandel vorbereiten. Wir müssen immer etwas Eigentliches erwarten oder erwarten können. Aber was bedeutet »erwarten« überhaupt? Erwarten heißt nichts anderes als: warten auf... Wir brauchen daher die Fähigkeit, auf das Eigentliche zu warten. Aber wir sind in unserer Arbeit gefangen, sind zu Sklaven der Geschwindigkeit, die das Zeitalter fordert, und so ganz und gar zu Feinden des Währenden und Einfachen geworden. Uns fehlt die Ehrfurcht. Wir müssen uns selbst opfern. Damit die Zukunft wachsen kann, müssen wir uns opfern. Wir müssen uns darauf vorbereiten, uns mit einer von innen herkommenden Freude zu opfern. Für diejenigen, die es gelernt haben, richtig zu sehen, ist es, selbst wenn sie sich opfern, möglich, sich von Herzen zu freuen. Wir müssen die Ereignisse im menschlichen Leben in unserem eigenen Inneren wirksam werden lassen. Auch wenn wir einen solchen Standpunkt einnehmen, müssen wir den Wissenschaften gegenüber keinesfalls ein passives Verhalten an den Tag legen. Wir müssen vielmehr einem Zusammenwirken von Wissenschaft und Leben nacheifern. Erst durch das Zusammenwirken von Wissenschaft und Leben können wir in die Nähe der Welt im Ganzen vordringen. Gerade dieses Zusammenwirken ist ein besonderer Weg, auf dem dieses Ziel erreichbar ist. Es sieht so aus, als hätten die Wissenschaft und die Philosophie einen völlig anderen Weg eingeschlagen. Sind wir also noch nicht in die Nähe der Welt im Ganzen vorgedrungen? Wir führen doch immer Worte wie Krankheit, Tod, Gott usw. in unserem Mund? Bedeutet das denn nicht, daß wir uns immer schon in einer Nähe zur Welt im Ganzen befinden? Bevor wir diese Frage beantworten, müssen wir eine andere stellen. Was bedeutet es, in die Nähe der Welt im Ganzen zu gelangen? Denn man könnte sich andersherum gedacht auch den Fall vorstellen, daß wir uns zwar schon in dieser Nähe befinden, aber daß dies allein unseren Leib und nicht unser Herz betrifft. Oder ist es so, daß etwas die Einheit von Leib und Herz stört? Hat sich vielleicht etwas zwischen die beiden gedrängt? Wir modernen Menschen sind nicht bloß auf eine verschwommene Weise mit unserem Leben unzufrieden, unser Leben steht in einem inneren Widerspruch zur Wissenschaft. So betrachtet ist der Widerstand gegen den Intellektualismus, der einem gegenwärtig oft zu Ohren kommt, nichts, das man generell verwerfen muß. Aber es ist darauf hinzuweisen, daß dieser Widerstand eine gewisse Gefahr mit sich bringt. Und zwar deswegen, weil sich auf der Rückseite dieses Widerstands gegen den Intellektualismus oft ein auf Müßiggang spekulierender Geist verbirgt oder der Versuch, seine eigene Unfähigkeit zu verstecken. Es kommt oft vor, daß die Leute, die sich an diesem Unternehmen beteiligen, unter diesem Deckmantel die Festung der Wissenschaften stürmen und sich dem Müßiggang hingeben wollen. Aber dieser Widerstand gegen den Intellektualismus hat noch eine uns unverständliche Kehrseite. Max Weber, den wir als einen Wissenschaftler mit einem äußerst klaren Einblick in die Neuzeit schätzen, begriff die Wissenschaft als eine Entzauberung der Welt. So gesehen ist der Widerstand gegen die Wissenschaft nur den Leuten möglich, die es bedauern, daß der Welt ihr Zauber genommen wurde. In der Folge dieses Zustandes ist das Auftreten von Leuten, die in der Neuzeit eine harmonische Vereinigung von Leben und Wissenschaft versuchen, durchaus verständlich. Die Bemühungen dieser Leute, die die Wissenschaft in eine wirkliche Beziehung zum Leben der Menschen bringen wollen, sind eine ernsthafte Sache. Aber es läßt sich nicht abstreiten, daß auch diese Bemühungen wiederum von einer Gefahr begleitet sind. Die Leute, die vorhaben, die Wissenschaft in eine Beziehung zum alltäglichen Leben der Menschen zu bringen, nehmen oft Zuflucht zu folgender Methode. Nämlich, sie versuchen, die Wissenschaft zu popularisieren. Die Folge davon ist, daß tüchtige Wissenschaftler ihre beste Zeit damit vergeuden, Einführungen in alle möglichen Wissenschaften zu publizieren. Es geht hier nicht bloß darum, daß diese tüchtigen Wissenschaftler ihre Energie verschwenden. Forscher, die sich einer solchen Arbeit widmen, neigen in der Folge davon dazu, die das Fundament ihrer Fachwissenschaft betreffenden Fragestellungen zu vernachlässigen. Beschäftigt damit, die Einzelbeobachtungen zu verdauen, haben sie keine Zeit, ihre Augen den Dingen zuzuwenden, die am Grund dieser Einzelbeobachtungen liegen. Aber das Wichtigste im Leben von uns Forschern sind nicht die Einzelbeobachtungen oder die Gegenstände dieser Beobachtungen, das Wichtigste ist die innere Haltung beim Forschen. Das Ziel der wissenschaftlichen Forschung liegt keinesfalls darin, die Welt zu entzaubern, sondern darin, sich von den Dingen selbst tief bezaubern zu lassen. Natürlich ist es gut, den Standpunkt, den wir beim wissenschaftlichen Forschen einnehmen sollen, gründlich zu erforschen, aber verlieren wir nicht vor lauter Kleben am wissenschaftlichen Standpunkt die ursprünglichen Beziehungen, die hier existieren, ganz und gar aus den Augen? Vor allem haben wir das Gebiet, auf dem wir sinnvoll nach unseren Pflichten als Wissenschaftler fragen können, bereits verloren. Es gibt nichts, was so modern wäre, wie der Lärm der philosophischen Diskussion über eine Theorie der Wissenschaften. Dabei kann die Philosophie, die über die Theorie der Wissenschaften redet, selbst überhaupt keine klare Antwort geben auf die Frage, ob sie selbst eine Wissenschaft ist oder nicht. Wie soll eine selbst in dieses Problem verwickelte Philosophie eine Definition der Wissenschaften geben können? Gibt es die Wissenschaften, weil es die Philosophie gibt? Oder gibt es umgekehrt die Philosophie, weil es die Wissenschaft gibt? Der Philosophie und der theoretischen Erkenntnis fehlt das richtige Gebiet, in dem sie solche Fragen aufbringen kann. Der Grund dafür liegt allerdings nicht in einem Ungenügen unserer Verstandeskraft. Dieses Problem hat eine wesentlichere Wurzel. Bei der theoretischen Erkenntnis wird dieses entscheidende und schwerwiegende Problem vernachlässigt. Die wesentliche Wurzel dafür ist ein Wandel in unserem eigenen Inneren. Um die Philosophie erörtern und um über theoretische Erkenntnis reden zu können, müssen wir zuerst innerlich darauf vorbereitet sein. Uns modernen Menschen fehlt es oft an dieser inneren Vorbereitung, da unser Intellekt unter der Herrschaft der traditionellen Auslegung von **theoretischer** Erkenntnis steht. Solange wir es nicht wagen, uns selbst von der Herrschaft dieser Tradition zu befreien, bleiben alle Erneuerungsversuche in dieser Hinsicht nutzlos. Wir müssen zuerst das, was unserer Wissenschaft im Verlauf ihres sich bis in die Gegenwart erstreckenden Fortschreitens abhanden gekommen ist, wiedererlangen. Das heutige Durcheinander ist hervorgerufen durch ein fundamentales Mißverständnis über das Wesen der wissenschaftlich-philosophischen beziehungsweise der **theoretischen** Erkenntnis. Wir haben jetzt das Wort »Mißverständnis« benutzt. Dabei stellt sich uns jedoch sogleich die Frage, ob das Mißverständnis in der Definition der **theoretischen** Erkenntnis selbst liegt oder ob wir selbst bei der Interpretation dieser Definition einen Fehler begangen haben.

Zunächst können wir folgende drei wesentliche Stoßrichtungen der Wissenschaft unterscheiden: 1. die theoretische Erkenntnis, 2. die Bestimmung ihrer inneren Grenze und 3. die ursprüngliche Interpretation. Welche Bedeutung hat eigentlich das Wort **theoretisch** bei Platon oder bei Aristoteles? Gewöhnlich gebrauchen wir das Wort **theoretisch** in Entgegensetzung zum Wort praktisch. Sprechen wir von theoretischer Forschung, so halten wir es dabei für besonders wichtig, persönliche Gefühle auszuschließen. Wenn das so ist, geht es dann der Wissenschaft allein um die reine Erkenntnis? Wir spüren, daß wir mit dieser Interpretation noch nicht ganz zufrieden sein können. Versuchen wir zunächst die ursprüngliche Bedeutung des Wortes **theoretisch** zu klären. Das unserem deutschen Wort **theoretisch** entsprechende griechische Wort **theoretikos** findet sich zum ersten Mal in den Schriften des Aristoteles.

Die Worte theorein beziehungsweise theoria, von denen das Wort theoretikos herkommt, lassen sich bereits in den Werken von Schriftstellern vor Aristoteles entdecken. Das Wort thea, das die Wurzel von theorein beziehungsweise theoria ist, bedeutet Betrachtung oder auch Kontemplation. Daher hat das Verbum theorein die Bedeutung »anschauen«. Noch deutlicher drückt das Wort theoros, das von demselben theorein kommt, diese Bedeutung aus. Gemäß der obigen Erläuterung bedeutet dieses Wort einen Menschen, der betrachtet. Aber es meint nie einen einfachen Zuschauer. Es muß hier vor allem betont werden, daß das Wort theoros einen Menschen meint, der ganz und gar mit Leib und Seele betrachtet. Im gewöhnlichen Latein übersetzt man das griechische theorein mit dem Wort speculari. Daher meint Kant, wenn er von der spekulativen Vernunft spricht, die theoretische Vernunft. Wir wollen versuchen darzulegen, welche Bedeutung das Wort theoretisch bei Aristoteles hat. Aristoteles gilt die theoria als die ursprüngliche und höchste Form des menschlichen Lebens. Für Aristoteles kann dieser Lebensstil daher nicht mit den einzelnen Lebensstilen wie zum Beispiel der sogenannten technê, epistêmê, phronêsis, sophia oder nous in eine Reihe gestellt werden. Ja, die theoria muß vielmehr sogar als der Ursprung der verschiedenen Lebensstile, der diese alle umfaßt, betrachtet werden. Das theorein ist für Aristoteles der Ursprung des praktischen Lebens des Menschen, das heißt der von ihm sogenannte bios. Der bios theoretikos ist der Grund des Lebens der Menschen, die im eigentlichen Sinne leben und wirken. Unseres Erachtens können wir durch eine Betrachtung der Bedeutung des Wortes theorein die Gedanken der Menschen der Antike über diesen Ursprung kennenlernen und von dort aus die Bedeutung der Wissenschaft überhaupt klären. Als Schlüssel für unsere Frage wollen wir daher jetzt eine Weile die Antike ins Auge fassen. Um unsere Absicht zu konkretisieren, wollen wir zunächst ein konkretes Beispiel aus der antiken Philosophie suchen. Wir ziehen einen der platonischen Mythen als Beispiel heran. Wir versuchen, die Bedeutung des betrachtenden Lebens am Beispiel dieses Mythos auszulegen. Es handelt sich um den Mythos, der sich im siebten Kapitel der *Politeia* von Platon findet und üblicherweise als Höhlengleichnis bekannt ist. Allerdings handelt es sich hier nicht bloß um ein einfaches Gleichnis, sondern vielmehr um einen Mythos mit einer tiefen Bedeutung. Wir beabsichtigen hier nicht, den Inhalt dieses Mythos bis in seine Feinheiten umfassend zu erläutern, dazu haben wir auch gar nicht genügend Zeit. Daß das Höhlengleichnis kein bloßes Gleichnis ist, sondern daß wir es als einen Mythos auffassen müssen, haben wir schon gesagt. Der Mythos erzählt eine Art Geschichte: die Geschichte der Befreiung des Menschen zu seiner Freiheit. Es ist die Wesensgeschichte des menschlichen Lebens. Aber die Geschichte überhaupt ist die Geschichte eines Verfalls. Wenn wir eine Wesensgeschichte des menschlichen Lebens schreiben wollen, entdecken wir notwendigerweise, daß es unumgänglich ist, das ursprüngliche Wesen des menschlichen Lebens von neuem zu suchen.

Der Mythos beginnt mit einer Schilderung des gegenwärtigen Zustandes. Dieser Zustand ist hier der Zustand einer Ruhe. Allerdings dürfen wir diese Ruhe hier nicht als Ruhe an sich nehmen, vielmehr müssen wir die Ruhe als einen Grenzfall der Bewegung verstehen. Wir dürfen nicht vergessen, daß das Nichts, das seit Ewigkeiten nichts war und in Ewigkeiten nichts ist und sein wird, sich grundlegend von dem Nichts unterscheidet, das erst durch ein Wegnehmen des Seins aus dem Sein entsteht. Die Ruhe, von der hier die Rede ist, ist keine Todesruhe, es ist eine Ruhe mit dynamischer Kraft. In dieser Ruhe existieren die Dinge in einem gelösten Zustand.

Bei der Behandlung des Mythos wollen wir uns jetzt zuerst auf folgende zwei Punkte konzentrieren. Zum einen auf die Bedeutung des Geschehens, in dem die Fesseln gelöst werden, und zum anderen auf die Eigentümlichkeit des Zustandes, in dem man von den Fesseln gebunden ist, das heißt auf den Zustand vor der Befreiung.

Also, die Fesseln fallen. In der Folge davon können die Menschen ihre Augen frei nach vorne und nach hinten wenden. Weiter können sie auch in ihrer Umgebung herumgehen. Sie können sich umwenden und ihre Augen von den Schatten, die sie bis jetzt ununterbrochen anstarren mußten, abwenden. Die Augen von den Schatten abzuwenden, ist der erste Anfang dazu, auf die Dinge, die die Schatten werfen, selbst einen Blick zu tun. Die Augen den Dingen selbst zuzuwenden bedeutet, dem Seienden selbst bis zu einem gewissen Grad näherzukommen. Hinsichtlich des Verhältnisses zwischen dem Seienden und den Schatten ist es von entscheidender Bedeutung, daß die Menschen nach ihrer Befreiung in das Licht selbst blicken können. In das Licht zu blicken bedeutet, zwischen Wahrheit und Unwahrheit unterscheiden zu können. Ins Licht blicken zu können, heißt nichts anderes, als in die Wahrheit selbst einzutreten. Hier entdecken wir das Wesen der Wahrheit. Es ist keinesfalls ein bloßer Zufall, daß in diesem Mythos die Metapher des Lichts verwendet wird. Es ist auch sicher nicht bloß ein Einfall Platons. Erkennen heißt: hell machen. Daß Descartes in seinen *Meditationes* und seinen anderen Schriften oft das Wort »natürliches Licht« verwendet, ist sicher kein Zufall. Wir sollten bereit sein, in diesem Sachverhalt die ursprüngliche Bedeutung der Wahrheit zu erblicken. Traurigerweise jedoch können die Menschen auch nach ihrer Befreiung, solange ihre Augen vom allzu starken Glanz des Lichtes geblendet sind, noch nicht sicher umhergehen. Die Menschen müssen sich jetzt erst selbst an das Licht gewöhnen. Genauso verhält es sich mit der Wahrheit. Die Menschen dürfen sich nicht über die Befremdlichkeit der Wahrheit wundern; sie sollten immer entschlossen sein, sich an die Wahrheit zu gewöhnen. Die Tatsache, daß die Wahrheit existiert, bedeutet, daß die Bedingung dafür, daß die Menschen sich dieser Wahrheit inne werden können, bereits gegeben ist. Aber die Menschen zögern, sich diese Möglichkeit zunutze zu machen. Von den Fesseln befreit zu werden, bedeutet, daß die Möglichkeit gegeben ist, ins Licht selbst zu schauen. Aber die Menschen wagen es nicht, diese Möglichkeit von Grund auf zu ergreifen. Sie möchten es möglichst vermeiden, sich selbst mitten ins Licht zu stellen. Es liegt in der Verantwortung eines jeden einzelnen, sich selbst ins Licht zu bringen. Welche Beziehung ein Mensch zur Wahrheit eingeht, steht in der Verantwortung dieses Menschen selbst.

Aber bei nochmaligem Nachdenken: Was bedeutet eigentlich der Zustand, in dem die Menschen noch in Fesseln liegen? Die in Fesseln liegenden Menschen wissen überhaupt nichts vom Licht. Überhaupt nichts vom Licht zu wissen, bedeutet gemäß dem oben Erläuterten, nicht zwischen der gleichsam sonnenklaren Wahrheit und der Unwahrheit unterscheiden zu können. Die eigentliche Wirklichkeit dieser noch in Fesseln liegenden Menschen besteht in ihrer oben geschilderten eigentümlichen Beziehung zur Wahrheit. Dieser Zustand des Noch-Gefesseltseins meint keinesfalls etwas Negatives. In Fesseln zu liegen, bedeutet nicht das Fehlen von Freiheit, das heißt es ist keine Form von Mangel. Noch deutlicher gesagt, die Gefesseltheit stellt ein positives Merkmal der menschlichen Existenz dar. Die in Fesseln Liegenden sind von den Dingen, die sie selber sehen, gefesselt. Sie sind in Bann genommen von den Dingen, die sie selbst sehen, und können sich nicht von ihnen lösen. Diese Menschen befinden sich selbst inmitten des Seienden. Sich im Seienden im Ganzen zu befinden, bedeutet nichts anderes als eine Art Sicherheit. Was diese Sicherheit ist, wird uns klarer, wenn wir an die Verlegenheit der schon befreiten Menschen denken. Für die in Fesseln liegenden Menschen kann objektive Erkenntnis überhaupt keinen Sinn haben. Was für diese Leute zählt, ist nämlich, ob die Dinge, zu denen sie in Beziehung stehen, ihnen Sicherheit verleihen oder nicht. Der Maßstab für die Erkenntnis der Wahrheit ist für diese Leute die Frage, ob Sicherheit möglich oder unmöglich ist. Das ist der geheime Grund ihres Lebens. Die Unwahrheit ist für sie daher nichts anderes als eine Bedrohung beziehungsweise ein Fehlen von Schutz. Für die in Fesseln liegenden Menschen ist die Wahrheit nicht die Offenbarkeit der menschlichen Existenz. Von daher wird uns klar, daß sich die Menschen, wenn sie von dieser Existenzweise in eine andere Existenzweise übergehen, innerlich völlig wandeln müssen. Anders gesagt: Es ist notwendig, daß sich das Wesen der Wahrheit wesentlich ändert. Daß diese Verwandlung, diese Befreiung nicht ohne Schmerz und Mühsal vor sich geht, liegt daran, daß sie sich, wie bereits gesagt, auf unser Inneres bezieht. Dieser Übergang von einer Existenzweise in eine andere ist nichts anderes als die Wesensgeschichte der menschlichen Existenz. Die schicksalshafte Tragik, die die Geschichte der menschlichen Existenz prägt, beruht jedoch nicht allein darin, daß sich der oben geschilderte Übergang nicht ohne Schmerz und Mühsal realisieren läßt. Denn mit dem Übergang von der einen Existenzweise in die andere ist die tragische Gefesseltheit des Menschen nicht zu Ende. Die Existenz des befreiten Menschen steht unausgesetzt in der Gefahr eines Rückfalls beziehungsweise einer palin katabasis. Das Verlangen nach dieser Rückkehr gehört sogar zum Wesen der menschlichen Existenz. Von äußerster Wichtigkeit bei dieser Befreiung ist die Inständigkeit des Inmitten-der-Wahrheit-Existierens. Diese Existenz inmitten der Wahrheit realisiert sich immer ineins mit der wesenhaften Geschichte.

Im Mythos liegt der Ausgang der Höhle hinter den gefesselten Menschen. Außerdem ist er nach oben gerichtet. Der Ausgang führt nach oben. Die Höhle durch diesen Ausgang zu verlassen, bedeutet für die Menschen wiederum eine Anstrengung.

Das Wesen der Religion besteht nicht im bloß Gefühlshaften, sondern darin, daß sich der Mensch im Ganzen und von Grund auf für eine Haltung hinsichtlich seiner eigenen Existenz entscheidet. Alles andere geht dann aus diesem Ursprung hervor. Heutzutage ist es schwierig geworden, diese wesenhafte Eigentümlichkeit der Religion zu erläutern, da wir heute immer nur die sogenannte Kulturreligion vor Augen haben. Unsere ursprüngliche Haltung gegenüber unserer eigenen Existenz entscheidet sich erst beim Übergang aus der Existenz in der Höhle. Deswegen ist es unrecht, die Existenz in der Höhle als eine Art niedere Existenz zu betrachten. Die ursprüngliche religiöse Haltung hat nichts zu tun mit den Beziehungen der Wissenschaft zur Religion. Ebenso unterscheiden sich die wesentlichen Bezüge des akademisch-studentischen Lebens zur ursprünglichen Haltung menschlichen Existierens von den Beziehungen, in denen die Wissenschaft zur menschlichen Existenz steht. In diesen wesentlichen Bezügen sollten wir unaufhörlich mit der Verborgenheit kämpfen, die es im Inneren der menschlichen Existenz gibt. Die in der Höhle lebenden Menschen führen, insofern sie in der Höhle leben, sicherlich kein selbständiges und freies Leben. Insofern die in der Höhle lebenden Menschen nichts vom Ausgang wissen, ist das Leben in der Höhle ein »verdecktes« Leben. Die Höhle verlassen, das heißt dieser Verdeckung entkommen, nennen wir Transzendenz. In der Geschichte dieser Befreiung bezieht sich die Transzendenz selbstverständlich zunächst auf das erste Stadium, das heißt auf das Leben in der Höhle. Daß die Höhle einen Ausgang hat und es den Menschen möglich ist, die Höhle zu verlassen, bedeutet nichts anderes, als daß sich das Wesen der Wahrheit für die Menschen ändern kann. Die Höhle zu verlassen, heißt zugleich, dem Seienden selbst etwas näher zu kommen. Wollen die Menschen allerdings die sich außerhalb der Höhle befindlichen Dinge betrachten, so müssen sie sich erst an diese gewöhnen. Dazu ist es notwendig, die in der Höhle üblichen Gewohnheiten abzulegen. Die Menschen, die plötzlich aus der Höhle ans Licht kommen, versuchen, die Dinge außerhalb der Höhle genauso anzuschauen, wie wenn sie in der Höhle wären. Deswegen sehen sie nichts, obwohl viele Dinge vor ihnen liegen. Dieser Zustand ist zwar eine Art Zwischenzustand, aber man darf seine Bedeutung für die menschliche Existenz nicht gering schätzen. Er ist nämlich nichts Beliebiges, sondern hat in sich einen besonderen Sinn. Die Art und Weise, in der viele von uns leben, entspricht oft diesem Zustand. Die aus der Höhle herausgeführten Menschen sehen eidola – das Wort kommt von eidos –, das heißt Dinge, die im schlechten Sinn in einem Gegensatz zum eidos stehen. Das heißt, sie sehen die Dinge nur so, wie sie unmittelbar von den Augen aufgenommen werden beziehungsweise in den Blick kommen. Diese Menschen sind noch nicht imstande, das eidos zu sehen. Eidos meint hier dasselbe wie idea. Die Menschen, die nicht wissen, welche Wahrheit aus dieser Verborgenheit heraus gewonnen werden kann, können nur zwischen eidos und eidola umherirren. Sie können noch keinen Blick ins Licht selbst werfen. Zwar wissen sie, daß dort die Sonne ist, aber sie wissen nicht, daß das Wesen der Sonne und ihres Lichtes darin besteht, die Dinge anzustrahlen. Daher können sie die von diesem Licht angestrahlten und offenbar gemachten Dinge nicht sehen. Die Transzendenz, von der wir vorhin sprachen, meint nicht bloß, sich den dort oben aufgestellten Dingen zuzuwenden und zu ihnen hinaufzusteigen, sondern das Seiende selbst zu übersteigen. Das ist es, was wir Transzendenz nennen. Erst wenn wir bis zum Sehen des Lichts gelangen und von dort wieder zurückkehren, können wir verstehen, welche Bedeutung das Licht hat. Solange die Menschen ihrer eigenen Existenz verhaftet bleiben, können sie nicht um die Bedeutung des Lichts wissen.

Um die Transzendenz des Menschen zu verstehen, müssen wir zuerst einen Blick auf den bereits erwähnten Zwischenzustand werfen. Das heißt, wir müssen zuerst den Zustand betrachten, in dem man noch nicht zur eigentlichen Befreiung gelangt ist. In anderen Worten, wir fassen jetzt die Veränderung der menschlichen Haltung ins Auge, die sich zusammen mit dem Aufkommen der Philosophie ereignet hat. Das Philosophieren führt die Menschen aus der Höhle heraus und verleiht ihnen einen selbständigen Stand. Es verlangt von den Menschen selbst eine Antwort. Wir müssen uns die Zeit des Anfangs der Wissenschaft, das heißt die Zeit, in der die Menschen dem Seienden erstmals unmittelbar gegenüberstanden, in Erinnerung rufen. Als Beispiele für die Geschichte des Seienden kennen wir Theogonien, die Genesis usw. Weil die Menschen nach einer archê verlangten, kamen sie zu solchen Erklärungen. Im Gefolge des fortschreitenden menschlichen Verständnisvermögens wollten es die Menschen vermeiden, bei der Lösung ihrer Fragen die Götter zu Hilfe zu nehmen. Sie verlangten eine Antwort von den Dingen selbst. Diese alten Philosophien haben das Wasser, die Luft, das Feuer usw. als archê betrachtet. Am Ursprung dieses Denkens liegen keineswegs Spielereien primitiver Naturwissenschaftler. Mit dem Wandel der Zeiten hat sich auch der Sinn von archê verändert. Aber ursprünglich bedeutete archê in der Antike das, was das Seiende an seinem Ursprung bestimmt.

Mit der einfachen Frage »Was ist das Sein?« und weiterhin zugleich durch die Art und Weise, diese Frage zu fragen, begann die griechische Philosophie. Wir heute können diese einfache Frage in ihrer Gewichtigkeit nicht mehr verstehen. Um zu dieser Frage, vielmehr zur richtigen Weise, diese Frage zu fragen, zu gelangen, brauchten die Griechen eine Zeit von 400 Jahren. Durch das Wachrufen dieser Frage wurde den Griechen – auch wenn es keine Antwort auf diese Frage gab – das Seiende offenbar. Der Fragende ist nicht das Seiende selbst, aber er gehört zu diesem Seienden. Das Fragen dieser Frage ist ein Abenteuer, da sich der Mensch als ein Seiendes durch das Fragen dieser Frage in einen bodenlosen Abgrund stürzt. Das

Fragen dieser Frage ist eine entscheidende Möglichkeit der Existenz des Menschen als Menschen. Was ist das Seiende? Ist es das wahre Sein? Oder ist es das unwahre Sein? Und weiter: Warum ist überhaupt Seiendes? Uns interessieren jetzt nicht die inneren Beziehungen zwischen diesen Fragen. Das eigentliche Geschehen der Selbstbefreiung liegt darin, daß sich der Mensch selbst in Zweifel zieht und in Frage stellt. Somit kommen wir abermals auf die Frage nach der Transzendenz zurück. Allerdings ist es uns dabei nicht mehr möglich, wiederum auf ein anderes Seiendes zurückzugehen. Wenn die Menschen das Seiende, das sie selbst nicht sind, zu dem sie aber selbst gehören, übersteigen, sprechen wir von Transzendenz.

Kehren wir wieder zum Mythos zurück und versuchen, dieses Verhältnis zwischen Mensch und Seiendem zu klären. Wir sagten bereits, Transzendenz bedeute, in das Licht selbst zu blicken. Wir dürfen dabei nicht vergessen, diese Transzendenz im Zusammenhang mit der ihr vorangehenden Existenz in der Höhle zu denken. Wir Heutigen stoßen hier zunächst auf die Schwierigkeit, daß wir gar nicht wissen, wovon wir uns befreien sollen. Wir wissen nicht, wo die Höhle ist, in die wir uns eingesperrt haben. Wenn das Ziel des akademischen Lebens in der Selbstbefreiung liegt, müssen wir zuerst klären, was *unsere* Höhle ist, was *unsere* Fesseln sind.

Wir suchen nicht bloß nach einer in quantitativer oder qualitativer Hinsicht besseren Wahrheit, sondern nach einer Wahrheit ganz und gar verschiedenen Wesens. Die Wahrheit, die uns durch die Befreiung *als Frage gegeben ist,* besitzt eine Verborgenheit. So verstanden impliziert der Wandel der Wahrheit eine Verneinung. Das heißt, Wahrheit bedeutet für uns die Unverborgenheit des Seienden. Wenn wir so sprechen, scheint es, als hörten wir auf, uns auf den Mythos zu beziehen. Aber einen äußerst bedeutenden Punkt dieses Mythos haben wir bis jetzt noch gar nicht thematisiert. Mit der Bestimmung der Wahrheit als Unverborgenheit des Seienden haben wir die Möglichkeit eines Wandels der Wahrheit anerkannt. Stellt man eine Frage bezüglich des Seienden, so kommt das Seiende in ein neues Verhältnis zum Fragenden selbst. Wichtig bei dieser Frage ist nicht der Fragende, sondern das in Frage Stehende selbst.

Der Befreite sieht die Dinge selbst, das Licht selbst. Er gedeiht zusammen mit dem Licht. Wir sehen, daß die Metapher des Lichts, die auf den ersten Blick nur etwas Äußerliches zu sein scheint, eine sachhaltige Bedeutung impliziert. Was für eine Rolle spielt denn das Licht? Das Wort »Licht« beziehungsweise der Sinn dieses Wortes, wenn wir vom Licht sprechen, ist unbestimmt. Reden wir vom Licht, so meinen wir zunächst das Leuchtende. Aber das ist eine falsche Auslegungsweise. Licht ist keine Beleuchtungsvorrichtung. Licht bedeutet »hell sein« beziehungsweise »Helle«. Die Helle ist nicht klar von den anderen Dingen zu unterscheiden. Sie ist eher das, was sich auf allen Dingen ausbreitet. Hierin liegt die rätselhafte Rolle des Lichts begründet. Das Licht ist als Helle. Aber über das Licht selbst wissen wir nichts. Erst wenn das Licht bereits nicht mehr da ist, offenbart die Helle, was sie selbst ist. Das Licht ist auf keinen Fall ein in einem anderen Ding steckendes, totes Etwas. Schlagen wir das 6. Buch von Platons *Politeia* auf, so finden wir dort das Licht im Kontext der Lehre von der Erkenntnis als Helle erläutert. Platon bezeichnet die Helle als das Dritte. Wenn das Licht das Dritte ist, was ist dann das Erste und das Zweite? Welche Rolle spielt das Dritte für das Erste und Zweite? Warum wird der Gesichtssinn beim Erkennen höher geschätzt als die anderen Sinne? Welcher Art ist überhaupt die Beziehung zwischen Sehen und Gesehenem? Daß wir zum Sehen als Drittes das Licht brauchen, ist selbstverständlich. Welch wichtige Rolle das Licht in unserem Leben spielt, muß hier jetzt nicht extra erläutert werden. Der Unterschied von Tag und Nacht verleiht unserem Leben eine Art inneren Rhythmus. Ebenso ist klar, daß auch beim anfänglichen Erfassen der Welt das Licht nicht fehlen darf. Aus diesen Gründen ist es nicht unvernünftig, den Gesichtssinn als den wichtigsten Sinn zu betrachten. Auch im Hinblick auf seine Möglichkeiten ist der Gesichtssinn der entwickeltste unter den Sinnesorganen des Menschen. Was bedeutet es jedoch, daß dieser Gesichtssinn das Licht als drittes Vermittelndes braucht? Welches Verhältnis hat das Licht zum Sehen und zum Gesehenen? Dieses Verhältnis ist nichts anderes als das Verhältnis einer Zusammenjochung. In anderen Worten, das Licht bindet beide unter dasselbe Joch. Erst dadurch, daß sie unter dasselbe Joch gebunden sind, können der Sehende sehend und das Gesehene sichtbar werden. Die Helle ist dabei nicht mehr eine Eigenschaft des Dings, sondern hat gewissermaßen die Rolle, beide unter ein Joch zu binden. Allerdings können wir uns hiermit noch nicht zufrieden geben. Wir müssen noch einen Schritt weitergehen und das Verhältnis des Lichts zu seiner Quelle, das heißt zur Sonne klären.

Das Sehen steht offensichtlich in einer Beziehung zur Sonne. Die Augen haben eine innerste Beziehung zur Sonne. Um sehen zu können, müssen die Augen selbst sonnenhaft sein. Goethe hat dies in Verse gefaßt: Wär nicht das Auge sonnenhaft, die Sonne könnt' es nie erblicken. Oft verstehen die Leute diesen Vers folgendermaßen: Das Auge ist sonnenhaft, das Auge ist die Sonne selbst. Wir müssen jedoch das Auge auf die Weise verstehen, die das Auge selbst verlangt. Wir sehen nicht, weil wir Augen haben. Wir haben Augen, weil wir sehen. Das Wesen beziehungsweise die Rolle des Auges ist durch ein noch Höheres bestimmt. Die Helle gibt es nicht, weil wir sehen. Wir müssen unsere Denkweise bezüglich des menschlichen Lebens vollständig ändern und das Denken, das den Menschen als ein Ding betrachtet, aufgeben. Daß wir sehen können beziehungsweise in einer Beziehung zum Sichtbaren stehen können, ist zunächst und zuerst durch ein »können« bestimmt. Das Licht kommt uns zu, es kommt uns von irgendeinem anderen aus zu. Selbst die Sonne ist bereits ein Abkömmling. Der Ursprung der Sonne ist hē tou agathou idea, das heißt die Idee des Guten.

Solange wir im Gebiet der sinnlichen Erkenntnis bleiben, ist diese Erklärung verständlich. Aber wir können sie schließlich auch als Ausdruck für etwas Höheres ansehen. Nämlich als Ausdruck dafür, daß die Beziehung zwischen Erkennen und Erkanntem aufgrund der Idee des Guten möglich wird. Manche Platon-Interpreten erklären es für unmöglich, bei Platon alles vernünftig zu verstehen, und fertigen die oben erwähnte Beziehung als etwas Mystisches ab. Beim echten Philosophieren ist es jedoch auf keinen Fall zulässig, das Mystische sich bis zu einem Ort einschleichen zu lassen, der gar nicht zum Gebiet des Mystischen gehört. Deswegen müssen wir jetzt hier kurz untersuchen, wie sich die Menschen in der Antike dieses Verhältnis von Erkennen und Erkanntem gedacht haben. Wenn uns die Auslegung des sogenannten theoretischen Lebens mißlingt, so liegt das daran, daß wir uns vorstellen, die Eigentümlichkeit der Erkenntnis liege darin, daß sie nur Erkenntnis sei, insofern Wahrheit in ihr ist. Für Platon war es allerdings klar, daß die Wahrheit auf der entgegengesetzten Seite des Verhältnisses von Erkennen und Erkanntem steht. Bei Platon ist nicht die mögliche Haltung des Erkennenden von Bedeutung, sondern wichtig ist, wie es sich mit dem Erkannten verhält. Wahrheit hat, wie oben gesagt, den Sinn von Unverborgenheit.

Hier stoßen wir auf zwei neue Fragen. Was ist die Wahrheit selbst? Und warum ist die Wahrheit der Idee des Guten untergeordnet? Wir hoffen, durch die Behandlung dieser Fragen unsere eigene Befreiung vollbringen zu können. Kehren wir wieder zum Mythos zurück. Ist unsere Befreiung schon zu Ende, wenn die Fesseln gelöst sind? Sie ist es nicht. Die Befreiung muß nach und nach in einem Geschehen vollbracht werden. Es reicht nicht, bloß von den Fesseln befreit zu werden, wir müssen auf positive Weise frei werden, um uns am Wesen des Lichts, das heißt an der Helle freuen zu können. Die Helle ermöglicht, wie schon oben gesagt, das Verhältnis zwischen Sehen und Gesehenwerden. Was es bedeutet, daß dieses Verhältnis erst möglich wird, wenn beide unter dasselbe Joch gebunden werden beziehungsweise wenn die Augen der Sonne gleichen, sonnenhaft sind, können wir jetzt verdeutlichen. Vorausgesetzt ist das Sehen. Weil wir sehen, haben wir Augen, und nicht: weil wir Augen haben, sehen wir. Diese Auslegung ist notwendig, um zu verstehen, daß das Joch etwas diesen beiden Vorgängiges ist. Das Joch, von dem hier die Rede ist, ist selbstverständlich keine wie ein Ding existierende Verbindung.

Joch ⟨ Möglichkeit des Sehens (dynamis, Vermögen)
Möglichkeit des Gesehenwerdens (dynamis, Vermögen)

Beim Vermögen, zu sehen beziehungsweise gesehen zu werden, handelt es sich keinesfalls um eine Mechanik. Beides bringt eine Möglichkeit zum Ausdruck, das heißt es handelt sich um das Vermögen zu sehen und das Vermögen gesehen zu werden. Das Vermögen, die Möglichkeit, gesehen zu werden, ist nichts anderes als die alêtheia beziehungsweise die Unverborgenheit oder, anders gesagt, die Möglichkeit, sich an das Sichtbare anzugleichen. Die mögliche Einheit dieser zwei Möglichkeiten bezeichnen wir als »unter ein Joch spannen«. Das Eigentümliche dieser Möglichkeit besteht darin, daß diese Beziehung von Sehen und Gesehenwerden einer inneren Quelle entspringt und keinesfalls dadurch zustande kommt, daß beide erst nachträglich unter ein Joch gespannt werden.

Wir wollen nicht abstreiten, daß diese Auslegung von Schwierigkeiten begleitet ist. Aber wir dürfen nicht vergessen, daß wir selbst nicht in der Lage sind, das, was hier zum erstenmal offenbar wurde, zu verstehen. Es ist uns nicht gelungen, die sogenannte theorethische Haltung zu verstehen. Eine Philosophie, die sich einmal für einen falschen Begriff von der Wahrheit entschieden hat, versucht auch, die Idee des Guten von diesem irreführenden Wahrheitsbegriff her auszulegen. Wir müssen versuchen, die Mißverständnisse, die sich hier aufgeschichtet haben, zu durchstoßen, und dieser unser Versuch muß unbedingt gelingen. Dieses Gelingen besteht nicht in theoretischen Kenntnissen, sondern in einem Geschehen, das wir selbst durch Beobachtung verstehen. Bei diesem Versuch ist es für uns von Nachteil, daß wir jetzt noch in Fesseln liegen. Allein dies selbst zu realisieren, ist für uns bereits ein schwieriges Unterfangen. Außerdem ist wichtig, was wir als Anhaltspunkt für diesen Versuch nehmen. Wir müssen zuerst die Stelle finden, an der wir Gelegenheit haben, uns selbst zu überwinden. Uns befremdet, daß die Wahrheit nicht auf der Seite des Erkennens, sondern auf der Seite des Erkannten steht. Ist die Wahrheit dann eine Eigenschaft des Seienden? Die Idee des Guten garantiert die Wahrheit als Wahrheit. Es hat jedoch keinen Sinn zu sagen: das Seiende ist wahr. Erst wenn man sagt: es ist wahr, daß das Seiende so oder so ist, macht es Sinn. Aber wenn die Wahrheit ein Charakter des Seienden ist, was ist sie dann überhaupt? Was ist eigentlich das Wahre? Man sagt, der logos könne wahr sein, aber er könne auch unwahr sein. Von daher können wir jedoch nicht klar machen, daß die Wahrheit auf die Seite des Seienden gehört. Denn die Wahrheit eines Wortes läßt sich vermutlich erst im Ausgang von der zum Seienden gehörenden Wahrheit klären. Diese Schwierigkeit ergibt sich aus der traditionellen, von der Logik sanktionierten Auslegung der Wahrheit. Die Logik ist aus einem ursprünglichen Mißverständnis des Wesens der Wahrheit geboren. Der Irrtum, daß die Wahrheit in sich etwas Geltendes sei, entspringt der Auslegung, die meint, Wahrheit sei etwas in einem Satz Erkanntes, das heißt etwas Geltendes. Die Diskussion darüber, ob das Geltende einen Wert habe oder nicht, ist bloß oberflächliches Getue und berührt den Kern der Sache nicht.

Daß die Befreiung von den Fesseln von Schmerz und Leid begleitet ist, haben wir bereits gesagt. Welche Bedeutung hat eigentlich die Wahrheit für uns? Das Wort alêtheia, das von lanthanô kommt, bedeutet Unverborgenheit. Daß ein Seiendes wahr ist bedeutet, daß dieses Seiende nicht verborgen ist. Positiv ausgedrückt ist Unverborgenheit nichts anderes als Offenbarkeit. Wir wollen uns jedoch eher an die Unverborgenheit im ursprünglich verneinenden Sinn halten. Dann entdecken wir nämlich, daß das Wesen der Wahrheit eine Art Negation, eine Art Beraubung ist.

Un-verborgenheit. Wir können sie überall finden und finden sie doch zugleich nirgendwo. Hier entdecken wir wiederum eine Ähnlichkeit mit der Höhle, die Aufmerksamkeit und Beachtung verdient. Was bedeutet Verborgenheit des Seienden? Wann und wo läßt sich diese Verborgenheit entdecken? Unser Ausgangspunkt ist die Fähigkeit der Angleichung, die dem Erkenntnisvermögen als eine innerliche Beziehung zueigen ist. So wie die Augen sonnenhaft sein müssen, so muß das Erkennen die Eigenschaft des Guten haben.

Daß man, wenn man überhaupt eine Beziehung zwischen logos und alêtheia herstellen will, von der alêtheia ausgehen muß, ist bereits aus dem oben Gesagten klar. Die Wahrheit kommt nicht erst durch die Sprache zum Vorschein. Sie liegt im Ergreifen des Seins. Nicht verborgen sein, heißt zugleich, offenbar sein. Das griechische alêtheuein, das heißt das Geschehen, in dem die Verborgenheit des Seienden beseitigt wird und das Seiende zur Offenbarkeit gebracht wird, gehört nicht nur zum theoretischen oder nicht-theoretischen Leben der Menschen, sondern zum innersten Wesen des menschlichen Lebens. Es gehört zum Wesen des menschlichen Geistes. Der Geist ist der Ursprung der Möglichkeit dieser Offenbarkeit. Diese Offenbarkeit ist der Ursprung der Verfaßtheit der lebendigen Menschen. Die Wahrheit bestimmt jedoch nach wie vor unverändert das Seiende selbst. Diese Offenbarkeit bildet die Grundlage für folgende ursprüngliche Handlungsweisen: technê, epistêmê, phronêsis, sophia oder nous. Die Offenbarkeit durchdringt alle menschlichen Verhältnisse. Auch Platon schreibt im *Phaidros*, daß die Wahrheit als eine solche die wesenhafte Bestimmung des Menschen ist und die Seele des Menschen das Wesen der Unverborgenheit hat (295 B5).

Was ist diese Unverborgenheit, die es am Seienden gibt? Aufgrund der obigen Auslegung des Wahrheitsbegriffs können wir den Begriff des Subjekts bilden. Das Subjekt hat ursprünglich den Charakter eines Offenbaren. Insofern das Subjekt existiert, existiert es aufgrund des Offenbaren. Das Ergreifen des Seienden ist ein Geschehen für das Subjekt. Dabei übt das Subjekt allerdings überhaupt keinen Einfluß auf das Seiende aus. Das Seiende ist nach wie vor unberührt. Aber durch dieses Geschehen, das heißt durch das Ergreifen des Seienden kann sich das Seiende uns nähern. Das Verschwinden der menschlichen Existenz bedeutet für das Seiende sogleich das Verlorengehen der Unverborgenheit. Hier kommt der ekstatische Charakter der menschlichen Existenz zum Vorschein. Wahrheit ist nur, insofern der Mensch existiert. Wenn die Unverborgenheit des Seienden durch die menschliche Existenz möglich ist, müssen wir andererseits jedoch zugleich anerkennen, daß es eine Verborgenheit des Seienden gibt. Von der menschlichen Existenz abzusehen und noch von einer Verborgenheit zu sprechen, hat keinen Sinn. Solange der Mensch existiert, gibt es für ihn die Möglichkeit: wahr oder unwahr, wahr und unwahr. Dem Menschen ist die Möglichkeit gegeben, inmitten des Geschehens der Wahrheit zu leben. Dies bedeutet jedoch zugleich, daß er genauso auch die Möglichkeit hat, inmitten eines Lebens der Unwahrheit zu stehen. Zum Offenbarwerden des Seienden ist überhaupt keine formale Habe notwendig. Das Gebiet des Seienden ist in einem Sinne immer schon gegeben. Zugleich damit ist aber auch die Verborgenheit gegeben. Es ist sowohl möglich, vom Kennen zum Wissen voranzuschreiten, wie auch zugleich die Gefahr besteht, in einen noch tieferen Abgrund der Verborgenheit zu fallen. Im Unterschied zum Verborgenen im Sinne des Unbekannten gibt es auch noch eine andere Art von Verborgenheit, nämlich den Fall, daß das ursprünglich Seiende wieder in die Verborgenheit zurückfällt und falsch erkannt wird.

Die Wahrheit ist das der Helle entsprechende Vermittelnde. Sie ist keine Eigenschaft, die das Seiende hat, sondern das auf die Seienden gelegte Joch. Hier bleibt jetzt noch die Frage nach dem Verhältnis von Unverborgenheit beziehungsweise Verborgenheit zur Idee des Guten. Idea bedeutet das Gesichtete. Die Idee des Guten ist als höchste Idee der Ursprung, der die Wahrheit selbst ermöglicht. Was aber bedeutet das Gute als Idee? Wir müssen uns davor hüten, uns hier der Herrschaft von Gefühlen zu überlassen. Ebenso müssen wir es vermeiden, hier von einem Wert des Guten zu sprechen. Weiterhin dürfen wir auch nicht von Anfang an irgendetwas unterstellen und etwas Inhaltliches hineinlegen, um die Auslegung zu erleichtern. In welcher Hinsicht sprechen wir hier vom Guten? Wir sagten, das Gute sei der Ursprung, der die Wahrheit in dem jetzt dargelegten Sinn ermöglicht. Das Ermöglichende der Wahrheit, das heißt das Gute ist das, *weswegen* es Wahrheit gibt. Die Wahrheit wiederum ist dasjenige, *weswegen* der Mensch das ist, was er sein kann. Aufgrund der Wahrheit kann der Mensch zu sich selbst zurückkehren. Die Existenz des Menschen ist keinesfalls bloß ein Ding, das ist. Die menschliche Existenz ist das, was sich selbst zu seinem eigenen Sein entschlossen hat. Das Gute ist dasjenige, *weswegen* sich der Mensch zu seiner Existenz entschlossen hat. Das Gute hat daher keine inhaltliche Bedeutung; seine Bedeutung ist regulativ.

Die eigentliche Freiheit besteht darin, in die Sonne zu blicken. Dies zu lernen, darin liegt die eigentliche Selbstbefreiung. Sie bedeutet, daß sich der Mensch im Verlauf seiner geschichtlichen Existenz zu sich selbst, das heißt zu seiner eigenen Freiheit entschließt.

Freiburg, März 1930.

(Übersetzt v. Elmar Weinmayr)

Nächste Seite: * Nach dem Original im Kuki-Nachlaß, Kuki-Archiv an der Kônan-Universität Kôbe. Eine Druckfassung der Handschrift in: *Kuki Shûzô Zenshû* (Shûzô Kukis *Gesammelte Werke*, 11 Bde. und 1 Ergänzungsbd.), Tôkyô (Iwanamishoten-Verlag) 1980 ff., Bd. 10, 1982, S. 252–257. Kuki zitiert *Vom Wesen des Grundes* nach der Erstausgabe in der *Festschrift – Edmund Husserl zum 70. Geburtstag* (Ergänzungsbd. von Husserls *Jahrbuch für Philosophie und phänomenologische Forschung*), Halle (Niemeyer-Verlag), 1929, S. 71–110. Der nicht datierte Text Kukis stammt vermutlich aus der ersten Hälfte der dreißiger Jahre.

SHÛZÔ KUKI

Heideggers *Vom Wesen des Grundes* – eine Inhaltsanalyse*

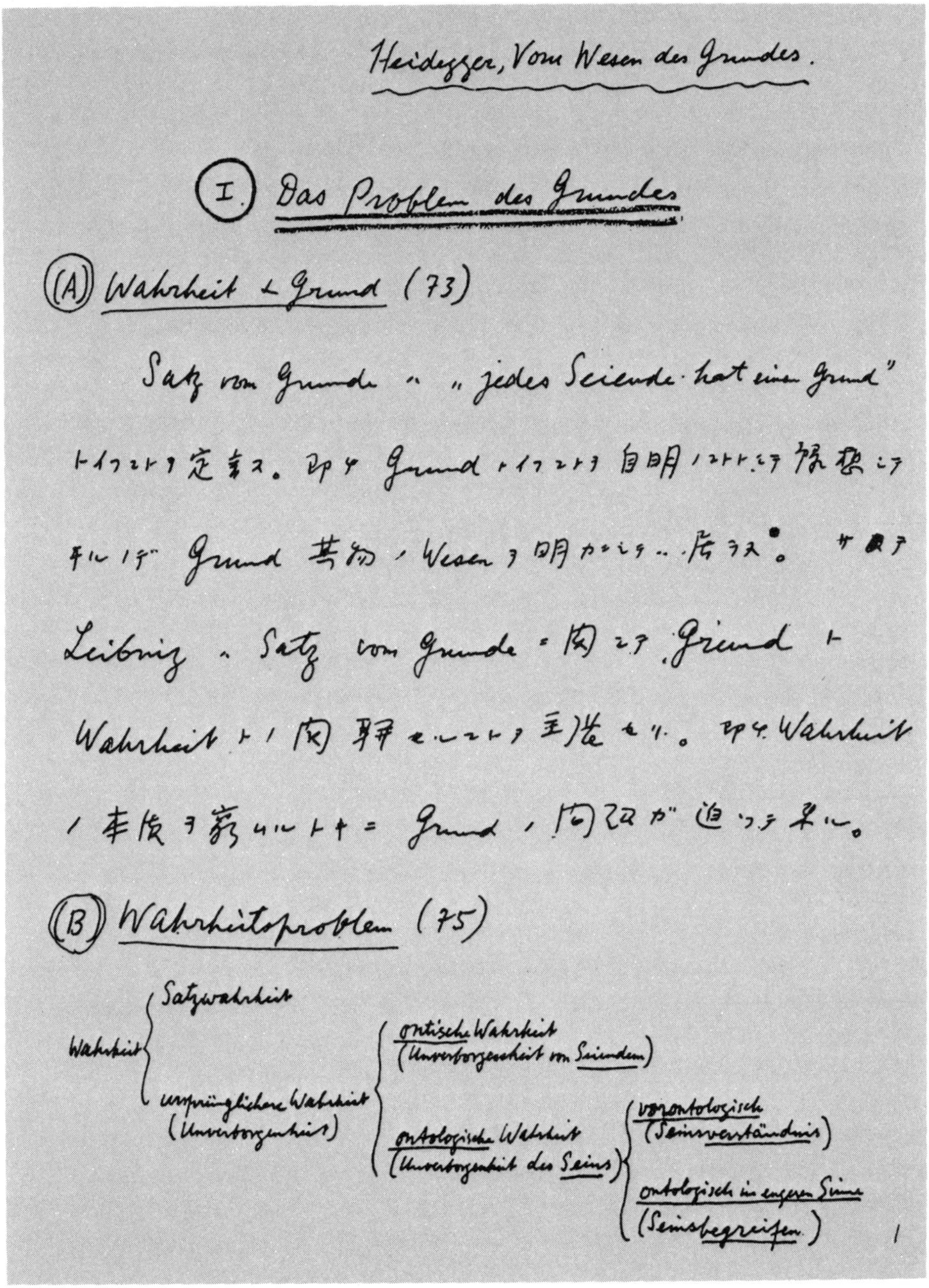

[handwritten manuscript reproduction:]

Heidegger, Vom Wesen des Grundes.

Ⅰ. Das Problem des Grundes

Ⅰ Ⅰ

Ⓐ Wahrheit ∠ Grund (73)

Satz vom Grunde : „jedes Seiende hat einen Grund" トイフコトノ定義ス。即チ Grund トイフコトノ自明ノコトトシテ假定シテキルガ Grund 其物ノ Wesen ヲ明カニシ..居ズ°。サ處デ Leibniz ノ Satz vom Grunde ニ関シテ、Grund ト Wahrheit トノ関聯ニヨツテ主張セリ。即チ Wahrheit ノ本質ヲ尋ヌルトキニ Grund ノ問題ガ迫ツテ来ル。

Ⓑ Wahrheitsproblem (75)

Wahrheit { Satzwahrheit
           { ursprünglichere Wahrheit (Unverborgenheit)

{ ontische Wahrheit (Unverborgenheit von Seienden)
{ ontologische Wahrheit (Unverborgenheit des Seins)

{ vorontologisch (Seinsverständnis)
{ ontologisch im engeren Sinne (Seinsbegreifen)

1

無、意味、Wahrheit ハ ontisch-ontologisch gegabeltes Wesen ヲ 有ス。 ソレヲ ontologische Differenz ト云フ。 此 ontologische Differenz ハ Sein ヲ verstehen スル Dasein ニ 根ザシ 有ス。 而シテ ontologische Differenz ノ 根拠 ヲ Dasein ノ Transzendenz ト云フ。(Intentionalität ト ハ Transzendenz ニコソ可能トサルヘモノナリ)

Wahrheit ガ Satzwahrheit = 化スコト モツト原本的 ナモノニヨリテ明カナリ。 而シテ Grund ハ Wahrheit ト 内的ニ関聯シテオルカラ。 Grund ノ 問題 ハ Wahrheit ノ 所在 タル Transzendenz ノ 領域ヘノアル問題ナリ。

Ⓒ Problem des Grundes (79)

Wahrheit, Grund, Transzendenz ノ 三者ガ 関聯スルコト...

2

歴史的ニ之ヲ明カニ。Leibniz ニテヲ説ク。Kant ニ於テヲ説ク。Kant ノ oberster Grundsatz aller synthetischen Urteile ノ 即チソヲ之ニ為ノ関聯ヲウゴヤリ。要スルニ Grund ノ 問題ハ Transzendenz ノ 認識ニ於テヲ明ニサレルモノナリ。

Ⓘ <u>Die Transzendenz als Bezirk der Frage nach dem Wesen des Grundes.</u>

Ⓐ Transzendenz (80)

Transzendenz ハ Subjektivität ノ Grundstruktur ナリ。Subjektsein = in und als Transzendenz Seiendes Sein. Transzendenz ハ „Subjekt-Objekt-Beziehung" = アラズ。Transzendenz ニハ Dasein ガ 自己トシテ自覚スルナリ。das transzendente Dasein トイフ語ハ 故ニ Tautologie ナリ。₃

Transzendenz ガ Selbstheit ヲ 構成 スルノデアル。
Da-sein ノ 事実ト共ニ Transzendenz (Überstieg) ガ
ソコニ (da) アル (ist) ノデアル。

Ⓑ In-der-Welt-sein (82)

Dasein ガ transzendieren スル woraufhin ヲ
Welt ト称ス。従ッテ Transzendenz = In-der-Welt-sein
ナリ Welt トイフ言葉ニツイテ。哲学前ノ通俗的意味ト
超越論的意味トアリ。前者ニ従ヘバ Welt = die Allheit
des gerade vorhandenen Seienden. 従ッテ In-der-Welt-sein
ハ Dasein ノ 事実的存在ニ関スル ontische Aussage ニ過ギズ。
後者ニ従ヘバ然ラズ。従ッテ In-der-Welt-sein ハ Dasein ノ
本質ニ関スルコトニテ ontologische These ナリ。トイフモ比較
4

論ぜる意味, Welt トハ積極的ニハ如何ナルモノカ？

(c) <u>Weltphänomen</u> (84)

ギリシア哲学ニオケル κόσμος トハ或ル Seiende 又ハ ル者ノ綜体ヲ指スモノニアラズ。Seiende ガ全体トシテアル Wie ヲ云フナリ。而シテ其 Wie ハ人間的 Dasein ニ相対シテ云フ。ツマリ Welt ハ人間的 Dasein ニ属ス。

キリスト教及中世哲学ニオケル「世」トハ das Menschsein im Wie einer gottabgekehrten Gesinnung ナリ。ツマリ κόσμος ヌ mundus トハ anthropologischen ヌ existenziellen Sinn ヲ有ス。

<u>近世ニ於テモ然リ</u>。Baumgarten, Crusius = アツテ Welt トハ ens creatum ナリ, 存在セル者ノ全体ヲ指ス。

5

Kant =アテ.. K.d.r.V =テ.. Welt , Kosmologische Bedeutung ガ明カニテレ. Anthropologie =テ.. existenzielle Bedeutung ガ明カニテーヰ. Kosmologische Bedeutung トテ Welt ハ Idee テリ。 但シ Idee ノ ヿニ木 Ideal ガアル。 即チ Welt ハ 経験ノ可能性ト Ideal トノ中間ニ位ス、ソレハ. Totalität der Endlichkeit menschlichen Wesens ヲ示ス。 existenzielle Bedeutung トテ Weltkenntnis = Kenntnis des Menschen, und zwar gerade in Hinblick, auf das, was er als freihandelndes Wesen aus sich selber macht oder machen kann und soll."

要スルニ Welt トハ menschlichen Dasein ト (全体ニ於ケル 存在者ト ノ (Seienden in Ganzer)
Bezug 関係 ナリ。 Dasein ノ特徴ハ In-der-Welt-sein トイフニ

6

bezughafte Struktur 了［西］ルーストリ。 ［ロ］は Welt ←‥

さ bezughafte Struktur ≠ ［西］ルニストリ。

Ⓓ <u>Daseinsbezug zur Welt</u> (96)

1) Welt = Ganzheit des Umwillen ‥

Dasein ‥ Welt = transcendieren ‥了 ‥ とキ Selbstheit 了 1す ル +り。

た。Welt ‥ Dasein ‥ 「チ た ‚ worumwillen +り。 (Zur

Selbstheit gehört Welt; <u>diese ist wesenhaft daseinsbezogen</u>)

2) In-der-Welt-sein = Geschehen des entwerfenden Überwurfs.

Welt ‥ Ganzheit des Umwillen ←いう Dasein = ユーツ 自己 ‚ ［向］。

する 引っ掛りル +り。

Ⓔ ἀγαθόν als Transzendenz (98)

Transzendenz ←‥ Plato ‚ ［チ］［場］ ἐπέκεινα τῆς οὐσίας +り。

7

ἐφ' ἀγαθόν ナリ。而シテ ἀγαθόν ノ本性ニ οὗ ἕνεκα ノ性質ニ存ス。 要スルニ Tranzendenz ハ Objektive ノ領域ニ 逃ルルコトニヨリテ 闡明サレルモノニ外ズ。 ontologische Interpretation der Subjektivität des Subjekts ニヨッテ 閻明サレテ把捉サレ ルデアリ。

Ⅲ. *Vom Wesen des Grundes*.

(A) Freiheit (101)

Welt ヲ Ganzheit des Umwillen ナリ。而シテ Umwillen ヲ entwerfen スルコトヲ Freiheit ト称ス。故ニ Freiheit = Das entwerfend-überwerfende Waltenlassen von Welt. 換言スレバ Tranzendenz = Freiheit. 而シテ Tranzendenz ナル Freiheit ハ (Spontaneität ト称シテ) Grund ノ 一種デアルノデ

8

a = o Grund, 在此者. Freiheit ist Freiheit zum Grunde.

Ⓑ <u>dreifache Weisen des Gründens</u> (102)

Freiheit für Grund: 由于 在于有的 存在 之 Gründen + 三了. Gründen =.. dreifache Streuung 于" P 4。
  1) Stiften
  2) Boden-nehmen
  3) Begründen

Ⓒ <u>Erstes & Zweites Gründen</u> (102)

  1) Stiften, Weltentwurf ---------- Überschwung (Entwurf)

  2) Boden-nehmen, Eingenommenheit ----- Entzug (Befindlichkeit)
                                          Endlichkeit

Ⓓ <u>drittes Gründen</u> (104)

  Dasein " Eingenommenheit 以于 inmitten von Seiendem.

アルト同時。存在者ニ対シテ sich verhalten スル。コノ Verhalten zu Seiendem ガ即チ Intentionalität ト称スルモノ也。而シテソコニ Begründen ガ dritte Gründen トシテ生ズ。Begründen = Ermöglichung der Warumfrage überhaupt.

Dasein ハ) ~~Weltentwurf + Eingenommenheit in Seienden~~ Weltentwurf (Möglichkeit) + Eingenommenheit im Seienden (Wirklichkeit) =ココニ Warum ノ問ノ。Möglichkeit + Wirklichkeit トガ顕露ニナルカラコソ Warum ノ問ガ生ジ得ル = Ex.

Warum { Warum so und nicht anders? (Was-sein)
        Warum dies und nicht jenes? (Wie-sein)
        Warum überhaupt etwas und nicht nichts? (Sein)

其処ト (Warum ~~Begründen~~ ノ中ニ Seinsverständnis ガ含マレテキテヰル

Transzendentales Begründen = ontologische Wahrheit スベテ基付
⋮
faktische Ausweisung = ontische Wahrheit

(E) identische Wurzel dieser Gründen (107)

以上ノ三ツニ散ツタ Gründen der Transzendenz ガ一ツニ ナル Dasein ノ Existenz ノ 全体ヲナス。Freiheit ハ此 三ツノ仕方デ Freiheit zum Grunde 也。

```
                 gründet → (1) Weltentwurf (Möglichkeit)         (ratio agendi)
Grund   gründet → (2) Eingenommenheit in Seienden (Boden)        (ratio essendi)
                                                 Wirklichkeit     ratio fiendi
         gründet → (3) Ontologische Begründung des Seienden (Ausweis)  (ratio cognoscendi)
```

此三ツニテ所ヲ一ナス意本・Zeitlichkeit = 處デス。

(1) Zukunft
(2) Gewesenheit ——— Zeitlichkeit
(3) Gegenwart

11

Ⓕ **Resume** (108)

$$\text{Freiheit} \Big\{ \begin{array}{l} \underline{\text{Überschwung}} \text{ (Möglichkeit)} \\ \text{Weltentwurf} \\ \\ \underline{\text{Entzug}} \text{ (Wirklichkeit)} \\ \text{Geworfenheit} \end{array} \Big\} \underline{\text{Begründen}} \text{ [Satz vom Grunde]} \\ \begin{pmatrix} \text{Warum — eher als} \\ \text{cur — potius quam} \end{pmatrix}$$

Zeitlichkeit
Grund des Grundes
gründende Einheit des tr. Streuung des Gründens
Ab-grund des Daseins
Freiheit zum Grunde

HAJIME TANABE

Philosophie der Krise oder Krise der Philosophie?*

I.

Es wird wohl keinen Einwand geben, wenn man feststellt, daß unter den zeitgenössischen deutschen Philosophen Heidegger derjenige ist, dem von der gegenwärtigen akademischen Welt Japans das meiste Interesse entgegengebracht wird. Heidegger wurde im letzten Jahr Mitglied der Nationalsozialistischen Partei Deutschlands (Nazi)[1]. Als in diesem Jahr im Rahmen der geistespolitischen Maßnahmen des Hitler-Regimes die jüdischen Professoren vom Katheder gejagt wurden und die Universitäten mit Hilfe von nationalistischen Professoren zu einem Bollwerk der nationalen Verteidigung um- und ausgebaut wurden, wurde Heidegger – einem Gerücht zufolge auf Befehl von oben – zum Rektor der Freiburger Universität ernannt. Normalerweise ist es, soweit ich weiß, Brauch, bejahrte Kapazitäten, die in der akademischen Welt als Autoritäten gelten, zum Hochschulrektor zu ernennen. Daß Heidegger, der ein Gelehrter von erst 44 Jahren ist und zudem erst vor vier Jahren als Professor nach Freiburg zurückkehrte, bereits jetzt diese überraschende Ernennung erhält, zeigt überaus deutlich, welche Erwartungen der sich in einer Krise befindenden akademischen Welt auf Heideggers Schultern liegen. Die Rede, die Heidegger anläßlich der Feier seines Amtsantritts vor allen Lehrkräften und Studenten der Universität gehalten hat, trug, wie ich hörte, den Titel *Die Selbstbehauptung der deutschen Universität*. Ich hatte allerdings noch keine Gelegenheit, den ganzen Text zu sehen. Dieser Tage bekam ich dank der Freundlichkeit eines Kollegen zufällig eine – soweit ich sehe – Zusammenfassung dieser Rede zu Gesicht, die unter

---

* Hajime TANABE, *Kiki no tetsugaku ka tetsugaku no kiki ka*. Diese kritische Stellungnahme zur heideggerschen Rektoratsrede wurde am 5. September 1933 verfaßt und erschien in drei Teilen am 4., 5. und 6. Oktober in der damaligen Tôkyô Asahi Shinbun (Asahi-Zeitung). Sie wurde unverändert wiederabgedruckt in: *Tanabe Hajime zenshû* (Hajime Tanabe *Gesamtausgabe*) Bd. 8 (Tôkyô ²1972) 3–9.

1 Tanabe ist hier falsch informiert. Heidegger trat erst 1933 im Zusammenhang mit seinem Rektorat der Partei bei. Vgl. seine Ausführungen dazu in: *Das Rektorat 1933/34. Tatsachen und Gedanken,* in: *Die Selbstbehauptung der deutschen Universität,* hg. von H. HEIDEGGER, Frankfurt a. M. (Klostermann-Vlg.) 1983, S. 33. (Anm. d. Übers.)

dem Titel *Der Landesverteidigungsdienst der Wissenschaften* in einer deutschen Zeitung veröffentlicht worden war. Zur Zeit habe ich keine Möglichkeit, festzustellen, ob die Zusammenfassung und Darstellung in der betreffenden Zeitung den wirklichen Inhalt des Vortrags vollständig wiedergibt. Da es jedoch nicht meine Hauptabsicht ist, die Rede Heideggers zu kritisieren, sondern ich sie zum Anlaß nehmen möchte, einen allgemeinen Gedanken vorzutragen, wird es wohl erlaubt sein, ausgehend von dieser Zusammenfassung in der Zeitung (ich glaube, es war die *Vossische Zeitung*[2]) über Heideggers Rektoratsrede zu sprechen.

Heidegger zufolge ist die deutsche Universität die hohe Schule, die aus der Wissenschaft und durch die Wissenschaft die Führer und Hüter des Schicksals des deutschen Volkes heranbildet. Daher sei der Wille, das Wesen der Universität zur Entfaltung zu bringen, ein Wille zur Wissenschaft, und zwar als Wille, dem geschichtlichen und geistigen Auftrag des deutschen Volkes als eines in seinem Staat sich selbst wissenden Volkes gerecht zu werden. Das Wesen der Wissenschaft ließe sich jedoch nur durch eine philosophische Besinnung der Menschen, die nach dem Anfang der Wissenschaft fragen, von Grund auf klären. Geschichtlich gesehen sei dieser Anfang der Aufbruch der griechischen Philosophie. Die abendländischen Menschen hätten die Wissenschaft aus dem Verlangen gegründet, kraft des logos gegen das Seiende im Ganzen aufzustehen und dieses zu begreifen. Aber das Wissen sei, wie schon Aischylos sagen konnte, bei weitem unkräftiger als das Schicksal. Die unergründbare Unabänderlichkeit des Seienden verleihe dem Wissen seine Wahrheit. Gerade wenn das Wissen versuche, das Seiende im Ganzen bis ins letzte zu enthüllen und zu erkennen, werde daher die Unkraft des Wissens offenkundig. Das Wissen sei eine Schöpfung, die aus einer Unkraft heraus geboren sei. Dieses Wissen heiße theoria. Allerdings sei diese theoria energeia. Für die Griechen sei die Theorie die höchste Verwirklichung echter Praxis gewesen. Wissenschaft sei für sie nicht der Überbau der Kultur, sondern die zuinnerst bestimmende Mitte des ganzen volklichstaatlichen Daseins gewesen. Wissenschaft sei das fragende Standhalten inmitten des sich ständig verbergenden Seienden im Ganzen. Dieses handelnde Aushalten habe seinen Angelpunkt im Wissen um seine eigene Unkraft gegenüber dem Schicksal. In der auf das Griechentum folgenden christlich-theologischen Weltdeutung und im mathematisch-technischen Denken der Neuzeit sei dieser Angelpunkt jedoch aus den Augen verloren worden und dieser Anfang der Wissenschaft in Vergessenheit geraten. Die Wiedergewinnung und Verwirklichung dieses Anfangs sei nicht in der

---

2 In der Morgenausgabe der *Vossischen Zeitung* vom 21.7.1933 sind auf Seite 4 unter dem Titel *Wehrdienst des Geistes. Aus Heideggers Freiburger Rektoratsrede* Auszüge der heideggerschen Rektoratsrede abgedruckt. Da sich die folgende Wiedergabe des Inhalts der Rede durch Tanabe weitgehend mit den abgedruckten Auszügen deckt – bei beiden fehlen z.B. die ersten Abschnitte dieser Rede, die von der »Selbstbehauptung« handeln –, darf angenommen werden, daß es dieser Artikel war, der Tanabe vorlag. (Anm. d. Übers.)

Vergangenheit, sondern in der Zukunft zu suchen. Wenn wir die Größe dieses Anfangs realisieren, werde die Wissenschaft zur innersten Notwendigkeit des Daseins werden. Das Wesen der Wissenschaft bestehe darin, inmitten der Ungewißheit des Seienden im Ganzen standzuhalten und fragend nach der restlosen Enthüllung des Seienden zu streben. Dadurch könne sich ein Volk für sich über seine Welt der innersten und äußersten Gefahr, das heißt über seine wahrhaft geistige Welt klarwerden. Denn der Geist sei die ursprünglich gestimmte, wissende Entschlossenheit zum Wesen des Seins. Das Wissen um das Dunkel, das in abgründiger Tiefe die in Erde und Blut wurzelnden Kräfte eines Volkes bewahrt, als der Quelle der innersten Erregung und weitesten Erschütterung seines Daseins, bilde die geistige Welt eines Volkes. Allein die Größe dieser geistigen Welt mache die Größe eines Volkes aus. Die Zukunft des deutschen Volkes hänge ab von der entschlossenen Entscheidung, entweder die geschichtliche Größe oder den Verfall zu wählen.

Ein solches Denken verneint notwendigerweise die akademische Freiheit. Heidegger zufolge steht die Wissenschaft als Wissensdienst in einer Reihe mit dem Wehrdienst und dem Kampfdienst; sie sei die Enthüllung der schärfsten Gefährdung des Daseins inmitten der Übermacht des Seienden. Die Fragwürdigkeit des Seins überhaupt, die die Wissenschaft auffordere, Fragen zu stellen, treibe ein Volk voran, zwinge ihm Arbeit und Kampf ab und lasse es in einem Staat aufgehen. Die Lehrkräfte und die Studenten müßten sich gegenseitig führen und sich dem gemeinsamen Kampf hingeben. Allerdings würde sich das Wesen des Wissens und das Wesen der Universität nicht von heute auf morgen klären lassen. Es bedürfe dazu einer Selbstbesinnung und Selbstbehauptung von Grund auf. Ob der Geist des Abendlandes verwirrt und verkommen am Ende sei oder nicht, hänge davon ab, ob das deutsche Volk entschlossen sei, ein geschichtlich-geistiges Volk zu werden oder nicht. Jeder Einzelne entscheide als Bürger darüber mit. Bereits heute zeige die jüngste Kraft der Jugend diese Entschiedenheit. Soweit Heidegger.

II.

Bei obigem handelt es sich um die Zusammenfassung der Rede Heideggers, die ich in der Zeitung lesen konnte. Im Blick auf diese Gedanken Heideggers sind jedoch folgende Fragen zu stellen: Läßt sich die positive Bedeutung von Staat und Nation überhaupt klären, ohne den Standpunkt der Existenzialontologie, den Heidegger bisher vertrat, zu überschreiten? Lassen sich die metaphysischen Grundlagen von Volk und Staat im positiven Sinn allein aus dem Prinzip der Fragwürdigkeit des Seins und dem Prinzip des Bewußtseins der Unkraft des Wissens gegenüber dieser Fragwürdigkeit entwickeln? Kann damit klar gemacht werden, weshalb auch die Wissenschaft ihr Wesen im sogenannten Wissensdienst als einem Staatsdienst haben soll? Es ist jetzt allerdings nicht meine Absicht, Heidegger auf der Grundlage eines nur unvollständig bekannten Textes wissenschaftlich zu kritisieren. Ich möchte hier nur einen Gesichtspunkt herausgreifen und der Frage nachgehen, ob, wenn man, wie Heidegger, das griechische philosophische Denken, das ihm zufolge den Anfang der abendländischen Wissenschaft darstellt, zur unumgänglichen Vermittlung für eine Wesensinterpretation der Wissenschaft nimmt, ob dann die Beziehung zwischen Wissenschaft und Staat bereits erschöpfend durchdacht ist, wenn man sagt, daß das Wesen der Wissenschaft in der Theorie, die aus dem Bewußtsein der Unkraft des Wissens gegenüber dem schicksalhaften Sein entspringt, und in dem Dienst, den sie vermittels dieser Theorie der im unergründbar tiefen Inneren des Seins wurzelnden, schicksalhaften Bewegung eines Volkes leistet, besteht?

Daß Heidegger hier stellvertretend für die griechische Philosophie hauptsächlich an die Theoria-Lehre des Aristoteles denkt, muß wohl nicht extra gesagt werden. Allerdings ist Aristoteles nicht in einer einflußreichen Stadt geboren. Und man erzählt, daß er, obwohl er in Athen lebte, die athenische Staatspolitik kaum gekannt habe. Auch nachdem er der Lehrer Alexanders geworden war, hat er angeblich überhaupt keinen Einfluß bei der Errichtung des sich auf die griechische Kultur gründenden Weltreichs des Kaisers Alexander ausgeübt (Burnet). Übertrieben gesagt: Er war ein Philosoph, der der verfallenden und in eine Krise geratenen griechischen Politik tatenlos zuschaute. Wenn wir uns allerdings einmal seinem Lehrer Platon zuwenden, so können wir sehen, daß die Philosophie auch eine ganz andere Aufgabe übernehmen kann. Die neuere Platon-Forschung betrachtet Platon als einen praktischen Philosophen, dessen Hauptmotiv es war, die Menschen durch Gesetzgebung zu erziehen und auf diese Weise einen den Idealen des Guten, Schönen und Gerechten gemäßen Staat zu errichten. Für Platon ist das Sein kein unergründbares Schicksal. Als Schicksal gilt ihm vielmehr das, was die Menschen wählen. Gemäß dieser Wahl wird das Seiende unter der Maßgabe der Ideale des Guten und Schönen frei gebildet. Selbstverständlich hat Platon mehrmals versucht, seine Gedanken politisch zu verwirklichen. Die Leidenschaft für das Staatswesen war tatsächlich die ursprüngliche Triebkraft des platonischen Denkens. Das Hauptziel seiner Philosophie war die Begründung und Errichtung einer philosophischen Aristokratie im Kampf gegen die überreife Demokratie der Athener, die seinen Lehrer Sokrates zum Tode verurteilt hatten. Es ist wohl überflüssig, darauf hinzuweisen, daß die mächtigste Quelle dieser Leidenschaft in seiner Inspiration durch die Person seines Lehrers Sokrates zu suchen ist. Platons Philosophie ist in der Tat eine typische »Philosophie der Krise«. In einer politischen Krise verfolgte Platon das Vorhaben einer Umbildung des Staates gemäß der menschlichen Vernunft und eine Neuordnung des Volkes auf der Grundlage von Gesetzgebung und Erziehung. Wo läßt sich sonst noch eine solche Philosophie der Krise finden? Auch sämtliche nichtphilosophischen Wissenschaften haben für Platon eine vermittelnde Rolle bei der politischen Bildung des Menschen. Wenn jedoch Heidegger, der aristotelischen

Tradition folgend, das letzte Ziel der Philosophie in der Theorie sieht, dann kann eine solche Philosophie letzten Endes kein großes Interesse daran haben, die Politik zu leiten und das Staatswesen zu verbessern. Wenn man die politische Entwicklung eines Staates philosophisch nur auf der Ebene der unumgänglichen Schicksalhaftigkeit des Seins betrachtet, kann man an dieser Entwicklung weder innerlich partizipieren, noch diese leiten. Die wissende Überlegenheit des Geistes beschränkt sich hier auf die bloß idealistische Überlegenheit einer Theorie, die sich ganz passiv ihrer eigenen Unkraft bewußt ist, ohne an der Gestaltung des Seienden mitzuwirken, dieses von innen her zu bewegen oder praktisch eine Leitungsfunktion anzustreben. Kurz gesagt, diese Philosophie ist ganz einseitig nach oben orientiert, die andere Seite, die Orientierung nach unten, fehlt ihr. Beschränkt man die Philosophie, die aus der positiven Selbständigkeit des vernünftigen Geistes lebt und ursprünglich den Charakter einer Praxis des absoluten Selbstbewußtseins hat, auf den Standpunkt einer theoretisch bleibenden Existenzialontologie, so sehe ich darin eine Gefährdung des Wesens der Philosophie selbst. Die Vernunft kann nur dem Sein einen Dienst erweisen, an dem sie selbst partizipiert. Ordnet man sich, ohne praktisch zu partizipieren, bloß einem schicksalhaften Sein unter, so kommt das, auch wenn man noch so sehr den Vorrang des entschlossenen Daseins behauptet, einer Verneinung der Philosophie gleich. Muß man Heideggers Philosophie nicht statt als eine Philosophie der Krise, vielmehr als eine Krise der Philosophie betrachten? Denkt man daran, daß die Philosophie des Aristoteles im Mittelalter zur Magd der Theologie verkam, so ist der Verdacht nicht ganz von der Hand zu weisen, daß bereits in der aristotelischen Philosophie der Keim zu dieser Krise der Philosophie liegt.

III.

Umgekehrt stellt sich allerdings die Frage, ob der Grund für den Mißerfolg, mit dem Platons Versuch endete, den von ihm konzipierten Idealstaat in Syrakus, wo er zweimal hinfuhr, sich am Hof aufhielt und politisch engagierte, zu verwirklichen, nicht darin liegt, daß sich die politische Entwicklung eines Staates nicht gemäß der platonischen Philosophie vollzieht, sondern einer schicksalhaften Notwendigkeit unterliegt? Und – geht man noch weiter zurück – beweist nicht das Faktum, daß Sokrates, obwohl er auf dem Schlachtfeld tapfer für sein Vaterland kämpfte und ein Patriot war, als ein Verbrecher, der die Ruhe und Ordnung des Staates störe, zum Tode verurteilt wurde, daß die politischen Erfordernisse eines Staates eine die Philosophie übersteigende Notwendigkeit besitzen? In seiner Erörterung der geschichtlichen Bedeutung des Sokrates führt Hegel aus, daß der politische Verfall Athens gleichzeitig mit der freien Betätigung des menschlichen Geistes und mit der Emanzipation des kritischen Geistes von sowohl der Politik als auch der Religion, also kurz: mit dem Aufkommen einer innerlichen Unabhängigkeit und Selbständigkeit einhergegangen sei. Die äußerste Verwirklichung und Konkretisierung dieser inneren Befreiung des Denkens sei Sokrates gewesen. Der Widerstreit zwischen dem Prinzip dieser Innerlichkeit und dem realen Staat sei der Ursprung für die Tragödie des Sokrates. Indem die Athener Sokrates zum Tode verurteilten, hätten sie zwar die Geltung ihrer Landesgesetze bewahrt, aber da – wie könnte es anders sein – das Prinzip der von Sokrates realisierten, subjektiven Innerlichkeit bereits in ihr eigenes Inneres eingesickert war, hätten sie mit der Verurteilung des Sokrates zugleich sich selbst verurteilt und den Untergang ihres eigenen Staates erklärt. Hegels geschichtsphilosophische Ansicht ist, daß hierin eine höchste Tragik liegt. Wenn es sich aber so verhält, wenn Platons Philosophie als eine Philosophie der Krise, auch wenn sie aufgrund ihrer Inspiration durch Sokrates als eine Philosophie der Erneuerung des Staates auftritt, bloß dem Anspruch des Denkens folgt und überzeitliche, ewige Ideale aufstellt, ohne sich mit der geschichtlichen Wirklichkeit und den politischen Erfordernissen des Staates zu vermitteln, dann darf man wohl bemerken, daß sie nicht nur in keiner Weise die Politik leitet, sondern vermutlich sogar in Konflikt mit ihr kommen muß. In einem solchen Fall wird dann auch umgekehrt der Staat die Philosophie ignorieren und nur mehr eine idealistisch-theoretische Philosophie zulassen, die die gegenwärtigen politischen Erfordernisse als schicksalhafte Notwendigkeiten versteht. Das Ergebnis davon ist eine Krise der Philosophie. Da sowohl ein solcher Staat als auch eine solche Philosophie keine Autorität außer sich selbst anerkennen und je für sich nach absoluter Selbständigkeit streben, wird es, wenn sie sich je den anderen unterwerfen wollen, schließlich dazu kommen, daß sie sich gegenseitig verneinen. Wenn allerdings eines von beiden das andere verneint, so ist, insofern das Verneinte und das Verneinende ursprünglich dasselbe Absolute sind (vom Absoluten kann es nicht zwei geben), diese Verneinung nicht nur eine Verneinung des anderen, sondern zugleich seine eigene Verneinung. Wenn der Staat die Philosophie verneint und nur die gegenwärtigen politischen Erfordernisse als Kriterien für seine Politik nimmt, wird er am Ende vor dem Urteil der Weltgeschichte nicht bestehen. Kein Land, das sich gegen die Vernunft auflehnt, wird lange gedeihen. Der Staat der Athener, der die Philosophie des Sokrates und Platon verneinte, schritt geradewegs auf seinen Untergang zu. Ebenso bedeutet es den Verfall der Philosophie, wenn die Philosophie die geschichtlichen Erfordernisse des realen Staates ignoriert und nur nach einer Selbstzufriedenheit im Denken strebt. Es ist allgemein bekannt, daß die späte griechische Philosophie von dieser Tendenz gekennzeichnet war. Staat und Philosophie müssen, während sie sich ohne gegenseitige Abhängigkeitsbeziehung ganz selbständig gegenüberstehen, zugleich als das jeweils dem realen und ideellen Moment desselben Absoluten Ensprechende zu einer konkreten Einheit kommen. Der Satz »Das Vernünftige ist das Wirkliche, das Wirkliche ist das Vernünftige« hat wohl diesen Sinn. In einer Philosophie wie der heideggerschen, die die Funktion der Vernunft allein im Bewußtsein der Unkraft der Vernunft gegenüber der Wirklichkeit sieht, läßt sich diese den Gegensatz einschließende Einheit von Vernünftigem und Wirklichem nicht in ausreichender Konkretion realisieren. Die hegelsche Logik unterscheidet sich von der aristotelischen wesensmäßig. Denn bei Hegel ist der Inhalt der Logik nicht wie bei Aristoteles bloß die Betrachtung des Seienden, sondern das sich selbst ausweisende Selbstbewußtsein des durch die Praxis vermittelten Einsseins von Vernunft und Wirklichkeit. Dieses Selbstbewußtsein hat auch eine tragische Seite, die den Hintergrund der rationalen Wirklichkeit bildet. Daher übertrifft der deutsche Idealismus als eine Philosophie der Freiheit die griechische Ontologie. Es verwundert, daß Heidegger, obwohl er beabsichtigt, die nationale Bedeutung der deutschen Wissenschaft zu betonen, die Originalität der deutschen Philosophie gegenüber der griechischen anscheinend nicht für wichtig erachtet. Durch bloße Versenkung in das Schicksal, wie Heidegger es sich vorstellt, kann die Philosophie dem Staat keinen Dienst erweisen. Die Philosophie muß vielmehr die am Grund der realen politischen Entwicklung verborgene, ewige Vernunft erfassen, diese in eine praktisch die Wirklichkeit gestaltende Kraft umsetzen und sich, ohne ihre Selbständigkeit zu verlieren, ihrer konkreten Einheit mit dem Staat bewußt werden und so den inneren Geist des Staates bilden. Nur durch eine solche von innen her kommende Vereinigung mit dem Staat kann die Philosophie diesem wirklich dienen. Allerdings ist jegliches Handeln, das Momente, die scheinbar in einem scharfen Gegensatz zueinander stehen, praktisch in eine Einheit bringen will, ein schwieriges und gefährliches Unterfangen, das unumgänglich immer auch die Möglichkeit einer Tragödie in sich schließt. Staatspolitik und philosophische Einsicht können, egal von welcher Seite, vermutlich erst im Handeln von meisterhaften Politikern oder weisen Philosophen zu einer wirklich gegenseitigen Einheit kommen. Nur dort kann meines Erachtens eine Philosophie der Krise, wie zum Beispiel die platonische, ihre Aufgabe erfüllen[3].

(Übersetzt von Elmar Weinmayr)

---

3 Kurze Zeit nach dieser Kritik an Heideggers Rektoratsrede gelangte Tanabe, vor allem durch sein Werk *Die Logik der Spezies* (1934), trotz seiner liberalen Grundhaltung selbst in die Nähe des damaligen nationalistischen und militaristischen japanischen Staates. Unmittelbar nach dem Zweiten Weltkrieg übte Tanabe dann eine grundsätzliche Selbstkritik. Vgl. dazu R. SCHINZINGER, *Japanisches Denken*, Berlin 1983, S. 90 (T. Takahashi) und R. ÔHASHI, *Zur Philosophie der Kyôto-Schule*, in: *Zeitschrift f. philos. Forschung* Jg. 40, Heft 1, Meisenheim 1986, S. 122 f. (Anm. d. Übers.)

KEIJI NISHITANI

Vorbereitende Bemerkungen zu zwei Meßkircher Ansprachen von Martin Heidegger*

[*Redaktionelle Notiz:*] Dem *Eastern Buddhist* kommt die ehrenvolle Auszeichnung zu, die folgenden Texte zweier Reden von Dr. Martin Heidegger vorlegen zu können. Die erste, *Ansprache zum Heimatabend*, wurde am 22. Juli 1961 in Meßkirch (Deutschland) gehalten, der kleinen Stadt nahe des Bodensees, in der er geboren wurde. Anlaß war das 700jährige Jubiläum der Stadtgründung. Die zweite, mit dem Titel *Über Abraham a Santa Clara*, wurde beim Meßkircher Schultreffen am 2. Mai 1964 vorgetragen. Beide wurden von der Stadt Meßkirch in Form kleiner Heftchen veröffentlicht, jedoch hauptsächlich unter denjenigen verteilt, die bei den Reden anwesend waren.

Wir sind daher Herrn Professor Heidegger und Herrn Siegfried Schühle, dem Bürgermeister von Meßkirch, zu großem Dank verpflichtet für ihre freundliche Erlaubnis, diese bedeutenden Ansprachen, die selbst in Deutschland wenig bekannt sind, wiederabdrucken zu dürfen.

Es besteht kein Zweifel, daß die Präsentation zweier Reden eines der herausragendsten Denker des gegenwärtigen Zeitalters in sich schon bedeutend genug ist; der Grund ihres Erscheinens in einer buddhistischen Zeitschrift bedarf jedoch einer gewissen Erklärung. Obgleich Professor Heidegger sich in keiner Weise auf buddhistisches Denken bezieht und obwohl seine ursprüngliche Absicht sicherlich in keinem Zusammenhang mit dem Buddhismus stand, so haben wir nichtsdestoweniger das Gefühl, daß die in diesen Reden ausgesprochenen Gedanken verschiedene Berührungspunkte mit dem buddhistischen Denken enthalten. Sie könnten daher in der Lage sein, zum gegenseitigen Verständnis von Ost und West beizutragen.   *Die Herausgeber*

I

Heute, wo es mit erstaunlicher Geschwindigkeit in allen Bereichen menschlichen Tuns zu Begegnungen zwischen Ost und West kommt, ist das gegenseitige Verständnis zweifelsohne eine der bedeutendsten Menschheitsaufgaben. Unter den zahlreichen Schwierigkeiten, die auf dem Weg dieser Aufgabe verborgen liegen, kommt die größte dann zum Vorschein, wenn wir versuchen, bis zu einem gewissen Grad die Gedanken, Gefühle und Absichten der anderen Seite von innen her zu verstehen; wir stoßen dann auf Worte und Begriffe, jene unvermeidbaren Hilfsmittel der Verständigung, die immer wieder auftauchen und uns den Weg versperren.

---

* Erschien zuerst auf Englisch: *Two Adresses by Martin Heidegger – Preliminary Remark(s)* by Keiji NISHITANI, in: *The Eastern Buddhist* (New Series), Bd. I,2, Kyôto (Ôtani Universität) 1966, S. 48–59; später ins Japanische übersetzt von Shizuteru Ueda, in: *Kôza Zen*, Bd. I: *Zen no Tachiba*, hg. von Keiji NISHITANI, Tôkyô 1967, S. 295–306. Der obigen Übersetzung liegt der englische Text zugrunde, der jedoch mit der japan. Übersetzung verglichen und ggf. ergänzt wurde. Vgl. Bibl. 43a und 49.

In jenem Bereich nahe der innersten Mitte des menschlichen Gemüts, im Bereich geistiger Dinge, wird die eben erwähnte Schwierigkeit beinahe unüberwindlich. Vor allem verhält es sich so im Falle der Begegnung zwischen Weltreligionen wie Buddhismus und Christentum, wo es sich um Unterschiede zwischen den religiösen Grundüberzeugungen handelt, die im innersten Kern des Gemütes beider Seiten liegen. Bei beiden wurde ihre eigentümliche religiöse Überzeugung oder Einsicht schon vor langer Zeit als Glaubensbekenntnis formuliert und als verpflichtendes Dogma festgelegt, das über alles menschliche Denken, Fühlen und Wollen herrscht. So gelangen die Menschen zu einer festen Überzeugung bezüglich ihrer eigenen Ansichten und finden zu großem Selbstvertrauen. Oft wappnen sich ihre Überzeugung und ihr Selbstvertrauen mit scharfer Analyse und subtiler Dialektik, die als Dogmatik entwickelt werden. Kurz, der religiöse Glaube oder die religiöse Einsicht wird in Worte und Begriffe übersetzt, und dies ist die Geburtsstunde der Dogmen und der Dogmatik, welche ihrerseits dazu dienen, jenen Glauben beziehungsweise jene Einsicht zu bestärken. Hierbei handelt es sich um einen Prozeß, bei dem der Glaube immer mehr zu sich selbst gebracht, dadurch stärker und selbstsicherer und somit zunehmend in sich eingeschlossen wird. Solcherart ist der Vorgang, der sich in den meisten Fällen im innersten Gemüt religiösen Denkens ereignet; und daraus entsteht die extreme Schwierigkeit gegenseitigen Verstehens zwischen den Geisteshaltungen verschiedener religiöser Glaubensrichtungen.

Gewiß ist die Dogmatik nicht immer derart eng ans Dogma gebunden gewesen. Aus eben den Gründen, die eine Etablierung von Dogmatik notwendig machen (etwa das Bedürfnis, das Dogma gegen Kritik von außen zu verteidigen), wird die Religion dazu getrieben, von der Philosophie so viele Begriffe und Theorien anzunehmen, wie für ihren Zweck von Nutzen sind. Auf diese Weise kommt es dazu, daß die Dogmatik Elemente enthält, die einen Dialog mit »Außenstehenden« möglich machen; sie wird auf diese Weise mehr oder weniger aufgeschlossen und fähig, als ein offenes System zu existieren. Doch so aufgeschlossen sie auch sein mag – sogar wenn ihr System soweit wie möglich offen gehalten ist –, solange sie Dogmatik bleibt, das heißt, solange sie auf einer hermetischen Grundlage von Glauben und Dogma steht, kann sie sich niemals dem obengenannten Vorgang entziehen: sie wird zwangsläufig bei all ihren Anstrengungen, »offen« zu werden, Mittel hervorbringen, allein sich selbst zu stärken. Und so wird sie notwendig, je »offener« sie wird, um so fester in sich abgeschlossen. Sie ist gezwungen, wieder in ihre ursprüngliche Abgeschlossenheit zurückzukehren und so ihre ganze »Offenheit« zunichte zu machen. Auf diese Weise betrügt sie sich selbst und läßt es dahin kommen, daß ein gegenseitiges Verstehen hoffnungslos schwierig bleibt.

Aber so schwer es auch sein mag: wenn wir den Weg zum gegenseitigen Verstehen bahnen wollen, müssen wir in den Bereich von Glaube und Dogma zurückgehen, wo die zuvor genannte äußerste Schwierigkeit sich bekundet, denn dieser Bereich stellt trotz alledem doch die tiefste Ebene dar, zu der die Menschheit in ihrer langen Geschichte bis jetzt vorgedrungen ist. Die Begegnung von Ost und West kann solange nicht zureichend genannt werden, solange sie nicht den Bereich auslotet, in dem sich das Innerste des menschlichen Gemüts befindet. Doch wie wir bereits gesehen haben, ist dieser Bereich gerade jener Ort, an dem sich die beirrendste aporia erhebt und das gegenseitige Verstehen verhindert. Eine Begegnung kann dort nicht wirklich stattfinden,, weil auf dieser Ebene (von Glaube und Dogma) selbst eine Weltreligion, so offen sie auch innerhalb ihrer eigenen Grenzen sein mag, doch gegen alle anderen Weltreligionen abgeschlossen bleibt. Und zwischen zwei geschlossenen Systemen kann es nur ein Zusammenstoßen, aber keine Begegnung in irgendeinem echten Sinne geben.

Wir sollten deshalb, wenn wir einmal auf der Ebene von Glaube und Dogma angelangt sind, diese durchbrechen und jenseits davon auf einer tieferen Ebene nach der Möglichkeit einer Begegnung und wechselseitigen Verstehens im echten Sinne suchen; auf einer gänzlich neuen Ebene, wo vielleicht auch noch der innerste Kern des menschlichen Gemütes, wie es gewöhnlich verstanden wird, durchbrochen werden sollte. Wir stehen heute vor der schärfsten Anforderung, nämlich unsere eigensten geistigen Formen und Normen, das starre Gerüst von Dogma und Dogmatik, zu übersteigen. Diese Anforderung ist deshalb von einschneidender Art, weil sie uns dazu aufruft, zu unserem ursprünglichen »Selbst« – jenseits jeglichen Dogmas – zurückzukehren, uns ein für allemal jener fixierten Formen und Normen zu entledigen, die unser Denken, Fühlen und Wollen in vorgefertigte und scheinbar ewige Rahmen einschließen. Wir sind aufgerufen, auf die grundlegendste Ebene zurückzukehren, wo der Mensch einfach Mensch ist oder nur noch ein Menschensohn, nicht mehr und nicht weniger; wo er gänzlich bloß ist, barhäuptig, unbekleidet, mit leeren Händen, barfuß, aber wo er ebenso auch das Innerste seines Herzens vorbehaltlos öffnen kann. Es ist, als würden wir dazu aufgefordert, barfuß die Stadt »die bunte Kuh« – wie Nietzsche es nannte[1] – zu durchwandern; eine vielfarbige Welt mit mannigfaltigen Gestalten. Wie schwer es auch sein mag, so scheint es dennoch nötig, in uns selbst auf eine solch grundlegende Ebene zurückzugehen, um den offenen Ort für die in Frage stehende echte Begegnung vorzubereiten.

Aber einmal angenommen, daß ein solcher Schritt heute notwendig ist – können wir in der gegenwärtigen Welt überhaupt irgendeinen Hinweis finden, der die Verwirklichung dieses Schrittes möglich erscheinen läßt? Und wenn ja, was wäre ein solcher Hinweis, und wo können wir ihn finden?

Nun, diese Möglichkeit scheint in nichts anderem zu beruhen als in derjenigen fundamentalen geschichtlichen Situation, die gegenwärtig eine Begegnung von

---

[1] Vgl. die Stücke »Von den drei Verwandlungen«, »Vom Baum am Berge« und »Von der schenkenden Tugend« im 1. Teil von *Also sprach Zarathustra* (Anm. d. Übers.).

Buddhismus und Christentum ernötigt. Ich meine damit die Situation, in der jetzt die ganze Welt mit rasender Geschwindigkeit zu Einer Welt wird. In fast allen Bereichen menschlichen Lebens, sowohl im industriellen, wirtschaftlichen und politischen wie auch in Kunst, Moral und Philosophie, stellt sich heute die Eine Welt mehr und mehr als der Schauplatz ihres Handelns heraus. Es ist überflüssig, in diesem Zusammenhang noch eigens auf Wissenschaft und Technik hinzuweisen. Deren neue Erfindungen vereinfachen und beschleunigen die Kommunikation zwischen entfernten Teilen des Erdballs. In eins damit bringen sie durch ihren eigentümlichen Charakter von »Objektivität« alle Völker auf eine gemeinsame Ebene des Denkens und Wollens. Sie sind die Hauptakteure im Drama des Heraufkommens der Einen Welt, indem sie die Begegnung verschiedener Kulturen und Religionen erzwingen.

Diese allgemeine Strömung konnte nur durch den Prozeß der »Säkularisation« entstehen, jenen Prozeß, innerhalb dessen mannigfaltige Weisen menschlichen Handelns sich nach und nach aus dem Bann religiöser Dogmen und der Dogmatik lösten, durch die sie lange Zeit beherrscht wurden. Heute steht die Religion mit ihren Dogmen und ihrer Dogmatik für sich in der Welt, in sich selbst verhaust, die einzige Ausnahme im allgemeinen Gang der Entwicklung. In einer solchen Situation könnte der einzig mögliche Weg für eine echte Begegnung und gegenseitiges Verständnis von Ost und West im Grunde der menschlichen Existenz – das heißt im innersten, vormals von Dogmen und Dogmatik gefesselten Kern des menschlichen Gemüts – vielleicht nur dadurch gefunden werden, daß man sich in offener Weise der hochgradigen Komplexität der gegenwärtigen Welt aussetzt und darin einen neuen Ausgangspunkt begreift. Dies würde in der Tat bedeuten, sich in den Grundbereich der Existenz als solcher immer weiter vorzuarbeiten, bis wir auf die verborgene Quelle stoßen; die Quelle, aus der das gegenwärtige Heraufkommen der Einen Welt mit ihrer durchgängigen und allumfassenden Säkularisation des menschlichen Lebens entspringt und aus der jetzt alle Arten gesellschaftlichen »Fortschritts« durch die rasende Entwicklung von Wissenschaft und Technik hervorgehen, ebenso aber auch die Verödung der überlieferten Kultur, die Hand in Hand mit dem »Fortschritt« der modernen Zivilisation einhergeht. Sich dieser Situation, in der sich die Welt heute befindet, rückhaltlos auszusetzen, würde dann bedeuten, daß wir – ein jeder von uns – im einfachsten und radikalsten Sinne zu einem »Menschensohn« werden, der »nicht hat, da er sein Haupt hinlege«[2]. Das Wort »einfach« meint hier, ein »Menschensohn« zu sein, ledig aller überkommenen Formen und Festlegungen, oder wie wir es zuvor schon ausdrückten, ein »bloßer« Mensch; das Wort »radikal« meint, ein »Menschensohn« zu sein, für den alle religiösen Dogmen und jede Dogmatik »Fuchsgruben« oder »Vogelnester« wären, die er *nicht* hat. Heute scheint keine

---

2 Vgl. Matth. 8,20 (Anm. d. Übers.).

wirkliche Begegnung mit Jesus möglich zu sein, wenn wir nicht auf die tiefste Ebene unserer Existenz zurückgehen, auf der jeder von uns »nicht hat, da er sein Haupt hinlege« und »heimatlos« ist. »Der Mensch sollte« heute, wie Bonhoeffer gesagt hat, »in der Gegenwart Gottes leben, als ob es keinen Gott gäbe«[3]. Allein auf dieser Ebene können wir fähig werden, mit der Suche nach dem Weg zu einer wahrhaften Existenz inmitten der heraufkommenden Einen Welt zu beginnen, und so auch fähig, zu einem Weg echter Begegnung zwischen Ost und West zu finden.

II

Die erste der obengenannten Ansprachen in seinem Geburtsort beginnt Heidegger mit dem Problem der Heimat. In unserem Zeitalter der modernen Technik sind wir – so denkt er – wesentlich in die Lage der Heimatlosigkeit gebracht. Durch Fernsehen und Radio etwa sind wir ständig fortgezogen in die Fremde, obgleich wir uns immer zu Hause wähnen. Wir leben in Wahrheit inmitten des Unheimischen. Heidegger spricht sodann vom Unheimlichen, das im Bezirk des Unheimischen herrscht und den Menschen, der dort umherirrt, beunruhigt und ihn in den Zustand der Heimatlosigkeit drängt. Wie wird dann der Mensch der Zukunft aussehen? Heidegger sagt: »Vielleicht siedelt sich der Mensch in der Heimatlosigkeit an. Vielleicht verschwindet der Bezug zur Heimat, der Zug zur Heimat aus dem Dasein des modernen Menschen.« Aber dann fährt er fort: »Vielleicht bereitet sich aber auch inmitten des Andranges des Unheimischen ein neues Verhältnis zum Heimischen vor.« Worauf will er damit hinweisen? In unserer ständigen Flucht ins Neue, Neuere und Neueste liegt eine tiefe Langeweile verborgen, in welcher die Zeit bedrückend zäh dahinfließt; diese Langeweile treibt in den Abgründen unserer Existenz wie ein hin- und herziehender Nebel. In dieser Langeweile verbirgt sich ein Heimweh. Langeweile ist der Schleier des Heimwehs, welches ein Sehnen nach der Heimat, ein Zug zur Heimat ist. Inmitten der Heimatlosigkeit ereignet sich ein Zug zur Heimat. Die Tatsache, daß der Mensch ständig auf der Flucht in das Unheimische ist, weist auf die Anwesenheit eines bedrängenden Zugs zur Heimat, der nichts anderes ist als das Heimweh. Vielleicht ist die tiefe Langeweile der verborgene, uneingestandene Zug zur Heimat, der Zug, den wir beiseite schieben und dem wir dennoch nicht entgehen können. In der Bedrückung des verborgenen Heimwehs wird uns die Heimat so bedrängend gegenwärtig wie nirgends sonst. Deshalb sagt Heidegger weiter: »Also kommt in allem Unheimischen doch, wenngleich verhüllt, die gesuchte Heimat auf uns zu. Weil sie uns in solcher Gestalt immer wieder anrührt, müssen wir ihr

---

3 Vgl. Dietrich BONHOEFFER, *Widerstand und Ergebung.* Briefe und Aufzeichnungen aus der Haft, hg. v. Eberhard BETHGE, München 1970. Darin bes.: Brief an E. Bethge v. 16. 7. 1944, S. 391–394 (Anm. d. Übers.).

entgegenkommen. Aber wie? In der Weise, daß wir Jenes zu bewahren willens sind, aus dem wir *herkommen*.« Gerade inmitten jener Heimatlosigkeit, die als verborgen in der Zukunft uns gegenwärtig heimsucht, können wir einen Weg zum Ort unseres Ursprungs finden. Jener Ort, die Heimat, ist nichts anderes als das, »was uns im Kern unseres Daseins trägt«. Das Vorangehen in die Zukunft, um darauf zu treffen, ist in sich schon ein Rückwärtsschreiten auf es zu. So allein vermögen wir unsere Heimat inmitten der Heimatlosigkeit zu bewahren.

Auch der Buddhismus kannte von Anfang an diese Heimatlosigkeit. Darüber hinaus wählten Buddha und seine Schüler freiwillig das Leben der Heimatlosen. Um sich gänzlich von dieser Welt mit ihren Leiden, von der Vergänglichkeit aller Dinge und von Geburt und Tod ihres eigenen Seins zu befreien, entschlossen sie sich, alle Bande der Anhänglichkeit zu durchtrennen. Dies war eine ähnliche Umwendung wie jene zuvor genannte: die Umwendung, welche in der Rückkehr zum »Menschensohn« im einfachen und radikalen Sinne beruht. Buddha sagte: »Ihr, die Ihr da Ohren habt, hört: gebt Euern eigenen Glauben (saddhâ) auf.« Während die Lehrer der Upanischaden jeweils nur kleine Gruppen von Männern um sich versammelten, die einen bestimmten Glauben akzeptierten, durchbrach Buddha jene Beschränkung, stellte einen allgemeineren Standpunkt auf und predigte zu allen Menschen. Er drang vor in die Grundschicht der menschlichen Existenz, die vor jeder Art von »Heimat« liegt. Dort überstieg er dann jede Anhänglichkeit, wurde ein Vollendeter und in die große Stille, genannt Nirwana, entlassen. Er wurde *der* Erwachte; er wurde der »All-Wissende«, der »All-Überwinder« und »der, der sich selbst kennt«.

Dieses Erwachen, dieses Erreichen der Stille inmitten der Vergänglichkeit kann einen Weg bedeuten, die Heimat unmittelbar inmitten der Heimatlosigkeit zu entdecken, wie es auch von Heidegger herausgestellt wird. Freilich bedeutet dies keine Flucht aus dieser Welt in irgendeine andere Welt. Gewiß, das Übersteigen dieser Welt wurde mit der Flucht aus einem brennenden Haus verglichen, aber die wahre Bedeutung, die darin liegt, ist, wirklich erweckt zu werden, ein Erwachter zu werden oder zum wahren Selbst zu erwachen. Nirwana bedeutet, in dieser Welt als *ein* Erwachter (als *der* Erwachte) zu leben, das heißt, im eigentlichen Sinne zu »leben«. Jenseits dieses »Lebens« könnte die »andere Welt« nur eine Phantasiewelt sein, ersonnen von einem Menschen, der dieser Welt verhaftet bleibt; unsere »Heimat« kann sie nicht sein.

Es bedarf keiner Erwähnung mehr, daß der oben herausgestellte Weg des Erwachens zum Buddha später im Mahayana-Buddhismus übernommen und weiterentwickelt wurde. Es dürfte hier genügen, den berühmten Satz aus den Aussprüchen von Rinzai ins Gedächtnis zu rufen: »auf dem Weg seiend sein Haus nicht verlassen« und »sein Haus verlassend nicht auf dem Weg sein«. Im Buddhismus des Reinen Landes wurde das Reine Land gewöhnlich als »die Heimat« bezeichnet. Auch dort steht der Begriff »Heimat« wesenhaft mit dem Erwachen des Amida-Buddha in

Zusammenhang, obgleich er im andächtigen Sehnen der Bekehrten den Charakter einer anderen Welt angenommen hat

Der Anspruch, unter dem Buddhisten heute stehen, hat zwei Seiten. Einerseits muß ein Buddhist danach trachten, inmitten der unheimlichen Heimatlosigkeit des gegenwärtigen technischen Zeitalters, inmitten der weitverbreiteten Situation der Selbstentfremdung des Menschen den Weg zu seiner Heimat zurückzufinden, oder, wie es Heidegger ausgedrückt hat, zu demjenigen, was den Menschen im Kern seines Daseins trägt. Andererseits muß er versuchen, innerhalb und im Durchgang durch eben jene Situation der Entfremdung seinen eigenen authentischen Weg des Erwachens wiederzugewinnen und so den Buddhismus für das gegenwärtige Zeitalter neu zu beleben. Diese Bemühung beinhaltet zugleich das Bemühen, alle Dogmen und jede Dogmatik abzuwerfen, denn die oben genannte Situation der Entfremdung wirkt als reinigendes Feuer für den Buddhismus so gut wie für andere Religionen. Da der buddhistische Weg des »Erwachens« als solcher die Rückkehr zur und das Zur-Ruhe-kommen in der Heimat bedeutet, ist klar, daß diese beiden Seiten in ein und derselben Aufgabe zusammengehören.

Auch das Christentum ist heute sicherlich mit derselben Aufgabe belastet, einer umherirrenden Menschheit den Weg in die Heimat zu weisen. Der zum Irrgänger gewordene Mensch ist – so kann man wohl sagen – sich selbst gegenüber wesenhaft schuldig geworden, und die Befreiung von dieser Schuld ist nun die gemeinsame Aufgabe aller mächtigen Religionen. Diese Aufgabe ist die Verpflichtung, die den Religionen heute um der Menschheit willen aufgebürdet ist.

Wir haben bisher versucht, im Blick auf Heideggers erste Ansprache den grundlegendsten Sachverhalt aufzunehmen, welcher sich mit dem Buddhismus zu berühren scheint; dies mag ein wenig zum gegenseitigen Verständnis von Ost und West beitragen

III

In seiner zweiten Ansprache, *Über Abraham a Santa Clara,* spricht Heidegger, anstatt sein eigenes Denken zum Ausdruck zu bringen, über einen Prediger des 17. Jahrhunderts, der gleichfalls ein Schüler der Meßkircher Schule gewesen ist. Die drastischen Reden, die von diesem kraftvollen katholischen Prediger dort zitiert werden, enthalten Worte, die Buddhisten tief beeindrucken dürften. So etwa, wenn er vom Massensterben während der Pest in Wien handelt: »Ich habe gesehen, daß der Tod ein Mäher, der mit seiner Sense(n) nicht allein abschneidet den niedrigen Klee, sondern auch das hochwachsende Gras, ich habe gesehen, daß der Tod ein Gärtner, der nicht allein die auf der Erde kriechenden Veigelein abbrockt, sondern auch die hinaufsteigenden Rittersporen; ...ich habe gesehen, daß der Tod ein Donnerkeil, der nicht allein trifft die durchsichtigen Strohhütten, sondern auch die durchleuchtigsten

Häuser der Monarchen...« Wie er dann fortfährt, ist von besonderem Interesse: »Ich habe gesehen die Leiber, nicht die Leiber; ich will sagen, die Körper, nicht die Körper; ich will sagen die Beiner, nicht die Beiner; ich will sagen den Staub, nicht den Staub; ich will sagen das Nichts der gekrönten Kaiser und Monarchen.« Am interessantesten aber ist der darauf zitierte Satz: »Der Mensch – dieses fünf Fuß lange Nichts.«

Heidegger kommentiert diese zugleich eindringliche und humorvolle Passage so: »Aber gerade dieser Widerspruch zwischen dem Nichts und der Länge von fünf Fuß sagt die Wahrheit: Irdische Größe und das Nichtige ihrer Bedeutung gehören zusammen.« Für solche aber, die mit Zen vertraut sind, dürfte dieser Satz nahezu wie Zen klingen. Aber Zen würde dann weitergehen und die von den meisten Christen – eingeschlossen vielleicht sogar Abraham a Santa Clara selbst – vertretene Auslegung umkehren. Diese Umkehrung würde möglich werden, wenn das hier gemeinte Nichts durchbrochen und jenseits davon eine noch tiefere Dimension des Nichts eröffnet würde, nämlich die des buddhistischen Śûnyatâ[4], wie es in knapper Form in der Grundthese des Mahayana-Buddhismus dargelegt ist: »Gestalt ist nichts anderes als Leere; Leere ist nichts anderes als Gestalt.« (Statt »Gestalt« könnten wir auch sagen: »Dinge«.)

An dieser Stelle muß sich notwendig eine Umkehrung ereignen. Von dieser neuen Dimension aus nähert sich Zen demselben Satz: »Der Mensch – dieses fünf Fuß lange Nichts« aus der entgegengesetzten Richtung, so daß er nun in einem gänzlich neuen Licht aufgefaßt wird, wobei der Akzent anstelle auf das »Nichts« auf das »fünf Fuß lange« gelegt wird. Weiterhin würde es dann möglich werden, von der Länge von fünf Fuß zurückzukommen zu Staub, nicht Staub; ich will sagen Beiner, nicht Beiner; ich will sagen Leichname, nicht Leichname; ich will sagen lebendige Körper aus Fleisch und Blut. Das »fünf Fuß lange Nichts« ist als solches ein fünf Fuß langer lebendiger Körper.

Als Jôshû, der chinesische Zen-Meister des 9. Jahrhunderts, gefragt wurde: »Ist die Buddha-Natur in einem Hund?«, gab er zur Antwort: »Keine (Nichts).« Dies ist ein wohlbekanntes Kôan. Das Nichts in dieser Antwort meint natürlich nicht jenes Nichts, das lediglich als ein dem Sein Entgegengesetztes vorgestellt wird. Es liegt jenseits der Alternative von »sein« und »nicht sein«. Deshalb konnte Jôshû bei einer anderen Gelegenheit auf die gleiche Frage antworten: »Es ist (Sein).« Ob im Falle des »Keine« oder im Falle des »Sein« – wir dürfen nicht im Bereich der Alternativen verbleiben, wo beide Ausdrücke nur als Worte oder Begriffe aufgefaßt und in logische oder semantische Interpretationen hineingezogen sind. Wenn uns die Worte

---

4 Zum Begriff des *Śûnyatâ* vgl. auch Keiji NISHITANI, *Was ist Religion?* Dt. v. Dora FISCHER-BARNICOL, 2. Aufl. Frankfurt am Main 1986. Darin besonders die Kap. III und IV sowie Anm. 3 zu Kap. II (Anm. d. Übers.).

»Sein« oder »Nichts« aus dem Bereich jenseits der Dualität von jemandem, wie zum Beispiel Jôshû, der sich existenziell in diesem Bereich aufhält, vorgelegt werden, sollten wir dabei gleichzeitig unsere Augen auf denjenigen richten, der da spricht. Wir müssen unsere Aufmerksamkeit auf das Ganze der jeweils gegebenen Umstände richten oder vielmehr auf das »Zusammen« in diesem Ganzen: auf das Ganze, bestehend aus dem zufälligen Thema, beispielsweise »Hund«, den gesprochenen Worten, uns selbst, die wir gerade zuhören, und besonders dem Sprechenden selbst. Jôshû, der Sprecher bei dieser Gelegenheit, verkörpert, indem er jenseits von allen Alternativen steht, absolute Freiheit und ist in der Lage, dem Hund sein wesentliches »Sein« (nämlich die ihm innewohnende Buddha-Natur) zu- oder abzusprechen. Dieser Jôshû, der die absolute Freiheit verkörpert, existiert mit seinem fünf Fuß langen Leib Seite an Seite mit allen anderen leibhaften Dingen; er sitzt auf der Seite des fragenden Mönchs und vielleicht auch der des in Frage stehenden Hundes. Er schaut sie an, hört die Frage und spricht die Worte der Erwiderung. Er ist da, und dort, wo er ist, ist auch der Ort, woher seine Worte kommen, mit denen er »Sein« frei gewährt oder zurücknimmt; der Ort, woraus das Sein eines Hundes entspringt, sein zwei Fuß langes Nichts; der Ort, woraus die Buddha-Natur in allem Lebendigen hervorkommt und woher sogar alle Buddha entstammen – die oben genannte Heimat. Der selbe Mensches, Jôshû, dessen Körper dort auf einem Stuhl sitzt, ist zu gleicher Zeit nirgendwo; er ist das ausgezeichnete »Nirgendwo«, Śûnyatâ (Nichts) macht den Ort seines Seins aus, woher auch die Worte seiner Erwiderung kommen. In diesem Nirgendwo ist er absolut frei. Und in dieser absoluten Freiheit ist er überall. Er ist – bei der oben erwähnten Gelegenheit – dort, wo der Hund ist. Er ist gänzlich »mit« ihm zusammen, auch wenn er neben ihm sitzt.

All dies zusammen bringt die Seinsweise des satori zum Ausdruck.

Wir zitierten zuvor Heideggers Erläuterung zu dem Satz »Der Mensch – dieses fünf Fuß lange Nichts«. Er erklärt, daß in der eigentlichen Zusammengehörigkeit der sich widersprechenden Momente, dem Nichts und der Länge von fünf Fuß, sich die Wahrheit bekundet: die Wahrheit, daß irdische Größe und das Nichtige ihrer Bedeutung zusammengehören. Wir können – zumindest von dieser Ansprache allein her – nicht alle Implikationen klar erkennen, die er hier bei den Worten »Wahrheit« und »zusammen« im Blick hat. Möglicherweise hat auch er den Satz im Sinne der gewöhnlichen Interpretation ausgelegt: nämlich so, daß sein Inhalt auf die Bedeutungslosigkeit der irdischen Dinge, die vanitas vanitatis abzielt. Jedoch sagt Heidegger an einer anderen Stelle dieser Ansprache: »In der zweiten Hälfte des 17. Jahrhunderts erwachte ein neuer Geist der schöpferischen Weltbejahung und Weltgestaltung – der Geist des Barock.« Es wäre daher gut möglich, diesen neuen Geist hinter dem oben zitierten Satz zu ahnen. Wir könnten dann sogar dem Zusammensein jener widersprechenden Momente eine gewisse positive Bedeutung beimessen. Heideggers Rede von der »Wahrheit« ihrer Zusammengehörigkeit könnte als ein Wink nicht nur auf eine negative, sondern viel eher auf eine positive Wahrheit gedeutet werden. Wie immer es sich auch damit verhalten mag, Zen jedenfalls kann den Satz als Ausdruck einer positiven Wahrheit über die wesenhafte Seinsweise des Menschen auffassen.

Der Geist der Weltbejahung, die positive Haltung des Menschen zur Welt, scheint in einem anderen zitierten Wort Abraham a Santa Claras vollends deutlich zu werden: »Wer stirbt, ehe er stirbt, der stirbt nicht, wenn er stirbt.« Heidegger bemerkt zu diesem Satz, daß er einen entscheidenden Gedanken hinstellt. Käme dieser Satz aus dem Mund eines Zen-Buddhisten, würde er keineswegs befremdlich klingen. Tatsächlich wurde derselbe Gedanke in fast wörtlich der gleichen Ausdrucksweise von – wie wir glauben – zahlreichen Zen-Lehrern ausgesprochen. Es gibt zum Beispiel ein sehr bekanntes japanisches waka[5] von Shidô Bunan, einem Zen-Meister des 17. Jahrhunderts: »Während du noch lebst, werde zum Toten; werde gänzlich tot; dann tu, wonach dir zumute ist; alle deine Taten sind dann gut.« Der erste Teil des Gedichts: »Während du noch lebst, werde zum Toten« ist eine Aufforderung zum Großen Tod, wie er im Zen genannt wird. Der zweite Teil zeigt die Weise an, wie der Mensch im satori ist: ein Leben in Arbeit, absolut frei. Das Gedicht bringt zum Ausdruck, daß der Weg zu satori durch den Großen Tod führt.

In dem oben erwähnten Ausspruch des christlichen Predigers atmet, wie mir scheint, durch den Tod hindurch der Geist einer schöpferischen Weltbejahung so lebendig wie im Gedicht des Zen-Lehrers. Vielleicht war es in diesem Sinne gemeint, wenn Heidegger in jenem Ausspruch einen entscheidenden Gedanken fand. Ganz gewiß war es der Grund, daß wir in unserer Interpretation wagten, dem Satz: »Der Mensch – dieses fünf Fuß lange Nichts« eine positive Bedeutung zuzuschreiben.

IV

Abschließend macht Heidegger einige Bemerkungen zum folgenden, zutiefst dichterischen Wort des Predigers: »Kommt her ihr silberweißen Schwanen, die ihr mit euren Flügeln, dem Schnee zum Trutz, auf dem Wasser herumrudert.« Er sagt: »Jedermann weiß: der Schnee löst sich im Wasser auf und schwindet weg. Die Schwäne dagegen bewahren gerade mit ihrem Gefieder ein reines Weiß. Sie tragen so den Schnee gleichsam über die Wasser hin. Schwimmend lassen sie ihn darin nicht versinken. Die Bewegung der weißen Schwäne über den Wassern ist das Bild für das Unvergängliche im Vergänglichsten.« Dies erinnert uns an einige ähnliche dichterische Bilder, wie sie im Zen geläufig sind, etwa: »Ein weißes Pferd kommt ins blühende Schilfrohr« oder: »Schnee, tausend Berge bedeckt er; warum ist nur ein einsamer Gipfel nicht weiß?« Auf den ersten Blick können wir ein weißes Pferd, das

---

[5] *waka*: traditionelle japanische Gedichtform; aufgebaut aus 31 Silben in der Zeilenanordnung 5-7-5-7-7 (Anm. d. Übers.).

durch die weiten, mit weißen Schilfrohrblüten bedeckten Sümpfe watet, kaum unterscheiden; da ist nur Eine Farbe. Es ist schwer zu finden. Aber nach einiger Zeit, wenn sich unsere Augen an das Bild gewöhnt haben, wird die Gestalt des Pferdes allmählich unterscheidbar und hebt sich deutlich aus der Einen Farbe ab; wie jenes »Silberweiß« der Schwäne, die dem Schnee und seinem Weiß Trutz bieten. Aus dem Grund der Einen Farbe kommt etwas zum Vorschein, gleichfarbig und dennoch unterscheidbar von allen anderen Dingen; etwas, das sich als einziges unterscheidet inmitten der Gleichförmigkeit von Allem. Das oben erwähnte Bild des »einsamen Gipfels«, der nicht weiß ist inmitten der tausend schneebedeckten Berge, ist daher ein Hinweis auf dieselbe Seinsweise wie im Bild des weißen Pferdes, jetzt allerdings von der entgegengesetzten Seite aus gesehen.

Beide Seiten – einerseits die Eine weiße Farbe und andererseits das Silberweiß des Schwans oder die Gestalt des weißen Pferdes, die sich deutlich innerhalb der Schilfblüten abhebt – oder in philosophischen Kategorien ausgedrückt: die Seite des Einen und der Andersheit, und in gleicher Weise die Seite der Gleichheit, Identität, Allgemeinheit und jene der Unterschiedenheit, Differenz, Besonderheit sind gleich wesentlich. Obgleich die letztere Seite der ersteren »trozt« und in Gegensatz zu ihr steht, insofern die Andersheit die Negation des Einen, die Unterschiedenheit die Negation der Gleichheit ist, muß sie dennoch in der vorigen den Grund haben, der sie trägt; wie ein Relief kann sie nur bestehen, wenn sie sich deutlich auf ihrem eigenen Grund abhebt. Ebenso muß die letztere Seite die erstere »bewahren«, indem sie sie in eine höhere Ebene aufhebt, so wie Schwäne mit ihren schneebedeckten[6] Flügeln »ein reines Weiß« bewahren. Das Weiß des Schnees erscheint auf den Schwanenflügeln als schimmerndes Silberweiß. Das Weiß des Schnees erscheint hier in einer größeren Wahrheit seiner selbst, als es unmittelbar an ihm selbst vorfindlich ist. Es erscheint in seiner eigenen höchsten Realität, das heißt als ein »reines« Weiß. Dieses Silberweiß gehört jedoch nicht nur zum Schnee als die gesteigerte Wahrheit seiner Farbe; es ist auch die Farbe der Schwäne und gehört ebenso zu ihnen. Sie sind es, die durch ihr Schwimmen den Schnee gerade bewahren und ihn nicht in den Wassern versinken lassen. »Die Bewegung der weißen Schwäne über den Wassern ist das Bild für das Unvergängliche im Vergänglichsten.« Ist es nicht auch ein Ausdruck des Geistes der Weltbejahung? Ist es nicht zulässig, diese Bewegung der weißen

---

[6] Zur Erläuterung dieses Ausdrucks, der uns in seiner Konkretheit weder durch den Spruch Abraham a Santa Claras noch durch Heideggers Deutung unmittelbar nahegelegt zu sein schien, sei hier ein Zusatz angeführt, der in der japanischen Fassung (siehe Anm. S. 147) an dieser Stelle eingefügt ist: »...so wie man sagt, daß die Schwäne mit ihren Flügeln, ›auf denen sie den Schnee gleichsam über die Wasser hin tragen‹, das ›reine Weiß‹ bewahren. Allerdings wäre es hier wohl treffender, sich Flügel zu denken, auf denen wirklich Schnee liegt. Und zwar deswegen, weil der Schnee, der vergeht, und die Flügel, die nicht vergehen, im ›Weiß‹ zusammengehören« (S. 305; aus dem Jap. v. E. Weinmayr; Anm. d. Übers.).

Schwäne als Bild eines Menschen anzusehen, der »stirbt, ehe er stirbt« und »nicht stirbt, wenn er stirbt?« Wenn dem so wäre, könnten wir auch hier eine dem Zen zutiefst verwandte Haltung sehen. Aber obgleich es vorschnell wäre, hier mit »Ja« zu antworten, bewegen sich die Worte von Abraham a Santa Clara und Heideggers Erläuterung dazu sicherlich, ohne daß sie eigens darum wissen, in der Nachbarschaft von Zen, und enthalten vielfältige Berührungspunkte.

Die zweite Rede ist in besonderer Weise geeignet, die echte Begegnung zwischen Christentum und Zen-Buddhismus zu fördern, die erste hingegen enthält einen wertvollen Wink hinsichtlich der grundlegenden Ebene, auf der die Begegnung von östlichem und westlichem Denken ganz allgemein stattfinden sollte.

Natürlich wäre es absurd zu meinen, daß Ansatzpunkte für eine Begegnung nur bei einem einzelnen Denker gefunden werden könnten. Jeder, der ein wenig vertraut ist mit dem Mahayana-Buddhismus und seinen religiös-philosophischen Gedanken, wie sie in den verschiedenen spekulativen und gläubigen Richtungen entwickelt wurden, wird mit Sicherheit bei fast allen großen westlichen Denkern und religiösen Lehrern überraschend viele Berührungspunkte finden – so viele, daß es eher irreführend wäre, hier irgendeinen bestimmten Namen zu erwähnen. Aber nichtsdestoweniger sind wir der Meinung, daß Heideggers Denken angesichts des bevorstehenden Problems der Begegnung von Ost und West zweifellos unter diejenigen Ansätze gehört, die für diese Begegnung am hilfreichsten sind. Sogar die beiden hier vorgelegten kurzen Reden dürften unserer Ansicht nach genügen, uns davon zu überzeugen.

(Aus dem Englischen von Klaus Opilik und Evelyn Lachner)

KÔICHI TSUJIMURA

Martin Heideggers Denken und die japanische Philosophie*
Festrede zum 26. September 1969

Hochverehrter Herr Professor Heidegger!
Hochverehrte Frau Professor Heidegger!
Sehr verehrter Herr Bürgermeister Schühle!
Meine Damen und Herren!

Es ist eine große Ehre nicht nur für mich allein, sondern auch für die japanische Philosophie, daß ich hier, bei der Feier zum 80. Geburtstag unseres großen Denkers, eine Festrede halten darf. Dafür bedanke ich mich sehr herzlich bei den Herren, die diese Feier veranstalten.

Der Grund dafür, daß der ehrenvolle Auftrag an mich, einen unbekannten Japaner, ergangen ist, liegt vermutlich darin, daß ich, ein japanischer Schüler von Heidegger, wenn ich so sagen darf, aus der *Ferne* komme. Hinter diesem Kommen aus der Ferne liegt aber ein recht langer Weg, auf dem bislang viele Japaner versucht haben, ja heute immer mehr versuchen, in die Nähe des Ortes zu kommen, an dem das Denken unseres Meisters sich aufhält. Lassen Sie mich daher bitte eine kurze Weile an einige bedeutende Vorgänger auf diesem Weg erinnern.

Es war 1921, als ein Japaner zum erstenmal bei unserem Denker in seiner Freiburger Dozentenzeit studierte. Sein Name ist T. Yamanouchi, der spätere Begründer des Seminars für griechische Philosophie an der Universität Kyôto. Ein Jahr später, 1922, kam mein Lehrer H. Tanabe nach Freiburg. Er war, soweit ich sehe, der erste Entdecker der Gewichtigkeit des Heideggerschen Denkens – nicht nur in Japan, sondern vielleicht in der ganzen Welt. Aus seinem Aufsatz von 1924 *Neue Wendung der Phänomenologie – Heideggers Phänomenologie des Lebens* kann man schon eine erste Fassung von *Sein und Zeit* ersehen. Tanabe hat sein denkerisches Gespräch mit Heideggers Denken bis zu seinem Tode im Jahre 1962 fortgesetzt und ist der führende Denker in Japan geblieben. Er sagte mir einmal in seinen letzten Jahren: »Heidegger ist meines Erachtens der *einzige* Denker seit Hegel.« Dann kam

---

* Die Festrede zum 80. Geburtstag Martin Heideggers wurde auf Einladung der Stadt Meßkirch am Abend des 26. 9. 1969 im Martinssaal zu Meßkirch gehalten. Erstdruck in: *Martin Heidegger – Ansprachen zum 80. Geburtstag am 26. September 1969 in Meßkirch*, hg. von der Stadt Meßkirch, Meßkirch o. J. (= 1970), S. 9–19. Für die folgende Wiederveröffentlichung durchgesehen.

Baron Sh. Kuki zu Heidegger nach Marburg. Ihm verdanken wir Japaner die erste zuverlässige Erläuterung zu *Sein und Zeit*. Er starb leider zu früh – 1941. In der unruhigen Zeit der dreißiger Jahre besuchte mein Lehrer und mein Vorgänger auf dem Lehrstuhl an der Universität Kyôto, K. Nishitani, Heideggers Vorlesungen über Nietzsche in Freiburg. Durch Nishitanis tiefschürfende Interpretation sind Heideggers spätere Gedanken, zum Beispiel diejenigen in seinem Aufsatz über den *Ursprung des Kunstwerks,* uns zugänglich geworden. Er gehört heute, soweit ich sehe, zu denjenigen, die das Denken Heideggers am tiefsten verstehen. So gibt es also bei uns in Japan, insbesondere an der Universität Kyôto, eine fast schon ein halbes Jahrhundert währende Aneignung und Überlieferung des Heideggerschen Denkens. Und so habe ich hier auch im Namen meiner ebengenannten Lehrer und Vorgänger Herrn Professor Heidegger unsere herzliche Verehrung und Dankbarkeit zu bezeugen.

Der angedeutete recht lange Weg weist darauf hin, daß das Denken Heideggers für uns in einem besonders wichtigen Verhältnis zur japanischen Philosophie steht. Daher der Titel der Festrede, die von unserer Seite her eine Dankrede sein möchte: *Martin Heideggers Denken und die japanische Philosophie«*.

Um dieses Verhältnis ein wenig aufzuzeigen, müssen wir zuerst von einer Wesensbestimmung und Wesensnot der japanischen Philosophie ausgehen. Wenn man die japanische Philosophie im Sinne der Philosophie *in* Japan nimmt, so gibt es auch dort fast alle Richtungen der gegenwärtigen Philosophie. Sie sind fast alle aus Europa und Amerika bei uns eingeführt worden, sind also für uns kein gewachsenes Denken. Wenn wir aber unter japanischer Philosophie diejenige denkende Bemühung verstehen dürfen, die nicht dem Ort der abendländisch-europäischen Philosophie entstammt, sondern dem Quellgrund unserer eigenen geistigen Überlieferung entspringt, dann ist diese Philosophie etwas sehr Seltenes. Im folgenden möchte ich die japanische Philosophie im letztgenannten Sinne verstehen – und diese Philosophie steht in einer wesentlichen Not.

Wir Japaner sind von alters her Naturmenschen in einem bestimmten Sinn. Das heißt: wir haben in uns keinen Willen, die Natur zu beherrschen, sondern wir möchten möglichst in einer naturgemäßen Weise leben und sterben. Ein einfacher Japaner sagte auf seinem Sterbebett zu den Seinigen: »Ich bin jetzt beim Sterben; das ist so wie im Herbst die Blätter fallen.« Und ein zen-buddhistischer Meister, der gleichsam der Großvater meiner eigenen Zen-Übung war, verweigerte beim Sterben eine Injektion und sagte: »Wozu dient solche Erzwingung und ein dadurch verlängertes Leben?« Statt die Medizin zu nehmen, trank er einen Schluck von seinem Lieblingsreiswein und starb gelassen. Hier ist schon, recht gesehen, ein schroffer Gegensatz zwischen altjapanischer geistiger Tradition und einem von europäischer geistiger Tradition und einem von europäischer Wissenschaft und Technik bestimmten Leben zu spüren. Kurz, wie Natur zu leben und zu sterben, das war gleichsam ein Ideal der altjapanischen Lebensweisheit.

Dies bedeutet nun natürlich nicht, daß wir Japaner keinen Willen hätten, aber es sagt, daß dem Willen zu Grunde die Natur waltet. Der Wille wird im ersten und letzten Grunde aus der Natur geboren, er wird in die Natur verschwinden, welche Natur sich freilich jeder wissenschaftlichen Vergegenständlichung entzieht und doch überall gegenwärtig bleibt. Natur, japanisch »shizen« oder »zinen«, bedeutet: So sein wie es von sich selbst her ist – kurz: Selbstsein und Wahrsein. Deshalb war »Natur« in der alten japanischen Sprache fast gleichbedeutend mit »Freiheit« und »Wahrheit«. Diese Naturansicht ist durch die buddhistische »Einsicht der Vergänglichkeit und Leerheit« aller Dinge vertieft worden.

Um die Wesensnot der japanischen Philosophie im genannten Sinne ans Licht zu bringen, wenden wir den Blick kurz auf die andere Seite. Seit der Europäisierung Japans, die vor etwa 100 Jahren begann, haben wir mit aller Kraft die europäische Kultur und Zivilisation in fast alle Sphären unseres Lebens eingeführt. Die Europäisierung ist für uns eine geschichtliche Notwendigkeit gewesen, damit wir Japaner unsere Selbständigkeit in der heutigen Welt, das heißt in dem vom Willen bestimmten Machtbereich erhalten können. Darin liegt aber zugleich die Gefahr, daß wir unser angedeutetes eigenes Wesen verlieren können. Um dem zu entgehen, geschah die Europäisierung Japans im großen und ganzen ohne inneren Zusammenhang mit unserer eigenen geistigen Überlieferung. Seither haben wir im Innersten unseres Daseins einen tiefen Zwiespalt erleiden müssen, nämlich den Zwiespalt zwischen unserer eigenen, naturgemäßen Lebens- und Denkart und der von außen aufgenötigten, sehr willensbestimmten, westlichen Lebens- und Denkweise. Dieser Zwiespalt bleibt zunächst durch eine damals entstandene Losung optimistisch verdeckt und doch zugleich sichtbar, nämlich durch die Losung: »Japanischer Geist mit europäischer Fähigkeit«. Mit dieser Fähigkeit ist vor allem die neuzeitliche Wissenschaft und Technik gemeint. Der Zwiespalt besteht heute noch in unserem alltäglichen Leben. Wir »europäisierten Japaner« müssen mehr oder weniger ein Doppelleben führen.

Diesen Zwiespalt auf irgendeine Weise zu einer ursprünglichen Einheit zu bringen, das sollte meines Erachtens die eigentliche Aufgabe einer japanischen Philosophie sein. Jedoch ist ihr das, von wenigen Versuchen abgesehen, noch nicht gelungen. Die japanische Philosophie ist vielmehr selbst im großen und ganzen in der gleichen, unvermittelten Zwiespältigkeit das »japanischen Geistes mit europäischer Fähigkeit« geblieben, ja, sie ist es in einem noch gesteigerten Maße. Sehr viele und verschiedene Richtungen der europäischen Philosophie, die wir seit der zweiten Hälfte des vergangenen Jahrhunderts in unser Land zu verpflanzen versucht haben, konnten in unserem Boden keine Wurzeln schlagen, sondern blieben fast alle von uns bloß nachgeahmt wie eine Mode oder wurden höchstens auf ein beschränktes Gebiet unseres gesellschaftlichen Lebens angewandt wie Wissenschaft und Technik. So ist schon der Name »japanische Philosophie« ein Zeichen für ihre anfängliche Wesensnot. Diese Not kommt einerseits daher, daß wir die europäische Philosophie ohne wesentliche Auseinandersetzung mit dem oben genannten Quellgrund unserer eigenen geistigen Überlieferung bei uns aufgenommen haben, und andererseits daher, daß die meisten philosophischen Richtungen uns nicht bis in eben diesen Quellgrund unseres geistigen Lebens zu berühren und zu erschüttern vermochten.

Allein, mit dem Denken Heideggers verhält es sich da ganz anders. Das, was durch sein Denken fragwürdig wird, ist das, was wir je schon sind und was so von uns schon irgendwie in einer ungegenständlichen Weise verstanden ist und deshalb in der Wissenschaft und Philosophie ständig übersprungen bleibt. Mir scheint, daß die Sache des Denkens Heideggers immer diesen Charakter bewahrt. Deshalb entzieht sich die Sache seines Denkens in ihrer Wahrheit, sobald wir sie bloß vorstellen, erfassen und wissen wollen. Und deshalb bleibt sein Denken grundsätzlich unnachahmbar. Die höchste Sache seines Denkens, die vielleicht mit dem alten griechischen Wort *Alētheia* (Un-Verborgenheit) anzudeuten ist, könnte in Rücksicht auf die abendländische Philosophie und das heißt hier Metaphysik als ein der Metaphysik selbst verborgener Boden erfahren werden. So müßte die Sache selbst vom Denker eine Verwandlung des Denkens verlangt haben – nämlich die Verwandlung des philosophischen Denkens in »ein anderes Denken«. Erst durch dieses andere Denken, das heißt durch »den Schritt zurück aus der Philosophie«, ist das »Eigene« des philosophischen Denkens und das heißt hier des Wesens der abendländischen Welt und ihrer Menschen »eigens« erblickt worden. Das ist ein unerhörtes Ereignis. In diesem Sinne sehen wir Japaner in Heideggers Denken ein Sich-Erblicken des »Eigenen« des abendländischen Menschentums und seiner Welt.

Angesichts dieses Denkens mußten auch wir Japaner unumgänglich auf den vergessenen Boden unserer eigenen geistigen Überlieferung zurückgeworfen werden. Wenn ich hier etwas Persönliches anführen darf, so habe ich gleich nach der ersten Begegnung mit *Sein und Zeit,* noch in meiner Gymnasialzeit, gespürt, daß zumindest für uns Japaner der einzig mögliche Zugang zu einem wirklichen Verständnis dieses Denkwerkes in unserer Tradition des Zen-Buddhismus verborgen sei. Denn der Zen-Buddhismus ist nichts anderes als ein Durchblicken in das, was wir selbst sind. Für dieses Durchblicken müssen wir zuerst von allem Vorstellen, Herstellen, Nachstellen, Verstellen, Handeln, Machen und Wollen, kurz von allem Bewußtsein und dessen Tätigkeit ablassen und auf solchem Weg in deren Quellgrund zurückkehren. So sagt auch einer der größten japanischen Zen-Meister, Dôgen: »Du sollst zuerst den Schritt zurück... lernen« (Dôgen, *Fukanzazengi*).

Allein, was hat überhaupt das Denken Heideggers mit dem ostasiatischen Zen-Buddhismus zu tun? Von der Seite dieses Denkens her gesehen vielleicht nichts, da es ein ganz unabhängiges Denken ist. Aber von unserer Seite her haben wir sehr viel mit jenem Denken zu tun. Jetzt müssen wir uns darauf beschränken, nur ein Weniges von dem merkwürdigen Verhältnis zwischen Heideggers Denken und unserem Zen-Buddhismus zu erwähnen; dies soll am Beispiel des »blühenden

Baumes« geschehen, von dem Heidegger einmal spricht (vgl. *Was heißt Denken?* S. 16 ff.).

Der Baum dort blüht. Von diesem Einfachen spricht Heidegger wie folgt: »Wir stehen vor einem blühenden Baum – und der Baum steht vor uns.« Dies kann jedermann sagen. Diesen Sachverhalt umschreibt Heidegger dann so: »Wir stellen uns einem Baum gegenüber, vor ihn, und der Baum stellt sich uns vor.« Hier erscheint schon das Seltsame seines Denkens. Gewöhnlich sagt man im Deutschen wohl: Wir stellen uns (Dativ) einen Baum vor. Statt dessen sagt Heidegger: Wir stellen uns (Akkusativ) einem Baum gegenüber, vor ihn.« Was geschieht in diesem Umschreiben? Vielleicht nichts Anderes als das Verschwinden des »Wir« als vorstellenden Subjekts und zugleich des »Baumes« als vorgestellten Objekts.

Seit Descartes heißt Denken immer: *Ich* denke, das heißt *ich* stelle *mir* vor. Dieses, daß ich *denke*, versteht Descartes aus dem: *Ich* denke. Cogito heißt: cogito *me* cogitare. Von daher kommt noch die Philosophie des transzendentalen Idealismus und gilt der Schopenhauersche Satz: Die Welt ist meine Vorstellung. Dagegen umschreibt Heidegger den Sachverhalt wie oben gesagt. Den Sachverhalt, daß wir vor einem blühenden Baum stehen und der Baum vor uns steht, denkt oder sieht unser Denker nicht mehr aus dem »*Ich* denke«, sondern aus dem »Da«, wo der Baum steht, das ist der Boden, »auf dem wir leben und sterben«. In der genannten Umschreibung sind wir »gesprungen, heraus aus dem geläufigen Bezirk der Wissenschaften und sogar... der Philosophie«. Angesichts des Einfachen, daß der Baum dort blüht, müssen wir, als vorstellendes Subjekt, und muß der Baum, als vorgestellter Gegenstand, in ein anderes »Vorstellen« verschwinden. Sonst vermöchten wir es gar nicht, den dort blühenden Baum in Wahrheit zu schauen. Diesen Sachverhalt kennzeichnet der Zen-Buddhismus zum Beispiel so: »Der Esel sieht in den Brunnen und der Brunnen in den Esel. Der Vogel schaut die Blume an und die Blume schaut den Vogel an.«

Dieses andere »Vor-stellen«, worin der Baum sich vorstellt und der Mensch sich ins Gegenüber zum Baum stellt, könnten wir vielleicht als ein *gelassenes* Vorstellen bezeichnen, demgegenüber jenes »Ich stelle mir vor« gleichsam ein *willentliches* Vorstellen genannt werden kann. Von diesem zu jenem müssen wir springen. Von diesem Sprung spricht Heidegger wie folgt: Wir müssen erst »auf den Boden springen, auf dem wir leben und sterben«, das heißt, »auf dem wir eigentlich stehen«. Erst durch diesen seltsamen Sprung wird ein Bereich geöffnet, in dem »der Baum und wir *sind*«. In diesem Bereich, genannt »Gegnet«, stellt der Baum sich uns vor als der, der er ist, und stellen wir uns so, wie wir sind, dem blühenden Baum gegenüber. Jedoch ist dieser Bereich derjenige, in dem schon von Anfang an wir wohnen und der Baum blühend dasteht.

Ein etwas entsprechendes Beispiel aus dem Zen-Buddhismus möchte ich jetzt anführen. Es ist ein sehr berühmtes Kôan, das ist eine Zen-Frage. Einmal fragte ein

Mönch den Meister Dschao-dschou: »Welchen Sinnes ist der Erste Patriarch Bodhi Dharma nach China gekommen?« Darauf antwortet Dschao-dschou: »Zypresse im Garten«. Der Mönch fragte weiter: »Meister – bitte zeige nicht mit Hilfe eines Gegenstandes!« Dschao-dschou sagte: »Ich zeige nicht mit Hilfe eines Gegenstandes.« Dann fragte der Mönch erneut: »Welchen Sinnes ist der Erste Patriarch Bodhi Dharma nach China gekommen?« Dschao-dschou antwortete: »Zypresse im Garten.«

Es versteht sich von selbst, daß der Erste Patriarch von Indien nach China gekommen ist, um die buddhistische Wahrheit zu übermitteln. Deshalb meint die Frage des Mönches: »Was ist die erste und letzte Wahrheit des Zen-Buddhismus?« Dschao-dschous Antwort lautet ganz einfach: »Zypresse im Garten.« Diese Antwort leuchtet wie ein Blitzschlag, der die Frage samt fragendem Mönch mit einem Schlag zu Boden geschlagen hat und zugleich die gefragte Wahrheit ganz unverhüllt aufblitzen läßt. Mit solchem Antworten sollte der Mönch jäh auf den Boden springen, auf dem er und die Zypresse schon sind. Aber der Blitz schlug bei dem fragenden Mönch nicht ein. Er beachtete nicht Dschao-dschous Antworten selbst, sondern das damit Gemeinte, das heißt die »Zypresse im Garten« als vorgestellten Gegenstand. Daher mußte er bitten: »Zeige nicht (die Wahrheit) mit Hilfe eines Gegenstandes.« Da der Meister Dschao-dschou sie von Anfang an nicht mit Hilfe eines Gegenstandes gezeigt hat, lautet seine Antwort auf die erneut gestellte Frage genau wie vorher. Doch kommt der Mönch nicht zum Sprung, das heißt zum Erwachen. Er bleibt noch an das vergegenständlichende Vorstellen, Sehen und Denken gekettet.

Wenn ich ergänzend noch etwas sagen darf, so hätte Herr Dschao-dschou nicht gerade diese Antwort zu geben brauchen: »Zypresse im Garten.« Wo der Baum ist, als der er ist, und wir sind, so wie wir sind, da west überall die buddhistische Wahrheit, die eben deswegen nicht mehr eigens als *buddhistische* Wahrheit bezeichnet zu werden braucht. Der Erste Patriarch hätte gar nicht über das gefährliche Meer nach China zu kommen brauchen. *Trotzdem* mußte er kommen. Trotzdem mußte Herr Dschao-dschou eigens sagen: »Zypresse im Garten.« Trotzdem muß Herr Heidegger denken, fragen und eigens sagen zum Beispiel: »Wir müssen erst auf den Boden springen, auf dem wir leben und sterben.« Warum ist dieses »trotzdem« nötig? Weil wir erst auf den Boden springen müssen, auf dem wir leben und sterben. Weil wir in der Vergessenheit des Bodens, auf den wir treten, stets hin- und herirren. Sogar Dschao-dschous Antwort »Zypresse im Garten« kann uns beirren. Wir müssen solche Antwort überflüssig machen.

Kurz, zwischen dem von Heidegger genannten »seltsamen Sprung« und unserem »Wir brauchen gar nicht und trotzdem...« gibt es ein tief verborgenes Verhältnis – wie mir scheint. Heidegger fragt: »Was ereignet sich hier, daß der Baum sich uns vorstellt und wir uns dem Baum gegenüberstellen?« Mit ihm ließe sich vielleicht antworten: »Die Gegend (oder vielmehr die Gegnet) versammelt, gleich als ob sich nichts ereigne, jegliches zu jeglichem und alles zueinander in das Verweilen beim Beruhen in sich selbst« (*Gelassenheit*, S. 41 f.). Diese »Gegnet« ist, von unserer Seite her gesagt, der »Bereich des Buddha«, das heißt der Bereich der Wahrheit. Angenommen, daß der japanische Zen-Meister Dôgen die Frage Heideggers gehört hätte, so würde er vielleicht geantwortet haben: »Im Augenblick, da ein alter Pflaumenbaum aufblüht, ereignet sich in seinem Aufblühen die Welt« (Dôgen, *Shôbôgenzô*, Kapitel *Baika*).

Am Ende seines Beispiels vom blühenden Baum hat Heidegger gewarnt und gefordert: »Es gilt allem zuvor und endlich den blühenden Baum nicht fallen, sondern ihn erst einmal dort stehen zu lassen, wo er steht« (*Was heißt Denken?*, S. 18). Obwohl in einem anderen Zusammenhang, aber im Grunde in ein und demselben Sinne, sind wir auch im Zen, anläßlich jenes Kôans »Zypresse im Garten« gewarnt: »Fälle nicht, brich nicht um jenen wuchernden Baum. Denn in seinem kühlen Schatten ruhen die Menschen.«

Wir können jetzt, eingedenk des Gesagten, vielleicht folgendermaßen zusammenfassen: Heideggers Denken und der Zen-Buddhismus sind mindestens darin einig, das vorstellende Denken zu Boden zu schlagen. Der Bereich der Wahrheit, der dadurch geöffnet wird, zeigt in beiden eine noch nicht genügend geklärte, aber sehr innige Verwandtschaft. Doch, während der Zen-Buddhismus noch nicht dazu kommt, den Bereich der Wahrheit beziehungsweise der Un-wahrheit hinsichtlich seiner Wesenszüge *denkend* zu klären, versucht das Denken Heideggers unablässig, die Wesenszüge der Alētheia (Un-Verborgenheit) ans Licht zu bringen. Dieser Unterschied läßt uns einen Mangel des Zen-Buddhismus – mindestens in seiner bisherigen traditionellen Gestalt – gewahr werden. Das, woran es dem traditionellen Zen-Buddhismus mangelt, ist ein epochales Denken und Fragen der Welt. Über diese Frage der Welt müssen wir Entscheidendes von Heideggers Denken lernen und uns aneignen – insbesondere von seinem unerhörten Gedanken des »Gestells« als des Wesens der Technik. Sonst müßte der Zen-Buddhismus selbst ein dürrer Baum werden. Sonst könnte kein Weg vom Zen zu einer möglichen japanischen Philosophie gebahnt werden.

Heute abend ist eine Feier. Unser alter großer Denker ist heimgekommen. Um seine Heimkunft zu feiern, möchte ich diese Fest- und Dankrede mit unserem alten Gedicht schließen:

»Kehren wir heim! Nach Süden, Norden, Osten und Westen. In der Tiefe der Nacht schauen wir zusammen den Schnee auf tausendschichtigen Felsen.«

Aus Martin Heideggers Dankansprache*

In diesen Tagen denke ich oft und gerade jetzt an die so schön geglückte Feier meines 70. Geburtstages zurück. Mir ist, als sei sie heute gewesen; und doch liegt ein Jahrzehnt dazwischen. In diesem kurzen Zeitraum wurde die ruhelose Welt von rasch sich folgenden Veränderungen betroffen. Die früher freilich schon zweifelnde Erwartung, das Heimatliche der Heimat könnte noch unmittelbar gerettet werden, diese Erwartung dürfen wir nicht mehr weiterhegen. Treffender spricht das Wort, das ich im Jahre 1946 einem französischen Freund schrieb: »Die Heimatlosigkeit ist das Weltschicksal.« [*Über den Humanismus*, Frankfurt a.M. ^{1}1949, S. 27] Der moderne Mensch ist dabei, sich in dieser Heimatlosigkeit einzurichten.

Aber diese Heimatlosigkeit verbirgt sich hinter einem Phänomen, das mein Freund Tsujimura schon andeutete und das ich kurz »Die Weltzivilisation« nenne, die vor einem Jahrhundert auch in Japan eingebrochen ist. Weltzivilisation, das heißt heute: Vorherrschaft der Naturwissenschaften, Vorherrschaft und Vorrang der Wirtschaft, der Politik, der Technik. Alles andere ist nicht einmal mehr Überbau, sondern nur noch ein ganz brüchiger Nebenbau.

In dieser Weltzivilisation stehen wir. Ihr gilt die Auseinandersetzung des Denkens. Diese Weltzivilisation hat inzwischen die ganze Erde erreicht. Deshalb ist unsere Not, Herr Tsujimura, die selbe wie die Ihrige. Sie haben den Meßkirchern und mir selbst einiges zugemutet mit dem Versuch, den Zen-Buddhismus durch wenige Beispiele »verständlich« zu machen. Ich kann hier darauf nicht eingehen, möchte indes eine Tatsache erwähnen, die Ihnen vielleicht auch bekannt ist.

Im Jahre 1929 hielt ich meine Antrittsvorlesung als Nachfolger meines Lehrers Husserl in Freiburg mit dem Titel: *Was ist Metaphysik?*. In dieser Vorlesung war vom »Nichts« die Rede; ich habe den Versuch gemacht, darauf hinzuweisen, daß das »Sein« im Unterschied zu allem »Seienden« kein »Seiendes« und in diesem Sinne ein »Nichts« ist. Die deutsche Philosophie und auch die des Auslandes kennzeichnete diesen Vortrag als »Nihilismus«. Im Jahr darauf, 1930, hat ein junger Japaner mit Namen Yuassa, der so alt war, wie vielleicht Ihr Sohn und von derselben Gestalt, diese Vorlesung, die er hörte – er stand im ersten Semester – ins Japanische übersetzt. Er hat verstanden, was diese Vorlesung zeigen wollte. Dies genüge als Antwort auf Ihren Vortrag. Ich danke Ihnen und bitte Sie, die japanischen Freunde und vor allem Ihren nächsten Lehrer, dessen Nachfolger Sie sind, Professor Nishitani zu grüßen und mit mir das Andenken an dessen Lehrer zu pflegen, an Professor Tanabe, der im Jahre 1922, als ich selber noch Anfänger war, nach Freiburg kam, wo ich versuchte, ihm die Grundzüge und Methoden des »phänomenologischen Denkens« nahezubringen. Er wurde der bedeutendste Denker Japans und ist als einsamer Mann im Gebirge gestorben, wahrscheinlich in der Weise, wie Sie es eben skizzierten.

* Aus: *Martin Heidegger – Ansprachen zum 80. Geburtstag am 26. September 1969 in Meßkirch*, hg. von der Stadt Meßkirch, Meßkirch o.J. (= 1970), S. 33–35.

III.

DAISETSU T. SUZUKI

Erinnerungen an einen Besuch bei Martin Heidegger*

9. Juli, Basel / Am Nachmittag des gestrigen 8. die Berge bei Todtmoos, das, so weit ich weiß, in der Mitte des Schwarzwaldes liegt, verlassen und Professor Heidegger in Freiburg besucht. Wir sprachen eine gute Stunde miteinander. Hauptthema unseres Gesprächs war das Denken in Bezug auf das Sein. / Als ich sagte, Sein sei dort, wo der Mensch, der dem Sein nachdenkt, sich seiner selbst gewahr werde, ohne dabei eine Trennung zwischen sich und dem Sein zu machen, fragte Professor Heidegger mich, wie dies sprachlich zum Ausdruck gebracht werde. Als ich auf diese Frage hin von Tokusan erzählte, stimmte mir der Professor ohne irgendeinen Kommentar hinzuzufügen schweigend zu. / Für diejenigen, die die Geschichte von Tokusan nicht kennen, möchte ich sie hier vorstellen. Tokusan[1] ist ein Zenmeister der Tang-Zeit. Allgemein bekannt ist das Wort von »Rinzais Donnerschrei, Tokusans Schlagstock«. Unter den Zenbuddhisten ist diese Geschichte von Tokusan sorgfältig überliefert worden. Er lebte von 790 bis 865. Einmal sprach er auf dem Predigtpodest folgendermaßen: / »Fragt man, so ist es sogleich ein Fehler, fragt man nicht, so kehrt man der Sache den Rücken.« Da trat ein Mönch hervor und begann, vor Tokusan Verbeugungen zu machen. Als er dies tat, schlug ihn Tokusan, ohne ein Wort zu sagen. Der Mönch war äußerst unzufrieden und sagte: / »Ich habe mich jetzt doch nur verbeugt. Warum schlägst du mich?« / Ohne Umschweife antwortete Tokusan: / »Hätte ich gewartet bis du deinen Mund aufmachst – überhaupt nichts hätte es getaugt.« / Vor oder nach dieser Erzählung hatte ich hinzugefügt, daß man im Zenbuddhismus die Ortschaft des Seins unter Vermeidung von Worten und Schriftzeichen aufweise, da der Versuch, sie einmal zur Sprache zu bringen, unumgänglich

---

* Titel vom Übersetzer. Beim übersetzten Text handelt es sich um einen Auszug aus tagebuchähnlichen Aufzeichnungen Suzukis während einer Europareise 1953; erstmals veröffentlicht in der Zeitschrift *Kokoro* (1953) Nr. 6 unter dem Titel *Gendai tetsugakusha o tazunete (Besuche bei Philosophen der Gegenwart)*. Der Übersetzung wurde der Text in *Suzuki Daisetsu zenshû* (Daisetsu SUZUKI, *Gesamtausgabe*) Bd. 29 (Tôkyô 1970) 638–642 zugrundegelegt.

1 Tokusan Senkan (chin. je nach Transskription Dö-schan Hsüan-djiän oder Teschan Hsüanchien); zur Person s. *Bi-yän-lu. Meister Yüan-wu's Niederschrift von der Smaragdenen Felswand* (verdeutscht und erläutert v. W. GUNDERT) 1. Band (München 1960) 117–122. (Anm. d. Übers.)

in einem Widerspruch endet. Auch Heidegger sagte, daß man im Westen Subjekt und Objekt trenne, sich dem letzteren zuwende und sich vor allem um dessen Entfaltung bemühe, während man im Osten kein Interesse in dieser Richtung hätte. In diesem Zusammenhang fragte ich den Professor, wie er über Nishidas Philosophie, soweit er sie kenne, denke. Der Professor antwortete: »Nishida ist westlich.« Es ist unnötig zu sagen, daß diese Antwort in einiger Hinsicht ungenügend ist, aber ich verstand sie so, als wolle Heidegger mit dieser Antwort zugleich sagen: »Nishida ist westlich infiziert.« Ich frage mich, ob Heidegger, wenn er dies wirklich meint, den Wunsch hat, im Osten möge sich das Östliche, so wie es ist, entwickeln? Ich hoffe, daß diese Frage in Zukunft noch geklärt wird. / Beim Abschied zeigt mir Heidegger drei oder vier Bilder vom Grab Kukis und erzählte von der Beziehung zwischen Kuki und Sartre und dann vom Verhältnis zwischen Sartre und ihm. Kuki beendete sein Studium bei Heidegger und begab sich nach Paris. Als er dort einen Französischlehrer suchte, kam auf seine Anfrage kein anderer als Sartre. Sartre sei von Kuki in Heideggers Philosophie eingeführt worden[2]. / Heidegger zufolge habe Sartre ihn jedoch nicht verstanden. Und zwar deswegen, weil Sartre nach seinem Studium Heideggers sich Descartes zugewendet hat und Heidegger zu einem Existentialisten im Sinne Sartres gemacht habe. Heidegger kritisierte, daß Sartre ihn überhaupt nicht verstanden habe. In Sartres Entgegensetzung von an soi und per soi gibt es natürlich Descartianische Überbleibsel. / Ich habe Kukis Grab noch nicht selbst gesehen. Aber als ich die Bilder vom Grab sah, fiel mir ein, daß die Kalligraphie auf dem Grabstein eine der letzten Kalligraphien ist, die Nishida geschrieben hat. Seine Ehefrau hat mir erzählt, er habe sich wirklich sehr angestrengt, um sie zu schreiben. Jetzt fällt mir sogar ein, daß sich Nishidas Krankheit vielleicht dabei verschlimmert haben könnte. Die Gedanken bewegen sich an verschiedenen Fäden immer weiter. Und auch das Karma [jap. innen] knüpft sich unablässig und ohne Ende weiter. Ob ich Sartre in Paris treffen kann? Ich weiß nicht, wie es sein wird.

Heute (9. Juli) nachmittags Professor Jaspers in seinem Privathaus besucht. Er empfing mich freudig, aber da wir keine Sprache fanden, in der wir uns ausreichend hätten verständigen können, ging das Gespräch nicht recht voran. Aber seine Persönlichkeit berührte mich. Ich nahm dies als Andenken und verabschiedete mich.

Sowohl Heidegger als auch Jaspers, beide erzählten, daß sie meine bescheidenen Bücher gelesen hätten. Da noch nicht alle meiner bescheidenen Bücher ins Deutsche übersetzt sind, scheint es mir, als ob sie in Deutschland noch nicht viel Leser erreicht haben. Trotzdem waren sie unter den Leuten, die ich traf, zeimlich bekannt. / Als ich

---

2 Vgl. dazu Stephen LIGHT (Hg.), *Shûzô Kuki and Jean-Paul Sartre. Influence and Counter-Influence in the Early History of Existential Phenomenology* (Southern Illinois University Press, Carbondale and Edwardsville 1987). (Anm. d. Übers.)

Jaspers traf, wollte ich ihn unter anderem nach seinem Eindruck von der Statue des denkenden Miroku-Bosatsu im Kôryûji-Tempel in Uzumasa [in Kyôto] fragen. Freilich ist diese Statue über tausend Jahre alt, und man sollte sie nicht mit einem modernen Kunstwerk vergleichen, aber ich habe das Gefühl, wenn man versucht, sie dem »Penseur« von Rodin gegenüberzustellen, stößt man auf einen interessanten Unterschied am Grund der östlichen und der westlichen Kultur. Auch ein Vergleich mit der Gestalt des in Schmerz und Anstrengung übenden Shakamuni läßt vieles erahnen. / Bei Heidegger äußerte ich auch meine unbedeutende Ansicht über den Unterschied zwischen dem westlichen und dem östlichen Menschen hinsichtlich der Körperhaltung beim Denken. Mir wurde klar, daß auch hinter einem unscheinbaren Unterschied etwa tiefes Geistiges liegt. Später möchte ich einmal versuchen, meine Ansicht darüber ausführlicher darzulegen. Ich erinnere mich, daß auch in Swedenborgs Korrespondenztheorie interessante Gedanken dazu stecken. Heidegger sagte, die Griechen hätten auf der Seite liegend gedacht. Er erzählte auch, daß ihm, wenn er vor dem Aufstehen im Bett liegend nachdenkt, oft interessante Gedanken kämen. Diese Erfahrung machen wohl viele Menschen. Ich neige jedenfalls dazu, zu denken, daß der Charakter und die Richtung des Denkens von der Körperhaltung beeinflußt werden. / Heideggers Haus lag in einer ruhigen Wohngegend in Freiburg gegenüber von Hügeln, die zum Schwarzwald gehören. Heidegger erzählte, daß er sich, wenn es Sommer werde, an einen stilleren Ort im Wald zurückziehe. Der Schwarzwald ist ein weltberühmtes Waldgebirge. Ich selbst verbrachte dort mitten während meiner hektischen Reise zwei Tage und ruhte mich nach Herzenslust aus. Umgeben von bewaldeten Hügeln, an einem Ort, wo ich grüne Felder und vereinzelt daliegende Bauernhäuser sehen konnte, blickte ich nach langer Zeit wieder in den klaren Himmel, spannte den Sonnenschirm auf, legte mich unter ihn, streckte mich auf dem Rücken aus und faulenzte, ohne irgendetwas anzuschauen. Daß ich auf Reisen war, vergaß ich völlig und kam in eine ausgesprochen gute Stimmung. Die Höhe betrug ca. 830 m; es war genauso, als wäre ich nach Karuizawa gefahren. Es war Anfang Juli, aber fast ein bißchen zu kühl. Der Ort lag mitten in den Bergen, ungefähr eineinhalb Autostunden von Freiburg entfernt.

10. Juli. Paris / In Basel Jaspers besucht. Jaspers' Haus liegt in der Stadt, ein ganz und gar gewöhnliches Haus. Im Unterschied zu Heidegger ist Jaspers von großer Statur – ich schätze ihn auf knapp zwei Meter – und ein eher intellektueller Typ. Heidegger ist von kleiner Statur, ich glaube er ist sogar ein bißchen kleiner als ich. Sein Leib allerdings war fest und stämmig, und vor allem sein Kopf sah gedrungen aus. In seinen Augen lag eine Art Schwere, die mich an meinen verstorbenen Freund Nishida erinnerte. Kommt nicht die eigentümliche Körperlichkeit beider Philosophen in ihrem Denken zum Ausdruck?

12. Juli. Im französischen Hauptsitz der Vedanta-Ramakrishna-Sekte in der Nähe von Paris. / Heideggers Gattin schien eher einen ganz und gar praktischen Charakter

zu besitzen. Ich weiß nicht, ob es an der Sprache lag oder nicht, aber ich erinnere mich kaum, sie sprechen gehört zu haben. Ich fragte mich sogar, ob sie von ihrer Wesensart zu Heidegger passe. Allerdings glaube ich, daß mein Eindruck sicherlich nicht ganz zutrifft, es war ja nur eine kurze Begegnung. / Im Gegensatz dazu redete die Gattin von Jaspers wirklich viel. Aber vielleicht lag auch dies an der Sprache. Ihr Mann hatte während des Krieges wegen der Nazis ziemlich viel zu erdulden gehabt, weswegen sie die Nazis ausgesprochen scharf kritisierten. Ich denke, das ist nur zu verständlich. Auch in Frankreich gibt es viele Leute, denen es schon beim Hören des Wortes »Nazi« kalt über den Rücken läuft. Wenn man Menschen, die die Erschießungen durch die Nazis überlebten, weil die Kugel zufällig nicht traf, oder Menschen, die durch Bomben schwere Verletzungen an Beinen und Armen erlitten haben und deren Körpergröße deswegen jetzt kleiner ist, wenn man solche Menschen wirklich trifft und sieht, wird einem klar, daß es so eine dumme Sache wie Krieg, das heißt das gegenseitige Töten von Menschen aus Haß, kein zweitesmal mehr auf der Welt gibt. Nichtsdestoweniger entwickelt sich der gegenwärtige Zustand der internationalen Beziehungen in einer Richtung, in der er sich nie entwickeln sollte. Wenn man sieht, wie die Vernunft, von der Jaspers spricht, zu jeder Zeit von der Unvernunft erdrückt wird, kann man sich vorstellen, in welche Richtung unser Engagement zu gehen hat. / Übrigens, um noch ein Wort zur Praxis des Zenbuddhismus zu sagen: Es scheinen mehr Leute in dieser Richtung Interesse zu haben, als ich dachte. Da es allerdings in Europa und Amerika, anders als im Osten, weder eine entsprechende Tradition noch eine entsprechende Atmosphäre gibt und ich auch im Blick auf das Denken eine fast diagonale Verschiedenheit sehe, müssen sich die Leute, die den Zenbuddhismus verbreiten wollen, angesichts dieser Schwierigkeiten ausreichend und verständnisvoll vorbereiten. Ich hatte den Eindruck, daß die französischen und deutschen Übersetzungen meiner bescheidenen Bücher in dieser Hinsicht eine größere Hilfe bieten, als ich es mir vorstellte. / Sowohl unter den Leuten der Jung-Schule als auch unter ihren Gegnern gibt es ziemlich viele, die sich um ein Verständnis des Zenbuddhismus bemühen. / Zu meinem Bedauern gibt es jedoch nur sehr wenige gute Bücher vom Zenbuddhismus. Genaugenommen gibt es kein einziges. Auch meine bescheidenen Bücher sind voller Mängel, weswegen ich ganz bescheiden sein muß. Aber ich denke, ich darf sagen, daß von den von Amerikanern oder Europäern angefertigten Übersetzungen chinesischer Texte fast keine einzige akzeptabel ist. In dieser Hinsicht sollten sich die japanischen Wissenschaftler und Zenbuddhisten einer ausgiebigen Selbstkritik unterziehen und sich sehr anstrengen.

(Übersetzt von Elmar Weinmayr)

TOMIO TEZUKA

Eine Stunde mit Heidegger*

Ende März 1954 besuchte ich Professor Heidegger in Freiburg. Was ich von ihm über die gegenwärtige Bedeutung des Christentums in Europa hören konnte, habe ich in der zweiten Januarhälfte 1955 im Feuilleton der Tôkyô-Zeitung berichtet[1]. Daß ich zuerst darüber geschrieben habe, lag daran, daß meine Gedanken – im Hinblick auf den gegenwärtigen Zustand des japanischen Geistes – immer wieder zu dieser Frage zurückkehrten. Ich schnitt diese Frage an und stellte sie dem Professor. In der ersten Hälfte des damaligen Gesprächs jedoch stellte der Professor einige Fragen über das japanische Denken und die japanische Kunst und ließ mich reden. Da man mich manchmal fragt, wie dieses Gespräch verlaufen sei, will ich hier kurz darüber schreiben. Das Interesse Heideggers an Japan scheint zunächst durch den inzwischen verstorbenen Shûzô Kuki wachgerufen worden zu sein. Für Kuki selbst fand Heidegger Worte voller Herzlichkeit. Als noch vor mir der aus Kyôto stammende Keiichi Uchigaki Heidegger in Freiburg besuchte, sagte der Professor, er würde gerne Fotos von Kukis Grab, das sich in Kyôto befindet, sehen. Diesem Wunsch nachkommend, nahm Keiichi Uchigaki Verbindung mit seiner Heimat auf und ließ dem alten Lehrer Kukis einige Fotos schicken. Heidegger zeigte mir diese Bilder. Das Grab aus Naturstein, das auf diesen Fotos zu sehen war, gehört mit seinen kunstvollen und edlen Schriftzeichen und den das Grab einfassenden Büschen zu den anmutigsten, bewußt angelegten Gräbern, die ich kenne. In seiner Verschmelzung von Natur und menschlicher Kunst zeigt es nämlich überaus deutlich die Würde des japanischen Empfindens. Von hier aus nahm das Gespräch über Japanisches seinen Ausgang. Heidegger nannte auch den Namen Daisetsu Suzuki. Weiter gestand er, daß er sich von zenbuddhistischen Gedanken, die ihm eine weite Welt eröffneten, angezogen fühle. Es ist nicht außergewöhnlich, daß Akademiker und Denker den Namen Suzukis oft erwähnen.

---

* Tomio TEZUKA, *Haidegâ to no ichijikan*, in: *Risô* 264 (Mai 1955) 54–58; mit leichten Veränderungen wiederabgedruckt in den Erläuterungen zu Tezukas Übersetzung von *Aus einem Gespräch von der Sprache* (s. Bibl. Nr. 50) 159–166. Unserer Übersetzung liegt der Text der Erstveröffentlichung zugrunde.

1 S. unten S. 179: *Drei Antworten*. (Anm. d. Übers.)

Von Heideggers Sachen habe ich nur seine Äußerungen zur Dichtung oder über Gedichte gelesen, aber mir scheint, daß sich für Heidegger gerade in der Sprache das Wesentliche der Seinsweise des Menschen verdichtet und er deshalb durch die »Sprache«, insofern sie rein und mit starker Energie entspringt (ein hervorragendes Gedicht ist ein typisches Beispiel dafür), den Menschen und sein Wirken zu verstehen versucht. Daher wollte Heidegger von mir etwas über die japanische Sprache hören. Mehr noch als etwas über das Japanische, wollte er das Japanische selbst hören. Daher mußte ich ihm das Gedicht »Eine Lerche / über ihr still ruhend / – dieser Bergpaß...«[2] von Bashô, das er in einer deutschen Übersetzung gelesen hatte und bewunderte, auf sein Bitten hin sowohl in Romaji-Umschrift [alphabetische Umschrift] als auch in japanischen Schriftzeichen aufschreiben und Wort für Wort erklären. In der Romaji-Umschrift, in der ich es für ihn aufgeschrieben hatte, las er es still vor sich hin. In einem einfachen Ausdruck kann man eine weite Welt ahnen, das Einfache ist nicht inhaltslos. Mit diesen Worten brachte Heidegger sein Gefühl zum Ausdruck.

Anschließend fragte er: »Im Japanischen gibt es doch wohl ein Wort, das Sprache bedeutet. Welche Bedeutung hat dieses Wort eigentlich ursprünglich?«

Ich antwortete: »Das Wort, nach dem Sie fragen, lautet ›kotoba‹. Ich bin kein Fachmann in dieser Hinsicht und kann daher nichts Genaues sagen, aber ich vermute, daß dieses ›koto‹ mit dem Wort ›koto‹, das Ereignis oder Sachverhalt (kotogara) bedeutet, in einem Zusammenhang steht. ›Ba‹ ist eine Euphonie von ›ha‹ und bedeutet meines Erachtens viel (ooi) oder dichtgewachsen (shigeshi), man könnte es sich zum Beispiel von den Blättern (ha) eines Baumes her vorstellen. Falls diese Überlegung zutrifft, wären ›kotoba‹ (Sprache) und ›koto‹ (Ereignis) die zwei Seiten derselben Sache. Das Ereignis entspringt und wird zu Sprache (kotoba). Vielleicht kommt das Wort ›kotoba‹ von einer solchen Auffassung her.«

Diese Erklärung schien Heidegger außerordentlich entgegenzukommen. Während er sich auf einem Stück Papier, das er bei sich hatte, Notizen machte, sagte er: »Das ist interessant! Denn dann bedeutet das japanische Wort ›kotoba‹ ›Ding‹.«

Vielleicht preßte Heidegger das Wort etwas zu sehr in einen schon festgefügten Begriff. Aber ich konnte seinen Gedanken auch nicht verneinen. »So könnte man vielleicht sagen. Ich denke, es könnte ›Sache‹ beziehungsweise ›Ding‹ bedeuten.«

---

2 Hibari yori / ue ni yasurau / tôge kana. Zum japanischen Text vgl. *Bashô kushû* (Nihon koten bungaku taikei 45) (= Bashô, *Gesammelte Haiku; Große Sammlung klassischer japanischer Literatur* Bd. 45) (Tôkyô 1962) S. 34, Nr. 64. Eine kaum übersetzbare Pointe dieses Haikus liegt darin, daß das ungenannte Subjekt des Still-ruhens sowohl der Bergpaß sein kann, der hoch und unbeweglich in sich ruhend vor dem Dichter liegt, der diesen Paß besteigen will, als auch der Dichter selbst, der sich, nachdem er den Paß bestiegen hat und schwitzend mit ihm eins geworden ist, nun auf ihm und in seiner weiten und lichten Höhe ausruht. Welche deutsche Übersetzung Heidegger gelesen hatte, war nicht mehr festzustellen. (Anm. d. Übers.)

»Aha! Haben Sie meinen Aufsatz *Das Ding* gelesen? In ihm habe ich etwas geschrieben, das hiermit zu tun hat. Wenn Sie ihn lesen, lassen Sie mich bitte Ihre Eindrücke hören.«

Dann wechselte das Gespräch zur Frage nach dem eigentümlichen Charakter der japanischen Kunst. Auch hierüber habe ich keine Forschungen als Fachmann angestellt, und so erzählte ich einfach von dem, was ich – besonders seit ich Japan verlassen hatte – stark spürte. »Die Eigentümlichkeit des japanischen Volkes und demgemäß auch der japanischen Kunst beruht wohl vor allem in der ästhetischen Sensibilität. Die Japaner sind schwach in der abstrakten Spekulation und im abstrakten Begreifen, und auch die Motivation dazu ist schwach. Alles nimmt seinen konkreten Ausgang in erster Linie von der Sinnlichkeit und dem sinnlichen Empfinden. Das Eigentümliche dabei ist allerdings, daß man nicht mit der bloßen Wiedergabe der Empfindung zufrieden ist, sondern dazu tendiert, mit dem Anwachsen der künstlerischen Sensibilität auch immer mehr Wert darauf zu legen, daß das in der sinnlichen Empfindung Erfaßte symbolischen Charakter bekommt. Demzufolge kommt es oft vor, daß, auch wenn nur Winziges gezeigt wird, dieses auf mehrere verschiedene Weisen mit der Räumlichkeit verknüpft ist. Das heißt, dadurch daß ein winziges *Ding* oder unbedeutendes *Ereignis* in einen weiten Raum verlagert wird, kommt es zu einer Steigerung seiner Seinsweise. Ich meine, man kann sagen, daß die japanische Kunst, so gesehen, über das bloß sinnliche Empfinden hinausgeht und auf etwas Geistiges abzielt. Durch die sinnliche Empfindung hindurch wird Geistiges angestrebt. Hierin liegt in etwa die Eigentümlichkeit japanischer Kunst. Zwar läßt sich öfters ein ganz bewußtes Sich-Absetzen von solcher Kunst beobachten, aber im großen und ganzen ändert das meines Erachtens nichts an dieser Eigentümlichkeit.« ...

Für meine obigen Erläuterungen schlug Heidegger zweimal den Gebrauch von von ihm geliebten Fachworten vor.

»Nicht wahr, dieses Geistige kann man auch als etwas Metaphysisches bezeichnen.« Ich dachte nach und pflichtete bei, wobei ich schon ahnte, daß ich noch eine Erklärung des genuin japanisch Metaphysischen hinzufügen müßte. Heidegger war ungewöhnlich guter Laune. Er sagte: »Auch die platonischen Ideen sind etwas Metaphysisches, das durch das sinnliche Empfinden hindurch wahrgenommen wird. Bei Platon ist beides allerdings in zwei Bereiche getrennt. In Japan scheint es eher, als ob beide eins wären...«

Heideggers Interesse für das Japanische äußerte sich auch hinsichtlich dieser Frage. »Wie lauten die ganz und gar gewöhnlichen Worte, die im Japanischen ›Erscheinung‹ und ›Wesen‹ bezeichnen. Nicht die wissenschaftlichen Fachworte! Gibt es denn in der allgemein gesprochenen, gewöhnlichen Sprache keine Worte, die solches bezeichnen?«

Das war eine schwierige Frage. Nachdem ich den Wortschatz, den ich im Gedächtnis hatte, oberflächlich durchgegangen war, antwortete ich.

»Die Worte für ›Wesen‹ und ›Erscheinung‹ kann man nicht als gewöhnliche Worte bezeichnen. Es handelt sich ursprünglich um buddhistische Worte, um bewußt gebrauchte Worte eines Denkens. Insofern diese Worte dem Bewußtsein der Japaner schon seit langer Zeit vertraut sind und auch im Umlauf sind, kann man sie allerdings schon fast als gewöhnliche Worte bezeichnen. Es sind die Worte ›shiki‹ und ›kû‹.[3] ›Shiki‹ entspricht dem Phänomen, ›kû‹ entspricht ungefähr dem Wesen. Im buddhistischen Denken und auch im Denken der Japaner, das eine Verwandtschaft mit dem buddhistischen Denken hat, sind ›kû‹ und ›shiki‹ etwas Gegensätzliches, werden aber zugleich als etwas Identisches begriffen. Man kann sagen, daß sich dies nicht so sehr in einem philosophischen Gedanken, sondern vielmehr auf natürliche und naive Weise im Fühlen der gewöhnlichen Leute niedergeschlagen hat. Gerade deswegen sind diese Worte meines Erachtens die Antwort auf Ihre Frage. Daß man ›shiki‹ und ›kû‹ als identisch versteht, ist in der Gestalt des Gedankens ›kû soku shiki, shiki soku kû‹[4] ziemlich tief in unser Bewußtsein eingesenkt. Übrigens, um Ihnen noch die Bedeutung dieser Worte genauer zu erklären: ›Shiki‹ bedeutet Farbe, Farbton und demgemäß Phänomen. ›Kû‹ meint wohl ursprünglich die Leere, aber auch den Himmel und das Offene. In einer Hinsicht ist es die nichtshafte Leere, aber diese nichtshafte Leere hat nicht bloß einen negativen Sinn. Sie deutet auf den ursprünglichen und daher auch als Ideal angestrebten Zustand aller Dinge. Besonders der Buddhismus ist sich dieses Nichts bewußt. Der vorhin erwähnte Symbolcharakter der japanischen Kunst geht letztlich darauf, diese Leere zu symbolisieren. Wenn dies einem Kunstwerk gelingt, wird es von den Leuten als etwas Hervorragendes aufgefaßt. Wenn ›shiki‹ zugleich ›kû‹ ist, dann wendet sich ›shiki‹ seinem Wesenscharakter zu und tritt in ihn ein. Im Ahnen dieses Wesens, einem Ahnen, das sich auf diese nichtshafte Leere beziehungsweise auf diese Unbestimmtheit hin ausrichtet, scheint unsere eigene traditionelle Art, zu denken und zu fühlen, zu bestehen. Eben vorhin, Herr Professor, sprachen Sie vom Metaphysischen in der japanischen Kunst. Dieses Metaphysische beruht meines Erachtens in dieser Ausrichtung auf die nichtshafte Leere. Im Grunde genommen ist die japanische Kunst eine in gewissem Sinne räumliche Kunst. Hierin liegt sowohl ihre Stärke als auch ihre Grenze.«

Heidegger zeigte die ganze Zeit Interesse und machte sich ab und zu Notizen. Er

---

[3] In *Aus einem Gespräch von der Sprache* greift Heidegger diesen Gedanken auf; s. M. HEIDEGGER, *Unterwegs zur Sprache* (Pfullingen⁶1979) 102. Allerdings spricht Heidegger hier nicht von *shiki*, sondern von *iro*. Das Schriftzeichen für »Farbe« kann sowohl (japanisch) *iro* als auch (sinojapanisch) *shiki* gelesen werden. Im Zusammenhang mit *kû* wird das Schriftzeichen für »Farbe« in Japan normalerweise *shiki* gelesen. (Anm. d. Übers.)

[4] Dieses buddhistische Wort (in vollem Wortlaut: kû soku ze shiki, shiki soku ze kû) aus dem *Hannya-Sutra* (sansk. *Prajñâpâramitâ-Sutra*) läßt sich ungefähr folgendermaßen übersetzen: Leere zugleich Farbe (d.h. Phänomen, Gestalt), Farbe zugleich Leere. (Anm. d. Übers.)

äußerte den Wunsch, japanische Literatur – und sei es auch in englischer Übersetzung – lesen zu wollen. Da er mich fragte, welche literarische Vorlage der Film »Rashomon« habe, erzählte ich ihm von dem Roman des Autors Ryunosuke Akutagawa, einem Schriftsteller der japanischen Moderne, und sprach auch davon, daß man im Original den Einfluß Brownings beobachten könne. Als ich Heidegger fragte, wie er den Film »Rashomon« gefunden habe, antwortete der betagte Professor ohne Falsch und mit kraftvoller Stimme: »Er war interessant.« Ich meinte zu fühlen, daß die Art von Unbestimmtheit, die dieser Film gegenüber der Wirklichkeitserkenntnis an den Tag legt, als etwas Östliches Heideggers Interesse auf sich gezogen hat. Ob man dieses Werk als reinen Ausdruck dieser östlichen Eigentümlichkeit betrachten darf, ist allerdings eine andere Frage.

Kurz: In der ersten Hälfte der Unterhaltung mit Heidegger mußte vor allem ich auf seine pfeilschnell abgeschossenen Fragen antworten. Aus der Art und Weise, in der er seine Frage stellte, konnte ich die Richtung seines Interesses erschließen. Als ich als eine mögliche Übersetzung für »kû« das Wort »das Offene« vorschlug, ahnte ich, daß ihm das als einem Interpreten Hölderlins und Rilkes Freude bereiten würde. Und er freute sich. Heidegger sagte auch: »In einer solchen Tiefe müssen sich der Osten und der Westen im Gespräch treffen. Dem Aktuellen nachzujagen, Interviews zu machen usw., das ist langweilig.« Dann zeigte er mir einige Bücher, die seine zuletzt geschriebenen Aufsätze enthielten, und zu meiner Freude durfte ich ein Exemplar des Sonderdruckes seines Trakl-Aufsatzes entgegennehmen[5]. Über Aktuelles sprach Heidegger nur, als er mich nach meiner Ansicht über die Zukunft der russisch-chinesischen Beziehungen fragte.

Anscheinend bemerkte Heidegger, daß er zu einseitig nur mich zum Reden aufforderte, er sagte: »Jetzt fragen Sie doch bitte frei heraus!« Und so kehrte ich zu meiner Rolle als Wissenschaftler der deutschen Literatur zurück und fragte Heidegger nach seiner Sicht des gegenwärtigen Zustandes dieser Wissenschaft in Deutschland. Heidegger empfahl besonders Staiger in Zürich. Natürlich äußerte er sich anerkennend über die ursprünglich von ihm herkommende interpretierende Richtung der Literaturwissenschaft, aber er stellte auch fest, daß es dort zu viele epigonenhafte Nachahmer gebe.

Ich versuchte auch, Heidegger über seinen Aufsatz *Wozu Dichter?*[6] zu befragen. In diesem Aufsatz entfaltet Heidegger, während er darlegt, daß Rilke Hölderlin gleiche und ein Dichter sei, der einen Auftrag in dürftiger Zeit habe, sein eigenes Denken. Da mein Spezialgebiet die deutsche Dichtung ist, wollte ich weniger über

---

5 M. HEIDEGGER, *Georg Trakl. Eine Erörterung seines Gedichtes*, in: *Merkur* 61 (1953) 226–258; jetzt unter dem Titel *Die Sprache im Gedicht*, in: M. HEIDEGGER, *Unterwegs zur Sprache*, a.a.O., 35–82. (Anm. d. Übers.)
6 M. HEIDEGGER, *Wozu Dichter?* in: DERS., *Holzwege* (Frankfurt a.M. [6]1980) 256–316. (Anm. d. Übers.)

sein Denken, sondern mehr über seine Rilke-Interpretation hören. Daß Hölderlin wirklich ein »Dichter in dürftiger Zeit« war, zeigen nicht bloß die Worte in seinen Gedichten, sondern ganz anschaulich auch deren reiner, trauriger und bitterer Klang. Darüber konnte es zwischen Heidegger und mir als zwei Hölderlin-Liebhabern keine Meinungsverschiedenheit geben. Hierbei handelt es sich auch nicht um eine willkürliche Beurteilung unsererseits, da man dies anhand von Hölderlins Gedichten jederzeit nachweisen kann. Rilke ist meinem Gefühl nach in dieser Hinsicht jedoch äußerst problematisch. Um ein »Dichter in dürftiger Zeit« zu sein, muß der Dichter, auch wenn es so aussieht, als wäre er irgendwie von seiner Zeit getrennt, für das Ganze dieser Zeit und die Menschen dieses Zeitalters eine überaus tiefe Liebe hegen. Und dies ist vermutlich nicht der Kern von Rilkes Dichtung. Greift man vereinzelte Begriffe heraus und behauptet, Rilke sei ein »Dichter der Liebe«, so bringt das eine Gefahr mit sich. Und obwohl Heidegger in diesem Aufsatz drauf und dran ist, Rilke wie Hölderlin als einen »Dichter in dürftiger Zeit« und als einen »Dichter der Liebe« zu betrachten, drückt er sich am Schluß, so als habe er einen Vorbehalt, unklar aus und schreibt: »...wenn Rilke Dichter in dürftiger Zeit ist...« Ich fragte Heidegger: »Herr Professor, Sie hatten doch wohl einen Grund, ›wenn‹ zu schreiben?« Heidegger zog ein Exemplar der *Holzwege*, in dem dieser Aufsatz stand, hervor und schlug die betreffende Stelle auf. »Hier steht es«, sagte er. Dann bejahte er meine Frage. »Ja, ich habe hier ein Urteil vermieden und habe diese Frage offen gelassen.«

Diese offensive Verteidigung war mir sympathisch, und offenherzig legte ich einen Teil meiner gegenwärtigen Rilke-Interpretation dar. Hölderlin und Rilke kann man unter gar keinen Umständen identisch sehen. Der entscheidende Grund dafür liegt im Unterschied des Wesens der Liebe bei beiden. Das Wort »Liebe« kann man auch durch das Wort »Verantwortung« ersetzen. Hölderlin hat, auch wenn er in einer Hochgebirgs-Atmosphäre lebt, in seinem Herzen die Verantwortung für die Anderen auf sich genommen, und diese Verantwortung hat ihn schließlich verrückt gemacht. Aber gibt es bei Rilke ein Fundament für eine solche Verantwortung?

Heidegger nickte. »Es ist so, wie Sie sagen. Über Rilke selbst muß ich wohl noch gründlicher nachdenken.« Und da weder für Heidegger noch für mich an der Wahrheit Hölderlins noch an der Seinsweise des Dichters, wie sie Hölderlin in seinen Gedichten beschreibt, oder an der Leidenschaftlichkeit, mit der Heidegger diese Seinsweise – in einer Interpretation Rilkes – erläutert, ein Zweifel bestand, verlief unser Gespräch in einem Gefühl noch tieferer Vertrautheit. Ich nahm mir vor, *Wozu Dichter?* noch intensiver zu lesen, und war zugleich mit allen Antworten, die mir Heidegger gab, zufrieden. Wir wollten beide nur der wirklichen Dichtung nahekommen und diese verstehen. Daß echte Dichtung, ohne daß dies unmittelbar vor Augen liegt, aufs engste mit ihrer Zeit und den Belangen dieser Zeit verknüpft ist, daran hatten wir überhaupt keinen Zweifel.

Das war die erste Hälfte des Gesprächs während meines Besuchs bei Heidegger.

Danach kehrte ich wieder zu meinem Hauptinteresse zurück und bat Heidegger um seine Meinung über die Beziehungen zwischen der gegenwärtigen europäischen Zivilisation und dem Christentum.

Drei Antworten[7]

Heidegger erzählte, er habe das Haiku »Eine Lerche / über ihr still ruhend / – dieser Bergpaß...« von Bashô in einer deutschen Übersetzung gelesen und bewundere es sehr. Er fragte mich nach den japanischen Versen und stellte mir scharfsinnige Fragen über die in Sprache und Kunst zum Vorschein kommende Eigenart des japanischen Denkens. Sogar während meiner ungeschickten Erklärungen, insofern sie ihn interessierten, schienen diesem prominenten Denker irgendwelche Gedanken zuzufliegen. Er machte sich eifrig Notizen. Es sah aus, als sei sein kleiner, runder Leib mit geistiger Kraft aufgeladen und als könne er auch nicht einen Augenblick lang stillhalten. Wie ein Aktivist im Denken kam er mir vor. Die Zeit, die sich Heidegger für meinen Besuch genommen hatte, war im Handumdrehen vergangen.

»Bis jetzt habe ich nur Sie sprechen lassen. Nun fragen sie mich bitte, was Sie mich fragen wollen.«

Nachdem Heidegger mir auf einige Fragen bezüglich seiner Abhandlungen über Dichter geantwortet hatte, sagte ich:

»Jetzt, da ich nach Europa gekommen bin, bin ich erstaunt, wie tief das Christentum als unbewußte, geistige Grundlage im alltäglichen Leben der Menschen hier eingewurzelt ist. Allerdings meine ich, daß die Leute hier im allgemeinen keinen besonders tiefen Glauben haben. Ich würde dieses Christentum daher als verbürgerlichtes Christentum bezeichnen. Denken Sie, daß dieses verbürgerlichte Christentum die Kraft hat, die europäische Kultur in Zukunft zu einer neuen Entwicklung anzuregen?«

Während ich fragte, zog Heidegger stirnrunzelnd die Augenbrauen hoch. Er schüttelte heftig den Kopf und antwortete: »Es hat diese Kraft nicht! In der falschen Überzeugung, das verbürgerlichte Christentum habe diese Kraft, liegt eine größte Gefahr für die deutsche und europäische Kultur. Diese konventionelle Religiosität und Selbstzufriedenheit... Die Kraft lebendigen Glaubens ist eher noch im italienischen Volk vorhanden.« Bei näherer Überlegung war es natürlich zu erwarten, daß

---

7 Tomio TEZUKA, *Mitsu no kotae. Drei Antworten* enthält die Erinnerungen Tezukas an seine Besuche bei M. Heidegger, W. Bergengruen und E. Spranger und an deren Antwort auf seine Frage nach der gegenwärtigen Bedeutung des Christentums für Europa. Der Text wurde zum erstenmal in der zweiten Januarhälfte 1955 im Feuilleton der *Tôkyô-shinbun (Tôkyô-Zeitung)* veröffentlicht. Der Übersetzung liegt der Wiederabdruck dieses Textes im Anhang zu Tezukas Übersetzung von *Aus einem Gespräch von der Sprache* (s. Bibl. Nr. 50, S. 151–158) zugrunde. Übersetzt wurde nur der Heidegger betreffende Teil (151–153). (Anm. d. Übers.)

Heidegger diese Antwort geben würde. In seiner Art zu sprechen steckte jedoch eine so starke Entladung, wie ich sie meinem Gefühl nach bei kaum einem anderen Europäer beobachten konnte. Seine Antwort war bündig, knapp und scharf. In ihrer Heftigkeit war die lebendige Kraft seiner Zivilisationskritik enthalten.

Ich wollte zwar nicht unnötigerweise schlecht von Japan reden, aber ich mußte gestehen, daß meine obige Frage in Wirklichkeit mit der Gegenwart Japans selbst zu tun hat. Im Japan der Nachkriegszeit gibt es nämlich – und sei es auch nur aus Trägheit – keine mit dem europäischen Christentum vergleichbare Stütze des Lebens. Zwar meinen manche Japaner, man könne diese Stütze bereits dadurch ersetzen, daß man einige Schlagworte im Mund führt. Aber solange man diese Ideen nicht tiefer pflegt und kultiviert, schlagen sie keine Wurzeln. An der jetzigen Lebensweise der Japaner im allgemeinen zeigt sich dies äußerst deutlich. Wir Japaner befinden uns gegenwärtig in einem Zustand größter Verwirrung. Ich konnte nicht umhin, all dies wohl oder übel vorzubringen.

Heidegger antwortete darauf: »Wissen Sie, es ist viel besser, sich einzugestehen, daß es keine Stütze gibt, daran zu leiden und sich auf die Suche nach einer Stütze zu begeben, anstatt ständig darüber nachzudenken, ob es eine Stütze gibt oder nicht.« Das war ein freundliches Wort. Darauf fragte ich ohne nachzudenken: »Herr Professor, was meint wohl ›Natur‹ bei Hölderlin?« Ich fragte nicht bloß, weil Heidegger und ich als der Fragende uns hinsichtlich unserer Zuneigung zu Hölderlin einig waren. Ich empfand deutlich, daß wir Japaner leiblich, geistig und glaubensmäßig nicht im abendländischen Sinne stark und erfahren werden können. Könnte uns da nicht der Dichter, der angesichts der Erschöpfung der westlichen Kultur die Natur besungen hat, irgendwelche Anregungen geben? Irgendwie wollte ich mich darauf stützen. »Natur hat bei Hölderlin eine metaphysische Bedeutung«, sagte Heidegger. Damals war ich mit dieser Antwort nicht zufrieden. Allerdings fügte Heidegger nach einer Weile hinzu: »Ich denke, sie schließt auch den Sinn von Vaterland mit ein.«

Seitdem wir Abschied voneinander genommen haben, habe ich viele Worte Heideggers wiedergekaut. Unter ihnen war keines, das uns etwas Positives in die Hand gegeben hätte. Allerdings ermutigt uns das von Heidegger oft ausgesprochene und bedachte Wort vom Fehl Gottes (der Stütze), den es auszutragen gilt. Die Frage ist, ob wir in unserer inneren Dürftigkeit dieser Dürftigkeit auch ernsthaft von Angesicht zu Angesicht gegenübertreten. Wir Japaner neigen dazu, diese Frage nur als ein allgemeines Problem zu bedenken und zu vergessen, daß sie eine Frage an jeden einzelnen ist.

(Übersetzt von Elmar Weinmayr)

Freiburger Ehrendoktor für Hajime Tanabe (1957)*

Der Dekan:

Die Philosophische Fakultät hat den Professor Dr. *Tanabe* in Kyoto in Japan gebeten, die Ehrung durch die Verleihung des Doktors der Philosophie ehrenhalber anzunehmen. Herr Professor Tanabe hat sich willens erklärt, den Ehrendoktor unserer Fakultät zu führen, und seinen jüngeren Kollegen Kôichi Tsujimura beauftragt, das Diplom heute für ihn hier in Empfang zu nehmen.

Professor Tanabe nimmt in der Geschichte der wissenschaftlichen Beziehungen zwischen Japan und der Universität Freiburg einen hervorragenden Platz ein und ist zugleich der erste japanische Philosoph, der mit der »phänomenologischen Bewegung« einen engen Kontakt aufgenommen hat, längere Zeit in Freiburg studierte und vor allem eine lange Kette von Schülern immer wieder nach Freiburg zum Studium der deutschen Philosophie sendet. Als Initiator einer über Jahrzehnte sich erstrekkenden Bewegung hat er dadurch in hohem Maße zu einer kulturellen Wirksamkeit deutschen Geistes im Fernen Osten, aber auch zu einem Verständnis fernöstlichen Denkens in Freiburg beigetragen. Von ihm ist ein lebendiger Impuls ausgegangen, der heute noch stark weiterwirkt. In Japan gilt Tanabe als der führende Denker.

Die Liste seiner Veröffentlichungen ist zu groß, als daß ich sie Ihnen jetzt vortragen kann, Veröffentlichungen, die nicht nur darstellen, was an philosophischer Leistung in Deutschland und Europa vollzogen worden ist, sondern die selbständig diese philosophische Leistung in Japan weiterführen.

Ich darf Herrn Professor Tsujimura bitten, das Diplom für seinen Lehrer und Kollegen in Empfang zu nehmen.

* Abgedruckt nach: *Die Albert-Ludwigs-Universität Freiburg 1457–1957. Die Ansprachen, Glückwünsche und Ehrungen bei der Jubiläumsfeier,* hg. von Gerd TELLENBACH, Freiburg i. Br. 1961 (Verlag H. F. Schulz), S. 64 f.

Die Urkunde:

> UNIVERSITAS LITTERARUM ALBERTO-LUDOVICIANA[1]
>
> Rectore magnifico Gerhardo Tellenbach ex auctoritate senatus academici et decreto ordinis philosophorum ego Arnoldus Bergstraesser promotor constitutus
>
> IN VIRUM CLARISSIMUM PROFESSOREM DOCTOREM
>
> HAJIME TANABE
>
> qui studiis suis moderantibus philosophis Husserl et Heidegger Friburgi absolutis primus philosophus Japanensis novas rationes phaenomenologicas attigit necnon multos discipulos ad huius disciplinae auctores in Germaniam misit, qui haud dubie dux philosophiae Japanensis ad mutuum intellectum et amorem contribuit, qui innumerabilibus et praestantissimis operibus philosophiam occidentalem in patria sua quasi civitate donavit
>
> DOCTORIS PHILOSOPHIAE GRADUM HONORIS CAUSA
>
> contuli ac conlatum esse hoc diplomate publice testor
> Friburgi Brisigavorum A.D. VIII. cal. quint. MCMLVII
>
> Rector   Decanus
> *Gerhardus Tellenbach*   *Arnoldus Bergstraesser*

---

1 *Übersetzung der Verleihungsurkunde:* ALBERT-LUDWIGS-UNIVERSITÄT / Unter dem Rektorat seiner Magnificenz Gerd Tellenbach sowie auf Empfehlung des Senats der Universität und dem Beschluß der philosophischen Fakultät folgend / habe ich, Arnold Bergsträsser, als mit der Durchführung Betrauter / DER HERVORRAGENDEN PERSÖNLICHKEIT PROFESSOR DOKTOR / *HAJIME TANABE* / welcher, nachdem er seine Studien unter Leitung der Philosophen Husserl und Heidegger in Freiburg abgeschlossen, als erster japanischer Philosoph neue phänomenologische Wissensgebiete erschloß und auch viele Schüler zu den Urhebern dieser Disziplin nach Deutschland schickte, und der so zweifellos als der führende japanische Philosoph zu wechselseitigem Verständnis und gegenseitiger Wertschätzung beitrug, der ferner mit unzähligen und ausgezeichneten Werken der abendländischen Philosophie in seiner Heimat gewissermaßen Bürgerrecht verschaffte, / DEN GRAD EINES DOKTORS DER PHILOSOPHIE EHRENHALBER / verliehen und bestätige die Verleihung öffentlich durch diese Urkunde. / Freiburg im Breisgau 24. Juni 1957 / Rektor: Gerd Tellenbach – Dekan: Arnold Bergsträsser.

Professor Tsujimura antwortet:

Spectabilis! Hohe Philosophische Fakultät!
Im Auftrage meines Lehrers, Professor Dr. Tanabe, danke ich Ihnen sehr herzlich für die große Ehre, die Sie bei dem fünfhundertjährigen Jubiläum der Freiburger Universität ihm, der japanischen Philosophie und dem japanischen Volke freundlicherweise verliehen haben. In dankbarem Andenken an die langjährige freundschaftliche Führung, die Sie uns bislang im Geistigen gegeben haben, darf ich zugleich hoffen, daß aus der hohen Verantwortung für die uns jetzt gemeinsam angehenden Weltfragen ein noch wesentlicheres Gespräch zwischen der deutschen und japanischen Philosophie sich zeitigen wird. Ich danke Ihnen herzlich.

*

> Herzliche Glückwünsche
> zur Ehrenpromotion
>
> Heidegger Fink Tsujimura

Heideggers Telegrammtext vom 24. Juni 1957 an H. Tanabe

HAJIME TANABE

Ein Dankbrief an Martin Heidegger

Kitakaruizawa, den 23. Juli, 1957.

Mein verehrter Lehrer
Herr Professor M. Heidegger!

Ihr hochgeschätztes Geschenk in Ihrem neuerschienenen Buche »Gespräch mit Hebel« hat vor ein paar Tagen mich aufs erfreulichste überrascht. Ihre Gütigkeit erfüllte mich mit herzlichstem Dank. Ich möchte Ihnen meine Dankbarkeit vom Grunde meines Herzens aus bezeigen.

Ihr stattliches Bild hat mich ganz informiert[1]. Ihre durch langjährige Arbeit gelangte feste Überzeugung liegt in Ihren Gesichtszügen eingeprägt vor. Ich verbeugte mich vor dem Bilde ehrfurchtsvoll.

Hebel ist, ich muß verschämt bekennen, bisher mir unbekannt geblieben. Durch Ihre Sympathievolle Charakterisierung im Gespräche mit ihm ist er mir erst bekannt gemacht worden. Sein Badischer Landkalender als eine wohltätige Erscheinung ist dadurch mir auch zum Verständnis genähert worden. Jedoch das Eigentümliche des Kalenders ist erst durch Ihre feinsinnige, tiefschürfende Auslegung des »Hausfreundes«, der Hebel war, mir klar geworden. Ihre Klarlegung des Wohnens als der Weise, nach der die Menschen auf der Erde unter dem Himmel die Wanderung von der Geburt / bis in den Tod vollbringen, ist für mich nur zu bewundern. Die Wanderung ist vielgestaltig, aber sie ist überall der Hauptzug des Wohnens, d.h. des menschlichen Aufenthalts zwischen Erde und Himmel, zwischen Geburt und Tod. Dies vielfältige Zwischen ist nach Ihnen die Welt. Die Welt ist das Haus, das die Sterblichen bewohnen. Der Hausfreund neigt sich dem ganzen und weiten Wohnen des Menschenwesens zu. Er weiß klar, wie wesentlich das Leben der Sterblichen durch das Wort be-stimmt und getragen wird, aber er sagt nicht was er tiefst denkt. Dichter ist sein eigentlicher Name. Er ist ein nichtsagender Sangender[2]. Er lenkt zwar den Blick auf die berechenbare Natur, holt sie jedoch zugleich in die Natürlichkeit der Natur zurück. Der Dichter vermag die Berechenbarkeit und Technik der Natur in das offene Geheimnis einer neu erfahrenen Natürlichkeit der Natur

---

1 Vgl unten Abb. 18 und Erläuterung dazu.
2 Vermutlich Schreibversehen für: Sagender.

zurückzukehren. Dies ist seine, durch Ihr tiefschürfendes Gespräch mit Hebel klargelegte, große Rolle des Weltumbaus. Ich bin für Ihre Belehrung mit ehrerbietiger Dankbarkeit erfüllt.

Bitte, grüßen Sie Ihre Frau Gemahlin von mir!

Ihr ergebener dankbarer
alter Schüler H. Tanabe.

Kitakaruisawa, den 23 Juli, 1957

Mein verehrter Lehrer
Herr Professor M. Heidegger!

Ihr hochgeschätztes Geschenk in Ihrem neuerschienenen Buche „Gespräch mit Hebel" hat vor ein paar Tagen mich aufs erfreulichste überrascht. Ihre Gütigkeit erfüllte mich mit herzlichlichstem Dank. Ich möchte Ihnen meine Dankbarkeit vom Grunde meines Herzens aus bezeigen.

Ihr stattliches Bild hat mich ganz imponiert. Ihre durch langjährige Arbeit gelangte feste Überzeugung liegt in Ihren Gesichtszügen eingeprägt vor. Ich verbeugte mich vor dem Bilde ehrfurchtsvoll.

Hebel ist, ich muß verschämt bekennen, bisher mir unbekannt geblieben. Durch Ihre sympathievolle Charakterisierung im Gespräche mit ihm ist er mir erst bekannt gemacht worden. Sein Badischer Landkalender als eine wohltätige Erscheinung ist dadurch mir auch zum Verständnis genähert worden. Jedoch das Eigentümliche des Kalenders ist erst durch Ihre feinsinnige, tiefschürfende Auslegung des „Hausfreundes" des Hebel war, mir klar geworden. Ihre Klarlegung des Wohnens als der Weise, nach der die Menschen auf der Erde unter dem Himmel die Wanderung von der Geburt bis in den Tod vollbringen, ist für mich nur zu bewundern. Die Wanderung ist vielgestaltig, aber sie ist überall der Hauptzug des Wohnens, d.h. des menschlichen Aufenthalts zwischen Erde und Himmel, zwischen Geburt und Tod. Dies vielfältige Zwischen ist nach Ihnen die Welt. Die Welt ist das Haus, das die Sterblichen bewohnen. Der Hausfreund neigt sich dem ganzen und weiten Wohnen des Menschenwesens zu. Er weiß klar, wie wesentlich das Leben der Sterblichen durch das Wort be-stimmt und getragen wird, aber er sagt nicht was er sieht denkt. Dichter ist sein eigentlicher Name. Er ist ein nichtsagender Sagender. Er lenkt zwar den Blick auf die berechenbare Natur, holt sie jedoch zugleich in die Natürlichkeit der Natur zurück. Der Dichter vermag die die Berechenbarkeit und Technik der Natur in das offene Geheimnis einer neu erfahrenen Natürlichkeit der Natur zurückzukehren. Dies ist seine, durch Ihr tiefschürfendes Gespräch mit Hebel klargelegte, große Rolle des Weltumbaus. Ich bin für Ihre Belehrung mit ehrerbietiger Dankbarkeit erfüllt.

Bitte, grüßen Sie Ihre Frau Gemahlin von mir!

      Ihr ergebener dankbarer alter Schüler H. Tanabe.

SHINICHI HISAMATSU – MARTIN HEIDEGGER

Wechselseitige Spiegelung*

Hisamatsu: Ich möchte mich bei Ihnen herzlich bedanken, daß Sie gestern abend trotz Ihrer vielen Verpflichtungen die Leitung des Kolloquiums übernommen haben. Auch für die Bewirtung danke ich Ihnen herzlich.

Heidegger: Es waren Leute aus mehreren verschiedenen Disziplinen da. So war es nicht ganz einfach.

Hisamatsu: Ich habe mich gefreut, daß es zu allerlei Gesprächen kam.

Heidegger: Für ein solches Kolloquium bräuchte man mehrere Tage.

Hisamatsu: Das stimmt. In dem Thema stecken wirklich schwierige Fragen. Aus welchen Bereichen kamen denn die gestern anwesenden Personen?

Heidegger: Herr Bröse ist der Vorsitzende des Kunstvereins. Eigentlich ist er Jurist. Vor 33 Jahren besuchte er eine Vorlesung bei mir.

Hisamatsu: Malt er auch selber?

Heidegger: Nein, er malt nicht selbst. Er ist in der Organisation des Kunstvereins tätig, beschäftigt sich mit der Theorie der Malerei und fördert junge Künstler. Weiter war der namhafte abstrakte Maler Spiller da.

Hisamatsu: War er nicht bei Paul Klee?

Heidegger: Klee war Professor für Malerei am Bauhaus.

Hisamatsu: Klee ist auch in Japan eine berühmte Person.

Heidegger: Spiller war mit Paul Klee bekannt.

---

* Zu dem aufgezeichneten Gespräch zwischen Martin Heidegger und Shinichi Hisamatsu kam es am 19. Mai 1958 im Haus von Heidegger in Freiburg. Am Vortag dieses Gespräches fand im Kuppelsaal, dem kleinen Auditorium der Universität Freiburg, unter der Leitung von Heidegger kurz nach 18 Uhr ein knapp zweistündiges Kolloquium (s. unten S. 211) mit anschließendem Abendessen statt. Die aufgezeichnete Unterhaltung anläßlich einer Einladung zum Tee zu Hause bei Heidegger konnte nicht fortgesetzt werden, da Heidegger plötzlich in einer dringenden Angelegenheit weggerufen wurde. Am Abend desselben Tages hielt Hisamatsu einen Vortrag im Theatersaal der Alten Universität. Das Gespräch wurde von Fujiyoshi aufgezeichnet. Diese Aufzeichnung, ihre japanische Fassung und Rückübersetzung ins Deutsche – es handelt sich also um eine dreifach gebrochene Mitteilung – verbieten es, die hier abgedruckten Äußerungen als wörtliche Zitate zu verstehen. Der Titel stammt von den japanischen Herausgebern. Der Übersetzung liegt der Text in: Shinichi Hisamatsu, *Chosakushû* (Shinichi Hisamatsu, *Gesammelte Werke*,) Bd. 1: *Tôyôteki mu (Das östliche Nichts)* (Tôkyô 1970) 408–411, zugrunde. S. auch Bibl. Nr. 52.

Hisamatsu: Auch ich habe Bilder von Klee gesehen.

Heidegger: Sie haben welche gesehen? Ich schätze Paul Klee höher als Picasso. Meines Erachtens ist Paul Klee ein bedeutenderer Maler als Picasso.

Hisamatsu: Hatte Alcopley[1] Beziehungen zu Klee?

Heidegger: Ob es Beziehungen gab oder nicht, weiß ich nicht. Sie scheinen sich zwar in manchem zu ähneln, aber Paul Klee ist schon 1940 gestorben. – Der Herausgeber dieses Buches *(Paul Klee. Leben und Werk)* ist Spiller. Er wird wahrscheinlich auch heute Abend kommen. Dieses Bild (ein Bild des Jishô-ji Tempels) hat mir der Direktor der Schiffahrtsgesellschaft »Bremer Lloyd« aus Japan mitgebracht.

Hisamatsu: Hier ist der Tôguji-Tempel, man nennt ihn Tôgu-dô. In ihm befindet sich der erste japanische Teeraum. Man kann sagen, daß der japanische Teeweg vom Ginkakuji-Tempel aus seinen Anfang genommen hat. Der Shôgun Yoshimasa hat Shûko Murata aufgetragen und veranlaßt, den Teeweg in Gang zu bringen.

Heidegger: Das hier ist eine vor kurzem erschienene Sammlung von Werken Klees[2].

Hisamatsu: Das ist wirklich ein prachtvolles Buch. Dieses Bild hat etwas Östliches an sich. Ich mag das Bild *Die Schnecke*[3] am liebsten. Welches Bild von Klee gefällt Ihnen?

Heidegger: Mmh, ich mag die Zeichnung *Silbermond*[4]. Sind Sie einmal nach Bern gefahren? In Bern lebt Klees Sohn. Er besitzt viele Werke von Klee.

Tsujimura: Wir sind leider nur mit der Bahn an Bern vorbeigefahren.

Heidegger: Schade! Aber Sie haben doch viel gesehen, wenn Sie die »Jungfrau« und einiges andere angeschaut haben, bevor Sie hierher kamen.

Hisamatsu: Dieses Bild ist gut. Seine Farbe hat *sabi*. Und auch an der Linienführung ist nichts Gekünsteltes.

Heidegger: Ich mag dieses Bild auch. Das Original befindet sich in Bern. Es heißt: »Heilige aus einem Fenster«[5]. Auch dieses Bild hat Klee in seinen letzten Lebensjahren geschaffen.

Hisamatsu: Irgendwie hat es etwas von einer japanischen Kalligraphie an sich.

---

1 Zu Alcopley vgl. u. S. 211 (Anm. d. Übers.).
2 *Im Zwischenreich. Aquarelle und Zeichnungen von Paul Klee*, hg. v. W. HAFTMANN (Köln 1957) (Anm. d. Übers.).
3 *Die Schnecke* 1924, Aquarell auf Briefpapier, 19×28 cm, Privatbesitz. Abb. 32 ebd. (Anm. d. Übers.).
4 Es handelt sich vermutlich um das Bild *Silbermondgeläute*, 1921, 30×26,4 cm, wiederholt abgedruckt, so z.B. in: *Paul Klee, Handzeichnungen 1921–1930* (Potsdam/Berlin 1934), Tafel 6 (Anm. d. Übers.).
5 *Heilige aus einem Fenster*, 1940/56 (X 16), 29,2×20,8 cm, Aquarell über strukturierter Kleistergrundierung; vgl. *Paul Klee, Die farbigen Werke im Kunstmuseum Bern* (Bern 1976), Nr. 239, S. 427 (Anm. d. Übers.).

Heidegger: Ja, das stimmt. – Klee war auch ein bedeutender Musiker. Er soll gesagt haben: Die wahren Meister sind Mozart und Beethoven.

Hisamatsu: Ich würde gerne etwas über Ihre neuesten Gedanken hören.

Heidegger: Neue Gedanken habe ich, aber die sind noch nicht fertig. Ich habe sie zwar niedergeschrieben, aber noch nicht vorgetragen. Ich komme wirklich nur ganz langsam Schritt für Schritt voran. Das hängt mit dem Problem der Sprache zusammen. In den Vortrag, den ich neulich gehalten habe[6], ist auch etwas von diesem neuen Denken eingeflossen; es bildet den Hintergrund des Vortrages, ist in ihm aber nicht klar und deutlich ausgesprochen. Ich möchte die Vorurteile über die Sprache überwinden. Die westliche Art, die Sprache grammatisch zu begreifen, steht unter der Herrschaft nicht nur der Aristotelischen, sondern der griechischen Ontologie. Aber die Sprache eines Dichters läßt sich mit dieser grammatischen Auffassung der Sprache nicht begreifen. Darüber habe ich schon gesprochen. Im Blick auf das alte Japanisch, das noch keinerlei Berührung mit den indogermanischen Sprachen hatte, lassen sich hier vermutlich einige interessante Fragen aufwerfen. Klee hat einmal Folgendes geschrieben, es klingt wie ein Gedicht: »Die Vöglein sind zu beneiden, / sie meiden, / an Stamm und Wurzeln zu denken, / und selbstzufrieden schaukeln den ganzen Tag die behenden / und singen auf letztverzweigten Enden«[7].

Hisamatsu: Die Sache, von der Sie hier sprechen, findet sich auch in Zen-Gesprächen. Die Sprache gilt im Zen als ganz freier Ausdruck. So frei, daß sich erst, nachdem sie ausgesprochen ist, eine Grammatik bildet.

Heidegger: Auch meine Überlegungen gehen in diese Richtung.

Hisamatsu: Ich wünsche mir sehr, daß Sie diese Gedanken auf jeden Fall ausarbeiten.

Heidegger: Mein Schüler Buchner ist nach Japan gefahren. Ich bitte Sie, ihn zu betreuen.

Hisamatsu: Auch ich möchte von Herrn Buchner lernen. Ich hoffe, daß sein Aufenthalt zur Entwicklung eines ost-westlichen Denkens beiträgt. Ich wünsche mir, daß einst der Osten den Westen und umgekehrt der Westen den Osten in sich einschließt und es auf diese Weise zur Entfaltung eines ost-westlichen Denkens kommt.

Heidegger: Ich danke Ihnen für diese Worte. Ich meine, daß eine solche Begegnung zwischen dem Osten und dem Westen wichtiger ist als wirtschaftliche und politische Kontakte.

---

6 *Dichten und Denken. Zu Stefan Georges Gedicht »Das Wort«*, gehalten am 11.5.1958 im Burgtheater zu Wien, jetzt unter dem Titel *Das Wort*, in: Martin HEIDEGGER, *Unterwegs zur Sprache*, a.a.O., 217–238. Hisamatsu war bei dem Wiener Vortrag zugegen (Anm. d. Übers.).
7 S. *Tagebücher von Paul Klee 1898–1918*, hg. v. F. KLEE (Köln 1957) 141; sowie: Paul KLEE, *Gedichte*, hg. v. F. KLEE (Zürich 1960) 55 (Anm. d. Übers.).

Hisamatsu: Ich bin derselben Meinung. Vermutlich werden solche Begegnungen auch die Politik verändern.

Heidegger: Selbstverständlich. Umgekehrt geht es nicht. Von der Politik und Wirtschaft ausgehend, kommen wir nicht weiter. Wir müssen von einem tieferen Ort her beginnen.

Hisamatsu: In der Tat, ich stimme dem völlig zu. Ihre Worte sind mir ein großes Geschenk für meine Rückkehr nach Japan.

Heidegger: Das gestrige Kolloquium hat, soweit ich sehe, bei den Anwesenden einen großen Eindruck hinterlassen. Ebenso unser heutiges Gespräch.

Hisamatsu: Aber ich bitte Sie ... vielen Dank! Ich würde sehr gerne etwas handschriftlich von Ihnen Geschriebenes mit nach Hause nehmen. Ein Gedicht, das Sie mögen, etwas von Ihnen selbst oder irgendetwas anderes.

Heidegger: (Holt eine nicht im Handel erhältliche, limitierte Sonderausgabe von *Johann Peter Hebel – Der Hausfreund*[8] herbei) Ich werde in deutscher, nicht in lateinischer Schrift schreiben.

Hisamatsu: Ah, vielen Dank!

Tsujimura: Ins Japanische übersetzt steht hier geschrieben: »Zur freundschaftlichen Erinnerung an Ihren Besuch in Freiburg.« (Heidegger signiert außerdem noch das von ihm verfaßte Büchlein *Der Feldweg* und schenkt es Hisamatsu.)

Hisamatsu: Herzlichen Dank für die vielen Geschenke! (Während er auf ein Foto Heideggers in der limitierten Sonderausgabe von *Johann Peter Hebel* deutet) Aus welchem Jahr ist dieses Bild?

Heidegger: Von 1955.

(Übersetzt von Elmar Weinmayr)

---

8 Es handelt sich um das Heft *Gespräch mit Hebel*, vgl. Erläuterung zu Abb. 18 (Anm. d. Übers.).

KEIJI NISHITANI

Ein tiefes Gefühl für die Krise der modernen Zivilisation*

Heidegger, der größte Philosoph und Denker des 20. Jahrhunderts, ist gestorben. Man kann nicht von der modernen Philosophie sprechen ohne seine Leistungen zu berücksichtigen. Seine Ontologie hat zuerst Sartre, dann auch viele andere Philosophen und Denker beeinflußt. Vor kurzem hat sein Standpunkt des Anti-Humanismus den französischen Strukturalisten Anstöße gegeben und dadurch eine erneute Hochschätzung erlangt. Man kann nicht sagen, daß die Leistungen Heideggers jetzt, wo sich die Krise der modernen Zivilisation immer weiter ausbreitet, bereits genügend untersucht wären; von nun an werden sich die Forschungen wohl nach und nach häufen.

Keiji Nishitani, Honorarprofessor an der Universität Kyôto, der vor dem Krieg zwei Jahre lang bei Heidegger studierte, spricht folgendermaßen:

»Das letzte Mal traf ich Heidegger im Sommer vor etwa drei Jahren. Man sagte, Heidegger gehöre in Europa zu den Leuten, die man meistens nicht treffen könne. Da ich allerdings unmittelbar vor dem Krieg zwei Jahre bei Heidegger studiert hatte, empfing er mich mit Freude. Das Zähringer Haus, in dem Heidegger wohnt, war früher von Wald und Feldern umgeben, jetzt stehen auch Wohnhäuser in dieser Gegend. Trotzdem war es eine ruhige Umgebung, gerade recht, um den Lebensabend dort zu verbringen. Damals war Heidegger voller Lebenskraft. Er bot mir Wein an, sprach über die Philosophie und über die gegenwärtige Zeit und war mit großer Freude bei der Unterhaltung. Die stark gewandelte, gegenwärtige Tendenz in der Denkwelt Deutschlands, nämlich die Mode der amerikanischen und englischen analytischen Philosophie, schien ihm allerdings nicht zu gefallen.

Heideggers Philosophie nimmt ihren Anfang mit seinem Hauptwerk *Sein und Zeit*, wo er ein Denken der Existenz in Gang bringt. Dabei geht sein Denken jedoch entschieden zurück auf die griechische Tradition des Platon und Aristoteles. Insbesondere beim späten Heidegger tritt dann ein Denken der Überwindung der von den Griechen herkommenden Metaphysik in den Vordergrund. Sich auf die Metaphysik berufend, wollte Heidegger noch einen Schritt weiter gehen und nach dem der Metaphysik Zugrundeliegenden fragen. Dabei zeigte sich auch, daß dieser Versuch unmittelbar östliche Einsichten, wie zum Beispiel die des Lao-Tse, des Dschuang-Dsi oder des Zen-Buddhismus berührte. Aus diesem Grund befragte Heidegger auch

---

* Keiji NISHITANI, *Gendai bunmei ni fukai kikikan*. Nachruf von Keiji Nishitani auf Heidegger, abgedruckt in der Abendausgabe der *Yomiuri-Shinbun (Yomiuri-Zeitung)* vom 27. 5. 1976.

mich über den Zen-Buddhismus. Heidegger besaß weiterhin ein Gefühl für die Krise, die er in Zusammenhang mit der in der modernen Zivilisation angelegten fundamentalen Sichtweise und Seinsweise des Menschen sah. Die Spuren, die er in der westlichen Philosophie des 20. Jahrhunderts zurückgelassen hat, sind nicht zu ermessen.«

(Übersetzt von Elmar Weinmayr)

EIHÔ KAWAHARA

Herzliches Beileid*

Gestern ging ich wegen einer völlig belanglosen Angelegenheit in das Lehrerzimmer irgendeiner Modeschule. Es waren viele junge und hübsche Lehrerinnen da. Eine dieser Lehrerinnen entdeckte sofort ein Portraitfoto, das – ein bißchen größer als eine Postkarte – sich unter meinen Sachen (war es beigelegt? war es eingeschoben?) befand.

»Wer ist das?«

»Der deutsche Philosoph Heidegger.«

»Was! So sieht also ein Philosoph aus.«

Heidegger, im Alter von 70 Jahren. Ein bißchen nach vorne gebeugt, nur die Augen starren leicht nach oben. Unter dem Schnurrbart die Lippen gerade wie ein Strich. Schwarze Kleidung, eine karierte Krawatte. Alt und gereift. Kühl und ruhig, nur die Augen durchbohren einen. – Einige Lehrerinnen kamen und warfen einen Blick auf das Bild. Während sie untereinander flüsterten, seufzten sie bewundernd. Diese jugendlich frische und bunte Atmosphäre im Lehrerzimmer der Modeschule und die Würde des gealterten Philosophen Heidegger, das war wirklich eine seltsame Zusammenstellung.

Nach Hause zurückgekehrt, sah ich am Abend im Fernsehen zufällig ungefähr die letzten zehn Minuten eines Westernfilms, allerdings ohne bewußt hinzusehen. Da hörte sich plötzlich der Name des einen der beiden Hauptdarsteller wie »Heidegger« an. Zwar war mir klar, daß dies nicht möglich sein konnte, da es sich um einen Amerikaner oder Mexikaner handelte, aber es klang wie »Heidegger«. – Ein merkwürdiger Tag ist heute... durch Zufall habe ich Heidegger zweimal getroffen, dachte ich bei mir.

Und als ich nun heute morgen aufstand, war die erste Neuigkeit, die eintraf, die Nachricht, daß Heidegger gestern gestorben ist. Er war 86 Jahre alt.

Sofort holte ich das Bild von gestern hervor und stellte es ehrfurchtvoll auf dem Schreibtisch auf. Zweimal bin ich ihm gestern begegnet, murmelte ich und betete für

---

* Eihô KAWAHARA, *Tsutsushinde aitô*, in: Risô 517 (1976) 131–137. Die Übersetzung wurde im November 1988 in Tôkyô mit Herrn Prof. Kawahara besprochen. Ich möchte Herrn Prof. Kawahara hier herzlich für seine Bereitschaft zur Zusammenarbeit danken.

seine Seelenruhe. Heidegger, der in *Sein und Zeit* das Sprichwort: »Sobald ein Mensch zum Leben kommt, sogleich ist er alt genug zu sterben.« (*Sein und Zeit,* S. 245) und Nietzsches Wort vom »für seine Siege zu alt zu werden« (ebd., S. 264) zitiert, Heidegger, der erklärt, daß man, insofern sich der Tod nicht ontologisch fassen lasse, über die Frage, was nach dem Tod sei, nichts sagen könne – wie ist er wohl gestern gestorben? Bestimmt war es ein sanfter, ruhiger Tod ohne außergewöhnliche Vorkommnisse. Ich wünsche, daß es so war. – Bedenkt man die Zeitverschiebung von acht Stunden, so ist er vielleicht gerade in einem Augenblick gestorben, in dem wir, ohne etwas zu ahnen, in jenem farbenfrohen Lehrerzimmer Atem holten.

Insbesondere werde ich traurig, denke ich an die Gefühle seiner Gattin, die über ein halbes Jahrhundert lang seine Gefährtin war.

Es ist schon zwanzig Jahre her, daß ich Heidegger treffen durfte. Einmal traf ich ihn, als ich den jetzt verstorbenen Professor Masaaki Kôsaka begleitet in der Berghütte bei Todtnauberg, zu der uns damals Professor Tokuya Kakihara führte; das zweite Mal, als ich mich Professor Tsujimura anschloß, in seinem Seminarzimmer an der Freiburger Universität und das dritte Mal schließlich allein in seinem Privathaus in Zähringen. Daher habe ich eigentlich auch überhaupt keine Befugnis, über die Persönlichkeit Heideggers zu sprechen. Ich kann nur von dem Eindruck erzählen, den ich bei diesem Treffen erhalten habe.

»Wie lautet das entsprechende japanische Wort für Sein?« »Es heißt ›sonzai‹ oder ›u‹.«

Professor Kôsaka in der Mitte, waren wir in ganz passiver Haltung gezwungen, die Fragen, die Heidegger vorbrachte, zu beantworten. Heidegger lauschte unseren notdürftig und in Eile zusammengestellten Antworten mit außergewöhnlicher Anteilnahme, schrieb sich mit einem Kugelschreiber etwas auf und fragte scharfsinnig zurück. Oft waren wir uns unsicher und kamen in Verlegenheit. Sein leidenschaftlicher Blick war so bohrend und durchdringend, als wolle er hinter unseren stockenden Antworten den Ursprung des ostasiatischen Denkens ertasten. In den Aufsätzen *Logos, Moira, Alêtheia* usw., in denen Heidegger sich mit dem klassischen griechischen Denken beschäftigt, herrscht eine Spannung, die einem gleichsam den Atem raubt und kaum Luft läßt. Ich denke, der Grund dafür ist, <u>daß Heidegger *seine eigene Sache* mit Gewalt aus Parmenides und Heraklit heraushören will.</u> Da ihm das ostasiatische Denken vermutlich noch viel ferner war als das klassische griechische, vervielfachte sich sein Eifer um so mehr, und wir kamen daher zwangsläufig in Verlegenheit. Es war tatsächlich so, daß wir alle erst, als es nach einigen Stunden schließlich Zeit wurde, die Hütte zu verlassen, bemerkten, daß es in Strömen regnete.

Auch in dem Text *Aus einem Gespräch von der Sprache*[1] mit einem Japaner ist Heidegger der Fragende. Genauso war Heidegger der Fragende, als ich ihn das dritte

---

1 In: Martin HEIDEGGER, *Unterwegs zur Sprache* (Pfullingen [6]1979) 81–155. (Anm. d. Übers.)

Mal allein treffen durfte. Seine Fragen bezogen sich auf die japanische Sprache, auf den Buddhismus usw. Er sprach auch davon, daß Daisetsu Suzuki einmal zu ihm gekommen sei und daß er Suzukis Bücher auf Englisch gelesen habe. Da diese Bücher aber für Europäer geschrieben seien, würde er selber sehr gerne für Japaner geschriebene Bücher über den Buddhismus lesen, aber da er kein Japanisch könne... Damals hatte gerade Löwith Heidegger ziemlich spöttisch kritisiert, und ich studierte bei Löwith. Aber ohne irgendetwas Boshaftes zu sagen, fragte mich Heidegger ganz unbefangen, worüber Löwith lese. Ich war zugleich erstaunt und erleichtert. Obwohl es einiges gab, was ich Heidegger fragen wollte, sagte er lachend: »Ich habe gehört, daß Japaner gerne von Kneipe zu Kneipe ziehen«, schenkte mir Wein ein und bestürmte mich mit Fragen. Jetzt, im nachhinein betrachtet, meine ich, daß dies vermutlich Heideggers raffinierte Art war, Gäste zu empfangen und sie zum Reden zu bringen. Sein Blick verriet dabei jedoch äußerste Anteilnahme.

Das zweite Mal begegnete ich Heidegger in einem Seminar über Hegels *Wissenschaft der Logik*. Es waren knapp zwanzig Teilnehmer da: Fink, Müller und andere Professoren, Boeder, der noch ein junger Assistent war, und andere. Auch einige ältere Frauen nahmen teil. Heidegger stand auf, ging zum Fenster, blickte nach draußen, kehrte zu seinem Platz zurück, wobei er Boeder oder jemand anderem auf die Schulter klopfte, dann ließ er jemanden reden, notierte sich etwas mit dem Kugelschreiber und versank eine Weile in Nachdenken. Schließlich sagte er ganz entschieden, daß die Sache Hegels hier das Sein sei, und lenkte das Gespräch auf die Differenz zwischen dem Sein und dem Seienden. Auch in diesem Fall stellte er Hegel Fragen und wollte mit Gewalt aus Hegel *seine eigene Sache* herausbekommen. Vielleicht ist das für einen alten und gereiften Menschen etwas Unumgängliches, besonders für einen ernsthaften...

Zu Beginn einer Vorlesung über Aristoteles soll Heidegger die Biographie des Aristoteles allein damit abgehandelt haben, daß er sagte: »Aristoteles wurde geboren, arbeitete und starb.« Was hat Heidegger damit wohl beabsichtigt? Dachte er vielleicht – er suchte ja immer bei anderen Menschen *seine eigene Sache* –, daß auch er selbst einer ist, der geboren wurde, arbeitet und stirbt? Man bezeichnet Heidegger auch als einen Menschen ohne Biographie. Es gab für ihn wohl nur die Arbeit? Zwar waren es bloß neun Monate, aber jedenfalls wurde er wegen seiner Beziehung zu den Nazis angegriffen. Wegen seiner obskuren und merkwürdigen Wortwahl wurde er landauf landab verspottet. Der Heidegger-Kult seiner Anhängerschaft war in seinen letzten Lebensjahren unausstehlich und wurde höhnisch belächelt. Es gab Verschiedenes. Heidegger selbst aber schien überhaupt nicht darauf zu achten, gelassen setzte er seine Arbeit fort und verfaßte, als er schon fast 80 Jahre alt war, noch *Die Kunst und der Raum*. Das ist erstaunlich. Ich habe gehört, in Deutschland sei es eine große Ausnahme, daß die Gesammelten Werke bereits zu Lebzeiten erscheinen – von der Heidegger-Gesamtausgabe sind jedoch bereits zwei Bände erschienen. Dem Plan zufolge sollen später noch über 70 Bände erscheinen. Auch das ist erstaunlich.

Es scheint, als bewege sich die deutsche philosophische Welt heute in einer Richtung, die von dem Denkweg, den Heidegger beschritten hat, ziemlich verschieden ist. Aber wie lange wohl kann sie diesen Weg noch umgehen und meiden?

Im Gefolge der fortschreitenden Heidegger-Gesamtausgabe wird auch die Heidegger-Forschung in immer mehr Einzelheiten bestätigt werden. Sie wird wohl manchmal Korrekturen mit sich bringen und sich immer weiter vertiefen.

Groß ist auch der Einfluß, den Heidegger nicht allein auf Sartre, sondern ebenso auf Psychopathologen, Theologen und Dichter und andere ausübte. Insbesondere in Japan sind die Freunde und Schüler Heideggers, die Heideggerforscher und diejenigen, die von ihm gelernt haben, zahlreich. Die Last der vom Westen herkommenden Herausforderung zu einem »Gespräch mit dem asiatischen Denken«, welches sich Heidegger immer wünschte, aber nicht vollzog, spüren wir in ihrer ganzen Gewichtigkeit erst jetzt, da wir hören, daß Heidegger gestorben ist.

Heidegger schläft jetzt wohl sanft inmitten des Grüns und Scharlachrots des wunderschönen Mai im Schwarzwald, den er bis gestern nicht aufhörte zu lieben. Mein herzliches Beileid!

(Übersetzt von Elmar Weinmayr)

JIRÔ WATANABE

Im Schatten von Kastanienbäumen*

Die Nachricht, daß Heidegger am 26. Mai gestorben ist, erfuhr ich am frühen Morgen des darauffolgenden Tages durch ein Telefonat von seiten einer Zeitungsgesellschaft. Kaum hatte ich die Todesnachricht erhalten, überraschten mich die Anfragen verschiedener Zeitungen, ohne daß ich Zeit gehabt hätte, das Durcheinander in meinem Herzen zu ordnen. Gerade an diesem Tag hatte ich an der Universität und andernorts Vorlesungstermine. Aber ich schlängelte mich durch die dringenden Verpflichtungen und schrieb – überredet von der Zeitungsgesellschaft, die am schnellsten Verbindung mit mir aufgenommen hatte – mitten im Gehetze ein paar Zeilen. Sie erschienen in der Abendausgabe des folgenden Tages.

Heideggers Tod ist ein Ereignis, das mich wirklich bis ins Herz trifft. Natürlich, Heidegger war schon über 86 Jahre alt, und mir war auch schon das Gerücht zu Ohren gekommen, daß er in den letzten Jahren überraschend schwach geworden sei. Als ich im Sommer vor drei Jahren nach Freiburg kam, hörte ich von alten Freunden, wie zum Beispiel von v. Herrmann an der Universität Freiburg oder auch von Frank Kauz, der an die Universität Bern gewechselt war, daß Heidegger alle seine Manuskripte dem Schiller-Archiv anvertraut habe. Jedermann weiß, daß jetzt darauf basierend die Edition der Gesamtausgabe im Gange ist. Dies legt die Vermutung nahe, daß Heidegger auf seinen eigenen Tod gefaßt war. Trotzdem kann ich mich einer Art Ergriffenheit nicht erwehren, vergegenwärtige ich mir das Gefühl, das sich in dem Entschluß verbirgt, als Einzelmensch zugrunde zu gehen und zu verschwinden und nur allein im Werk weiterzuleben. Vor acht Jahren habe ich flüchtig gesehen, wie sorgfältig die Typoskripte all der vielen Manuskripte, die Heidegger geschrieben und aufgehoben hat, in einem Schrank des Meßkircher Hauses seines jüngeren Bruders Fritz Heidegger aufbewahrt werden. In der Tat muß wohl jede Auslegung »mit ihren Erläuterungen vor dem reinen Dastehen des Gedichtes... verschwinden« *(Erläuterungen zu Hölderlins Dichtung, Vorwort).* Gerade der das Individuelle übersteigende Weg des Denkens selbst ist von Bedeutung. Besonders

---

* Jirô WATANABE, *Kasutânien no kokage de,* in: *Risô* 517 (1976) 122–126. Die Übersetzung wurde im November 1988 mit Herrn Prof. Watanabe in Tôkyô durchgesprochen. Ich möchte Herrn Prof. Watanabe hier herzlich für seine Bereitschaft zur Zusammenarbeit danken.

jetzt, da man von Heideggers Tod erfahren hat, sollte man die ihm eigene Gedankenwelt nicht durch unnütze Rückerinnerungen beschmutzen, sondern mit ganzem Herzen bei den reinen, auskristallisierten Ergebnissen eines Menschen, der alles auf den Weg des Denkens gesetzt hat, verweilen.

Bei alledem kommen mir jetzt in besonders tiefer und inniger Erinnerung Städte wie Meßkirch, Konstanz, Freiburg, Todtnauberg, auch Marburg und andere Orte, mit denen Heidegger verbunden war, in den Sinn. Ihre Wälder, ihre Natur und die ihnen eigentümliche Atmosphäre bilden allesamt den Hintergrund des Weges des heideggerschen Denkens. Tatsächlich hat Heidegger, wie allgemein bekannt, gerade die »Bodenständigkeit« des Denkens und des Lebens so hoch wie nichts anderes geschätzt. Sein Denken ist ganz und gar und unmittelbar aus dieser Bodenständigkeit seines heimatlichen Existierens erwachsen. Heidegger ist dieser Bodenständigkeit auf den Grund gegangen, er hat seinen Blick auf das dort verborgene Geheimnis gerichtet und sich ihm denkend zugewandt. Er hat die Rückkehr zu dieser Bodenständigkeit thematisiert und sie uns nahegelegt; und jetzt ist er selbst zur Erde zurückgekehrt. Ein scharfes, durchdringendes Denken, dem es um diese Bodenständigkeit des Existierens geht und das nie nachgebend, ehrlich und gewissenhaft diese Bodenständigkeit, so wie sie ist, erhellen will; ein eisernes Behauptungsvermögen, das diese Bodenständigkeit verteidigt und alle anderen Arten zu denken radikal kritisiert und in sich zusammenfallen läßt; und schließlich eine Sprachbegabung, die all dies in sicher unvergleichlichen Ausdrücken fixiert – hierin liegt meines Erachtens die ausgezeichnete Eigenart des Heideggerschen Denkweges.

Allerdings schwebte von früh an der Schatten des Todes über diesem Denkweg. Ist hier vom Tod die Rede, so handelt es sich natürlich nicht einfach um das »Verenden« der Lebewesen, um den medizinischen »Exitus« oder das »Ableben« des Menschen, sondern um das »Sterben« als die »Seinsweise«, in der »das Dasein *zu seinem Tode ist*« (*Sein und Zeit*, S. 247, 250f.). Daß diese Seinsweise thematisiert werden kann, liegt daran, daß das Dasein ursprünglich dem Tod »überantwortet ist« und der Tod in das Dasein »hereinsteht« (*Sein und Zeit*, S. 248, 251). Erst wenn das Dasein sein eigenes, von diesem Tod überschattetes Sein, so wie es ist, übernimmt und ihm ins Gesicht blickt, stellt sich die Frage nach dem Sinn von Sein aufs eindringlichste. Nur wenn das Dasein das »Zwischen« zwischen Geburt und Tod eigentlich und ganzheitlich durchlebt, wird das eigene Selbst und die ganze Welt, das heißt das Sein des Seienden sowie dessen Sinn und Wahrheit in unerbittlicher Radikalität zur Frage. Daher sind die Menschen sterblich, und »sterben« heißt, »den Tod als Tod vermögen«. Obwohl dieser Tod den Schatten von etwas, das kein Seiendes ist, beherbergt, das heißt, obwohl er der »Schrein des Nichts« ist, ist er als etwas, »das in aller Hinsicht niemals etwas bloß Seiendes ist, was aber gleichwohl west«, das »Gebirg des Seins«, das in sich das »Geheimnis des Seins selbst« birgt und verbirgt (*Vorträge und Aufsätze*, S. 145, 171). Es ist nicht übertrieben zu sagen, daß das ganze Denken Heideggers seine eigene Antwort auf seine von der Erfahrung dieses Schattens des Todes ausgehende Frage nach dem Sinn von Sein ist. Ich denke, daß auch die Gedanken um Ereignis und Enteignis tief von diesem Schatten durchdrungen sind.

Die Zeit, in der ich fasziniert und hilflos versuchte, mich dieser Gangart und diesem Klima des heideggerschen Denkens anzunähern, liegt inzwischen eine beträchtliche Weile hinter mir. Gerade jetzt werden mit einem irgendwie warmen Gefühl in meinem Herzen verschiedene Erinnerungen an die Natur, die Ortschaften und die Menschen wach, mit denen Heidegger verbunden war und die ich vor ca. acht, neun Jahren zu Fuß aufsuchte. Allerdings ist mir jetzt nicht danach zumute, all dies ausführlich zu erzählen. Denn diese Dinge sind – unauslöschbar ins tiefste Innere meines Herzens eingebrannt – inzwischen zu einem Teil meiner selbst geworden. Ja, ich bin sogar fest entschlossen, mir diese Dinge dadurch, daß ich sie nicht ins »Gerede« kommen lasse, einzuverleiben, bis sie mit mir eins sind. In diesen Erinnerungen bündeln sich die bewegenden Gefühle der Tage meines Studiums in Deutschland. In ihnen sind mein eigenes Leben und mein eigener Tod ineinander verschlungen.

An einer Ecke des kleinen Friedhofs der Stadt Meßkirch ist bereits das Grab, das die Stadt Meßkirch ihrem Ehrenbürger Heidegger zugeeignet hat, bestimmt. Es ist schon geraume Zeit her, daß mir der jüngere Bruder Heideggers diesen Platz zeigte und ich dort stand. Vermutlich wird Heidegger dort begraben werden.

Als ich dort stand, hatten wir genau die gleiche Jahreszeit wie jetzt: Ende Mai, die Zeit, in der ganz Deutschland am schönsten leuchtet. Ich hoffe, Heidegger ruht sanft im grünen Baumschatten und im Schatten der herrlichen Blüten der Kastanienbäume.

Ganz dicht in der Nähe des Leuchtens aller schönen Dinge liegt der Schatten des Todes. Vermutlich blühen und duften von nun an unter diesen Kastanienbäumen wirklich die Blüten von Heideggers Denken. Und obwohl auch ich im Schatten dieser Blüten tiefes Beileid empfinde, möchte ich mich doch der sich je zu ihrer Zeit ewig wiedergebärenden und in Blüten prangenden Natur überlassen und auf meine Weise das *Grablied* (Nietzsche) singen.

(Übersetzt von Elmar Weinmayr)

RYÔSUKE ÔHASHI

Erinnerungen an Fritz Heidegger[*]

Die Donau entspringt im Schwarzwald, am Fuße der Alpen entlang durchquert sie Süddeutschland von Westen nach Osten, um dann nach Osteuropa zu fließen und ins Schwarze Meer zu münden. In seinem Buch *Über die Epochen der neueren Geschichte* schildert Ranke, wie die einst am Unterlauf der Donau lebenden germanischen Volksstämme bei ihrem Zug ins Römische Kaiserreich in großen Scharen auf Schiffen über die Donau setzten. In einer Zeit, in der die Technik des Brückenbaus noch nicht verbreitet war, bildete die Donau die natürliche Landesgrenze des Römischen Kaiserreiches. Geht man die Donau jedoch bis in die Nähe des Schwarzwaldes zurück, so wird aus diesem gewaltigen Strom ein Fluß von ganz gewöhnlicher Breite. In Donaueschingen schließlich wird er zu einer »Quelle«, aus der unerschöpflich klares Wasser hervorsprudelt. Hölderlin hat den Ton dieser Quelle in seinem Gedicht *Am Quell der Donau* mit der Melodie einer Orgel verglichen. Geht man von hier aus ungefähr 30 km nach Süden, so stößt man auf den gerade aus dem Bodensee abfließenden Rhein. Ungefähr am Kilometerstein 560 der vom Bodensee aus gezählten und am Rheinufer angezeigten Flußkilometer steht der Loreleyfelsen. Der nördliche Teil des Rheins durchquert dann Deutschland der Länge nach und fließt von Holland aus in den Atlantik.

Zieht man zwischen diesen beiden für die europäische Geschichte so bedeutenden Flüssen in der Nähe ihrer Quellorte an der Stelle, wo sie sich am nahesten sind, eine Linie, so liegt genau in der Mitte dieser Linie die kleine Stadt Meßkirch, in der Martin Heidegger geboren wurde. Die in der näheren Umgebung lebenden Leute nennen dieses ganze Gebiet das »Genieeck«, da aus dieser kleinen Stadt bedeutende Menschen hervorgegangen sind. Der im 17. Jahrhundert wirkende Hofprediger Abraham a Santa Clara stammt aus einem kleinen Dorf einige Kilometer von Meßkirch entfernt. (In seinem Geburtshaus ist jetzt eine kleine Wirtschaft.) Auch der im 19. Jahrhundert lebende Komponist Conradin Kreutzer ist in Meßkirch geboren. In einem Zimmer im Hotel *Löwen* neben dem Rathaus hängen die Bilder

---

[*] Titel vom Übersetzer. Beim übersetzten Text handelt es sich um den ersten Teil eines dreiteiligen Essays unter dem Titel: »*Kawa*« sunkô. Genshôgaku no genryû (Über den »*Fluß*«. Die Quelle der Phänomenologie), in: Sôbun 220 (Tôkyô 1982) 1–3; Fortsetzungen in Heft 221 und 222.

dieser Männer, die diese Stadt hervorgebracht hat. Martin Heidegger hat den in dieser Stadt lebendigen Geist mit dem großen Strom der europäischen Geistesgeschichte zusammenfließen lassen und diesen selbst dadurch vertieft. Das entspricht eigenartigerweise genau dem, was Hölderlin, der Dichter, dem sich Heidegger in besonderer Weise zugewandt hat, in seiner Hymne *Der Ister* gedichtet hat. »Ister« ist ein anderer Name für die Donau. Der Ister »scheinet aber fast / Rükwärts zu gehen und / Ich mein, er müsse kommen / Von Osten. ... Der andere / Der Rhein ist seitwärts / Hinweggegangen.«

Für Hölderlin ist die Donau ein Fluß, der von Griechenland am östlichen Ägäischen Meer durch das Schwarze Meer zum deutschen Geist geflossen kommt. Von da aus entspringt dann der Rhein, »der Vater«, der Deutschlands Zukunft auf den Schultern trägt. Der Ursprung Griechenlands wird durch diese beiden Ströme als deutscher Geist wieder lebendig und beginnt zu fließen.

Die kleine Stadt Meßkirch ist umgeben von einer Hügellandschaft, die weit und offen vor Augen liegt und bis in grenzenlose Ferne rhythmisch wogt. In dieser Hügellandschaft verläuft der Weg, der als Heideggers *Feldweg* bekannt ist. Der Weg beginnt am Ende der Abraham-a-Santa-Clara-Straße und setzt sich außerhalb des Stadtgebietes fort. Viele der im *Feldweg* geschilderten Dinge sehen jetzt ganz anders aus. Der Feldweg ist inzwischen asphaltiert und Autos überholen die Fußgänger. Aber das Kreuz steht noch still am Wegesrand, und auch die Eiche steht noch und verfolgt die Zeitläufte.

Ich möchte hier von einem Greis berichten, mit dem ich einen kurzen Tag im Genieeck verbrachte. Die Nachwelt wird ihn vermutlich nicht in die Reihe der Persönlichkeiten stellen, die aus dieser Stadt hervorgegangen sind, und sein Porträt nicht im »Löwen« aufhängen. Als er starb, berichtete keine Zeitung von seinem Tod, während vom Tod seines älteren Bruders Martin Heidegger alle berühmten Blätter der Welt berichteten. Er war weder ein Gelehrter noch ein Künstler. Er arbeitete in einer Bank, aber hinterließ kein Werk wie Kafka. Die einzige Spur, die auch später von ihm Kenntnis geben wird, besteht vielleicht darin, daß er die Manuskripte seines Bruders mit der Schreibmaschine ins reine schrieb. So gesehen, folgte er seinem Bruder wie dessen eigener Schatten und lebte zugleich in dessen Schatten.

Der alte Fritz Heidegger, den ich traf, war allerdings nicht ein Schatten Martin Heideggers, sondern vielmehr das bodenständige schwäbische Leben, das an der Quelle des Denkens seines älteren Bruders lebt. Übertrieben gesagt: Fritz Heidegger war von einem Geist, der seine Wurzeln sowohl an der Quelle der Donau als auch am Ursprungsort des Rheins geschlagen hat.

»We-we-wenn es mir g-g-gut geht, rauche ich viel«, kam es stotternd in schwäbischem Dialekt aus dem Mund Fritz Heideggers. Tief sog er den Tabakrauch ein. Das war ein Jahr vor seinem Tod im Spätherbst 1979.

Fragte man ihn, ob es gut sei, daß er soviel rauche, schüttelte er den Kopf. »Heute habe ich für die ganze Woche geraucht, ab morgen ist Schluß mit dem Rauchen«, sagte er und stopfte seine Pfeife. Die Aufgabe, die Pfeife mit einem Streichholz anzuzünden, fiel mir zu. »Jetzt unterstütze ich Ihr unmäßiges Rauchen.« Der alte Fritz Heidegger sah mir ins Gesicht. »Bursche«, sagte er mit lachenden Augen und blies das brennende Streichholz in meiner Hand aus. Das kam für mich völlig überraschend. Was sollte ich »Bursche«, der ich nicht einmal halb so alt war wie mein Gegenüber, tun? Aber mir blieb keine Zeit zum Überlegen. Fritz Heidegger winkte mich heran und beugte sich zu mir: »Feuer bitte!« In diesem Augenblick wurde mir klar, daß sowohl die »Schuld«, Fritz Heidegger beim Rauchen zu unterstützen, als auch seine »Schuld«, maßlos zu rauchen, ganz und gar weggeblasen war. Ich hatte das Gefühl, als ließe sich vor Fritz Heidegger sogar die Erbsünde, von der im Christentum die Rede ist, wegblasen und tilgen.

Fragte man Fritz Heidegger, der sich selber als »nur 85 Jahre alt« bezeichnete, nach seinem Blutkreislauf, so fragte er zurück: »Kreislauf oder Greislauf?« Es kam vor, daß er, während er sich gerührt an seinen Bruder erinnerte oder über die Bibel sprach, plötzlich fragte: »Soll ich Ihnen meine Freundin vorstellen?« und mich mit der mit ihm gut befreundeten Bedienung im Restaurant bekannt machte. »Das ist eine Lokomotive, gell«, flüsterte er mir mit einem schelmischen Lächeln zu. Wenn er seinen Mantel hängen ließ, murmelte er: »Ah, das ist die Seinsvergessenheit.« Einmal stellte er in heraklitischer Manier fest »Alles fließt«, um gleich darauf zu fragen: »Wie steht denn der Yen zur Zeit?«

Der alte Fritz Heidegger war ganz locker und immer zu einem Spaß aufgelegt. Mal spielte er den Lausbuben, ein andermal den alten Fuchs. Er ließ sich nicht fassen. Die Einheimischen erzählen, daß sogar sein Bruder Martin von ihm manchmal auf den Arm genommen worden sei. Aber anscheinend haben sich die beiden Brüder ihr ganzes Leben lang bestens verstanden. Ich war an diesem Tag von der wundersamen Unmittelbarkeit dieses Greises, von der ich bisher nur gerüchteweise gehört hatte, bezaubert. Und das, obwohl ich von ihm an der Nase herumgeführt wurde. Wenn das Denken die Faktizität des Lebens in sich selbst aufhebt und so dessen faktische Einzelheit übersteigt und Weltoffenheit gewinnt, kann das Denken auch umgekehrt zurückverfolgt werden bis an den Ort, an dem es selbst wurzelt. Für mich war es, als sei der Mensch Fritz Heidegger der Teil des heideggerschen Denkens, der als Wurzel in der Erde bleibt. An Fritz Heidegger wurde mir deutlich, wie lebendig der Geist schwäbischer Bodenständigkeit in Heideggers Denken wirkt. Jeder lange Fluß verdankt sich der Quelle, die ihn entspringen läßt. Auch im langen Fluß eines Denkens lebt die Quelle dieses Denkens. Dieses Leben ist, auch wenn es das Denken nicht weiß, ja gerade weil es das Denken nicht weiß, die Quelle des Denkens.

Im 5. Band der Schulgespräche des Konfuzius steht: Konfuzius sprach: »Der Fluß gibt seine Flußkarte nicht heraus, ich kann nichts mehr tun.« Gewöhnlich wird diese Stelle so verstanden, als beklage Konfuzius sich, daß er am Ende sei und nichts mehr machen könne, da die Flußkarte des Gelben Flusses, die das glückverheißende Vorzeichen für das Erscheinen eines heiligen Kaisers ist, noch nicht da ist. Ich kann mir allerdings nicht vorstellen, daß der Konfuzius, der sagen konnte: »Zu jeder Zeit geht es weiter, alle Dingen kommen hervor«, auf das noch nicht erschienene Zeichen wartet und klagt. Ist nicht der ewige Gelbe Fluß die Tugend des heiligen Kaisers selbst? Wenn man diesen Gelben Fluß selber hinunterfährt, braucht man keine Flußkarte. Dann ist das Ich, das vorher bloß klagend wartete, am Ende und wird selbst zum Fluß. Das »Ich kann nichts mehr tun« des Konfuzius kann meines Erachtens auch als ein solches Wort der Selbstüberwindung aufgefaßt werden. Der alte Fritz Heidegger war ein Mensch, der sogar die Klage des Konfuzius »Ich kann nichts mehr tun« hinter sich gelassen hatte. Aus dieser schwäbischen Quelle entspringt das Denken Heideggers, das den Hauptstrom der Freiburger Phänomenologie bildet. Wie sieht wohl die Flußkarte dieses Stromes aus? In welchem Sinn können wir sagen: »Der Fluß gibt seine Karte nicht heraus?«

(Übersetzt von Elmar Weinmayr)

IV.

MARTIN HEIDEGGER

Vorrede zur japanischen Übersetzung von »Was ist Metaphysik?« (1930)*

Ständig nach sich selbst fragen zu müssen, ist die Auszeichnung der Philosophie vor aller Wissenschaft. Das echte Fragen nach sich selbst kann aber die Philosophie nicht zur eitlen Selbstbetrachtung und ergebnislosen »methodologischen« Zerfaserung verleiten. Es versetzt sie im Gegenteil in den Zusammenhang des Geschehens der Metaphysik, die zur inneren Geschichte des menschlichen Daseins gehört. Nur so findet die Philosophie ihre jeweilige Aufgabe.

Als solche glaubt der Verfasser erkannt zu haben: die ursprünglichere Ausarbeitung der überlieferten Leitfrage der abendländischen Metaphysik »Was ist das Seiende?« zu der sie tragenden und führenden Grundfrage »Was ist das Sein?« Hiermit ist zugleich gefragt: worin gründet die innere Möglichkeit und Notwendigkeit der Offenbarkeit des Seins?

Im Dienste dieser Grundfrage versucht die folgende Vorlesung zu zeigen, dass und wie zum Wesen des *Seins als solchen* das *Nichts* gehört. Dadurch bekundet sich das Sein überhaupt als Endlichkeit. [Der] Mensch aber, ein Seiendes, das »ist« sagen muss und kann, enthüllt damit den tiefsten Grund seiner Endlichkeit. Deshalb wird

---

* Bei dieser *Vorrede* handelt es sich um ein von Heidegger eigens für die erste japanische Übersetzung von *Was ist Metaphysik?* (die erste Übersetzung eines heideggerschen Textes ins Japanische überhaupt, vgl. Bibl. Nr. 1) verfaßtes Vorwort. Die deutsche maschinenschriftliche Originalfassung wurde kürzlich von Elmar Weinmayr in einem Brief entdeckt, den Seinosuke Yuasa aus Freiburg i. Br. (Bußstr. 13) am 30.6.1930 an Seiichi Ôe nach Tôkyô geschrieben hatte. Der Brief befand sich in Ôes deutschem Arbeitsexemplar von *Was ist Metaphysik?* Beigelegt war dem Brief ein DIN-A 4 großer Durchschlag der maschinenschriftlich geschriebenen *Vorrede*. Der japanische Text des Briefes lautet in Übersetzung: »Sehr geehrter Herr Kollege Ôe! / Ich schicke Ihnen hier umgehend die Einleitung, die ich gerade zum versprochenen Zeitpunkt vom Professor erhalten habe. / Da es sich um eine Einleitung handelt, die der Professor auf unseren eindringlichen Wunsch hin, obwohl er sehr beschäftigt ist, verfaßt hat, wäre ich Ihnen sehr dankbar, wenn auch Sie sich direkt bedanken würden. Ich hatte keine Gelegenheit, nach der Stelle zu fragen, an der die erwähnte ›verkehrte Welt‹ vorkommt. Da ich sehr vergeßlich bin, fragen Sie bitte, wenn es unbedingt nötig ist, irgend jemanden in Japan, wo es viele gelehrte Professoren gibt. / Ich wäre Ihnen sehr dankbar, wenn Sie mir nach Erscheinen ein Exemplar schicken könnten. Der Professor selbst wünscht ein Exemplar. Ich hoffe sehr, daß die Gestaltung des Buches so einfach und geschmackvoll wie möglich wird. / Da es sich um eine im wörtlichen Sinne ungeschickte Übersetzung handelt, möchte ich mich nochmals bei Ihnen entschuldigen, daß ich Sie mehrmals belästigt habe. Für heute nur dies Geschäftliche.«

die Frage nach dem Wesen des menschlichen Daseins – – in der Art und Richtung, die [= wie] sie in »Sein und Zeit« aufgerollt ist – – zur Grundlegung der Problematik der Metaphysik.

    Nicht Beschreibung des Bewusstseins des Menschen sondern begreifende Erweckung des Daseins im Menschen ist der Weg, auf dem wir wieder zurückfinden zu den wenigen einfachen harten Fragen der Philosophie.

    Der Verfasser dankt Herrn stud. philos. Seinosuke Yuassa – Freiburg B. für die Uebernahme der Arbeit der Uebersetzung. Möge die kleine Schrift ein Geringes dazu beitragen, verstehen zu lassen, <u>dass das Geheimnis aller menschlichen Existenz darin liegt, je zu ihrem eigenen Wesen zu erwachen.</u>

Freiburg i. Br. im Juni 1930.   Martin Heidegger.

MARTIN HEIDEGGER – SHINICHI HISAMATSU

Die Kunst und das Denken[*]
Protokoll eines Colloquiums am 18. Mai 1958

Heidegger: Wir wollen, von unserem europäischen Standpunkt aus, den Versuch machen, einige Wesenszüge der Kunst zu erfassen. Die Frage, ob Kunst in unserem Zeitalter noch eine Stelle hat, ist uns eine vordringliche Frage. Wir wollen das Kolloquium so beginnen, daß wir fragen, wie das, was wir ostasiatische Kunst nennen, sich selbst versteht. Ganz konkret wollen wir fragen – die Mannigfaltigkeit der ostasiatischen Welt vorausgesetzt –, ob dort überhaupt in unserem Sinne von Kunst und Kunstwerk gesprochen werden kann. Haben Sie in Japan einen Namen für »Kunst«?

Gundert: Man könnte mit ebenso großem Recht die umgekehrte Frage stellen, ob nämlich das, was wir Kunst nennen, in den Augen und im Sinne der Ostasiaten Kunst ist. Das wird in Japan sehr oft bestritten.

Heidegger: Um darauf zu antworten, müßte man nach dem Begriff von Kunst überhaupt fragen. Wir beschränken uns hier auf ein Vorläufiges. Gibt es ein Wort im Japanischen für das, was wir Kunst nennen?

Hisamatsu: Die Frage ist leicht zu beantworten. Kunst im modernen (abendländisch-ästhetischen) Sinne gibt es in Japan seit ungefähr 70 Jahren und ist eine Übersetzung. Die Japaner haben alle abendländischen Begriffe übernommen und sie

---

[*] Aus Bibl. Nr. 37a. Im Vorwort zu *Heidegger und Hisamatsu und ein Zuhörer*, S. 12 schreibt Alcopley: »Ich danke beiden Denkern, Professor Martin Heidegger aus Freiburg im Breisgau und Professor Hoseki Shin'ichi Hisamatsu aus Kyôto, für ihre Beiträge und für die freundliche Ermutigung meines Planes, dieses Buch herauszubringen... Am 18. Mai 1958 fand unter dem Vorsitz von Martin Heidegger und in Gegenwart von Hoseki Shin'ichi Hisamatsu an der Universität Freiburg im Breisgau ein Colloquium über *Die Kunst und das Denken* statt, an dem ich teilnahm. Zwischen Heidegger und Hisamatsu kam es zu einem Gespräch, an dem auch andere teilnahmen. Dieses Gespräch wurde in verkürzter Form mitgeschrieben und bildet einen Teil dieses Buches. Das Protokoll wurde von Herrn Doktor *Alfredo Guzzoni* aus Mailand verfertigt und ist von Heidegger und Hisamatsu zur Veröffentlichung freigegeben worden.« Vgl. auch oben S. 189 und Abb. 25. – Der Herausgeber und Mitverfasser des Bandes, Alcopley, ist der 1910 in Dresden geborene, 1937 in die USA emigrierte amerikanische Zeichner und Maler Alfred L. Copley; das dreisprachige Buch enthält u.a. auch zahlreiche, z.T. von ostasiatischer Tuschmalerei inspirierte Bilder Alcopleys sowie einige Texte von ihm. – Die im Protokoll genannten übrigen Teilnehmer waren: Hermann Gundert (Freiburg i. Br.), Egon Vietta (Darmstadt), Max Müller (Freiburg i. Br.), Siegfried Bröse (Freiburg i. Br.) und ein anonymer Y.

mit alten eigenen Wurzeln wiedergegeben. Man hat bei der Wiedergabe dieser abendländischen Begriffe vor allem Komposita gebildet. So bedeutet »Gei« ursprünglich die Kunst als Können überhaupt, die Kunstfertigkeit. Das Kompositum »Gei-jiz« ist dagegen die Wiedergabe des abendländischen ästhetischen Begriffes der Kunst.

Heidegger: Was war vordem? Ist es ein *Bild*, das dort in einem Kunstwerk gesehen wurde? Welche ist die ursprüngliche Erfahrung der Kunst vor der Übernahme des europäischen Begriffs? Das ist das Interessante.

Hisamatsu: Es gibt ein anderes altes Wort für »Kunst«; ein altes japanisches Wort mit einem tieferen Sinn, der vom Europäischen unbeeinflußt ist. Das ist »Gei-do«: der Weg der Kunst. »Do« ist das chinesische »Tao«, das nicht nur Weg als Methode bedeutet; es hat einen tiefen inneren Bezug zum Leben, zu unserem Wesen. Also hat die Kunst eine entscheidende Bedeutung für das Leben selbst.

Vietta: Ist dieser Weg der Kunst für den Zen-Buddhismus notwendig? Hat überhaupt das Zen eine Notwendigkeit zur Kunst? Warum heißt die Kunst Weg? Warum braucht das Zen überhaupt die Kunst?

Hisamatsu: Das Können in der Zen-Kunst bedeutet zweierlei: zum ersten wird der Mensch dadurch von der Wirklichkeit zum Ursprung der Wirklichkeit gebracht; die Kunst ist ein Weg, wie der Mensch in den Ursprung einbricht;
zum anderen hat die Kunst den Sinn, daß der Mensch, nachdem er in den Ursprung eingebrochen ist, zur Wirklichkeit zurückkommt. Das eigentliche Wesen der Zen-Kunst besteht in dieser Rückkehr. Diese Rückkehr ist nichts anderes als das Wirken, das Sich-ins-Werk-setzen der Zen-Wahrheit selbst. Der genannte Ursprung der Wirklichkeit ist das ursprüngliche wahre Leben oder Selbst, ist gleichsam die göttliche Abgeschiedenheit von aller Gebundenheit, das Ledigsein von aller formhaften Gebundenheit. Dies Ledigsein wird auch *Nichts* genannt. All das Genannte ist das Selbe.

Gundert: Es gibt also zwei Wege im Zen: zunächst den Weg im negativen Sinne, auf dem die Wirklichkeit negiert wird. Dieses Negative ist die Voraussetzung für die Gewinnung des Positiven. Aus diesem Nichts zurückgehen, das Lebendige hervorbringen: das ist das Wesentliche in der Zen-Kunst.

Hisamatsu: Nicht den Ursprung *gewinnen*, sondern daß er selbst zum Erscheinen kommt, das ist das Wesentliche in der Zen-Kunst. Das Positive des Wesens des Zen besteht in diesem Herausspringen des Ursprungs, in dem Hervorkommen des Ursprungs selbst. Das ist das Wirken der Zen-Wahrheit. Das Wesen des Zen besteht nicht in dem Weg des Hingehens, sondern im Weg der Rückkehr.

Heidegger: Ich möchte an ein Gespräch, das ich in Wien mit Herrn Hisamatsu hatte, anknüpfen, wodurch wir in der Frage, die uns hier beschäftigt, einen Schritt weiter werden tun können. Die europäische Kunst ist in ihrem Wesen durch den

Charakter der *Darstellung* gekennzeichnet. Darstellung, *Eidos*, Sichtbar machen. Das Kunstwerk, das Gebilde, bringt ins Bild, macht sichtbar. Statt dessen ist in der ostasiatischen Welt die Darstellung ein Hindernis, das Bildhafte, das sichtbarmachende Bild bedeutet eine Hinderung.

Hisamatsu: Solange der Mensch auf dem Weg zum Ursprung sich findet, ist Kunst als Darstellung des Bildhaften für ihn ein Hindernis. Wenn er aber in den Ursprung eingebrochen ist, dann ist die Sichtbarmachung des Eidetischen keine Hinderung mehr; sie ist dann vielmehr das Erscheinen der ursprünglichen Wahrheit selbst.

Heidegger: Das Geschriebene, Gezeichnete ist nicht nur Hinderung, sondern Ent-hinderung, Anlaß für die Bewegung des Selbst zum Ursprung.

Hisamatsu: Ein Zen-Kunstwerk ist schön, wenn aus ihm der Ur-Grund lebendig spricht. Dann hat auch der Beschauende die Möglichkeit, daß ihm dieser Grund aufgeht.

Heidegger: In der ostasiatischen Kunst wird nichts Gegenständliches hervorgebracht, das auf den Zuschauer wirkt. Das Bild ist zugleich kein Symbol, kein Sinnbild; vielmehr vollziehe ich im Malen, Schreiben, die Bewegung zum Selbst.

Hisamatsu: In der Tat liegt das Wesen einer gezeichneten Linie nicht im Symbol-Charakter, sondern in der Bewegung. Mit dieser Auffassung der Bewegung bin ich ganz einverstanden. Das Kunstwerk ist kein Gegenstand, hinter dem eine Bedeutung oder ein Sinn wäre; es ist vielmehr unmittelbares Wirken, Bewegung. Allein, solange vom Gelangen in die Bewegung des Ursprungs selbst die Rede ist, ist man nicht mehr oder noch nicht im Ursprung. Ist man aber im Ursprung, dann bewegt die Bewegung sich selbst.

Müller: Um es zusammenzufassen, soweit ich es verstanden habe, würde ich sagen: Diese Bewegung geschieht nur, wenn man schon im Ursprung eingebrochen ist. Sie ist keine Propädeutik. Echte Kunst entsteht *nach* dem Gewinn des Ursprungs. Echte Kunst entsteht nicht aus der Bewegung, die uns in den Ursprung bringt, sondern aus der Bewegung, die der Ursprung im Hervorkommen vollzieht.

Hisamatsu: Der Ursprung ist im Abendland ein irgendwie Seiendes, ein Eidetisches. Der Ursprung im Zen ist das Formlose, das *Nicht*-Seiende. Dieses »Nicht« ist indes keine bloße Negation. Dieses Nichts ist aller Formen ledig, weswegen es als das gänzlich Formlose sich ganz frei bewegen kann, immer und überall sich bewegen kann. In dieser freien Bewegung besteht die Bewegung, aus der das Kunstwerk hervorgebracht wird.

Heidegger: Diese Leere ist nicht das negative Nichts. Verstehen wir Leere als Raumbegriff, dann müssen wir sagen, daß die Leere dieses Raumes gerade das Einräumende ist, das, was alle Dinge versammelt.

Hisamatsu: Mit dem Einräumen bin ich ganz einverstanden. Dieses Einräumen muß immer frei sein von aller Bindung. Es muß ungebunden von Objektivität und

Gültigsein sein. Es ist das freie Wirken des Lebens der Zen-Wahrheit selbst. Die Schönheit eines Kunstwerkes im Zen liegt darin, daß das Formlose an einem irgendwie Bildhaften zur Anwesung kommt. Ohne diese Anwesung des formlosen Selbst am Formhaften ist das Zen-Kunstwerk unmöglich. Schönheit ist also im Zen immer im Zusammenhang mit der Freiheit des ursprünglichen Selbst zu denken.

Bröse: Das Gesagte ist, so könnte man sagen, auch das Anliegen der heutigen bildenden Kunst im Abendland. Das Kunstwerk ist in der Intention der heutigen Künstler kein Sinnbild, sondern die Bewegung selbst, die das, was hinter den Dingen selbst ist, offenbar macht. Es gibt drei Richtungen in der heutigen Kunst: die Geometrischen, die ganz Formlosen, die ein Zeichen setzen. Die moderne bildende Kunst will jede Bedeutung, jeden Sinn beiseite lassen. <u>Das Ziel ist nicht etwas, das bedeutet, sondern gleichsam der versammelnde einräumende Raum,</u> nicht irgendwelche Dinge im Raum. In diesem Sinne ist Klee noch ein Sinnbildner. Bei ihm gibt es noch eine objektive Instanz, nicht nur das Sich-ins-Werk-setzen des Künstlers.

Heidegger: Ob es so stimmt, was Sie von Klee sagten? Ich glaube es nicht. Aber gesetzt, es stände mit der modernen Kunst, wie Sie sagen, was bleibt da, wo das Sinnbildliche überwunden ist? Was ist da für eine Welt? Man darf nicht den Unterschied übersehen, daß das, was wir hier vielleicht bisher suchen, in Japan schon da ist, daß die Japaner es haben.

Hisamatsu: Die abstrakte Malerei: das Wesen ihrer Abstraktion liegt darin, daß der Maler in die Richtung der Vernichtung des Formhaften geht. Diese Bewegung über die Formen hinweg ist noch am Formhaften gebunden, eben weil sie noch darüber hinaus etwas sucht. Dagegen bewegt sich die Zen-Malerei gerade in umgekehrter Richtung. Worum es sich dort handelt, ist das Hervorkommen des formlosen Selbst zu uns.

Müller: Der Unterschied ist auch nicht zu übersehen, daß die japanische Malerei gerade Dinge malt, während die abstrakte Malerei keine Dinge malt.

Bröse: Auch die gegenstandslose Malerei, welche nur von der Form, von der Bewegung ausgeht, gerät ganz von allein zu Formen, zu Dingen, die den wirklichen Dingen ganz ähnlich sind. Und doch sind sie keine Abbildung. Sie entstehen aus dem Versuch, bestimmte Dimensionen des Nichts zu gewinnen.

Hisamatsu: Wir Japaner haben ein großes Verständnis für abstrakte Malerei.

Alcopley: Ich möchte fragen, ob eine bestimmte Kalligraphie von der Bokujin Gruppe als Zen-Kunst zu bezeichnen ist. Diese Gruppe ist der modernen abstrakten Malerei sehr nahe.

Hisamatsu: Ich möchte von dieser Gruppe nicht sprechen, weil ich sie hier nicht kritisieren möchte.

Alcopley: Welche sind die Kriteria für die Beurteilung, ob ein Kunstwerk aus dem Ursprung kommt oder nicht?

Hisamatsu: Das kann nur aus dem Ursprung selbst erblickt werden.

Bröse: Es gibt bei uns verschiedene Bereiche der Kunst, etwa Malerei, Musik und so fort. Gibt es in Japan auch verschiedene Künste? Und wie steht es mit jenen Künsten, die nach unseren Begriffen keine sind, zum Beispiel Blumenstecken, Teezeremonie und so fort. Sind auch diese Künste im Sinne der Kunst?

Hisamatsu: Die Schönheit der Zen-Kunstwerke, ihr Wesen, besteht in der freien Bewegung des ursprünglichen Selbst. Wenn diese Bewegung bei einem Formhaften zum Vorschein kommt, ist dieses ein Kunstwerk. Diese Anwesung ist nicht auf den Bereich des Formhaften im Sinne der Kunst beschränkt. Die höchste Schönheit ist vielmehr da, wo keine Form oder Struktur übrig bleibt. Die Kunst im Zen ist also nicht auf besondere Bereiche beschränkt. Diese Bewegung kann vielmehr überall zum Vorschein kommen.

Y: Gibt es in der Zen-Kunst eine Technik, eine Schulung? Ist diese Kunst erlernbar? Oder gibt es diese Kunst aus der Zen-Erfahrung? Oder gibt es eine Begabung?

Hisamatsu: Wenn ein Künstler in die Erfahrung gelangt ist, kann er auch die Weise finden, die Wahrheit zur Erscheinung kommen zu lassen. Im Finden der geeigneten Weise liegt die technische Schulung des Künstlers.

Y: Gibt es moderne Zen-Kunst?

Hisamatsu: Im mannigfaltigen Sinne. Wo das Zen lebendig ist, ist überall Kunst.

Heidegger: Es ist deutlich geworden, daß wir mit unseren Vorstellungen (mit der Vorstellung nämlich eines unmittelbaren stetigen Weges) dahin gar nicht gelangen können, wo die Japaner schon sind. Ich möchte mit einem *Koan* schließen, das das Lieblingskoan von Meister Hakuin war: (hebend eine Hand) »Höre den Ton des Klatsches *einer* Hand!«

MARTIN HEIDEGGER – TAKEHIKO KOJIMA
Ein Briefwechsel (1963–1965)*

Tokyo, 5. 7. 1963

Sehr verehrter,
lieber Herr Professor Heidegger!

Acht Jahre sind schon verflossen, seitdem ich Sie in Ihrer Heimat Meßkirch besuchen durfte. Auf dem Rückweg hatte ich dann noch die seltene Gelegenheit, in der alten Stadt Konstanz am Bodensee, die herrlichen Berge vor den Augen, mit Ihnen einen Spaziergang zu machen und ein Gespräch zu führen. Es war eine Erfahrung von bloß drei Tagen, aber die Erinnerung daran klingt fortdauernd leise in mir an, wie die letzte Stimme im *Feldweg* von Meßkirch.

Vor einigen Jahren hielten Sie bei der Gedenkfeier für Ihren Landsmann, den Komponisten Conradin Kreutzer, einen Vortrag mit dem Titel *Zum Atomzeitalter* [= *Gelassenheit*]. Als ein Umriß davon 1959 in den japanischen Zeitungen veröffentlicht wurde, schien es uns beinahe, als ob Sie, Herr Professor, eigens uns Japaner ansprechen wollten. Die Macht der Politiker, Forscher, Techniker, der Kongresse und Ausschüsse kann an dem Lauf dieser Welt nichts ändern. Werden die Menschen im Atomzeitalter das »besinnende Denken« nicht achten, dann sind sie wehrlos und schutzlos der Bedrohung durch die Technik ausgeliefert. Selbst wenn die Gefahr des Krieges vermieden werden könnte, auch dann, und gerade dann, würde eine noch größere Gefahr heranziehen. Gerade dann würde die Technik die Menschen in Bann schlagen, sich ihrer bemächtigen, sie verblenden, so daß die drückende Herrschaft des »rechnenden Denkens« und die vollkommene Gedankenlosigkeit offenbar werden wird.

---

* Von den vier Briefen Martin Heideggers stellte Takehiko Kojima dankenswerterweise Kopien der maschinenschriftlichen Originale zur Verfügung; leider ließ sich von Kojimas Brief (bzw. Briefen) an Heidegger keine Kopie mehr finden. Kojimas offener Brief vom 5. 7. 1963 wurde zusammen mit Heideggers offenem Brief vom 18. 8. 1963 deutsch erstmals unter der Überschrift *Martin Heidegger, Briefwechsel mit einem japanischen Kollegen* abgedruckt in: *Begegnung*, Zeitschrift für Literatur, bildende Kunst und Wissenschaft, hg. von Dino Larese, Jg. 1, Nr. 4, Amriswil 1965, S. 2–7; Abdruck des Kojima-Briefes erfolgt nach dieser Veröffentlichung. Vgl. auch Bibl. Nr. 42.

Diese Ihre Worte mögen für die Leute von Meßkirch eine Warnung gewesen sein. Für uns Japaner drücken Sie aber eine schon vollendete Tatsache aus. Erlauben Sie, Herr Professor, daß ich in dieser Lage, einer Einladung der Zeitung *Yomiuri Shimbun* folgend, Ihnen nach langer Zeit wieder einen Gruß schicke und hiermit in der Form eines offenen Briefes Sie um einige wegweisende Worte höflich bitte.

Wie lange warten wir schon mit Sehnsucht, daß Sie ein Wort direkt an uns richten werden. Schon ist der Glanz der Gottheit in unserer Geschichte erloschen. Es geschah so geschwind, fast möchte ich sagen, mit einem Schlag. Die Zeit der Weltnacht wird besonders in Japan immer dürftiger. »Sie ist bereits so dürftig geworden, daß sie nicht mehr vermag, den Fehl Gottes als Fehl zu merken.« In Europa hat man das Kommen der Weltnacht schon früh am Abend verspürt. Am reinsten in Hölderlins Dichtung, auch durch Kierkegaard und gegen die Jahrhundertwende durch Nietzsche, wie Sie es erörtern. Aber gerade damals haben in Japan unsere Väter nichts von einer kommenden Nacht vernommen. Sie erwarteten vielmehr einen »Morgen Japans«, hielten die Meiji-Restauration (1868) für eine Morgendämmerung. Diese Dämmerung bedeutete aber nur, daß Japan als ein Mitglied der europäisierten Welt zu neuem Wachstum angeregt wurde. Das Interesse unserer Väter für Europa galt vor allem der modernen Zivilisation. Man ergab sich doch auch in den europäischen Ländern ganz und gar der Freude über den Reichtum des sich verwirklichenden Weltgeistes, während man den modernen, zentralistischen Staat aufbaute. Doch war schon damals die Stimme der *Geburt der Tragödie* mit einem ganz anderen Hauch hörbar.

Japan schritt aber in den letzten hundert Jahren unbeirrbar auf jenem Weg voran, der zu einer Europäisierung der Welt führt. Es hat sich wahrhaftig entäußert, um alles Europäische aufzunehmen. Und das ohne einen Raum vorbereitet zu haben, um aufnehmen zu können. Zuletzt hat es auch noch die Tragödie der Atombombe aufgenommen. Man kann in einem gewissen Sinne sagen, daß Japan, dank seiner geschichtlichen und geographischen Eigenart, wie kein anderes Land auf der Erde dazu bestimmt war, alles zu empfangen und alles nebeneinander bestehen zu lassen. Heute versinkt es aber völlig in der Alltäglichkeit dieses Nebeneinander. Die japanische Dämmerung, ist wie eine Imitation der Dämmerung, alles geschieht wie im Wachtraum. Immer mehr Produktion, immer mehr Technik, immer mehr Konferenzen. Da ist nicht einmal eine Spur der fliehenden Götter zu entdecken. Da wird nur mit viel Lärm die »Verbannung des Krieges« gepredigt und von einer Imitation des Friedens geträumt.

Freilich irrt Japan nicht allein in diesem Wachtraum umher. Die nachgeborenen Kinder der europäischen Aufklärung: die Vereinigten Staaten von Amerika, das moderne Japan mitten in der industriellen Revolution, Rußland seit dem Ersten Weltkrieg, China seit dem Zweiten und mit ihm die neu entstehenden asiatischen und afrikanischen Staaten, diese ganze europäisierte Welt außerhalb Europas geht den Weg zur Menschenlosigkeit weit leichtsinniger als ihre Mutter Europa selbst. Vielleicht liegt es daran, daß die Grundlagen der modernen technischen Welt, die ja in Europa gelegt worden sind, in Europa auch tiefer und fester liegen, so daß die Agonie der sterbenden Menschlichkeit, die in dieser technischen Welt vernehmbar ist, in Europa auch heftiger empfunden wird. Vielleicht liegt dort deshalb auch der geschichtliche Boden, auf dem der Mensch mit dem Grund des Seins wieder verbunden werden kann, indem der Grund des Seins in den Abgrund gegründet wird, aus dem das Echo der Stimme der Agonie kommt. Den Aufruf zu einer neuen Stiftung des Grundes der Menschlichkeit hören wir dauernd aus dem Munde jener europäischen Dichter und Philosophen, denen Sie, Herr Professor, allen ihren respektiven Ort richtig zugewiesen haben, sei es Leibniz oder Pascal, Hegel oder Hölderlin, Nietzsche oder Rilke. Da ist die Agonie des sich von seinem Grunde entfremdenden Menschen hörbar, wenigstens der Wille zum Grunde west sicher da.

Aber in der europäischen Neuzeit außerhalb Europas wurde die europäische wissenschaftlich-technische Welt überall als etwas absolut Notwendiges aufgenommen, ja als der erste aller Ehrengäste willkommen geheißen. Von Anfang an schüttelte sie die Seinsweise eines Zuhandenen ab und nahm den Platz der Herren ein. Ihr zu dienen galt, dem Fortschritt der Menschheit zu dienen. Das war der Grund, warum diese technische Welt weit leichter und schneller als Europa selbst zu einer wirtschaftlichen und gesellschaftlichen Autonomie größter Ausmaßen gelangt ist. Darum konnte sich die Vorstellung vom modernen technischen Fortschritt so leicht anstatt des Seins des Menschen zur souveränen Herrscherstellung erheben. Daher ist wohl erst verstehbar, wie die großen technisch und wirtschaftlich starken Staaten außer Europa es fertig bringen, mit allen Kräften auf dem Wege zu einem bis zur Lächerlichkeit sinnlosen und abstrakten »technischen Krieg« voranzueilen.

Liegt so das heutige Europa nicht eigentlich in einer zweifachen Agonie danieder? Einerseits in der inneren Agonie der Selbstentfremdung des Menschen durch das Geschick seiner eigenen Neuzeit, und andererseits in der es von außen bedrohenden Weltkatastrophe der Menschheit, in die der abgründliche technische Wettkampf der vom europäischen Erbe zehrenden neuen Staaten alles mitzureißen im Begriffe ist? Dabei scheint die zweite Bedrohung ein noch breiteres, weltweites Schicksal zu »schicken«. Die nichteuropäischen modernen Großmächte sind mit einem Sprung, ohne die Zeit zur Aufrichtung einer eigenen Kultur gehabt zu haben, sozusagen in das Atomzeitalter versetzt worden. Wird diese abstrakte Möglichkeit jene Welt-Imitation, die wir die Gegenwart nennen, über die ganze Erde ausbreiten? Diese gegenwärtige Welt gleicht einer Luftakrobatik, in der der Mensch von einer Möglichkeit zur anderen hin und her geworfen wird. Der Mensch selbst wird dort nur noch eine Imitation des Menschen. Im Vergleich zu diesem Angriff auf das Leben und Wesen des Menschen durch die Technik ist, wie Sie, Herr Professor, sagen, sogar die Atombombenexplosion ein geringfügiges Ereignis.

Bleibt nun der gegenwärtigen Welt mitten in einem Krieg, den man nicht eigentlich Krieg nennen kann, in einem Frieden, der doch nicht Frieden heißen darf, der Weg zur Verwirklichung des Wesens des Menschen endgültig verschlossen? Man möchte meinen, daß das Erstaunen vor der Wahrheit in der gegenseitigen Bedrohung durch den internationalen technischen Wettkampf für immer verloren gegangen sei.

Eine solche eschatologische Auffassung der Gegenwart ist jedoch dem Morgenländer, besonders uns Japanern, immer fremd gewesen. Wir Japaner fühlen uns in der Umarmung der Natur geborgen. Freilich meine ich hiermit nicht den Weg des Andenkens, auf dem der Mensch in die »Natura« (mit Majuskel) eindringt, wie Sie es bei Leibniz hervorheben. Ich will nur sagen, daß für den Japaner die Natur ein umgreifendes, offenes Seinsgefühl ist. Nicht die Feststellung der Subjektivität als Wahlfreiheit, sondern ein spielendes Versinken in die »asiatische Natur« und »asiatische Ungeschichtlichkeit«, wie es bei Hegel hieß, könnte man es nennen. Deshalb weht der Wind bei uns immer günstig, und ein Durst regt sich, der schlechthin alles austrinken möchte. Das ist der Grund, warum Japan, wie ich oben erwähnte, der Reihe nach die Zivilisation des chinesischen Kontinents, den Buddhismus, die europäische Zivilisation und viele andere Denkströmungen aufnehmen und nebeneinander existieren lassen konnte und »mußte«. Deshalb schließen wir uns hier von den anderen Völkern nicht ab, haben aber auch kein eschatologisches Weltgefühl.

Die Japaner begegnen sich selbst nicht auf europäische Weise, ihr Genius läßt sie, der jeweiligen Stimmung folgend, sich in der umgebenden Atmosphäre akklimatisieren. Das japanische Wort für »Stimmung« bedeutet ja ursprünglich »Akklimatisierung« (Teilnahme an der Luft). Echt japanisch ausgedrückt, heißt es mit den Worten eines buddhistischen Mönches und Dichters: »Ist man krank, so halte man das Kranksein für besser, ist die Todesstunde gekommen, so halte man das Sterben für besser. Das ist die einzige Weise, wie man dem Unglück entkommen kann.« Seine Haltung der »Gelassenheit« ist jene frische Stimmung, die auf die Selbstentäußerung folgt, wenn sich der Mensch einmal völlig in der Natur versenkte und aus ihrer Tiefe wieder emporgetaucht ist. Diese Stimmung spricht nicht die stolzen Worte eines Zarathustra, der vom hohen Berge herabsteigt; sie ruft uns in einem schlichten Gleichnis zu, daß tief unter der Erde die Quelle des Lebens verborgen liegt. Dieser Anruf ist Lied, Zwiesprache des »Zen«, »Haiku« geworden. In Japan bedeutete das »Lied« dem Sinn und der Etymologie nach einen »Anruf«. Stillschweigend wies das Lied auf die wahre Wohnung des Seins hin und lud ein, sich dahin zusammenzunehmen. In dieser Einladung ging den Japanern auf, wie Leid und Liebe, Verzicht und Hoffnung miteinander wohnen können.

Doch läßt gerade die Alltäglichkeit dieser japanischen »Erleuchtung« auch eine erschreckende Dummheit der Geschichte gegenüber aufkommen. Diese Dummheit gleicht einer ewigen weißen Nacht, in der es keine Wende zu einem »Morgen der Welt« gibt. Dieses japanische Zusammenwohnen von Tag und Nacht hindert vielleicht das Kommen der »heiligen Nacht« auf die ein wahrer Morgen folgen könnte.

Ich fürchte, daß in dieser Lage jedes Wort, und je wahrer es sein würde, desto mehr zu der Tragödie der Kassandra werden muß. Trotzdem ist das Einzige, dem wir glauben können, ein solches Wort, das, dem Morgen der Welt, von dem wir nicht wissen können, wann er kommt, vorauseilend, mitten in diese lange Nacht herabzusteigen im Stande ist. Möge ein solches Wort immer wieder bei uns anlangen, unsere Vergangenheit aufrufen und bis in die Zukunft erklingen! Mit dieser Hoffnung warte ich, Herr Professor, auf ihre freundliche Antwort.

Kojima

**

Prof. Heidegger
78 Freiburg i. Brsg.   den 10. Juli 1963
Zähringen
Rötebuck 47
Germany

Sehr geehrter Herr Kojima!

Für Ihren grossen weit- und tiefblickenden Brief danke ich Ihnen sehr herzlich. Ihr Besuch ist mir in guter Erinnerung geblieben. Zwar hege ich einige Zweifel, ob in unsere wenig nachdenkenden Zeit ein Wort in einer Zeitung auch nur ein Geringes an Wirkung vermag. Aber die Not der Zeit verlangt es, dass auch eine geringe Bemühung versucht werde, zumal sie in den weltumfassenden Horizont eingerückt werden soll, den Sie dargelegt haben.

Weil sich nun aber aus der gemeinsamen europäischen Sicht her leicht Gleichlaufendes und schon Gesagtes nahelegt, wäre es mir wichtig, um Wiederholungen zu vermeiden und um den Text ganz auf die eigenen Gedanken zu beschränken, die Beiträge von Barth, Jaspers und Marcel zu kennen. Wenn es Ihnen nicht zuviel Mühe macht, möchte ich Sie deshalb bitten, mir eine Abschrift des deutschen, bezw. des französischen Textes der genannten Autoren zu senden. Ich bin vom 19. Juli bis Anfang August in
79 Messkirch/Südbaden
Hotel Hofgarten

Meinen Beitrag könnte ich Ihnen erst im Sept. schicken, denn der Text muss in jedem Wort gut durchdacht sein.

Wie denken Sie über den Vorschlag, dass ich Ihren wichtigen Brief zu gegebener Zeit mit meiner Antwort in einer deutschen Zeitung (»die Welt« in Hamburg etwa) veröffentliche?

Durch den Verlag Günter Neske, Pfullingen, lasse ich Ihnen meine kleine Schrift »Die Technik und die Kehre« zusenden.

Um der Sache willen möchte ich keine Honorarforderung stellen, auch meine Frau bittet, von einem Geschenk abzusehen.

Mit freudigem Dank, von Ihnen nach Jahren wieder gehört zu haben, grüsse ich Sie herzlich mit den besten Wünschen für ihre Arbeit

Ihr
Martin Heidegger

*

Freiburg i. Br. 2. Sept. 1963

Sehr geehrter Herr Kojima!

hier kommt mein Versuch, auf Ihren Brief vom 5. Juli 1963 zu antworten. Ich hoffe, daß der Text nicht zu lang geraten ist und daß er für die Übersetzung keine zu großen Schwierigkeiten macht.

Auf welche Weise die beiden Briefe bei uns veröffentlicht werden könnten, darüber bin ich mir noch nicht klar. Am besten wäre ein gesondertes Heft. Dafür ist freilich der Umfang wieder zu gering, wenigstens in den Augen eines Verlegers.

In jedem Falle werde ich Sie über die Art der Veröffentlichung rechtzeitig unterrichten.

Darf ich noch bitten, mir statt des angebotenen Honorars 10 Exemplare des Heftes »Gelassenheit«, herausgegeben von H. Buchner und T. Kakihara, durch den Verlag schicken zu lassen?

Ich freue mich, daß Ihr Brief mir Anlaß und Gelegenheit bot, Ihren Landsleuten eine kleine Hilfe für weitere Überlegungen zu geben.

Mit den besten Wünschen für Ihre Arbeit
grüße ich sie herzlich
Martin Heidegger

*

Sehr verehrter Herr Kollege Kojima!

Erlauben Sie mir, in der Weise auf Ihren gründlich durchdachten Brief einzugehen, daß ich seinen Gehalt auf drei Fragen zurückbringe. Dadurch könnten wir in die Nähe der fragwürdigsten Frage des Denkens gelangen.
1. Was heißt Europäisierung der Welt?
2. Was meint Ihr Wort von der »Menschenlosigkeit«?
3. Wo zeigt sich ein Weg zur Eigenheit des Menschen?

1.) *Was heißt Europäisierung der Welt?* Durch die Europäisierung der Welt ist etwas von Europa ausgegangen, was sich unaufhaltsam über die ganze Erde ausbreitet. Mit dem Namen »Europa« nennen wir das neuzeitliche Abendland. Die Neuzeit ist die letzte Epoche seiner bisherigen Geschichte. Dieses Zeitalter läßt sich in der historischen Betrachtung nach mannigfaltigen Hinsichten kennzeichnen. Insofern wir jedoch das Europäische hinsichtlich seiner planetarischen Herrschaft bedenken wollen, müssen wir fragen: Woher stammt diese Herrschaft? Woher nimmt sie ihre unheimliche Macht? Was ist in ihr das Herrschende? Als dessen sichtbarstes Zeichen darf, sofern wir auf das Verhältnis des Menschen zur Welt achten, die moderne Technik gelten. In deren Gefolge hat sich die moderne Industriegesellschaft gebildet.

Die geläufige Vorstellung von der Technik deutet sie als die Anwendung der mathematisch-experimentellen Physik auf die Erschließung und Nutzung der Naturkräfte. In der Entstehung dieser Wissenschaft sieht man den Beginn der abendländischen Neuzeit, d.h. des Europäischen. Woher bestimmt sich das Eigentümliche der modernen Naturwissenschaft? Sie trachtet nach einem Wissen, das die Vorausberechenbarkeit der Naturvorgänge sicherstellt. Nur was vorausberechenbar ist, gilt als seiend. Der in der theoretischen Physik sich vollziehende mathematische Entwurf der Natur und das ihm gemäße experimentelle Befragen der Natur stellen sie nach bestimmten Hinsichten zur Rede. Die Natur wird daraufhin herausgefordert, d.h. *gestellt*, sich in einer berechenbaren Gegenständlichkeit zu zeigen.

Denken wir nun die Technik aus dem im griechischen Wort »Techne« gemeinten Sachverhalt her, dann besagt Technik: Sichauskennen im Herstellen. »Techne« bedeutet eine Weise des Wissens. Her-stellen heißt: Etwas, was vordem noch nicht als Anwesendes vorlag, ins Offenbare, Zugängliche und Verfügbare stellen. Dieses Her-Stellen, d.h. das Eigentümliche der Technik, vollzieht sich auf eine einzigartige Weise innerhalb der Geschichte des europäischen Abendlandes durch die Entfaltung der neuzeitlichen mathematischen Naturwissenschaft. Deren Grundzug ist das Technische, das zuerst durch die moderne Physik in seiner neuen und eigentlichen Gestalt zum Vorschein kommt. Durch die moderne Technik wird die in der Natur verschlossene Energie aufgeschlossen, das Erschlossene umgeformt, das Umgeformte verstärkt, das Verstärkte gespeichert, das Gespeicherte verteilt. Die Weisen, nach denen die Naturenergie sichergestellt wird, sind gesteuert, welche Steuerung sich ihrerseits wieder sichern muß. Überall waltet das herausfordernde, sichernde, rechnende Stellen. Inzwischen hat sich das Her-Stellen von Energien sogar auf die Produktion von Elementen und Stoffen ausgedehnt, die in der Natur selbst nicht vorkommen. Dieser Macht des Stellens ist auch der technische Charakter der neuzeitlichen Wissenschaft unterstellt. Die Macht des Stellens gilt es zu erfahren als das, was überall alles, was sein kann und ist, als berechenbaren und zu sichernden Bestand zum Vorschein bringt – und nur als dieses. Die Macht des Stellens ist so wenig ein menschliches Gemächte, daß ihr die Wissenschaft, die Industrie und die Wirtschaft in gleicher Weise unterstellt, d.h. von ihr zu dem je verschiedenen Herstellen bestellt bleiben. Das Unausweichliche und das Unaufhaltsame dieser Macht des Stellens erzwingt die Ausbreitung ihrer Herrschaft über die ganze Erde. Zum Eigentümlichen dieser Macht gehört es, daß sie zeitlich sowohl wie räumlich stets jede jeweils erreichte Herrschaftsstufe übersteigt. Der Fortschritt der wissenschaftlichen Erkenntnis und der technischen Erfindungen gehört zur Gesetzlichkeit des Stellens. Er ist keineswegs nur ein erst vom Menschen gesetztes Ziel. Zufolge der Herrschaft dieser Macht des Stellens verschwinden (zunächst oder für immer?) die landschaftlich-volkhaft gewachsenen Nationalkulturen zugunsten des Bestellens und Aufbereitens einer Weltzivilisation.

Die Rede von der Europäisierung der Welt trifft zwar etwas Richtiges. Sie bleibt jedoch ein vordergründiger historisch-geographischer Titel, solange wir es unterlassen, dem Eigentümlichen der Macht des Stellens nachzudenken. Dies verlangt, erst einmal zu fragen, ob unser Denken und seine Überlieferung die Eignung mitbringt, den Anspruch dieser Macht zu hören und das in ihr waltende Stellen sachgerecht zu sagen. Auch das abendländisch-europäische Denken, das zum erstenmal von dieser Macht des Stellens betroffen und gestellt wurde, reicht in seiner bisherigen Gestalt nicht mehr hin, die Macht des Stellens aus ihrem Eigentümlichen her zu befragen. Bedenken wir das Gesagte, dann wird deutlich, inwiefern allein schon die Erläuterung der folgenden Fragen im Vorfeld des Vermutens bleiben muß.

2.) *Was meint Ihr Wort von der »Menschenlosigkeit«?* Der Ausdruck »Menschenlosigkeit« ist in unserer Sprache nicht gebräuchlich und unverständlich. Aus dem Text Ihres Briefes wird jedoch klar, in welcher Richtung sich Ihre Gedanken über den Menschen im Weltalter der schrankenlosen Technisierung bewegen. Der Mensch steht in der sich steigernden Bedrohung, seine Menschlichkeit zu verlieren. Gemeint ist das ihn Auszeichnende, seine Eigenheit. Mag diese im Sinne der abendländisch-europäischen oder der ostasiatischen Auslegung des Menschseins vorgestellt werden, in jedem Fall ist an eine langher überlieferte Bestimmung des Menschen gedacht, die jetzt in der Gefahr steht, ausgelöscht zu werden. Demzufolge kann der Mensch nicht mehr der sein, der er vor der Übermächtigung durch die Macht des Stellens war.

Allein weit größer als die Gefahr dieses Verlustes scheint die andere zu bleiben: daß dem Menschen verwehrt wird, der zu werden, der er bislang noch nicht eigens sein konnte. Um diese Gefahr zu erblicken, gilt es zu fragen: Auf welche Weise ist der Mensch der Macht des Stellens ausgesetzt? Der Mensch ist, ohne dessen zu achten, selbst gestellt, d. h. herausgefordert, die Welt, in die er gehört, durchgängig als berechenbaren Bestand zu bestellen und sich selbst zugleich hinsichtlich der Möglichkeiten des Bestellens zu sichern. So bleibt der Mensch in den Willen zum Bestellen des Berechenbaren und seiner Machbarkeit gebannt. Der Macht des Stellens ausgeliefert, verstellt der Mensch sich selber den Weg in das Eigene seines Daseins. Weder die äußere Bedrohung durch eine Weltkatastrophe im Sinne der physischen Vernichtung des Menschen noch die innere Bedrohung durch den Wandel des Menschen in die sich zu sich selbst aufspreizende Subjektivität enthalten die entscheidende Gefährdung der Menschlichkeit des Menschen. Denn beide sind bereits nur Folgen des Geschicks, daß der Mensch, der Macht des Stellens ausgesetzt, als der von ihr für sie Bestellte die Bestandsicherung der Welt betreibt und damit ins Leere stößt. Dem entspricht die schleichende Langeweile des Daseins, die, dem Anschein nach durch nichts bedingt und nie recht eingestanden, durch den Informationsbetrieb, durch die Vergnügungs- und Reiseindustrie zwar überdeckt, aber keineswegs beseitigt wird. Daß sein Eigentümliches dem Menschen durch die Macht des Stellens verweigert ist, darin liegt die gefährlichste Bedrohung der Menschlichkeit des Menschen. Und schon hat sich die Frage vorgedrängt:

3.) *Wo zeigt sich noch ein Weg zur Eigenheit des Menschen?* Wenn die Macht des Stellens das Ganze der Welt übermächtigt, dann gibt es außerhalb ihrer keinen Bezirk mehr, wo der gesuchte Weg sich zeigen könnte. Dann bleibt nur die Möglichkeit, den Weg innerhalb des Herrschaftsbereiches der Macht des Stellens zu erkunden. Allein hier verstellt sich das menschliche Bestellen selber den Weg zum Eigenen des Menschseins.

Wie aber, wenn die Macht des Stellens in sich eine Vorzeichnung dessen verwahrt, was dem Menschen und nur ihm eigen ist? Steht es so, dann müssen wir, um dies zu erfahren, das Walten des Stellens eigens in den Blick bringen. Dies verlangt, daß wir, statt im Bestellen aufzugehen und die technische Welt zu betrachten, vor dem Walten des Stellens zurücktreten. Der Schritt davor zurück ist nötig. Doch zurück wohin? Es genüge hier, die Frage durch abwehrende Aussagen zu verdeutlichen. Der Schritt zurück meint nicht eine Flucht des Denkens in vergangene Zeitalter, meint vor allem nicht eine Wiederbelebung des Beginns der abendländischen Philosophie. Der Schritt zurück bedeutet auch nicht den Rückschritt im Gegensatz zu dem alles Bestellen fortreißenden Fortschritt, also den aussichtslosen Versuch, den technischen Fortschritt aufzuhalten. Der Schritt zurück ist vielmehr der Schritt heraus aus der Bahn, in der Fortschritt und Rückschritt des Bestellens geschehen. Durch diesen

Schritt des Nachdenkens gelangt die Macht des Stellens in ein offenes Entgegen, ohne dabei ein Gegenstand zu werden. Für diesen Schritt wird die Macht des Stellens in ihrem Bezug zum menschlichen Bestellen der berechenbaren Bestände der Welt sichtbar. Dabei zeigt sich: Der Mensch ist der von der Macht des Stellens zum Herstellen der berechenbaren Bestände der Welt Herausgeforderte. Die Macht des Stellens braucht diese Beanspruchung des Menschen. Der so in den Anspruch genommene Mensch gehört mit in das Eigentümliche der Macht des Stellens. Der auf solche Weise Beanspruchte zu sein – dies zeichnet das Eigene des Menschenwesens im Weltalter der Technik aus.

Die Macht des Stellens läßt durch den Menschen das Anwesen der Welt im Charakter des berechenbaren und zu sichernden Bestandes erscheinen. Was das Anwesende, d. h. nach alter Benennung das Seiende, anwesen läßt, kennen wir als das Sein. Die in der Macht des Stellens waltende Beanspruchung des Menschen für das Bestellen (d. h. für die Erschließung der Welt als einer technischen) bezeugt die Zugehörigkeit des Menschen zum Eigentümlichen des Seins. Sie bildet das Eigenste seiner Menschlichkeit. Denn erst auf dem Grunde einer Zugehörigkeit zum Sein kann der Mensch das Sein vernehmen. Nur im Blick auf sie läßt sich sagen, was Vernunft heißt, inwiefern diese als Auszeichnung des Menschen vorgestellt werden kann. Eine frühere Schrift (Was ist Metaphysik? 1929) kennzeichnet den Sachverhalt, daß der Mensch dem Anspruch des Seins entspricht und dadurch seiner jeweiligen Offenbarkeit eine Stätte des Bewahrens bereithält, durch das Wort: der Mensch ist »der Platzhalter des Nichts«. Der schon 1930 ins Japanische übersetzte Vortrag wurde in Ihrem Land sogleich verstanden, im Unterschied zu der noch heute in Europa umlaufenden nihilistischen Mißdeutung des angeführten Wortes. Das hier genannte Nichts meint jenes, was im Hinblick auf das Seiende niemals etwas Seiendes, somit das Nichts »ist«, was aber gleichwohl das Seiende als ein solches bestimmt und daher das Sein genannt wird. Der Mensch: »der Platzhalter des Nichts« und der Mensch: »der Hirt (nicht der Herr) des Seins« (Brief über den Humanismus 1947) sagen das Selbe. Indes sprechen diese Wendungen noch eine unzureichende Sprache. Allein im vorliegenden Brief kommt es einzig darauf an zu erkennen: Gerade der Blick auf das Walten des Stellens, d. h. auf das Eigentümliche der Technisierung der Welt, weist einen Weg zum Eigenen des Menschen, das seine Menschlichkeit auszeichnet im Sinne der Beanspruchung durch das Sein für dieses. Der Mensch ist der von der Macht des Stellens für dieses Gebrauchte. Seine Eigenheit beruht darin, daß er nicht sich selbst gehört. Folgen wir dem Einblick, der uns zeigt, was in der technisierten Welt waltet, dann gewährt er die Möglichkeit einer entscheidenden Erfahrung. Die Macht des Stellens birgt, hinreichend bedacht, das Versprechen in sich, daß der Mensch in das Eigene seiner Bestimmung gelangen kann, wenn er sich für einen langmütigen Aufenthalt in der fragwürdigsten aller Fragen bereit hält. Diese denkt dem nach, worin sich das Eigentümliche dessen verbirgt, was das abendländisch-europäische Denken bisher unter dem Namen »Sein« vorstellen mußte.

Solange das Denken sich nicht auf den Weg begibt, der mit dem Schritt zurück ihm gewiesen ist, solange treibt ein noch überall umlaufender Irrtum sein Unwesen. Er besteht in der Forderung, der Mensch müsse der Herr der Technik werden und dürfe nicht länger ihr Knecht bleiben. Aber der Mensch wird niemals Herr dessen, was das Eigenste der modernen Technik bestimmt. Deshalb kann er auch nicht nur ihr Knecht sein. Das Entweder-Oder von Herr und Knecht gelangt nicht in den Bereich des hier waltenden Sachverhaltes. Wenn es gelungen ist, die Atomenergie unter Kontrolle zu bringen, bedeutet dies schon, der Mensch sei der Technik Herr geworden? Keineswegs. Die Nötigung zur Kontrolle bezeugt gerade die Macht des Stellens, bekundet die Anerkennung dieser Macht, verrät das Unvermögen menschlichen Tuns, sie zu übermächtigen, enthält aber zugleich den Wink, dem noch verborgenen Geheimnis der Macht des Stellens nachdenkend sich zu fügen. Solches Nachdenken ist nicht mehr durch die bisherige abendländisch-europäische Philosophie zu vollziehen, allein auch nicht ohne sie, d.h. ohne daß ihre erneut angeeignete Überlieferung auf einen geeigneten Weg gebracht wird.

Das moderne Weltalter, das in wenigen Jahrhunderten sich entfaltete und durch zwei Jahrtausende vorbereitet wurde, läßt sich weder über Nacht <u>noch überhaupt durch eine nur menschliche Machenschaft so ans Licht bringen,</u> daß eine in ihr Eigenes gerettete Menschlichkeit des Menschen in ihm einen Aufenthalt des Wohnens finden kann.

Freiburg i.Br., den 18. August 1963 *Martin Heidegger*

**

Martin Heidegger Freiburg i Brsg. Zähringen
78 Freiburg i Brsg den 28. 1. 1965
Zähringen, Rötebuck 47

Sehr geehrter Herr Kollege!

Vor zwei Jahren veröffentlichten Sie in Ihrer grossen Zeitung einen Brief von mir, der die Antwort war, auf Ihre ausführliche Anfrage. Ich hielt damals gerade auch Ihre Anfrage besonders wichtig für eine Veröffentlichung mit meiner Antwort zusammen in einer europäischen Zeitschrift oder grossen Zeitung. Sie waren mit meinem Vorschlag einverstanden. Aber ich konnte mich seither nicht entschliessen, die beiden Briefe zur Veröffentlichung herzugeben, weil mir keine Schriften – seien es Monats- oder Wochenschriften dazu passend erschienen. Nun bittet mich ein

Schweizer, ihm die beiden Briefe für seine Zeitschrift zu überlassen. Ich stimme gern zu. Ich bitte auch Sie, Ihre mir vor zwei Jahren gegebene Erklärung des Einverständnisses zu erneuern. Ich habe auch den Herausgeber der Schweizer Zeitung gebeten, sich wegen Ihres Einverständnisses an Sie zu wenden.

Ich benutze die Gelegenheit dieses Schreibens, um Ihnen meine besten Wünsche für Ihr Wohlergehen und für Ihre Arbeit zu übermitteln zugleich mit den freundlichsten Grüssen

Ihr
Martin Heidegger

Ein Brief Martin Heideggers an Keikichi Matsuo*

Martin Heidegger   Freiburg i. B. 20. Juni 1966

Sehr geehrter Herr Matsuo,

vor wenigen Tagen hat mir Herr Dr. Ezawa den II. Teil Ihrer Übersetzung von »Sein und Zeit« mit Ihrer freundlichen Widmung übersandt.

Ich danke Ihnen herzlich für die große langjährige Arbeit, die Sie für die Übersetzung meiner Abhandlung verwendet haben. Ich weiß eine solche Arbeit besonders in diesem Falle besonders hoch zu schätzen, weil schon für deutsche Leser das rechte Verständnis von »Sein u. Zeit« nicht leicht ist. Leider kann ich nun nicht das Geringste zu Ihrer Übersetzung sagen. Aber ich entnehme schon aus der sehr schönen Ausstattung und dem sorgfältigen Druck, daß es sich um eine große und verdienstvolle Leistung handelt. Ich habe bisher von Ihrer Übersetzung keine Kenntnis gehabt.

Ich bin immer aufs neue erstaunt und erfreut über das Interesse und den Ernst und die Mühe, die in Ihrem Lande meinen Schriften entgegengebracht wird.

Weil uns Europäern meistens die Beherrschung der japanischen Sprache fehlt, ist die so notwendige gegenseitige Verständigung leider immer nur eine einseitige.

Aber es ist schon von großer Bedeutung, wenn überhaupt durch so wichtige Leistungen wie diese Ihre Übersetzung ein Weg des Gespräches im Bereich der Philosophie begangen wird.

Ich wünsche ihnen für ihre weitere wissenschaftliche Arbeit alles Gute und grüße Sie sehr herzlich mit nochmaligem Dank für ihr Geschenk.

                                                              Ihr
                                                   Martin Heidegger

---

* Aus Bibl. Nr. 21; dort auch das aus Anschrift, Absender und Brieftext zusammengefügte Faksimile. Daß Heideggers Paginierung der Briefseiten von S. 1 nach S. 3 springt, dürfte daran liegen, daß auf dünnem Luftpost-Briefpapier die Schrift manchmal stark durchschlägt und deshalb die Rückseite nicht mehr beschrieben werden kann.

Martin Heidegger   Freiburg i. B. 20. Juni 1966.

Japan

Herrn Keikichi Matsuo
Tokyo
Meguro-Ku.
Jiyūgaoka 1-13-14

Sehr geehrter Herr Matsuo,

vor wenigen Tagen hat mir Herr Dr. Ozawa den 5. Teil Ihrer Übersetzung von „Sein und Zeit" mit Ihrer freundlichen Widmung übersandt.

Ich danke Ihnen herzlich für die grosse langjährige Arbeit, die Sie für die Übersetzung meiner Abhandlung verwendet haben. Ich weiss eine solche Arbeit besonders in diesem Falle besonders hoch zu schätzen, weil schon für deutsche Leser das rechte Verständnis von „Sein u. Zeit" nicht leicht ist. Leider kann ich nun nicht das Geringste zu Ihrer Übersetzung sagen. Aber ich entnehme schon aus der sehr schönen Ausstattung und dem sorgfältigen Druck, dass es sich um eine grosse und verdienstvolle Leistung handelt. Ich habe bisher von Ihrer Übersetzung keine Kenntnis gehabt.

Ich bin immer aufs neue erstaunt und erfreut über das Interesse und den Ernst und die Mühe, die in Ihrem Lande meinen Schriften entgegengebracht wird.

Weil uns Europäern meistens die Beherrschung der japanischen Sprache fehlt, ist die so notwendige gegenseitige Verständigung leider immer nur eine einseitige.

Aber es ist schon von grosser Bedeutung, wenn überhaupt durch so wichtige Leistungen wie diese Ihre Übersetzung ein Weg des Gespräches im Bereich der Philosophie begangen wird.

Ich wünsche Ihnen für Ihre weitere wissenschaftliche Arbeit alles Gute und grüsse Sie sehr herzlich mit nochmaligem Dank für Ihr Geschenk.

Ihr
Martin Heidegger

Abs. Martin Heidegger
78 Freiburg i. Br.
Rötebuck 47

MARTIN HEIDEGGER

Zur Frage nach der Bestimmung der Sache des Denkens (1968)*

Wir fragen: Was ist und wie bestimmt sich im gegenwärtigen Weltalter die Sache des Denkens? Die Sache – dies meint jenes, wovon das Denken in den Anspruch genommen wird. Durch diesen Anspruch wird das Denken seinerseits allererst auf das, was es zu denken hat, abgestimmt.

Wenn wir versuchen, diese Bestimmung zu erfahren, d.h. auf die Stimme des Anspruchs zu hören, werden wir etwas erblicken, was ich die »Lichtung« nenne. Dieses Phänomen wurde zuerst in »Sein und Zeit« genannt und seitdem immer neu durchdacht.

Durch das Denken der Lichtung und durch ihre zureichende Kennzeichnung gelangen wir in einen Bereich, der es vielleicht ermöglicht, das gewandelte europäische Denken in eine fruchtbare Auseinandersetzung mit dem ostasiatischen »Denken« zu bringen. Sie könnte mithelfen an der Bemühung, das Wesen des Menschen vor der Bedrohung durch ein extrem technisches Be-Rechnen und Manipulieren des menschlichen Daseins zu retten.

---

* M. Heidegger hatte diesen kleinen Text 1968 als eine Art Vorwort zur japanischen Übersetzung des Vortrages »Zur Frage nach der Bestimmung der Sache des Denkens«, die vor der deutschen Ausgabe erschien, an K. Tsujimura nach Kyôto geschickt (vgl. Bibl. Nr. 51). Der Haupttext der Übersetzungsvorlage geht auf S. 2 maschinenschriftlich weiter. Vgl. jetzt auch: M. HEIDEGGER, *Zur Frage nach der Bestimmung der Sache des Denkens*, hg. von Hermann HEIDEGGER, St. Gallen (Erker-Presse) 1984, sowie *Das Ende der Philosophie und die Aufgabe des Denkens*, in: M. HEIDEGGER, *Zur Sache des Denkens*, Tübingen (Niemeyer-Verlag) 1969, S. 61 ff.

Martin Heidegger

Zur Frage
nach der Bestimmung der Sache des Denkens

Wir fragen: Was ist und wie bestimmt sich im gegenwärtigen Weltalter die Sache des Denkens? Die Sache – dies meint jenes, wovon das Denken in den Anspruch genommen wird. Durch diesen Anspruch wird das Denken seinerseits allererst auf das, was es zu denken hat, abgestimmt.

Wenn wir versuchen, diese Bestimmung zu erfahren, d.h. auf die Stimme des Anspruchs zu hören, werden wir etwas erblicken, was ich die „Lichtung" nenne. Dieses Phänomen wurde zuerst in „Sein und Zeit" genannt und seitdem immer neu durchdacht.

Durch das Denken der Lichtung und ihre zureichende Kennzeichnung gelangen wir in einen Bereich, der es vielleicht ermöglicht, das gewandelte europäische Denken in eine fruchtbare Auseinandersetzung mit dem ostasiatischen „Denken" zu bringen. Sie könnte mithelfen an der Bemühung, das Wesen des Menschen vor der Bedrohung durch ein extrem technisches Berechnen und Manipulieren des menschlichen Daseins zu retten.

M. H.

MARTIN HEIDEGGER

Grußwort anläßlich des Erscheinens von Nr. 500 der Zeitschrift *Risô* *

Zuerst danke ich herzlich für das Gedenken durch die Widmung der 500. Nummer dieser Zeitschrift und grüße zugleich die Schüler und Freunde in Japan.

Das Weltalter der technologisch-industriellen Civilisation birgt in sich eine allzu wenig in ihren Grundlagen bedachte, sich steigernde Gefahr: Das tragend Belebende der Dichtung, der Künste, des besinnlichen Denkens wird nicht mehr in seiner aus ihnen selbst sprechenden Wahrheit erfahrbar. Die genannten Bereiche sind zu einem bloßen Instrument des Zivilisationsbetriebes umgefälscht. Ihre in sich selbst ruhende Sprache verschwindet im Flüchtigen der sich überstürzenden Informationen, denen die bleibend prägende Gestaltungskraft fehlt.

Darum ist ein Denken nötig, das entschlossen dabei ausharrt, fragender die alten Grundfragen zu erörtern, die den Weltaufenthalt der Sterblichen immer neu in seiner Unruhe durchwalten.

Dabei gilt es vor allem, eines in seiner ganzen Tragweite zu erkennen: das historisch gerechnet später zum Vorschein kommende Eigentümliche der modernen Technologie ist nicht eine Folge oder gar nur die Anwendung der neuzeitlichen Wissenschaft. Vielmehr ist diese Wissenschaft der Sache nach schon bestimmt durch das zunächst sich verbergende Wesen der modernen Technologie. Dieses wiederum beruht seinerseits auf einer einzigartigen Weise, nach der das Sein des Seienden im Industriezeitalter waltet.

Vermutlich vollzieht die moderne Weltzivilisation den Übergang in die Endphase des epochalen Seinsgeschickes im Sinne der Bestimmung des Seins als der unbedingten Bestellbarkeit alles Seienden, das Menschsein mit inbegriffen.

Nötig ist daher, diese Gefahr erst einmal nach ihrer Herkunft zu erfragen und dann ihre Tragweite zu erblicken. Dies aber verlangt, die Frage nach der Eigentümlichkeit des Seins als solchen zu fragen. Auf diesem Weg des Denkens könnte

---

* Vgl. Bibl. Nr. 62 (jap. Übersetzung). Der Text, im maschinenschriftlichen Original ohne Überschrift, ist datiert: Freiburg i. Br.-Zähringen, Fillibach 25, 19. XI. 74; dazu ein kurzes Begleitschreiben gleichen Datums: »Sehr geehrter Herr Kollege, ich erlaube gern, daß Sie in Ihrer Zeitschrift ein Bild bringen. Beiliegend folgt der Text des von Ihnen gewünschten ›Wortes‹. – Mit freundlichen Grüßen Ihr Martin Heidegger.« – Zur Zeitschrift *Risô* vgl. unten Erläuterung zu Abb. 23.

vielleicht der heutige Mensch vor eine höhere Möglichkeit des Daseins gebracht werden, eine Möglichkeit, die er nicht selbst bereitstellen kann, die ihm jedoch auch nicht ohne das Handeln seines fragenden Denkens aus der Gunst des Seins gewährt wird.

Das fragende Denken des Seins ist selbst ein Handeln, das sein Eigentümliches preisgibt, wenn es, als bloße Theorie verstanden, vorschnell sich einer unbedachten Praxis, einem grundlosen Umtrieb von Organisation und Institution ausliefert.

Martin Heidegger

V.

HARTMUT BUCHNER

Zur japanischen Heidegger-Gesamtausgabe

Im Jahre 1954 ging der Risôsha-Verlag Tôkyô dazu über, die bei ihm erscheinenden Übersetzungen von Schriften Martin Heideggers in fortlaufender Bandzählung als *Ausgewählte Werke* beziehungsweise *Japanische Heidegger-Schriften* (so ein Prägedruck auf der Rückseite der einzelnen Bände) zu bezeichnen (vgl. Bibl. Nr. 13 und folgende); bis 1983 brachte es der Verlag dabei auf 33 Bände (vgl. Bibl. Nr. 90). Hinter dieser internen japanischen Verlagsregelung, die von deutscher Seite nicht eigentlich autorisiert war, stand kein konkretes Konzept, vielmehr wurden die Schriften Heideggers, deren Übersetzung gerade anstand oder fertiggestellt war, wie es gerade kam, in die *Ausgewählten Werke* aufgenommen. In der nachfolgenden Bibliographie von T. Kôzuma wurden die Bände dieser innerjapanischen Ausgabe daher nicht im Sinne einer regulären Werkausgabe verzeichnet.

Als ich im Mai 1958 zur Übernahme eines Lektorats (Dôshisha-Universität Kyôto) und einer a. o. Dozentur für Philosophie (Staatliche Kyôto-Universität) nach Japan ging und K. Tsujimura kurze Zeit danach von einem zweijährigen Studienaufenthalt in Freiburg i. Br. zurückkehrte, nahmen wir die Bitte Martin Heideggers mit, uns um die Übersetzungssituation seiner Schriften in Japan zu kümmern und ihm Bericht zu erstatten. Auf einen ersten, vorläufigen Bericht antwortete mir Heidegger am 24. Juni 1958: »Über die Verlagssache bin ich ganz mit Ihnen einig u. werde Ihnen nächste Woche einen getippten Brief zugehen lassen, den Sie dann überall vorlegen können.« Dieser »Vorlegebrief« vom 4. August 1958 lautet:

Freiburg i Brsg. 4. August 58

Lieber Herr Buchner!

Immer wieder kommen Anfragen wegen der Übersetzung meiner Schriften ins Japanische. Ich würde es sehr begrüssen, wenn Sie sich jetzt dort um diese kümmern könnten. Vor allem ist es nötig, *gute* Übersetzer zu finden. Ich glaube, dass die Professoren Tsujimura, Kosaka und Nishitani besonders geeignet wären für eine solche Arbeit, d. h. die Übersetzung zu überwachen und zu korrigieren. Der Risosha-Verlag wird wohl die Übersetzungsrechte weiter erwerben wollen; die Verhandlungen werden von den Verlegern geführt; *meine grundsätzliche*

Zustimmung möchte ich hiermit aussprechen.

Es wäre sehr schön, wenn das besonders durch Prof. Tsujimura begonnene Gespräch zwischen der japanischen und deutschen Philosophie sich durch Ihre Arbeit dort fortsetzen und vertiefen könnte. Mit grösstem Bedauern habe ich von der Erkrankung Tanabes gehört. Wollen Sie bitte auf irgend einem Weg ihm meine herzlichsten Wünsche für baldige Genesung übermitteln.

Für Ihre Arbeit dort wünsche ich Ihnen eine immer fortschreitende Vertiefung und Bereicherung.

Ihnen und Ihrer lieben Frau herzliche Grüsse von meiner Frau und mir. Wir werden erst im Sept. auf die Hütte gehen

Ihr
Martin Heidegger

Nach der Rückkehr von K. Tsujimura im Sommer 1958 wurde zusammen mit Keiji Nishitani, Masaaki Kôsaka und Shizuteru Ueda in Kyôto ein detaillierter Plan für die kommenden Übersetzungen erstellt und mit den nötigen Erläuterungen an Heidegger geschickt, der seine volle Zustimmung gab und auch seine deutschen Verleger unterrichtete. In den kommenden Jahren konnte dann ein großer Teil dieses Planes in die Tat umgesetzt werden.

Mit Beginn der deutschen Heidegger-Gesamtausgabe im Jahre 1976 ergab sich auch für die japanische Seite eine neue Situation. Darüber unterrichtet eine kurze Begrüßungsansprache, die K. Tsujimura bei einer ersten Zusammenkunft der deutschen Mitarbeiter und einiger vorgesehener japanischer Übersetzer in Grassau-Rottau am 9. Juli 1978 hielt:

Sehr verehrte Kollegen!
Zuerst danke ich Ihnen sehr herzlich für Ihre freundliche Teilnahme an diesem Treffen. Die gleiche Dankbarkeit soll ich Ihnen von den anderen japanischen Herausgebern und vom Verleger, Herrn Direktor Kuboi, übermitteln.

Von der Wichtigkeit des Denkens Martin Heideggers brauche ich hier nichts zu sagen, da die Anerkennung dieser Wichtigkeit unsere gemeinsame Voraussetzung für die künftige Zusammenarbeit ist. Lassen Sie mich bitte ganz kurz etwas von der Rezeption Heideggers in Japan berichten. Die erste Bekanntmachung des heideggerschen Denkens hat mein Lehrer Professor Tanabe 1924 geleistet, der von 1922 bis 1923 bei Husserl und Heidegger in Freiburg studierte. Sein Aufsatz *Die neue Wende in der Phänomenologie – Heideggers Phänomenologie des Lebens* von 1924 betrifft gleichsam die Urfassung von *Sein und Zeit*. Seither haben sich sehr viele japanische Philosophen mit dem Denken Heideggers beschäftigt. Der Grund dafür, daß sein Denken so viele japanische Philosophen über ein halbes Jahrhundert lang angezogen hat, liegt meines Erachtens darin, daß dieses Denken – zum Beispiel über den Tod – in einer Wesensnähe zu der vom Buddhismus bestimmten geistigen Grundhaltung der Japaner steht. Solange die junge Generation in Japan nicht darauf verzichtet, mit dem Todes- und Seinsproblem Ernst zu machen, wird dieses Wesensverhältnis der japanischen Philosphie zum Denken Heideggers unverändert bleiben, ganz unabhängig von einem vorübergehenden Aufschwung oder Abstieg.

Die erste japanische Übersetzung einer Schrift Heideggers wurde 1930 von einem jungen japanischen Schüler Heideggers namens Seinosuke Yuasa gewagt, und zwar Heideggers Freiburger Antrittsvorlesung *Was ist Metaphysik?* Diese Übersetzung, die Herr Yuasa vermutlich mit der Hilfe von Heidegger selbst gefertigt hatte, hat unser Denker bis in seine spätesten Lebensjahre hoch geschätzt. Seither sind sehr viele Übersetzungen seiner Werke und Vorlesungen in Japan versucht worden. Dazu brauche ich hier nichts mehr zu sagen.

Als ich im Oktober 1969 zusammen mit dem hier sitzenden Herrn Ôhashi Heidegger in seiner Zähringer Wohnung besuchen durfte, habe ich ihn zu fragen gewagt: ›Möchten Sie, Herr Professor Heidegger, jetzt nicht Ihre Gesamtausgabe erscheinen lassen? In Japen ist es jetzt üblich, daß eine Gesamtausgabe erscheint, solange der Autor noch am Leben ist.‹ Darauf antwortete Heidegger etwa folgendermaßen: ›Nein, ich möchte nicht. Wer wollte meine Gesamtausgabe kaufen? Sehen Sie die Gesamtausgabe von Ernst Jünger!‹ Darauf fragte ich: ›Wenn Ihre Gesamtausgabe irgendwann in der Zukunft erscheinen wird, dann möchte ich sie zusammen mit Herrn Kakihara und mit der Hilfe von Herrn Buchner japanisch herausgeben und übersetzen.‹ Darauf sagte Heidegger: ›Das wäre ideal.‹ Dies ist sozusagen der Anfang unserer geplanten japanischen Heidegger-Gesamtausgabe.

Als ich im Mai 1976 in Kyôto kurz vor dem Tode Heideggers durch die Vermittlung eines japanischen Buchhändlers den Verleger Herrn Michael Klostermann traf, bat dieser mich, irgendeinen guten japanischen Verlag zu suchen, der die japanische Übersetzung der begonnenen Heidegger-Gesamtausgabe zu übernehmen vermöchte. Nach einiger Überlegung habe ich den Sôbunsha-Verlag in Tôkyô gewählt, dessen Direktor Herr Kuboi – ein langjähriger alter Freund – ein sehr zuverlässiger und erfahrener Verleger ist... Der Sôbunsha-Verlag, der die philosophische Zeitschrift der Philosophischen Fakultät der Staatlichen Kyôto-Universität mit großen finanziellen Opfern übernommen hat und der philosophische Werke als solche zu schätzen weiß, ist der einzige japanische Verlag, der sehr langfristige Übersetzungsunternehmen, so zum Beispiel die japanische Übersetzung der *Summa theologiae* von Thomas von Aquin oder der *Gesammelten Werke* von Max Weber, bereits über einen Zeitraum von zwanzig Jahren fortsetzt.

Meinen Vorschlag einer japanischen Heidegger-Gesamtausgabe hat Herr Direktor Kuboi auf der Stelle angenommen und seinen Sohn als seinen Nachfolger für diese Gesamtausgabe bestimmt. So habe ich im Oktober 1976 bei Gelegenheit meiner Teilnahme an einem internationalen Symposion der Alexander von Humboldt-Stiftung in Ludwigsburg den alten Herrn Vittorio Klostermann und seine Söhne in Frankfurt am Main besucht und ihnen das grundsätzliche Einverständnis von Herrn Kuboi mitgeteilt. Herr Kuboi und ich haben dann Herrn Buchner mit allen weiteren Verhandlungen beauftragt. Nach langwierigen und geduldigen Bemühungen Herrn Buchners, für die wir Japaner ihm hier erneut herzlich danken möchten, konnte Anfang Oktober 1977 der Lizenzvertrag zwischen beiden Verlagen zur Übernahme der Heidegger-Gesamtausgabe abgeschlossen werden. Auch der Lizenzvertrag mit dem Niemeyer-Verlag ist unter Dach und Fach. Inzwischen habe ich zusammen mit Herrn Buchner brieflich und telephonisch die Einzelplanung für die japanische Heidegger-Gesamtausgabe festgelegt. Aufgrund meiner zwanzigjährigen Erfahrung mit Heidegger-Übersetzungen haben wir, Herr Buchner und ich, als unabdingbare Grundvoraussetzung bestimmt, daß jeder Band der japanischen Heidegger-Gesamtausgabe eine Zusammenarbeit des jeweiligen japanischen Übersetzers mit dem ihm zugeordneten deutschen Bandmitarbeiter sein muß. Der Grund dafür liegt in der äußersten Schwierigkeit des Verständnisses sowie der Übertragung der heideggerschen Werke. Ohne die Mithilfe deutscher Sachkenner wäre eine japanische Heidegger-Gesamtausgabe bestimmt unmöglich – wenn ich das nach meinen bisherigen Erfahrungen sagen darf. In diesem Sinne danke ich Ihnen von ganzem Herzen für Ihre Bereitschaft, an dieser schwierigen Aufgabe mitzuarbeiten.

Es ist nötig, daß wir die japanische Heidegger-Gesamtausgabe gerade jetzt beginnen. Der Grund dafür liegt vor allem darin, daß nach dem Tode der direkten Schüler Heideggers es zumindest in Japan kaum einer mehr vermag, diese schwierigste Aufgabe in Angriff zu nehmen. Würden wir jetzt nicht aufbrechen, dann wäre die Gedankenwelt Heideggers für die kommende Generation in Japan ganz unzugänglich geworden. Dabei kommt alles, wie mir scheint, darauf an, ob wir die Übersetzung der jetzt anstehenden und zugeteilten Bände auf einem möglichst hohen Niveau durchführen können. In diesem Sinne bitten wir, die japanischen Herausgeber, Sie sehr herzlich um Ihre wertvolle Mitarbeit.

Über die Einzelheiten wollen wir nun ganz frei und ohne Zurückhaltung diskutieren. Ich bitte Herrn Ôhashi, die Protokollführung zu übernehmen... Ich danke Ihnen nochmals sehr herzlich für Ihre Teilnahme.

Vor welchen Schwierigkeiten eine zureichende japanische Heidegger-Übersetzung steht, geht unter anderem auch daraus hervor, daß es noch fast acht Jahre dauerte, bis der erste Band der japanischen Heidegger-Gesamtausgabe erscheinen konnte; dem deutschen Verlag ist herzlich für die damit abverlangte Geduld zu danken. Von vornherein stand fest, daß die *Wegmarken* (Bd. 9, vgl. Bibl. Nr. 92 und Abb. 34) als eine Art Lotsenband den Anfang machen sollten. Innerhalb des heideggerschen Werkes decken sie einen Zeitraum von vierzig Jahren ab, zeigen also fast die ganze Spannweite in der Entfaltung der heideggerschen Sprachmöglichkeiten. Im April 1985 erschien zur Ankündigung der japanischen Heidegger-Gesamtausgabe ein erster, achtseitiger Prospekt des Sôbunsha-Verlages, im Mai 1985 kamen dann die ersten beiden Bände heraus. Diesem Prospekt sind das folgende »Geleitwort« und die kurzen Stellungnahmen der japanischen Herausgeber entnommen (Übersetzung von E. Weinmayr zusammen mit R. Ôhashi):

Geleitwort

Martin Heidegger darf – selbst bei bescheidenster Schätzung – zu den größten der für die erste Hälfte dieses Jahrhunderts in Europa repräsentativen Denkern gezählt werden. Geprägt durch die Erfahrung zweier Weltkriege, sah er die gegenwärtige Welt in einem ungeheuren Übergang. Während er einerseits die in Griechenland beginnende europäische Geschichte in ihr langes, immer noch andauerndes Ende eingehen sah, hörte er in diesem Ende zugleich einen anderen Anfang der Menschheitsgeschichte anklingen. Heideggers Denken versucht, diesen anklingenden Ton gehorsam zu vernehmen und der Vorbereitung des in ihm verheißenen anderen Anfangs zu dienen. Dies ließ seinem Denken zugleich die Auseinandersetzung mit der abendländischen Philosophie seit den Griechen zur Aufgabe werden und ihn eine Sympathie für den chinesischen und japanischen »Weg« hegen.

Weil wir in diesem seinem Denken eine einzigartige Bedeutsamkeit erkennen, haben wir uns entschlossen, trotz vieler Schwierigkeiten eine japanische Fassung seiner Gesamtausgabe zu publizieren.

Allerdings ist Heideggers Denken schwer verständlich. Sein Ausdruck ist von ausgeprägter Eigenheit. Das Sprachgefühl der japanischen Forscher wird seinen Schriften, die die Ausdruckskraft des Deutschen auf die Spitze treiben, kaum gewachsen sein. Daher haben wir beschlossen, die ganze Gesamtausgabe auf der Grundlage einer Zusammenarbeit von japanischen und deutschen Forschern herauszugeben. Auf diese Weise hoffen wir, die Zuverlässigkeit dieser Gesamtausgabe zu erhöhen.

Grundlage der japanischen Gesamtausgabe ist die im Vittorio Klostermann-Verlag erscheinende *Martin-Heidegger-Gesamtausgabe*. Falls sich in der Originalvorlage zweifelhafte Stellen finden, wird eine genaue Kollationierung mit eventuellen früheren Ausgaben durchgeführt und die deutsche Ausgabe textkritisch ergänzt. Weiterhin erhält jeder Band ein kombiniertes Autoren- und Stellenregister. Übersetzeranmerkungen oder eine an ihre Stelle tretende Erläuterung wichtiger Übersetzungsworte sollen die Lektüre erleichtern.

Die erste Abteilung der Gesamtausgabe enthält in 16 Bänden die Aufsätze, Vorträge, Vorlesungen usw., die Heidegger zu Lebzeiten in Druck gab; in die zweite Abteilung von 46 Bänden werden die Vorlesungen, die Heidegger in Marburg und Freiburg gehalten hat, aufgenommen; die dritte Abteilung enthält bisher unveröffentlichte Schriften Martin Heideggers (Bandzahl unbestimmt); die vierte Abteilung besteht aus Notizen, Aufzeichnungen und anderem. Wir bitten die hochverehrten Leser um Unterstützung.

April 1985

Kôichi Tsujimura (Honorarprofessor, Universität Kyôto)
Yoshio Kayano (Professor, Universität Ôsaka)
Yûsaku Nishitani (Assistenzprofessor, Universität Kyôto)
Tadashi Kôzuma (Professor, Tôhoku-Universität, Sendai)
Hartmut Buchner (München)
Alfredo Guzzoni (West-Berlin)

Kurze Stellungnahmen der japanischen Herausgeber

Einmal begleitete ich Martin Heidegger auf einem Spaziergang. Auf diesem Spaziergang murmelte er: »Meine Philosophie ist keine Philosophie.« Ich glaube, bereits vor Heidegger hat jemand so etwas ähnliches gesagt, aber ich erinnere mich nicht genau. Damals faßte ich das Wort so auf: So etwas Privates wie »meine Philosophie« ist keine Philosophie. Aber irgendwie konnte ich mich mit diesem Verständnis nicht zufrieden geben. Deshalb blieb mir dieses Wort Heideggers im Gedächtnis. Nach meiner Heimkehr nach Japan fiel mir eines Tages plötzlich ein, daß dieses Wort bedeutet, daß es nicht so etwas wie eine heideggersche Philosophie gibt, das heißt, daß Heideggers Denken nicht mehr zur Philosophie gehört. So verstanden bringt dieses scheinbar harmlose Wort Heideggers den Weg seines Denkens in äußerst einfacher Weise zum Ausdruck. Es ist das hingemurmelte Wort eines Menschen, der die in der abendländischen Philosophie zur Frage gewordenen Sache vom Anfang bis zum Ende radikal durchdacht hat.

Kôichi Tsujimura

So wie sich die Fertigstellung der Gesamtausgaben von Kant, Fichte, Schelling und Hegel bis ins 21. Jahrhundert erstrecken wird, liegt auch der Abschluß der Gesamtausgabe Heideggers, die einen Umfang von 80 bis 90 Bänden haben wird, noch in weiter Ferne. So wie es die Aufgabe des Klostermann-Verlages ist, die

Hinweise, die Heidegger, der sich im Alter von 84 Jahren zu dieser Gesamtausgabe entschlossen hat, betreffs ihrer Publikation gegeben hat, an den jeweiligen Herausgeber weiterzuleiten und die jeweils geeignetsten Herausgeber zu sichern, haben die Herausgeber der japanischen Heidegger-Gesamtausgabe und der Sôbunsha-Verlag die Aufgabe, Übersetzer zu finden, die mit dem langen Atem des heideggerschen Denkweges Schritt halten können. Die Publikation der japanischen Heidegger-Gesamtausgabe erfolgt zehn Jahre nach dem Start der Originalausgabe. Durch die Zusammenarbeit von japanischen Übersetzern und deutschen Mitarbeitern, die Kollationierung von Textvarianten, Register, Übersetzeranmerkungen, Erklärungen von Übersetzungsworten usw. wird die japanische Ausgabe meines Erachtens die Originalausgabe des Klostermann Verlages nicht nur genau wiedergeben, sondern überdies noch ergänzen können. Ich hoffe auf langfristige Unterstützung und andauerndes Verständnis von seiten der Leser.

Yoshio Kayano

Es ist allgemein bekannt, daß Heideggers Denken epochal ist, insofern es kühn eine Dimension herausfordert, nach der in der bisherigen abendländischen Philosophie nicht gefragt werden konnte. Sein Denken geht sowohl der unwandelbaren Aufgabe der Metaphysik als auch den brennenden und aktuellen Problemen unserer gegenwärtigen Existenz als ein und demselben Sachverhalt radikal auf den Grund. Die Anstöße, die sein Denken gibt, beschränken sich nicht bloß auf die philosophische Welt, sie entfalten eine weite Wirkung bis hinein in die Psychiatrie und Kunst. Der ungewöhnlich frühe Entwurf und die schnelle Publikation der Gesamtausgabe Heideggers sind ein Beweis dafür.

Diese Ausgabe umfaßt auch die über lange Jahre hin gehaltenen Vorlesungen Heideggers sowie enorm viele Manuskripte. Diese Ausgabe wird es uns daher ermöglichen, unsere Kenntnis sowohl der Gangart des heideggerschen Denkens, das sich durch die Vorlesungen selbst zu entfalten suchte, als auch des Haltes und der Stützen seines sich konstruierenden Gedankens, die in den veröffentlichten Schriften nicht sichtbar werden, zu vertiefen. Ich bin überzeugt, daß uns diese Ausgabe die Gelegenheit gibt, Heideggers Denken tiefer zu verstehen und der von ihm problematisierten Sache selbst neu nachzufragen. Yûsaku Nishitani

Im Zeitalter des Weltbildes lebend dichtet Heidegger: »Die Verdüsterung der Welt erreicht nie das Licht des Seyns.« Heidegger wagte es, von der Philosophie zur Seinsfrage zurückzugehen. Die japanische Publikation der Gesamtausgabe Heideggers, die den Gang seines Denkens im Ganzen vor Augen führt, ist hinsichtlich ihres Beitrages für die japanische Heidegger-Forschung sowie für die in einem weiten Sinn verstandene philosophische Welt von ausgesprochen großer Bedeutung. Die Sprache, die Heidegger, der die Sprache als das Haus des Seins

dachte, selbst spricht, ist im Ausdruck der Sache des Denkens bis ins letzte ausgefeilt. Seine Sätze sind von einer eigentümlichen, fließenden Schönheit. Ihr Sprechen ist in keiner Weise aufdringlich. Sie erziehen vielmehr das Denken des Lesers. Daher soll auch die Übersetzung nicht bloß grammatisch korrekt sein, sondern in lesbarem Japanisch den Atem des heideggerschen Denkens übermitteln. Diese Gedanken gehen mir durch den Sinn, jetzt, da ich einer der Herausgeber geworden bin.
Tadashi Kôzuma

Über den weiteren Fortgang der japanischen Heidegger-Gesamtausgabe unterrichtet die Bibliographie von T. Kôzuma. Nach Möglichkeit sollen in Zukunft jährlich zwei bis vier neue Bände erscheinen[1]. Ab Bibl. Nr. 94 (1980) wurde Severin Müller, Universität Augsburg, als weiterer deutscher Mitarbeiter in das Herausgebergremium der japanischen Heidegger-Gesamtausgabe aufgenommen, ab Juli 1989 von japanischer Seite Ryôsuke Ôhashi. Für Juni 1989 ist die Publikation folgender Bände vorgesehen: Bd. 21 *(Logik – Die Frage nach der Wahrheit)*, übers. von Satoshi Itô, Akira Sasaki und Severin Müller; Bd. 41 *(Die Frage nach dem Ding – Zu Kants Lehre von den transzendentalen Grundsätzen)*, übers. von Mamoru Takayama und Klaus Opilik; Bd. 52 *(Hölderlins Hymne »Andenken«)*, übers. von Masayuki Miki und Heinrich Treziak.

---

1 Bei den in Bibl. Nr. 93 und 95 als »Sonderband« bezeichneten Übersetzungen handelt es sich um Interimsbände (japanisch: bekkan), das meint Bände, deren Übersetzung und Erscheinung aus lizenzrechtlichen Gründen anstand, von denen jedoch noch keine Edition im Rahmen der deutschen Gesamtausgabe vorlag. Zum gegebenen Zeitpunkt werden diese Bände gemäß ihrer Edition innerhalb der deutschen Gesamtausgabe neu bearbeitet und mit der entsprechenden Bandzählung in die japanische Gesamtausgabe eingeordnet werden. Außer den beiden bibliographierten Sonderbänden wird es keine weiteren mehr geben, da der Fortgang der deutschen Gesamtausgabe dies nicht mehr erforderlich macht.

TADASHI KÔZUMA

Bibliographie der Heidegger-Übersetzungen und der deutschsprachigen Heidegger-Texte in Japan

Vorbemerkung

Die folgende Bibliographie verzeichnet alle Heidegger-Übersetzungen und die wenigen deutschsprachigen Heidegger-Texte, die bis etwa Winter 1988/89 in Japan erschienen sind. Sie ist streng chronologisch nach den *japanischen* Erscheinungsjahren angeordnet und fortlaufend durchnumeriert (einige Zwischennummern, wie zum Beispiel 2a, 9a, haben sich dadurch ergeben, daß die betreffenden Publikationen nachträglich eingefügt werden mußten, dabei aber das bereits fertiggestellte Verweisungssystem unter den einzelnen Nummern nicht mehr geändert werden sollte). Die in Japan erschienenen deutschsprachigen Heidegger-Texte sind durch ein * gekennzeichnet. Außer der Titelangabe in Japanisch (Romaji-Umschrift) und Deutsch (kursiv in Klammern), dem japanischen Verlag, Erscheinungsort, Erscheinungsjahr und, wie im japanischen Impressum üblich, Erscheinungsmonat, dem Umfang, gegebenenfalls den Auflagen, der genauen Zeitschriftenangabe mit Jahr, Quartal oder Monat, Jahrgang und Seitenzahl enthält die Bibliographie auch möglichst genaue Angaben über den jeweiligen eigenen Anteil des Übersetzers wie zum Beispiel Vorwort, einführendes Nachwort, Anmerkungen und Erläuterungen zum übersetzten Text sowie Personen- und Sach- oder Wortindex. Liegen von einem Werk, wie zum Beispiel von *Sein und Zeit*, mehrere verschiedene Übersetzungen vor, wird jeweils in Klammern auf alle anderen Übersetzungen des Werkes verwiesen: (s. a. Nr. . . . .). Eine Reihe von Übersetzungen, so zum Beispiel auch die Bände der Japanischen Heidegger-Gesamtausgabe (= Jap. HGA), bringen die Register usw. in einer eigenen, von rückwärts her beginnenden Paginierung; in solchen Fällen wird die von vorne her durchlaufende Hauptpaginierung in Klammern mit angegeben (vgl. zum Beispiel Bibliographie Nr. 8). Gegenüber den bereits vorliegenden verdienstvollen Heidegger-Gesamtbibliographien von Hans Martin Saß, die auch die meisten japanischen Übersetzungen bis etwa zum Jahre 1980 enthalten, zeichnet sich die folgende Bibliographie nicht nur durch größere Genauigkeit und weitaus vollständigere Angaben, sondern vor allem durch die Herausstellung des oft beträchtlichen Eigenanteils der japanischen Übersetzer aus. Damit soll wenigstens andeutungsweise etwas von der generellen Übersetzungssituation in Japan sichtbar gemacht werden. Herzlich möchte ich mich bei den Herren Hartmut Buchner, Tetsurô Matoba, Ryôsuke Ôhashi und Elmar Weinmayr bedanken, ohne deren Mithilfe diese Bibliographie nicht hätte fertiggestellt werden können.

1 Keijijôgaku towa Nan zoya (*Was ist Metaphysik?*, 1929). Übers. von Seinosuke Yuasa. Risôsha-Verlag. Tôkyô Okt. 1930. VII + 41 S. (s.a. Nr. 11, 13, 46, 91, 92).
S. I–III: Vorwort von Seiichi (=Seishirô) Ôe. S. V–VI: Vorrede Heideggers zur japan. Übersetzung (Freiburg, im Juni 1930), nur in Japanisch. S. VII: Inhaltsverzeichnis. S. 1–41: Text.

1a Shinri no Honshitsu ni tsuite. Jap. Zusammenfassung des Vortrages *Vom Wesen der Wahrheit* (1930) durch Seinosuke Yuasa. In: Risô Nr. 23. Risôsha-Verlag. Tôkyô 1931. S. 3 (297) – 13 (307). (s.a. Nr. 2a, 28, 92).

2 *Doitsudaigaku no Jikoshuchô (*Die Selbstbehauptung der deutschen Universität*, 1933). Zweisprachige Ausgabe. Übers. und erläutert von Tokiji Araki. Daigakushorin-Verlag. Tôkyô Jan. 1934; 2. unveränd. Aufl. ebd. Febr. 1934; 3. unveränd. Aufl. ebd. Febr. 1936; 4. unveränd. Aufl. ebd. Mai 1937; 5. verbesserte Aufl. ebd. Dez. 1941. 41 S. (s.a. Nr. 67).
Übersetzeranmerkungen (für jap. Deutschunterricht) als Fußnoten unter dem Text gesetzt.

2a Keijijôgaku towa Nan de aru ka (*Was ist Metaphysik?*, 1929). Verbesserte Aufl. von Nr. 1, erweitert um Nr. 1a. Risôsha-Verlag. Tôkyô März 1937. 55 S. (s.a. Nr. 1, 1a, 11, 13, 28, 46, 91, 92).

3 Herudârin to Shi no Honshitsu (*Hölderlin und das Wesen der Dichtung*, 1936). Übers. von Shinji Saitô. In: Bunka IV, 8. Kaiserliche Universität Tôhoku. Sendai Aug. 1937. S. 111–132. (s.a. Nr. 4, 9, 15).

4 Herudârin to Shi no Honshitsu (*Hölderlin und das Wesen der Dichtung*, 1936). Übers. von Shinji Saitô. Risôsha-Verlag. Tôkyô März 1938. XIII + 36 S. (s.a. Nr. 3, 9, 15).
S. I–XIII: Vorrede des Übersetzers. S. 1–36: Text.

5 Kanto to Keijijôgaku (*Kant und das Problem der Metaphysik*, 1929). Übers. von Keiji Satô. Mikasashobô-Verlag (Gendai-Shisô-Zensho 5). Tôkyô Sept. 1938. 20 + 6 + 306 S. (s.a. Nr. 12, 48).
S. 1–2: Vorrede des Textes. S. 3–20: Erläuterung des Übersetzers. S. 1 (21) – 6 (26): Inhaltsverzeichnis. S. 1 (27) – 306 (332): Text.

6 Sonzai to Jikan (*Sein und Zeit*, 1927). Bd. 1. Übers. von Jitsujin Terajima. Mikasashobô-Verlag. Tôkyô Apr. 1939; 2. unveränd. Aufl. ebd. Dez. 1940;

3. unveränd. Aufl. ebd. Febr. 1942; 4. unveränd. Aufl. ebd. Mai 1942. 354 S. (s. a. Nr. 8, 9a, 21, 24, 30, 34, 39, 40, 43, 44, 47, 57, 76, 80).

S. 1–4: Vorwort des Übersetzers. S. 1–343: Text (von der Einleitung bis zum Ende des 1. Abschnittes des 1. Teils). S. 345–354: Anmerkungen des Übersetzers.

7 Konkyo no Honshitsu (*Vom Wesen des Grundes*, 1929). Übers. von Shinji Saitô. Risôsha-Verlag. Tôkyô Mai 1939. 3 + 80 S. (s. a. Nr. 11, 92).

S. 1–3: Vorwort des Übersetzers. S. 1–80: Text.

8 Sonzai to Jikan (*Sein und Zeit*, 1927). Bd. 2. Übers. von Jitsujin Terajima. Mikasashobô-Verlag. Tôkyô Okt. 1940; 2. unveränd. Aufl. ebd. Febr. 1942; 3. unveränd. Aufl. ebd. Mai 1942. 327 S. (s. a. Nr. 6, 9a, 21, 24, 30, 34, 39, 40, 43, 44, 47, 57, 76, 80).

S. 1–295: Text (1. Teil. 2. Abschnitt). S. 297–302: Anmerkungen und Anhang des Übersetzers. S. 303–304: Nachwort des Übersetzers. S. 1 (327) – 23 (305): Personenregister, Sachregister Japanisch und Deutsch.

9 *Herudârin to Bungaku no Honshitsu (*Hölderlin und das Wesen der Dichtung*, 1936). Zweisprachige Ausgabe. Übers. und erläutert von Yoshihito Satô. Daigakushorin-Verlag. Tôkyô März 1943. 79 S. (s. a. Nr. 3, 4, 15).

Übersetzeranmerkungen als Fußnoten unter dem Text gesetzt.

9a *Sein und Zeit. Japanausgabe. Hrsg. mit Unterstützung des Japanisch-Deutschen Kulturinstituts Tôkyô. Fukumotoshoin-Verlag. Tôkyô Nov. 1943. XI + 438 S. (s. a. Nr. 6, 8, 21, 24, 30, 34, 39, 40, 43, 44, 47, 57, 76, 80).

Anastatischer Nachdruck der 4. Aufl. Halle 1935 (Niemeyer-Verlag).

10 Heruderurin no Hiko »Kikyô« ni tsuite (*Heimkunft. Aus: Erläuterungen zu Hölderlins Dichtung*, 1944). Übers. von Tomio Tezuka. Enderle-Verlag (Seiki 3). Tôkyô Juni 1949. S. 2–21. (s. a. Nr. 15).

S. 2–3: Vorwort des Übersetzers. S. 3–21: Text.

11 Keijijôgaku towa Nani ka (*Was ist Metaphysik?*, 1929). Übers. von Seishirô Ôe./Konkyo no Honshitsu (*Vom Wesen des Grundes*, 1929). Übers. von Shinji Saitô. Risôsha-Verlag. Tôkyô Sept. 1952, 130 S.

Was ist Metaphysik? (Neubearbeitung von Nr. 1) (s. a. Nr. 1, 2a, 13, 46, 91, 92). S. 5–8: Vorwort des Übersetzers. S. 9–10: Vorrede Heideggers zur jap. Übersetzung (Freiburg, im Juni 1930). S. 11–42: Text. *Vom Wesen des Grundes* (Wiederausgabe von Nr. 7) (s. a. Nr. 7, 92). S. 45–49: Vorrede des Übersetzers zur 2. Auflage. S. 51–130: Text.

12 Kanto to Keijijôgaku no Mondai (*Kant und das Problem der Metaphysik*, 1929) Übers. von Ryôzô Teruoka. Kawadeshobô-Verlag (Sekai-Dai-Shisô-Zenshû 20). Tôkyô Febr. 1954. S. 173–341. (s. a. Nr. 5, 48). (Der Band enthält außerdem noch die Übersetzung von Karl Jaspers, *Die geistige Situation der Zeit*, 1931)

S. 354–363: Erläuterung des Übersetzers zum Kantbuch Heideggers.

13 Keijijôgaku towa Nani ka (*Was ist Metaphysik?*, 5. durch eine *Einleitung* erweiterte Auflage mit dem neu durchgesehenen *Nachwort* der 4. Aufl., 1949). Übers. von Seishirô Ôe. Risôsha-Verlag (Jap. Heidegger-Schriften Bd. I). Tôkyô Sept. 1954. 86 S.; 2. verbesserte Aufl. ebd. Febr. 1961. 90 S.; 3. erweiterte Aufl. ebd. Juli 1979. 100 S.; 4. unveränd. Aufl. ebd. Apr. 1988. 100 S. (s. a. Nr. 1, 2a, 11, 46, 91, 92).

S. 1–2: Vorwort des Übersetzers. S. 5–81: Text. S. 83–86: Nachwort des Übersetzers. S. 87–90: Nachtrag zum Nachwort des Übersetzers (1961). S. 91–100: Nachtrag zum Nachwort des Übersetzers (1979).

14 Niche no Kotoba »Kami wa Shiseri« (*Nietzsches Wort »Gott ist tot«*) / Hêguru no Keiken no Gainen *(Hegels Begriff der Erfahrung)*, (beide aus: *Holzwege*, 1950). Übers. von Sadao Hosoya. Risôsha-Verlag (Jap. Heidegger-Schriften Bd. II). Tôkyô Okt. 1954; 13. unveränd. Aufl. ebd. Okt. 1980. 217 S. (s. a. Nr. 100).

S. 1–76: Text. *Nietzsches Wort »Gott ist tot«*. S. 77–195: Text. *Hegels Begriff der Erfahrung*. S. 197–201: Anmerkungen des Übersetzers. S. 202–217: Nachwort des Übersetzers.

15 Herudârin no Shi no Kaimei (*Erläuterungen zu Hölderlins Dichtung*, 2. vermehrte Aufl. 1951). Übers. von Tomio Tezuka, Shinji Saitô, Sadao Tsuchida und Toyoji Takeuchi. Risôsha-Verlag (Jap. Heidegger-Schriften Bd. III). Tôkyô Jan. 1955; 2. verbesserte Aufl. ebd. Juni 1962; 12. unveränd. Aufl. ebd. Aug. 1980. 234 + 10 S. (s. a. Nr. 3, 4, 9, 10).

S. 3–228: Text. S. 229–234: Nachwort des Übersetzers (Tomio Tezuka). S. 1–10 (S. 244–235): Hölderlins Gedichte in Deutsch.

16 Anakushimandorosu no Kotoba (*Der Spruch des Anaximander*. Aus: *Holzwege*, 1950). Übers. von Masuo Tanaka. Risôsha-Verlag (Jap. Heidegger-Schriften Bd. IV). Tôkyô Sept. 1957; 8. unveränd. Aufl. ebd. Okt. 1982. 129 S. (s. a. Nr. 100).

S. 1–4: Vorwort des Übersetzers. S. 7–116: Text. S. 117–129: Erläuterung des Übersetzers.

17 Toboshiki Jidai no Shijin (*Wozu Dichter?*. Aus: *Holzwege*, 1950). Übers. von Tomio Tezuka und Hideo Takahashi. Risôsha-Verlag (Jap. Heidegger-Schriften Bd. V). Tôkyô Juni 1958; 11. unveränd. Aufl. ebd. Juni 1978. 118 S. (s. a. Nr. 35, 100).

S. 1–3: Vorwort des Übersetzers (Tomio Tezuka). S. 7–112: Text. S. 113–118: Erläuterung des Übersetzers (Tomio Tezuka). S. 118: Nachtrag des Übersetzers (Tomio Tezuka).

18 Hyûmanizumu ni tsuite (*Brief über den Humanismus*, 1947). Übers. von Tsutomu Kuwaki. Kadokawa-Verlag (Kadokawa Bunko). Tôkyô Juli 1958. 112 S. (s. a. Nr. 61, 92).

S. 3–4: Vorwort des Übersetzers. S. 7–73: Text. S. 74–91: Anmerkungen des Übersetzers. S. 92–103: Erläuterung des Übersetzers. S. 104–109: Schriftenverzeichnis M. Heidegger. S. 1 (112) – 3 (110): Register.

19 Shii no Konpon-Meidai (*Grundsätze des Denkens*, 1958). Übers. von Akihiro Takeichi. In: Tetsugaku-Kenkyû Nr. 451 (= Bd. 40, H. 3). Kyôto-Universität. Kyôto Juli 1959. S. 1–17 (s. a. Nr. 58).

S. 1–16: Text. S. 16: Anmerkungen des Übersetzers. S. 17: Nachwort des Übersetzers.

20 Shii no Keiken yori (*Aus der Erfahrung des Denkens*, 1954). Übers. von Kôichi Tsujimura. Risôsha-Verlag (Jap. Heidegger-Schriften Bd. VI). Tôkyô Febr. 1960; 12. unveränd. Aufl. ebd. Juli 1979. 73 S.

S. 3: Widmung Japanisch und Deutsch (»Die japanische Übersetzung ist dem Andenken an Egon Vietta und Frau Dorothea gewidmet, die im Jahre 1959 gestorben sind.«) S. 5–28: Text. S. 29–71: Anmerkungen des Übersetzers. S. 73: Nachwort des Übersetzers.

21 Sonzai to Jikan (*Sein und Zeit*, 1927). Bd. 1. Übers. von Keikichi Matsuo. Keisôshobô-Verlag. Tôkyô Juni 1960. 467 S.; 2. Aufl. ebd. Aug. 1966; 3. um einen Brief Martin Heideggers erweiterte Aufl. ebd. April 1969; 4. Aufl. ebd. Sept. 1973; 5. Aufl. ebd. Mai 1977. (s.. Nr. 6, 8, 9a, 24, 30, 34, 39, 40, 43, 44, 47, 57, 76, 80).

*Ab 3. Aufl. [S. I–III:] Brief Martin Heideggers an Keikichi Matsuo vom 20. Juni 1966. Deutsch (Faksimile) und Japanisch. S. 1–4: Benutzungshinweise und Vorwort des Übersetzers. S. 5–13: Inhaltsverzeichnis. S. 15–385: Text (Von der Einleitung bis zum Ende des 1. Abschnitts des 1. Teils). S. 386–441: Anmerkungen des Übersetzers. S. 443–467: Nachwort des Übersetzers.

22 Tetsugaku towa Nani ka (*Was ist das – die Philosophie?*, 1956). Übers. von Tasuku Hara. Risôsha-Verlag (Jap. Heidegger-Schriften Bd. VII). Tôkyô Sept. 1960; 12. unveränd. Aufl. ebd. Juli 1979. 75 S. (s. a. Nr. 36).

S. 1–39: Text. S. 40–58: Anmerkungen des Übersetzers S. 59–75: Erläuterung des Übersetzers.

23 No no Michi. Hêberu – Ie no Tomo (*Der Feldweg*, 1949 / *Hebel – der Hausfreund*, 1957). Übers. von Masaaki Kôsaka und Kôichi Tsujimura. Risôsha-Verlag (Jap. Heidegger-Schriften Bd. VIII). Tôkyô Sept. 1960; 11. unveränd. Aufl. ebd. Nov. 1980. 84 S. (s. a. Nr. 27).

S. 1–2: Vorwort von Masaaki Kôsaka. S. 5–12: Text. *Der Feldweg*. S. 13–24: Erläuterung und Anmerkungen des Übersetzers (Masaaki Kôsaka). S. 25–62: Text. *Hebel – der Hausfreund*. S. 63–84: Anmerkungen des Übersetzers (Kôichi Tsujimura).

24 Sonzai to Jikan (*Sein und Zeit*, 1927). Bd. 1. Übers. von Tsutomu Kuwaki. Iwanamishoten-Verlag (Iwanami-Bunko). Tôkyô Nov. 1960; 32. unveränd. Aufl. ebd. Juni 1988. 305 + 9 S. (s. a. Nr. 6, 8, 9a, 21, 30, 34, 39, 41, 43, 44, 47, 57, 76, 80).

S. 3–6: Vorwort des Übersetzers. S. 7–11: Inhaltsverzeichnis. S. 13–249: Text (Von der Einleitung bis zum Ende des 4. Kapitels des 1. Abschnitts des 1. Teils). S. 251–298: Anmerkungen des Übersetzers. S. 299–305 (spätere Aufl.): Inhaltsverzeichnis der Bde. 2 und 3. S. 1 (314) – 9 (306): Personen- und Sachregister.

25 Keijijôgaku-Nyûmon (*Einführung in die Metaphysik*, 1953). Übers. von Eihô

Kawahara. Risôsha-Verlag (Jap. Heidegger-Schriften Bd. IX). Tôkyô Dez. 1960; 10. unveränd. Aufl. ebd. Juni 1981. 279 + 8 S.

S. 1: Vorwort des Übersetzers. S. 5–261: Text. S. 263–275: Anmerkungen des Übersetzers. S. 277–279: Nachwort des Übersetzers. S. 1 (288) – 8 (281): Register.

26 Dôitsusei to Saisei (*Identität und Differenz*, 1957). Übers. von Seishirô Ôe. Risôsha-Verlag (Jap. Heidegger-Schriften Bd. X). Tôkyô Dez. 1960; 10. unveränd. Aufl. ebd. März 1986. 86 S.

S. 3–78: Text. S. 79–80: Anmerkungen des Übersetzers. S. 81–86: Nachwort des Übersetzers.

27 *Der Feldweg (1949), *Hebel – der Hausfreund* (1957). Als dt. Text für den Deutschunterricht in Japan hrsg. und mit Anmerkungen versehen von Hartmut Buchner unter Mitwirkung von Bansetsu Kishida. Hakusuisha-Verlag. Tôkyô Apr. 1961; 2.–6. durchges. Aufl. ebd. März 1962, Apr. 1967, Apr. 1970. Mai 1972 und Nov. 1976. 98 S. (s. a. Nr. 23).

S. 5–48: Texte. S. 49–51: Schriftenverzeichnis und Lebensdaten M. Heideggers. S. 55–93: Anmerkungen des Herausgebers. S. 95–98: Nachwort des Herausgebers.

28 Shinri no Honshitsu ni tsuite (*Vom Wesen der Wahrheit*, 1943 und 1949). / Puraton no Shinri-Ron (*Platons Lehre von der Wahrheit*, 1947 und 1954). Übers. von Jinjô Kiba. Risôsha-Verlag (Jap. Heidegger-Schriften Bd. XI). Tôkyô Aug. 1962; 10. verbesserte Aufl. ebd. Dez. 1985. 168 S. (s. a. Nr. 1a, 2a, 92).

S. 1–2: Vorwort des Übersetzers. S. 5–39: Text. *Vom Wesen der Wahrheit*. S. 41–168: Text. *Platons Lehre von der Wahrheit*.

29 Geijutsusakuhin no Hajimari (*Der Ursprung des Kunstwerks*. Aus: *Holzwege*, 1950). Übers. von Eiichi Kikuchi. Risôsha-Verlag (Jap. Heidegger-Schriften Bd. XII). Tôkyô Nov. 1961; 14. unveränd. Aufl. ebd. Aug. 1982. 137 + 5 S. (s. a. Nr. 76, 91, 100).

S. 3–117: Text. S. 119–126: Erläuterung (von Yoshinori Nanji). S. 127–137: Nachwort des Übersetzers. S. 1 (142) – 5 (138): Verzeichnis der Übersetzungswörter.

30 Sonzai to Jikan (*Sein und Zeit*, 1927). Bd. 2. Übers. von Tsutomu Kuwaki. Iwanamishoten-Verlag (Iwanami-Bunko). Tôkyô Dez. 1961; 25. unveränd. Aufl. ebd. Juli 1988. 273 + 10 S. (s. a. Nr. 6, 8, 9a, 21, 24, 34, 39, 40, 43, 44, 47, 57, 76, 80).

S. 3–6: Vorwort des Übersetzers. S. 7–11: Inhaltsverzeichnis. S. 12–324: Text. Vom 5. Kapitel des 1. Abschnitts bis zum Ende des 2. Kapitels des 2. Abschnitts des 1. Teils). S. 325–366: Anmerkungen des Übersetzers. S. 367–373: Inhaltsverzeichnis der Bde. 1 und 3. S. 1 (384) – 10 (375): Personen- und Sachregister.

31 Sekaizô no Jidai (*Die Zeit des Weltbildes*. Aus: *Holzwege*, 1950). Übers. von Tsutomu Kuwaki. Risôsha-Verlag (Jap. Heidegger-Schriften Bd. XIII). Tôkyô Jan. 1962; 8 unveränd. Aufl. ebd. Mai 1980. 97 + 3 S. (s. a. Nr. 53, 100)

S. 3–72: Text. S. 73–93: Anmerkungen des Übersetzers. S. 95–97: Nachwort des Übersetzers.

32 *Gelassenheit (1959). Als dt. Text für den Deutschunterricht in Japan hrsg. von Hartmut Buchner und Tokuya Kakihara. Dôgakusha-Verlag. Tôkyô März 1962; 16. durchges. Aufl. ebd. Apr. 1988. 30 + 25 S. (s. a. Nr. 38).
S. 1–25: Text. S. 27–30: Dt. Nachwort (Hartmut Buchner). S. 1 (31) – 14 (44): Dt. Anmerkungen (Hartmut Buchner). S. I (45) – VIII (52): Japan. Anmerkungen (Tokuya Kakihara). S. IX (53) – XI (55): Japan. Nachwort (Tokuya Kakihara).

33 Konkyoritsu (*Der Satz vom Grund*, 1957). Übers. von Kôichi Tsujimura und Hartmut Buchner. Sôbunsha-Verlag Aug. 1962. 335 S.
S. 2: Widmung Japanisch und Deutsch (»Diese japanische Übertragung ist unserem Freunde Alfredo Guzzoni gewidmet im Gedenken an die gemeinsame Zeit in Freiburg i. Br.«). S. 3–257: Text. S. 259–332: Anmerkungen der Übersetzer. S. 333–335: Nachwort der Übersetzer.

34 Sonzai to Jikan (*Sein und Zeit*, 1927). Bd. 3. Übers. von Tsutomu Kuwaki. Iwanami-shoten-Verlag (Iwanami-Bunko). Tôkyô Febr. 1963. 25. unveränd. Aufl. ebd. Jan. 1988. 335 + 21 S. (s. a. Nr. 6, 8, 9a, 21, 24, 30, 39, 40, 43, 44, 47, 57, 76, 80).
S. 9–247: Text (Vom 3. Kapitel des 2. Abschnitts des 1. Teils bis zum Ende). S. 249–288: Anmerkungen des Übersetzers. S. 289–316: Erläuterung des Übersetzers. S. 317–324: Schriftenverzeichnis M. Heidegger. S. 325–327: Nachwort des Übersetzers. S. 329–335: Inhaltsverzeichnis der Bde. 1 und 2. S. 1 (356) – 21 (336): Register.

35 Toboshiki Jidai no Shijin (*Wozu Dichter?* Aus: *Holzwege*, 1950). Übers. von Tomio Tezuka und Hideo Takahashi. In: Jitsuzon no Tetsugaku (*Die Existenz-Philosophie*). Hrsg. von Munetaka Iijima. Kawadeshobôshinsha-Verlag (Sekai-Shisô-Kyôyô-Zenshû Bd. 22). Tôkyô Juli 1963. Später ebd. (Sekai-no-Shisô Bd. 22). Dez. 1965. S. 95–149. (s. a. Nr. 17, 100).
S. 383–384: Nachwort des Übersetzers.

36 Tetsugaku towa Nani ka (*Was ist das – die Philosophie?*, 1956). Übers. von Tasuku Hara. In: Jitsuzon no Tetsugaku (*Die Existenz-Philosophie*). Hrsg. von Munetaka Iijima. Kawadeshobôshinsha-Verlag (Sekai-Shisô-Kyôyô-Zenshû Bd. 22). Tôkyô Juli 1963. Später ebd. (Sekai-no-Shisô Bd. 22). Dez. 1965. S. 151–174. (s. a. Nr. 22).
S. 175–184: Anmerkungen des Übersetzers. S. 384–386: Nachwort des Übersetzers.

37 Shi to Kotoba (*Die Sprache im Gedicht. / Das Wort.* Aus: *Unterwegs zur Sprache*, 1959). Übers. von Masayuki Miki. Risôsha-Verlag (Jap. Heidegger-Schriften Bd. XIV). Tôkyô Juli 1963; 9. unveränd. Aufl. ebd. Aug. 1980. 124 S.
S. 3–80: Text. *Die Sprache im Gedicht*. S. 81–116: Text. *Das Wort*. S. 117–124: Nachwort des Übersetzers.

37a *Die Kunst und das Denken*. Protokoll (A. Guzzoni) eines Colloquiums von Martin Heidegger u. Shinichi Hisamatsu am 18. Mai 1958 in der Universität

Freiburg i. Br. In: *Heidegger und Hisamatsu und ein Zuhörer*. Hrsg. von Alcopley (= A. L. Copley). Ausgabe in Deutsch, Japanisch (K. Tsujimura) und Englisch. Bokubi-Verlag. Kyôto 1963 (800 num. Exemplare). S. 43–80. (s. a. Nr. 56).
*S. 35: Brief von M. Heidegger an Alcopley in Faksimile (S. 84 in Umschrift). S. 36: Japan. Übersetzung des Briefes (K. Tsujimura).

38 Hôge *(Gelassenheit,* 1959). Übers. von Kôichi Tsujimura. Risôsha-Verlag (Jap. Heidegger-Schriften Bd. XV). Tôkyô Dez. 1963; 7. unveränd. Aufl. ebd. Mai 1982. 154 S. (s. a. Nr. 32)
S. 3–31: Text. *Gelassenheit*. S. 37–38: Nachwort des Übersetzers. S. 39–126: Text. *Zur Erläuterung der Gelassenheit. Aus einem Feldweggespräch über das Denken*. S. 127: Text (Heideggers Hinweise). S. 128–148: Anmerkungen des Übersetzers. S. 149–154: Nachwort des Übersetzers.

39 Sonzai to Jikan *(Sein und Zeit,* 1927). Bd. 1. Übers. von Sadao Hosoya, Yutaka Kamei und Hiromu Funabashi. Risôsha-Verlag (Jap. Heidegger-Schriften Bd. XVI). Tôkyô Dez. 1963; 12. unveränd. Aufl. ebd. Juni 1986. 420 S. (s. a. Nr. 6, 8, 9a, 21, 24, 30, 34, 40, 43, 44, 47, 57, 76, 80).
S. 3–376: Text (Von der Einleitung bis zum Ende des 1. Abschnitts des 1. Teils). S. 377–410: Anmerkungen des Übersetzers (Sadao Hosoya).

40 Sonzai to Jikan *(Sein und Zeit,* 1927). Bd. 2. Übers. von Sadao Hosoya, Yutaka Kamei und Hiromu Funabashi. Risôsha-Verlag (Jap. Heidegger-Schriften Bd. XVII). Tôkyô März 1964; 9. unveränd. Aufl. ebd. Dez. 1985. 372 + 23 S. (s. a. Nr. 6, 8, 9a, 21, 24, 30, 34, 39, 43, 44, 47, 57, 76, 80).
S. 1–333: Text (2. Abschnitt des 1. Teils). S. 335–351: Anmerkungen der Übersetzer. S. 353–372: Nachwort des Übersetzers (Sadao Hosoya). S. 1 (296) – 23 (274): Register (Taiichi Sugita).

41 U ni tsuite no Kanto no Têze *(Kants These über das Sein,* 1962). Übers. von Kôichi Tsujimura. Tetsugaku-Kenkyû. Nr. 489 (= Bd. 42, H. 7) u. Nr. 491 (= Bd. 42, H. 9). Kyôto-Universität. Kyôto Apr. 1964. S. 1–13, Juli 1964 S. 1–21 (s. a. Nr. 58, 92).

42 Gijutsu-Ron *(Die Technik und die Kehre,* 1962). Übers. von Takehiko Kojima und Ludwig Armbruster. Risôsha-Verlag (Jap. Heidegger-Schriften Bd. XVIII). Tôkyô Sept. 1965; 9. unveränd. Aufl. ebd. Sept. 1983. 106 + 11 S.
S. 5–14 ff.: Brief T. Kojimas v. 5. 7. 1963 an M. Heidegger u. Antwort M. Heideggers v. 18. 8. 1963 an T. Kojima in japan. Übersetzung. S. 15–79: Text. S. 81–102: Anmerkungen der Übersetzer. S. 103–106: Nachwort des Übersetzers (Takehiko Kojima). S. 1 (118) – 11 (108): Gegenüberstellung wichtiger Termine in Japanisch und Deutsch.
Nachtrag: Der Brief M. Heideggers v. 18. 8. 1963 erschien zuerst in japan. Übersetzung durch T. Kojima in der Tageszeitung Yomiuri-shinbun. Tôkyô 22. 9. 1963. S. 17 (dort auch gekürzt T. Kojimas Brief an M. Heidegger v. 5. 7. 1963).

43 Sonzai to Jikan *(Sein und Zeit,* 1927). Bd. 2. Übers. von Keikichi Matsuo. Keisôshobô-Verlag. Tôkyô Mai 1966. 454 + 86 S. (s. a. Nr. 6, 8, 9a, 21, 24, 30, 34, 39, 40, 44, 47, 57, 76, 80).

S. 14–372: Text (1. Teil, 2. Abschnitt). S. 373–429: Anmerkungen des Übersetzers. S. 430–453: Nachwort des Übersetzers. S. 1 (540) – 86 (455): Personen- und Sachregister.

43a *Two Addresses by Martin Heidegger. (*Ansprache zum Heimatabend.* Am 22.7.1961 anläßlich des 700-jährigen Jubiläums der Stadt Meßkirch. / *Über Abraham a Santa Clara.* Gesprochen beim Meßkircher Schultreffen am 2. Mai 1964 im Martinssaal). Dt. Text in: The Eastern Buddhist. New Series. Vol. I, No. 2. Hrsg. Eastern Buddhist Society. Ôtani-Universität Kyôto. Sept. 1966. S. 59–77. (s. a. Nr. 49, 77).

S. 48–59: Preliminary Remarks by Keiji Nishitani.

44 U to Toki (*Sein und Zeit*, ^{1}1927, ^{7}1952, ^{10}1963). Übers. von Kôichi Tsujimura mit Hilfe von Hartmut Buchner. Kawadeshobôshinsha-Verlag (Sekai-no-Daishisô Bd. 28). Tôkyô Mai 1967. 527 S. (s. a. Nr. 6, 8, 9a, 21, 24, 30, 34, 39, 40, 43, 47, 57, 76, 80).

S. 1–2: Vorbemerkung zu dieser japan. Ausgabe. S. 3: Widmung Heideggers an Husserl. S. 4: Vorbemerkung Heideggers zur 7. Aufl. S. 5–12: Inhaltsverzeichnis. S. 14: Widmung Japanisch u. Deutsch (»Fritz Heidegger / dem einzigen Bruder Martin Heideggers / ist diese Übersetzung gewidmet / in Dankbarkeit und Verehrung / Kyôto, Japan / Zum 6. Februar 1967«). S. 15–494: Text. S. 495–500: Textphilologisches (Vergleichung zwischen den alten Ausgaben 1.–4. Aufl. und den neuen Ausgaben 7.–10. Aufl.). S. 501–504: Bibliographische Erläuterung des Übersetzers. S. 505–514: Erläuterung. Martin Heidegger – Zur Person und zur Herkunft seines Denkens. S. 506: *Faksimile eines Briefes M. Heideggers an K. Tsujimura, Freiburg 25. III. 1958). S. 515–527: Zeittafel zu Martin Heidegger.

45 Tetsugaku no Owari to Shii no Shimei (*Das Ende der Philosophie und die Aufgabe des Denkens*, 1966). Übers. von Eihô Kawahara. In: Ikeru Kirukegôru (Kierkegaard vivant), hrsg. von Shinzaburô Matsunami. Jimbunshoin-Verlag (Jimbun-Sensho Bd. 3). Kyôto Mai 1967. S. 129–155. (s. a. Nr. 51, 60).

46 Keijijôgaku towa Nani ka (*Was ist Metaphysik?*, 1929). Übers. von Yasuyoshi Katô. In: Jitsuzon to Kyomu (Existenz und Nichts), hrsg. von Kenzaburô Shirai. Heibonsha-Verlag (Gendaijin no Shisô Bd. 2). Tôkyô Mai 1967. S. 62–81. (s. a. Nr. 1, 11, 13, 91, 92).

S. 62: Vorwort des Übersetzers. S. 63–80: Text. S. 81: Anmerkungen des Übersetzers.

47 Gensonzai no kanôteki na Zentaisonzai to shi e nozomu Sonzai (*Das mögliche Ganzsein des Daseins und das Sein zum Tode.* Auszüge aus: *Sein und Zeit*, 1927). Übers. von Sadao Hosoya, Yutaka Kamei und Hiromu Funabashi. In: Jitsuzon to Kyomu *(Existenz und Nichts)*, hrsg. von Kenzaburô Shirai. Heibonsha-Verlag (Gendaijin no Shisô Bd. 2). Tôkyô Mai 1967. S. 148–190. (s. a. Nr. 6, 8, 9a, 21, 24, 30, 34, 39, 40, 43, 44, 57, 76, 80).

S. 148: Vorwort des Übersetzers. S. 149–186: Text. S. 187–190: Anmerkungen des Übersetzers.

48 Kanto to Keijijôgaku no Mondai (*Kant und das Problem der Metaphysik*, 1929 und 2., mit neuem Vorwort versehene Aufl. 1951). Übers. von Jinjô Kiba. Risôsha-Verlag (Jap. Heidegger-Schriften Bd. XIX). Tôkyô Juli 1967; neue verbesserte Aufl. ebd. Nov. 1981. 273 S. (s. a. Nr. 5, 12).

S. 3–265: Text. S. 267–273: Erläuterung des Übersetzers.

49 Kokyô no Yûbe ni yoseru Aisatsu (*Ansprache zum Heimatabend* am 22. Juli 1961). Übers. von Akihiro Takeichi. / Aburahamu Santa Kurara no Koto (*Über Abraham a Santa Clara*, 1964). Übers. von Eiji Shimomura. In: Kôza-Zen Bd. 1. Chikumashobô-Verlag. Tôkyô Aug. 1967. S. 306–317. (s. a. Nr. 43a, 77).

S. 295–306: Vorrede (von Keiji Nishitani, vgl. Nr. 43a). S. 306–317: Text. *Ansprache zum Heimatabend*. S. 317–329: Text. *Über Abraham a Santa Clara*. S. 329–330: Anmerkungen des Übersetzers.

50 Kotoba ni tsuite no Taiwa (*Aus einem Gespräch von der Sprache*. Aus: *Unterwegs zur Sprache*, 1959). Übers. von Tomio Tezuka. Risôsha-Verlag (Jap. Heidegger-Schriften Bd. XXI). Tôkyô Mai 1968; 4. unveränd. Aufl. ebd. Mai 1980. 166 S.

S. 3–128: Text. S. 129–130: *Hinweis* des Verfassers. S. 131–136: Anmerkungen des Übersetzers. S. 137–150: Erläuterung des Übersetzers. S. 151–158: Drei Antworten von Martin Heidegger (Tomio Tezuka). S. 159–166: Eine Stunde mit Martin Heidegger (Tomio Tezuka).

51 Shii no Shimei no Koto to subeki Kotogara o sadameru koto e no Toi ni yosete (*Zur Frage nach der Bestimmung der Sache des Denkens*). Übers. von Kôichi Tsujimura. In: Kôza-Zen Bd. 8. Chikumashobô-Verlag. Tôkyô Dez. 1968. (s. a. Nr. 45, 60).

S. 321–338: Text. S. 339–348: Anmerkungen des Übersetzers. S. 349–365: Erläuterung des Übersetzers.

52 Ryôkyô-Sôshô (*Wechselseitige Spiegelung*. Protokoll eines Gespräches Martin Heideggers mit Shinichi Hisamatsu am 19. Mai 1958 in Freiburg/Br.). Übers. von Kôichi Tsujimura. In: Hisamatsu Shinichi Chosakushû Bd. 1. Risôsha-Verlag. Tôkyô März 1969. S. 408–411. (Zuerst in: Daijôzen Nr. 420. Dez. 1958.)
S. 448: Nachwort des Übersetzers.

53 *Die Zeit des Weltbildes. (Auszüge aus: *Holzwege*, 1950). Als dt. Text für den Deutschunterricht in Japan hrsg. und erläutert von Tokuya Kakihara. Dôgakusha-Verlag. Tôkyô Sept. 1969; 3. unveränd. Aufl. ebd. März 1977. 32 + 26 S. (s. a. Nr. 31, 100).

S. 1–32: Text. S. 32–38: Die *Zusätze* Heideggers in Japanisch. S. 39–56: Anmerkungen des Herausgebers. S. 57–58: Nachwort des Herausgebers.

54 U no Toi e (*Zur Seinsfrage*, 1956). Übers. von Tokuya Kakihara. Risôsha-Verlag (Jap. Heidegger-Schriften Bd. XXII). Tôkyô März 1970; 3. unveränd. Aufl. ebd. April 1979. 267 + 15 S. (s. a. Nr. 92).

S. 3: Vorwort des Übersetzers. S. 4–70: Text. S. 71–80: Erläuterung des Übersetzers zum Titel *Zur Seinsfrage,* 1956. S. 81–263: Anmerkungen des Übersetzers. S. 265–267: Nachwort des Übersetzers. S. 1 (282) – 15 (268): Register.

55 Nippon no Dokusha e (Ein Grußwort *An die Leser in Japan* am 5. Februar 1970). Übers. von Tokuya Kakihara. Risô Nr. 444. Festheft für Martin Heidegger. Risôsha-Verlag. Tôkyô Mai 1970. S. 1.

56 Geijutsu no Honshitsu (Protokoll eines Gespräches Martin Heideggers mit Shinichi Hisamatsu: *Das Wesen der Kunst,* am 18. Mai 1958 in Freiburg/Br. Übers. von Kôichi Tsujimura. In: Hisamatsu Shinichi Chosakushû Bd. 5. Risôsha-Verlag. Tôkyô Juni 1970. S. 461–467. (s. a. Nr. 37a).

S. 561–562: Nachwort des Übersetzers.

57 Sonzai to Jikan (*Sein und Zeit,* 1927). Übers. von Tasuku Hara und Jirô Watanabe. Chûôkôronsha-Verlag (Sekai-no-Meicho Bd. 62). Tôkyô Okt. 1971. 686 S. (s. a. Nr. 6, 8, 9a, 21, 24, 30, 34, 39, 40, 43, 44, 47, 76, 80).

S. 5–54: Erläuterung des Übersetzers (Tasuku Hara). S. 55–662: Text. S. 663–674: Zeittafel Martin Heidegger. S. 575–686: Register.

58 U ni tsuite no Kanto no Têzê (*Kants These über das Sein,* 1962). Übers. von Kôichi Tsujimura. / Shii no Konpon-Medai (*Grundsätze des Denkens,* 1958). Übers. von Akihiro Takeichi. Risôsha-Verlag (Jap. Heidegger-Schriften Bd. XX). Tôkyô Mai 1972; 3. unveränd. Aufl. ebd. Febr. 1980. 104 S. (s. a. Nr. 41, 92).

S. 3–75: Text. *Kants These über das Sein.* S. 77–103: Text. *Grundsätze des Denkens.* S. 103–104: Anmerkungen der Übersetzer.

59 Haideggâ wa kataru (Aus: *Martin Heidegger im Gespräch.* Hrsg. von Richard Wisser, 1970, S. 67–77). Übers. von Eihô Kawahara. Risôsha-Verlag. Tôkyô Mai 1973. S. 75–91.

S. 92–94: Nachwort des Übersetzers.

60 Shii no Kotogara e (*Zur Sache des Denkens,* 1963). Übers. von Kôichi Tsujimura und Hartmut Buchner. Chikumashobô-Verlag. Tôkyô Dez. 1973. 224 S. (s. a. Nr. 45, 51).

S. 1–180: Text. S. 182–222: Anmerkungen der Übersetzer. S. 223–224: Nachwort des Übersetzers (Kôichi Tsujimura).

61 Hyûmanizumu ni tsuite (*Brief über den Humanismus,* 1947). / Kotoba e no Michi (*Der Weg zur Sprache.* Aus: *Unterwegs zur Sprache,* 1959). Übers. von Kazuyoshi Sasaki. Risôsha-Verlag (Jap. Heidegger-Schriften Bd. XXIII). Tôkyô Okt. 1974; 2. unveränd. Aufl. Sept. 1981. 207 S. (s. a. Nr. 18, 92).

S. 1–3: Vorwort des Übersetzers. – *Über den Humanismus.* S. 9–103: Text. S. 104–119: Anmerkungen des Übersetzers. S. 120–132: Nachwort des Übersetzers. – *Der Weg zur*

Sprache. S. 133–184: Text. S. 185–196: Anmerkungen des Übersetzers. – S. 197–207: Erläuterungen des Übersetzers.

62 »Risô« 500 gô ni yosete (Ein Grußwort M. Heideggers anläßlich des Erscheinens der Nr. 500 der Zeitschrift »Risô«, den 19. November 1974). Übers. von Tokuya Kakihara. In: Risô Nr. 500. Risôsha-Verlag. Tôkyô Jan. 1975. S. 4–5.

63 Niche (*Nietzsche*, 1961). Bd. 1. Übers. von Sadao Hosoya, Taiichi Sugita und Minoru Wada. Risôsha-Verlag (Jap. Heidegger-Schriften Bd. XXIV). Tôkyô Apr. 1975; 3. unveränd. Aufl. ebd. Dez. 1982. 534 S. (s. a. Nr. 71, 75, 76, 78, 79).
S. 1–532: Text (Bis zum Ende der Vorlesung *Die ewige Wiederkehr des Gleichen*). S. 533–534: Nachwort des Übersetzers (Sadao Hosoya).

64 Rogosu (*Logos. Heraklit, Fragment 50*. Aus: *Vorträge und Aufsätze*, 1954). Übers. von Yoshiaki Utsunomia. In: Risô Nr. 512 u. 513. Risôsha-Verlag. Tôkyô Jan. 1976. S. 172–184 u. Febr. 1976. S. 164–176. (s. a. Nr. 89).
S. 184 in Nr. 512 steht das Nachwort des Übersetzers.

65 Moira (*Moira. Parmenides, Fragment VIII, 34–41*. Aus: *Vorträge und Aufsätze*, 1954). Übers. von Yoshiaki Utsunomia. In: Risô Nr. 514 u. 515. Risôsha-Verlag. Tôkyô März 1976. S. 143–155 u. Apr. 1976. S. 147–160. (s. a. Nr. 90).
S. 155 in Nr. 514 steht das Nachwort des Übersetzers.

66 Arêteia (*Alētheia. Heraklit, Fragment 16*. Aus: *Vorträge und Aufsätze*, 1954). Übers. von Yoshiaki Utsunomia. In: Risô Nr. 516 u. 517. Risôsha-Verlag. Tôkyô Mai 1976. S. 202–214 u. Juni 1976. S. 106–120. (s. a. Nr. 90).
S. 213–214 in Nr. 516 steht das Nachwort des Übersetzers.

67 Doitsudaigaku no Jikoshuchô (*Die Selbstbehauptung der deutschen Universität*, 1933). Übers. von Kikuo Sugaya. In: Sanjûnendai no Kiki to Tetsugaku (Die Krisis in den dreißiger Jahren und die Philosophie), hrsg. von Takichi Shimizu. Izarashobô-Verlag. Tôkyô Juni 1976. S. 85–104. (s. a. Nr. 2).
S. 131–133: Anmerkungen des Übersetzers. S. 134–135: Erläuterung des Übersetzers.

68 Naze Wareware wa Inaka ni todomaru ka? (*Warum bleiben wir in der Provinz?*, 1934). Übers. von Azusa Yashiro. In: Sanjûnendai no Kiki to Tetsugaku (Die Krisis in den dreißiger Jahren und die Philosophie), hrsg. von Takichi Shimizu. Izarashobô-Verlag. Tôkyô Juni 1976. S. 105–112.
S. 136–137: Erläuterung des Übersetzers.

69 Kagaku to Chinshi (*Wissenschaft und Besinnung*. Aus: *Vorträge und Aufsätze*, 1954). Übers. von Shigeo Arai. In: Risô Nr. 518 u. 519. Risôsha-Verlag. Tôkyô Juni 1976. S. 129–139 u. Aug. 1976 S. 134–144.
S. 139–140 in Nr. 518 steht das Nachwort des Übersetzers.

70 Haideggâ no Benmei (*Heidegger: Aufklärung meines Falls*. Ein Gespräch

Martin Heideggers mit dem *Spiegel,* 1976). Übers. von Eihô Kawahara. In: Risô Nr. 520. Risôsha-Verlag. Tôkyô Sept. 1976. S. 2–36.

S. 36–37: Anmerkungen des Übersetzers. S. 37–38: Nachwort des Übersetzers.

71   Niche (*Nietzsche,* 1961). Bd. 1. Übers. von Muneto Sonoda. Hakusuisha-Verlag. Tôkyô Okt. 1976; 2. neue Aufl. ebd. Mai 1986. 501 S. (s. a. Nr. 63, 75, 76, 78, 79).

S. 7–487: Text (Bis zum Ende der Vorlesung *Die ewige Wiederkehr des Gleichen*). S. 489–501: Anmerkungen des Übersetzers.

72   Keijijôgaku no Chôkoku (*Überwindung der Metaphysik.* Aus: *Vorträge und Aufsätze,* 1954). Übers. von Shigeo Arai. In: Risô Nr. 522 u. 523. Risôsha-Verlag. Tôkyô Nov. 1976. S. 151–165 u. Dez. 1976. S. 143–155. (s. a. Nr. 91).

S. 163–165 in Nr. 522 steht das Nachwort des Übersetzers.

73   Niche no Tsuaratsusutura wa Dare ka (*Wer ist Nietzsches Zarathustra?* Aus: *Vorträge und Aufsätze,* 1954). Übers. von Shigeo Arai. In: Risô Nr. 524 u. 525. Risôsha-Verlag. Tôkyô Jan. 1977. S. 180–191 u. Febr. 1977. S. 150–162.

S. 191 in Nr. 524 steht das Nachwort des Übersetzers.

74   Kotoba (*Die Sprache.* Aus: *Unterwegs zur Sprache,* 1959). Übers. von Yasuo Shimizu. In: Gendai Doitsu Shiron (Die Poetik im modernen Deutschland), hrsg. von Jirô Kawamura. Shichôsha-Verlag (Sekai-Shiron-Taikei Bd. 4). Tôkyô Juli 1977. S. 235–258.

S. 235–257: Text. S. 257–258: Erläuterung des Übersetzers.

75   Niche (*Nietzsche,* 1961). Bd. 2. Übers. von Sadao Hosoya, Hiromu Funabashi und Toshio Katô. Risôsha-Verlag (Jap. Heidegger-Schriften Bd. XXV). Tôkyô Juli 1977. 528 S. (s. a. Nr. 63, 71, 76, 78, 79).

S. 1–506: Text (Von der Vorlesung *Der Wille zur Macht als Erkenntnis* bis zum Ende der Vorlesung *Der europäische Nihilismus*). S. 506–528: Nachwort des Übersetzers (Sadao Hosoya). (Bd. 3 nicht erschienen).

76   Haideggâ. Erläutert und übers. von Sadao Hosoya. Heibonsha-Verlag (Sekai no Shisôka Bd. 24). Tôkyô Sept. 1977. 258 S.

S. 1–30: Erläuterung. Heidegger – Sein Leben und Denken. S. 31–165: Auszüge aus *Sein und Zeit* 1927. (s. a. Nr. 6, 8, 9a, 21, 24, 30, 34, 39, 40, 43, 44, 47, 57, 80). S. 167–221: Auszüge aus *Nietzsche* 1961. (s. a. Nr. 63, 71, 75, 78, 79). S. 223–244: Auszüge aus *Der Ursprung des Kunstwerkes* (aus: *Holzwege,* 1950). (s. a. Nr. 29, 91, 100). S. 245–252: Schriftenverzeichnis. S. 254–258: Register.

77   *Ein Wort des Dankes, 1959. (Aus: *Martin Heidegger. Zum 80. Geburtstag von seiner Heimatstadt Meßkirch,* 1969). Als dt. Text für den Deutschunterricht in Japan hrsg. und erläutert von Tokuya Kakihara. Dôgakusha-Verlag. Tôkyô Sept. 1977; 2. unveränd. Aufl. ebd. April 1985. 21 + 11 S. (s. a. Nr. 43a, 49).

S. 1–7: Text. *Ein Wort des Dankes.* S. 8–21: Text. *700 Jahre Meßkirch* (= Ansprache zum

Heimatabend, 1961). S. 23–30: Anmerkungen des Herausgebers. S. 31–33: Nachwort des Herausgebers.

78 Niche (*Nietzsche,* 1961). Bd. 2. Übers. von Muneto Sonoda. Hakusuisha-Verlag. Tôkyô Okt. 1977; 2. neue Aufl. ebd. Juli 1986. 480 S. (s. a. Nr. 63, 71, 75, 76, 79).

S. 7–467: Text (Von der Vorlesung *Der Wille zur Macht als Erkenntnis* bis zum Ende der Vorlesung *Der europäische Nihilismus*). S. 469–480: Anmerkungen des Übersetzers.

79 Niche (*Nietzsche,* 1961). Bd. 3. Übers. von Muneto Sonoda. Hakusuisha-Verlag. Tôkyô Okt. 1977; 2. neue Aufl. ebd. Juli 1986. 295 + V S. (s. a. Nr. 63, 71, 75, 76, 78).

S. 7–270: Text (Von der Abhandlung *Nietzsches Metaphysik* bis zum Ende). S. 277–295: Anmerkungen des Übersetzers. S. I–V: Personenregister.

80 Kaishakugakuteki Junkan no Mondai (*Das Problem des hermeneutischen Zirkels. Aus: Sein und Zeit,* 1927). Übers. von Kyôhei Mizoguchi. In: Kaishakugaku no Konpon Mondai (Hermeneutische Philosophie, hrsg. von O. Pöggeler. 1972), hrsg. von Akihiro Takeichi. Kôyôshobô-Verlag (Gendai Tetsugaku no Konpon Mondai). Kyôto Nov. 1977. S. 119–139. (s. a. N. 6, 8, 9a, 21, 24, 30, 34, 39, 40, 43, 44, 47, 57, 76).

S. 120–128: Text. *Verstehen und Auslegung.* S. 129–139: Text. *Die Aussage als abkünftiger Modus der Auslegung.*

81 Mono e no Toi – Kanto no chôetsuronteki Gensokuron ni yosete (*Die Frage nach dem Ding – Zu Kants Lehre von den transzendentalen Grundsätzen,* 1962). Übers. von Kôgaku Arifuku. Kôyôshobô-Verlag. Kyôto Juni 1978, V + 346 S. (s. a. Nr. 84).

S. I–V: Inhaltsverzeichnis. S. 1–286: Text. S. 287–318: Anmerkungen des Übersetzers. S. 319–346: Erläuterung des Übersetzers.

82 Geijutsu to Kûkan (*Die Kunst und der Raum,* 1969). Übers. von Akihiro Takeichi. In: Geijutsutetsugaku no Konpon Mondai (Das Grundproblem der Philosophie der Kunst), hrsg. von Hiroe Nitta. Kôyôshobô-Verlag (Gendai Tetsugaku no Konpon Mondai Bd. 4). Kyôto Juli 1978. S. 281–294.

S. 282–291: Text. S. 291–294: Anmerkungen des Übersetzers.

83 Hêgeru to Girishajin (*Hegel und die Griechen,* 1958). Aus: *Wegmarken,* Dt. HGA Bd. 9, 1976). Übers. von Akihiro Takeichi und Kunihiko Nagasawa. In: Benshôhô no Konpon Mondai (Das Grundproblem der Dialektik), hrsg. von Akihiro Takeichi. Kôyôshobô-Verlag (Gendai Tetsugaku no Konpon Mondai Bd. 10). Kyôto Okt. 1978. S. 1–24. (s. a. Nr. 92).

S. 2–24: Text. S. 24: Anmerkungen der Übersetzer.

84 Mono e no Toi – Kanto no senkenteki Gensokuron no tame ni (*Die Frage nach dem Ding – Zu Kants Lehre von den transzendentalen Grundsätzen,* 1962).

Übers. von Jinjô Kiba und Isao Kondô. Risôsha-Verlag (Jap. Heidegger-Schriften Bd. XIX). Tôkyô Nov. 1979. 345 S. (s.a. Nr. 81).

S. 1–312: Text. S. 313–321: Anmerkungen des Übersetzers (Isao Kondô). S. 322–344: Erläuterung des Übersetzers (Isao Kondô). S. 345: Nachtrag (Jinjô Kiba).

85 Shi (*Das Gedicht*, 1968. Aus: *Erläuterungen zu Hölderlins Dichtung*, 4. Aufl. 1971). Übers. von Tokuya Kakihara. In: Risô Nr. 574. Risôsha-Verlag. Tôkyô März 1981, S. 60–70 (s.a. Nr. 89).

S. 70: Nachwort des Übersetzers.

86 Omoi (*Gedachtes. Für René Char in freundschaftlichem Gedenken*, 1971). Übers. und erläutert von Kôichi Tsujimura unter dem Titel »Haideggâ no »Omoi« ni tsuite. Kyûyû Harutomûto Bufunâ ni okuru« (Heideggers »*Gedachtes*«. Gewidmet meinem alten Freund Hartmut Buchner). In: Bungakubu Kenkyû Kiyô Nr. 20. Literarische Fakultät der Universität Kyôto. Kyôto März 1981. S. 1–90.

*S. 1–11: Text in Deutsch und Japanisch. S. 11–87: Auslegung. S. 88–90: Anmerkungen des Übersetzers.

87 Genshôgaku to Shingaku (*Phänomenologie und Theologie*, 1970). Übers. von Kiyoshi Watabe. Risôsha-Verlag (Jap. Heidegger-Schriften Bd. XXVIII). Tôkyô Mai 1981. 73 S.

S. 1–66: Text. S. 67: Anmerkungen des Übersetzers. S. 68–73: Nachwort des Übersetzers.

88 Shinrigakushugi to Handanron (*Die Lehre vom Urteil im Psychologismus*, 1914). / Rekishikagaku ni Jikan-Gainen (*Der Zeitbegriff in der Geschichtswissenschaft*, 1916). Übers. von Satoshi Onogi. Risôsha-Verlag (Jap. Heidegger-Schriften Bd. XXIX). Tôkyô Sept. 1982. 209 S.

S. 7–174: Text. *Die Lehre vom Urteil im Psychologismus*. S. 175–199: Text. *Der Zeitbegriff in der Geschichtswissenschaft*. S. 200–201: Anmerkungen des Übersetzers. S. 202–209: Nachwort des Übersetzers.

89 Herudârin-Ron (*Hölderlins Erde und Himmel*, 1959 / *Das Gedicht*, 1968. Aus: *Erläuterungen zu Hölderlins Dichtung*. 4. Aufl. 1971). Übers. von Tokuya Kakihara. Risôsha-Verlag (Jap. Heidegger-Schriften Bd. XXX). Tôkyô Juni 1983. 184 S. (s.a. Nr. 85).

Hölderlins Erde und Himmel. S. 3–68: Text. S. 69–128: Anmerkungen des Übersetzers. – *Das Gedicht*. S. 129–155: Text. S. 156–175: Anmerkungen des Übersetzers. – S. 177–183: Nachwort des Übersetzers.

90 Rogosu. Moira. Arêteia (*Logos/Moira/Alētheia*. Aus: *Vorträge und Aufsätze*, 1954). Übers. von Yoshiaki Utsunomia. Risôsha-Verlag (Jap. Heidegger-Schriften Bd. XXXIII). Tôkyô Sept. 1983. 146 S. (s.a. Nr. 64, 65, 66).

S. 5–128: Text. S. 129–136: Anmerkungen des Übersetzers. S. 137–146: Erläuterung des Übersetzers.

91 Haideggâ. Hrsg. von Yoshio Kayano. Kôdansha-Verlag (Jinrui no chitekiisan Bd. 75). Tôkyô Okt. 1984.

S. 1–123: Heidegger. Sein Leben und seine Werke (erläutert von Yoshio Kayano). S. 124–143: *Was ist Metaphysik?*, 1929. Übers. von Yoshio Kayano und Masako Shibazaki (s. a. Nr. 1, 11, 13, 46, 92). S. 144–176: Auszüge aus *Der Ursprung des Kunstwerkes* (aus: *Holzwege*, 1950). Übers. von Yoshio Kayano und Ikuo Yamamoto. (s. a. Nr. 29, 76, 100). S. 177–182: *Überwindung der Metaphysik. XXVI* (aus: *Vorträge und Aufsätze*, 1954). Übers. von Yoshio Kayano und Masako Shibazaki. (s. a. Nr. 72). S. 183–193: *Was ist Metaphysik?, Nachwort*, 1943. Übers. von Yoshio Kayano und Masako Shibazaki. (s. a. Nr. 13, 46, 92). S. 194–211: *Was ist Metaphysik?, Einleitung*, 1949. Übers. von Yoshio Kayano und Masako Shibazaki. (s. a. Nr. 13, 46, 92). S. 212–236: *Das Ding/Nachwort. Ein Brief an einen jungen Studenten*. (aus: *Vorträge und Aufsätze*, 1954). Übers. von Yoshio Kayano und Ikuo Yamamoto. S. 237–319: Zeittafel zu M. Heidegger. S. 320–331: Schriftenverzeichnis M. Heidegger. S. 1 (337) – 6 (332): Personen- und Sachregister.

92 Dôhyô. Jap. HGA Bd. 9 (*Wegmarken*, Dt. HGA Bd. 9, 1976). Übers. von Kôichi Tsujimura und Hartmut Buchner. Sôbunsha-Verlag. Tôkyô Mai 1985. VI + 608 + 22 S.

S. I: *Widmung an Kurt Bauch*. S. III–IV: Benutzungshinweise. S. V–VI: Inhaltsverzeichnis. S. 3–4: *Vorbemerkung*. S. 5–52: *Anmerkungen zu Karl Jaspers »Psychologie der Weltanschauungen«* (1919/1921). S. 53–90: *Phänomenologie und Theologie* (1927). (s. a. Nr. 87). S. 91–120: *Aus der letzten Marburger Vorlesung* (1928). S. 121–150: *Was ist Metaphysik?* (1929). (s. a. Nr. 1, 2a, 11, 13, 46, 91). S. 152–215: *Vom Wesen des Grundes* (1929). (s. a. Nr. 7, 11). S. 217–246: *Vom Wesen der Wahrheit* (1930). (s. a. Nr. 1a, 2a, 28). S. 247–291: *Platons Lehre von der Wahrheit* (1931/32, 1940). (s. a. Nr. 28). S. 293–382: *Vom Wesen und Begriff der Physis. Aristoteles Physik. B,1* (1939). S. 383–395: *Nachwort zu Was ist Metaphysik?* (1943). (s. a. Nr. 13, 46, 91). S. 397–458: *Brief über den Humanismus* (1946). (s. a. Nr. 18, 61). S. 459–481: *Einleitung zu Was ist Methapysik?* (1949). (s. a. Nr. 13, 46). S. 483–530: *Zur Seinsfrage* (1955). (s. a. Nr. 54). S. 531–553: *Hegel und die Griechen* (1958). (s. a. Nr. 83). S. 555–595: *Kants These über das Sein* (1951). (s. a. Nr. 41, 58). S. 597–606: *Nachweise*. – S. 607–608: Nachwort der Übersetzer. S. 1 (630) – 10 (621): Personen- und Stellenregister. S. 11 (620) – 20 (611): Erläuterungen der Übersetzungswörter (Kôichi Tsujimura). S. 21 (610) – 22 (609): Gegenüberstellung wichtiger Termini in Deutsch und Japanisch.

93 Yottsu no Zeminâru. Jap. HGA Sonderband 1 (*Vier Seminare*, 1977). Übers. von Ryôsuke Ôhashi und Hans Brockard. Sôbunsha-Verlag. Tôkyô Mai 1985. V + 142 + 8 S.

[S. I–II:] *An Martin Heidegger von René Char*. S. III–V: Benutzungshinweise und Inhaltsverzeichnis. S. 1–128: Text. S. 129–131: Anmerkungen der Übersetzer. S. 133–142: Nachwort der Übersetzer, Textkritik und Anmerkungen zu René Char. S. 1 (150) – 5 (146): Personen- und Stellenregister. S. 6 (145) – 8 (143): Wortindex Japanisch und Deutsch.

94 Herudârin no Sanka »Gerumanien« to »Rain«. Jap. HGA Bd. 39 (*Hölderlins Hymnen »Germanien« und »Der Rhein«*, Dt. HGA Bd. 39, 1980). Übers. von Yasumitsu Kinoshita und Heinrich Treziak. Sôbunsha-Verlag. Tôkyô Juni 1986. XI + 334 + 17 S.

S. I–XI: Benutzungshinweise und Inhaltsverzeichnis. S. 1–326: Text. S. 327–330: Anmerkungen der Übersetzer. S. 331–334: Nachwort der Übersetzer. S. 3 (350): Personenregister. S. 4

(349) – 6 (347): Wortindex Japanisch und Deutsch. S. 7 (346) – 8 (345): Index der Hölderlin-Texte. S. 9 (344) – 17 (336): Dt. Text »Germanien« und »Der Rhein«.

95   Shii towa Nani no ii ka. Jap. HGA Sonderband 3 (*Was heißt Denken?*, 1954). Übers. von Takako Shikaya und Hartmut Buchner. Sôbunsha-Verlag. Tôkyô Juni 1986, V + 267 + 10 S.
    [S. I:] Widmung M. Heideggers. S. III–V: Benutzungshinweise und Inhaltsverzeichnis. S. 1–244: Text. S. 245–257: Anmerkungen der Übersetzer. S. 259–267: Nachwort der Übersetzer. S. 3 (276) – 4 (275): Personen- und Stellenregister. S. 5 (274) – 10 (269): Wortindex Japanisch und Deutsch.

96   Konpon Shogainen. Jap. HGA Bd. 51 (*Grundbegriffe,* Dt. HGA Bd. 51, 1981). Übers. von Shinobu Sumi und Elmar Weinmayr. Sôbunsha-Verlag. Tôkyô Mai 1987. VII + 134 + 7 S.
    S. I–VII: Benutzungshinweise und Inhaltsverzeichnis. S. 1–130: Text. S. 131–132: Anmerkungen der Übersetzer. S. 133–134: Nachwort der Übersetzer. S. 3 (140): Personen- und Stellenregister. S. 4 (139) – 7 (136): Wortindex Japanisch und Deutsch.

97   Hêgeru »Seishin Genshôgaku«. Jap. HGA Bd. 32 (*Hegels Phänomenologie des Geistes,* Dt. HGA Bd. 32, 1980). Übers. von Masakatsu Fujita und Alfredo Guzzoni. Sôbunsha-Verlag. Tôkyô Mai 1987. VI + 298 + 10 S.
    S. I–VI: Benutzungshinweise und Inhaltsverzeichnis. S. 1–292: Text. S. 293–296: Anmerkungen der Übersetzer. S. 297–298: Nachwort der Übersetzer. S. 3 (306) – 4 (305): Personen- und Stellenregister. S. 5 (304) – 10 (299): Wortindex Japanisch und Deutsch.

98   Herudârin no Sanka »Isutâ«. Jap. HGA Bd. 53 (*Hölderlins Hymne »Der Ister«,* Dt. HGA Bd. 53, 1984). Übers. von Masayuki Miki und Elmar Weinmayr. Sôbunsha-Verlag. Tôkyô Nov. 1987. VII + 249 + 7 S.
    S. I–VII: Benutzungshinweise und Inhaltsverzeichnis. S. 1–245: Text. S. 247–249: Nachwort der Übersetzer. S. 3 (254): Personenregister. S. 4 (253): Wortindex Japanisch und Deutsch. S. 5 (252): Index der Hölderlin-Texte. S. 6 (251) – 7 (250): Dt. Text »Der Ister«.

99   Ningenteki Jiyû no Honshitsu ni tsuite. Jap. HGA Bd. 31 (*Vom Wesen der menschlichen Freiheit. Einleitung in die Philosophie,* Dt. HGA Bd. 31, 1982). Übers. von Giichi Saitô und Wolfgang Schrader. Sôbunsha-Verlag. Tôkyô Nov. 1987. XI + 305 + 10 S.
    S. I–XI: Benutzungshinweise und Inhaltsverzeichnis. S. 1–299: Text. S. 301: Anmerkungen der Übersetzer. S. 303–305: Nachwort der Übersetzer. S. 3 (314) – 4 (313): Personen- und Stellenregister. S. 5 (312) – 10 (307): Wortindex Japanisch und Deutsch.

100 Somamichi. Jap. HGA Bd. 5 (*Holzwege,* Dt. HGA Bd. 5, 1977). Übers. von Yoshio Kayano und Hans Brockard. Sôbunsha-Verlag. Tôkyô Aug. 1988. IV + 437 + 44 S.
    S. I–IV: Benutzungshinweise und Inhaltsverzeichnis. S. 5–95: *Der Ursprung des Kunstwerkes* (1935/36). (s. a. Nr. 29, 76, 91). S. 96–134: *Die Zeit des Weltbildes* (1938). (s. a. Nr. 31, 53). S. 135–233: *Hegels Begriff der Erfahrung* (1942/43). (s. a. Nr. 14). S. 235–296: *Nietzsches Wort »Gott ist tot«* (1943). (s. a. Nr. 14). S. 297–355: *Wozu Dichter?* (1946). (s. a. Nr. 17). S. 357–420:

Der Spruch des Anaximander (1946). (s. a. Nr. 16). S. 421–423: *Nachweise*. S. 245–431: Anmerkungen der Übersetzer. S. 433–437: Nachwort der Übersetzer. S. 3 (480) – 44 (439): Wort- und Namen-Index Japanisch und Deutsch.

101 Jikangainen no Rekishi e no Josetsu. Jap. HGA Bd. 20 (*Prolegomena zur Geschichte des Zeitbegriffs,* Dt. HGA Bd. 20, 1979). Übers. von Sôsaburô Tsunetoshi, Hideki Mine und Leo Dümpelmann. Sôbunsha-Verlag. Tôkyô Aug. 1988. XI + 413 + 9 S.

S. I–XI: Benutzungshinweise und Inhaltsverzeichnis. S. 1–406: Text. S. 407–409: Anmerkungen der Übersetzer. S. 411–413: Nachwort der Übersetzer. S. 3 (420) – 4 (419): Personenregister. S. 5 (418) – 9 (414): Wortindex Japanisch und Deutsch.

ABBILDUNGEN

1 Kitarô Nishida im Februar 1943

Sinne eines gewissen »tatsächlichen Vorhandenseins«.¹ Und doch ist die »Tatsächlichkeit« der Tatsache des eigenen Daseins ontologisch grundverschieden vom tatsächlichen Vorkommen einer Gesteinsart. Die Tatsächlichkeit des Faktums Dasein, als welches jeweilig jedes Dasein ist, nennen wir seine **Faktizität**. Die verwickelte Struktur dieser Seinsbestimmtheit ist selbst als Problem nur erst faßbar im Lichte der schon herausgearbeiteten existenzialen Grundverfassungen des Daseins. Der Begriff der Faktizität beschließt in sich: das In-der-Welt-sein eines »innerweltlichen« Seienden, so zwar, daß sich dieses Seiende verstehen kann als in seinem »Geschick« verhaftet mit dem Sein des Seienden, das ihm innerhalb seiner eigenen Welt begegnet.

Zunächst gilt es nur, den ontologischen Unterschied zwischen dem In-Sein als Existenzial und der »Inwendigkeit« von Vorhandenem untereinander als Kategorie zu sehen. Wenn wir so das In-Sein abgrenzen, dann wird damit nicht jede Art von »Räumlichkeit« dem Dasein abgesprochen. Im Gegenteil: Das Dasein hat selbst ein eigenes »Im-Raum-sein«, das aber seinerseits nur möglich ist auf dem Grunde des In-der-Welt-seins überhaupt. Das In-Sein kann daher ontologisch auch nicht durch eine ontische Charakteristik verdeutlicht werden, daß man etwa sagt: Das In-Sein in einer Welt ist eine geistige Eigenschaft, und die »Räumlichkeit« des Menschen ist eine Beschaffenheit seiner Leiblichkeit, die immer zugleich durch Körperlichkeit »fundiert« wird. Damit steht man wieder bei einem Zusammen-vorhanden-sein eines so beschaffenen Geistdinges mit einem Körperding, und das Sein des so zusammengesetzten Seienden als solches bleibt erst recht dunkel. Das Verständnis des In-der-Welt-seins als Wesensstruktur des Daseins ermöglicht erst die Einsicht in die **existenziale Räumlichkeit** des Daseins. Sie bewahrt vor einem Nichtsehen bzw. vorgängigen Wegstreichen dieser Struktur, welches Wegstreichen nicht ontologisch, wohl aber »metaphysisch« motiviert ist in der naiven Meinung, der Mensch sei zunächst ein geistiges Ding, das dann nachträglich »in« einen Raum versetzt wird.

Das In-der-Welt-sein des Daseins hat sich mit dessen Faktizität je schon in bestimmte Weisen des In-Seins zerstreut oder gar zersplittert. Die Mannigfaltigkeit solcher Weisen des In-Seins läßt sich exemplarisch durch folgende Aufzählung anzeigen: zutunhaben mit etwas, herstellen von etwas, bestellen und pflegen von etwas, verwenden von etwas, aufgeben und in Verlust geraten lassen von etwas, unternehmen, durchsetzen, erkunden, befragen, betrachten,

---
1) Vgl. § 29.

3 Hajime Tanabe, Freiburg i. Br., August 1923

4 Hajime Tanabe Ende der fünfziger Jahre

Sein hören wir den Anspruch, der die Konstellation unseres Zeitalters bestimmt. Das Ge-Stell geht uns überall unmittelbar an. Das Ge-Stell ist, falls wir jetzt noch so sprechen dürfen, seiender denn alle Atomenergien und alles Maschinenwesen, seiender als die Wucht der Organisation, Information und Automatisierung. Weil wir das, was Ge-Stell heißt, nicht mehr im Gesichtskreis des Vorstellens antreffen, der uns das Sein des Seienden als Anwesen denken läßt – das Ge-Stell geht uns nicht mehr an wie etwas Anwesendes –, deshalb ist es zunächst befremdlich. Befremdlich bleibt das Ge-Stell vor allem insofern, als es nicht ein Letztes ist, sondern selber uns erst Jenes zuspielt, was die Konstellation von Sein und Mensch eigentlich durchwaltet.

Das Zusammen*gehören* von Mensch und Sein in der Weise der wechselseitigen Herausforderung bringt uns bestürzend näher, daß und wie der Mensch dem Sein vereignet, das Sein aber dem Menschenwesen zugeeignet ist. Im Ge-Stell waltet ein seltsames Vereignen und Zueignen. Es gilt, dieses Eignen, worin Mensch und Sein einander ge-eignet sind, schlicht zu erfahren, d. h. einzukehren in das, was wir das *Ereignis* nennen. Das Wort Ereignis ist der gewachsenen Sprache entnommen. Er-eignen heißt ursprünglich: er-äugen, d.h. er-

28

5 und 6 Zwei Seiten aus Hajime Tanabes Arbeitsexemplar von Heideggers *Identität und Differenz*, 1. Auflage 1957

blicken, im Blicken zu sich rufen, an-eignen. Das Wort Ereignis soll jetzt, aus der gewiesenen Sache her gedacht, als Leitwort im Dienst des Denkens sprechen. Als so gedachtes Leitwort läßt es sich sowenig übersetzen wie das griechische Leitwort λόγος und das chinesische Tao. Das Wort Ereignis meint hier nicht mehr das, was wir sonst irgendein Geschehnis, ein Vorkommnis nennen. Das Wort ist jetzt als Singulare tantum gebraucht. Was es nennt, ereignet sich nur in der Einzahl, nein, nicht einmal mehr in einer Zahl, sondern einzig. Was wir im Ge-Stell als der Konstellation von Sein und Mensch durch die moderne technische Welt erfahren, ist ein *Vorspiel* dessen, was Er-eignis heißt. Dieses verharrt jedoch nicht notwendig in seinem Vorspiel. Denn im Er-eignis spricht die Möglichkeit an, daß es das bloße Walten des Ge-Stells in ein anfänglicheres Ereignen verwindet. Eine solche Verwindung des Ge-Stells aus dem Er-eignis in dieses brächte die ereignishafte, also niemals vom Menschen allein machbare Zurücknahme der technischen Welt aus ihrer Herrschaft zur Dienstschaft innerhalb des Bereiches, durch den der Mensch eigentlicher in das Er-eignis reicht.

Wohin hat der Weg geführt? Zur Einkehr unseres Denkens in jenes Einfache, das wir im strengen Wortsinne das Er-

7 Shûzô Kuki, Japan, Januar 1937

DIE LEHRE VOM URTEIL IM PSYCHOLOGISMUS

Ein kritisch-positiver Beitrag zur Logik

Inaugural-Dissertation

zur

Erlangung der Doktorwürde
der hohen philosophischen Fakultät der Albert-Ludwigs-
Universität zu Freiburg i. B.

vorgelegt von

MARTIN HEIDEGGER

aus Meßkirch, Baden

Leipzig 1914
JOHANN AMBROSIUS BARTH

9 »Kuki Shûzôs Grab« in Kyôto, Honen-in

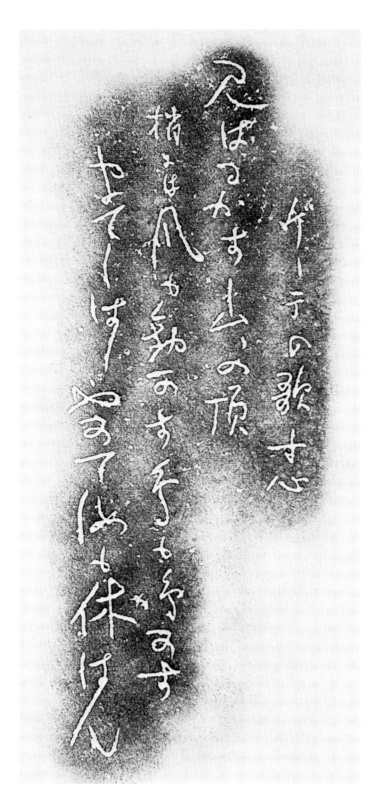

10 Grabinschrift Kitarô Nishidas für Shûzô Kuki (an der rechten Seite des oberen Grabsteines), Steinabreibung

11 Shûzô Kuki (links) mit Karl Löwith, Japan, November 1936

12 Seinosuke Yuasa in seiner Freiburger Zeit, um 1930

マルティン・ハイデガー

形而上學とは何ぞや

湯淺誠之助譯

1930

理想社出版部

13 *Was ist Metaphysik?*, übersetzt von Seinosuke Yuasa, vgl. Bibliographie Nr. 1

nicht mehr nur die überwindbare[1] Vorstufe zur Antwort aus dem Wissen, sondern das Fragen wird selbst die höchste Gestalt des Wissens. Das Fragen entfaltet dann seine eigenste Kraft der Aufschließung[2] des Wesentlichen aller Dinge. Das Fragen zwingt dann zur äußersten Vereinfachung des Blickes auf das Unumgängliche.[3]

Solches Fragen zerbricht die Verkapselung[4] der Wissenschaften in gesonderte Fächer, holt sie zurück aus der ufer-[5] und ziellosen Zerstreuung in vereinzelte Felder und Ecken und setzt die Wissenschaft wieder unmittelbar aus der Fruchtbarkeit und dem Segen[6] aller weltlichen Mächte des menschlich-geschichtlichen Daseins, als da sind:[7] Natur, Geschichte, Sprache; Volk, Sitte,[8] Staat; Dichten, Denken, Glauben; Krankheit, Wahnsinn, Tod; Recht, Wirtschaft, Technik.

Wollen[9] wir das Wesen der Wissenschaft im Sinne des fragenden, ungedeckten Standhaltens[10] inmitten der Ungewißheit[11] des Seienden im Ganzen, dann schafft dieser Wesenswille unserem Volke seine Welt der innersten und äußersten Gefahr, d. h.[12] seine wahrhaft geistige Welt. Denn „Geist" ist weder leerer Scharfsinn,[13] noch das unverbindliche[14] Spiel des Witzes, noch das uferlose Treiben

の解答へ達すべき可除的前段階のみでなく、問目體が知識の最高の形態となる。ここに至って問はあらゆる事物の本質的なるものを開示するといふ自己特有の力を發揮する。かくして問は必然的なものに向って注がれる眼光を極端に單純化せしめねばならぬこととなる。

かくの如き問は學問が部分的諸部門の殻に閉籠ることを打破り、またそれを際限なく、目的なく個別的諸分野に分割することから取戻し、而て學問をして再び直接にそして、自然・歴史・言語、國民、慣習、國家、詩・思想・信仰、法律・經濟・技術——といふが如き人間的・歴史的現存在のあらゆる世界的成力の實りと配福に曝すものである。

若し我が浮在の全體の不安の唯中にしっかと足を踏みしめて捏蔵されることなく問ひつづけるところのものといふ意味に於てすべての學問の本質を欲するならば、そのときこそかかる本質意志は我が國民にその最も内面的な外面的な危険の世界、即ち眞の精神界を與へることとなる。けだし「精神」とは決して空虚な鋭敏さでも、比類なき奇智の遊戯でも、或は悟性的な分析

1) überwindbare: 克服し得る。可除的。 2) Aufschließung: 展開くこと。開明。解釋とは異る。 3) Unumgängliche: 必然的なるもの。 4, Verkapselung: 莢 (殻) に入ること。 5) uferlosen: 際限なきこと。 6) Fruchtbarkeit und Segen: 實りと配福。 7) als da sind: 即ち並びなど。 8) Sitte: 慣習。 9) wollen...: 假定法 (wenn) 10) Standhalten: 足を踏みしめること。足場を取ること。 11) Ungewißheit: 不安。 12) d.h. = das heißt: 即ち。 13) Scharfsinn. 14) unverbindlich: 並びなきもの。

15 4. Auflage (1943) der ersten Übersetzung (1939) von *Sein und Zeit*, vgl. Bibliographie Nr. 6

Sein und Zeit

Von

Martin Heidegger

Japanausgabe

Herausgegeben mit Unterstützung des Japanisch-Deutschen Kulturinstituts Tokyo.

16 Titelblatt zum anastatischen Nachdruck von *Sein und Zeit*
(4. Auflage des Niemeyer-Verlages), Tôkyô 1943, vgl. Bibliographie Nr. 9a

17 Keiji Nishitani an seinem 60. Geburtstag (1960) in Kyôto (sitzend Frau Nishitani)

18 Martin Heidegger 1955 (Foto King, Meßkirch)

19 Keiji Nishitani mit Martin Heidegger in dessen Zähringer Arbeitszimmer 1972

20 *mama-no-tsugihashi* (Mama-Steg) von Ekaku Hakuin (Foto Eisei-bunko, Tôkyô)

Ein altes japanisches Gedicht
(Haikus)

„Warum spielt die Pflaumenkatze?
Weil der Wein ihr nicht mehr schmeckt?
Oder ... ist sie verliebt?"

Für die Katzen-Zunft Meßkirch

Am 21. Febr. 1954

Martin Heidegger

21 Ein Haiku von Matsuo Bashô. Aus dem Zunftbuch der Meßkircher Katzen-Zunft (Fastnachts-Zunft)

22 Textausgabe des Meßkircher Vortrages zum 175. Geburtstag Conradin Kreutzers, Tôkyô 1962, vgl. Bibliographie Nr. 32

理想

ハイデガー研究

秋季特集内容

ハイデガーの最近の問題意識	原　　　佑	1
初期のハイデガー	渡　辺　二　郎	13
ハイデガーにおける「存在」について	佐　藤　慶　二	28
現代存在論の問題	細　谷　貞　雄	40
ハイデガーにおける「真理」の意味	大　江　精志郎	52
世界像より人間像へ	桑　木　　務	63
ハイデガーにおける「聖なるもの」	木　場　深　定	67
ハイデガーにおける「詩作」	浅　井　真　男	76
ハイデガーに関することども	ブ　フ　ナ　ー	85
著作・文献解説	桑　木　　務	99

第三百五号　　　　理想社
昭和三十三年十月

24 Im Hause Heidegger, Juli 1957, von rechts: Martin Heidegger, Frau Heidegger, Hartmut Buchner, Kôichi Tsujimura

25 Colloquium *Die Kunst und das Denken* am 18. Mai 1958, rechts neben Heidegger: Shinichi Hisamatsu

26 Wien, 11. Mai 1958, rechts neben Heidegger: Shinichi Hisamatsu
27 Kôichi Tsujimura beim Festvortrag zum 26. September 1969 in Meßkirch (Foto King, Meßkirch)

28 Kalligraphie von Shinichi Hisamatsu zu *Ereignis und Shôki* von Kôichi Tsujimura. Tusche auf Papier, 67,2 × 34,5 cm

29 Kalligraphie *shôki* von Shinichi Hisamatsu. Tusche auf Papier, 67,2 × 34,5 cm (Foto Normann, Grassau)

FRITZ HEIDEGGER

dem einzigen Bruder Martin Heideggers

ist diese Übersetzung gewidmet

in Dankbarkeit und Verehrung

Kyoto/Japan   Zum 6 Februar 1967

感謝と尊敬とをこめてこの訳書を
著者の比類なき令弟
フリッツ・ハイデッガー老
に献ず

一九六七年二月六日
訳者

30 Widmung von Kôichi Tsujimura in seiner Übersetzung von *Sein und Zeit*, vgl. Bibliographie Nr. 44

31 »Die japanischen Schüler – Zum Andenken«, Friedhof Meßkirch (Foto Lechner, Meßkirch)

32 Nishida-Mittelschule in Unoke, Japan. Mit Schriftzug *Mu* (Nichts) von Kitarô Nishida

33 Martin-Heidegger-Gymnasium Meßkirch, Am Feldweg (Foto King, Meßkirch)

ハイデッガー全集　第9巻

道　　標

第1部門　既刊著作(1910−76)

辻村公一
ハルトムート・ブフナー　訳

Martin Heidegger: Die japanische Gesamtausgabe

Band 9

Wegmarken

I. Abteilung: Veröffentlichte Schriften 1910—1976

編集　辻村公一　茅野良男　西谷裕作　上妻　精
　　　ハルトムート・ブフナー　アルフレド・グッツオーニ

創　文　社

Erläuterungen zu den Abbildungen

Frontispiz: Die Kalligraphie, Tusche auf Papier, 26,7 × 121,1 cm, stammt von Sonja Jiun (1718–1804), einem vom Zen-Buddhismus beeinflußten Mönch der Shingon-Schule des Buddhismus und, nach Sh. Hisamatsu, einem der bedeutendsten Kalligraphie-Meister in Japan. Die chinesischen Schriftzeichen gehen auf einen alten chinesischen Spruch zurück, der besagt: Tugend hat immer Nachbarn. Jiun läßt auf seiner Kalligraphie das Schriftzeichen für »Tugend« weg, so daß nur noch zu lesen ist (japanisch): kanarazu tonari ari, was in einer etwas freien Übersetzung besagen kann: Immer und überall gibt es Nachbarschaft. Als Martin Heidegger diese Kalligraphie einmal im Original sah und sich ihre Bedeutung erklären ließ, sagte er nach einiger Zeit des Überlegens: »Hm – in meiner Sprache hieß das einmal, daß zum Wesen des Daseins das Mitsein und das heißt das Mitdasein gehört.«

Abb. 2: Die Erstausgabe von *Sein und Zeit* (Sonderdruck aus Husserls *Jahrbuch* Bd. VII, 1927) wurde K. Nishida kurz nach Erscheinen von seinem ehemaligen Assistenten Risako Mutai (1890–1974), der damals bei Husserl studierte, zugesandt mit der Widmung auf dem Titelblatt: »Gewidmet Nishida Kitarô-sensei/Freiburg, Risaku Mutai« (japanisch).

Abb. 5 und 6: Die beiden Seiten lassen auch für den des Japanischen Unkundigen etwas von der Intensität sehen, mit der H. Tanabe ihn angehende und bedrängende Texte durchzuarbeiten pflegte. Beide Seiten aus dem Arbeitsexemplar von *Identität und Differenz* wurden ausgewählt, weil in ihnen jenes von Heidegger gedachte Verhältnis zwischen »Ereignis« und »Gestell« zur Sprache kommt, auf das H. Tanabe in seinem Beitrag *Todesdialektik* zur Heidegger-Festschrift von 1959 eingeht (*Martin Heidegger zum siebzigsten Geburtstag 26. IX. 1959*, hg. von G. Neske, Pfullingen 1959, S. 93–133, besonders S. 129 ff.). Tanabe ist der Auffassung, daß auch Heideggers Denken noch bestimmt ist von jener spezifisch abendländischen »Lebensontologie«, die nach ihm, Tanabe, nur durch eine radikale »Todesdialektik« überwunden werden könne. Der Beitrag *Todesdialektik* in der Heidegger-Festschrift ist Teil einer umfassenderen Abhandlung Tanabes unter dem Titel *Lebensontologie oder Todesdialektik?*, die als ganze noch nicht in einer deutschen Übersetzung vorliegt.

Abb. 9: Aus einer Serie von Photos des Kuki-Grabes, die H. Buchner zusammen mit Aufnahmen des Hônen-in-Tempels 1958 an Martin Heidegger geschickt hatte. Heidegger erwähnt das Grab Kukis in *Aus einem Gespräch von der Sprache – Zwischen einem Japaner und einem Fragenden* (in: *Unterwegs zur Sprache,* Pfullingen ¹1959, S. 85); vgl. auch oben die Beiträge von T. Tezuka und D. T. Suzuki, S. 173 u. 170.

Abb. 10: Da eine zureichende Aufnahme der gemeißelten Grabinschrift, die K. Nishida für seinen Schüler Sh. Kuki gefertigt hatte, kaum möglich ist, wird hier eine Steinabreibung wiedergegeben. Bei dem Text der Inschrift handelt es sich um die vermutlich von Nishida selbst stammende Übersetzung von Goethes *Ein Gleiches* (»Über allen Gipfeln /Ist Ruh...«). Vgl. auch die zu Abb. 9 angegebenen Beiträge. Nishida unterzeichnet die Grabinschrift mit seinem Mönchsnamen *sunshin*.

Abb. 11: Zu K. Löwiths durch Sh. Kuki vermittelte Berufung nach Japan (Staatl. Tôhoku-Universität Sendai) vgl. seinen eigenen Bericht in: Karl Löwith, *Mein Leben in Deutschland vor und nach 1933*, Stuttgart (J. B. Metzlersche Verlagsbuchhandlung) 1986, S. 108 ff. u. 150 ff. M. Heidegger selbst berichtete einmal, daß Löwiths Berufung nach Japan nicht ohne seine, Heideggers, tätige Anteilnahme am Schicksal Löwiths erfolgt sei, wovon Löwith damals allerdings nichts gewußt habe (mündlich 1958 zu H. Buchner). Und Keiji Nishitani erzählte kürzlich, daß Heidegger, als er ihn 1938 in Freiburg gefragt habe, wen er für seinen besten oder begabtesten Schüler halte, ohne langes Zögern Karl Löwith genannt habe, damals noch Lehrer in Sendai (mündlich 1987 zu H. Buchner). – Zu Löwiths eigenen Japanerfahrungen vgl. besonders auch seine Aufsätze *Bemerkungen zum Unterschied von Orient und Okzident* (Karl Löwith, *Sämtliche Schriften* Bd. 2, Stuttgart 1984, S. 571 ff.) und *The Japanese Mind* (ebd., S. 556 ff.)

Abb. 16: Vgl. Bibl. Nr. 9a. – Als wegen der Kriegsverhältnisse Bücherimporte in Japan schwieriger wurden, entschloß man sich, wichtige Werke der deutschen Philosophie und Literatur im Originaltext nachzudrucken, neben Goethes *Faust*, Kants *Kritik der reinen Vernunft*, Hegels *Phänomenologie des Geistes* und Schellings *Vom Wesen der menschlichen Freiheit* und anderen auch M. Heideggers *Sein und Zeit*. Dem getreuen anastatischen Nachdruck von *Sein und Zeit* lag die 4. Auflage des Niemeyer-Verlages, Halle 1935, zugrunde. Der Nachdruck der Japanausgabe bringt nach dem originalen deutschen Titelblatt auch die Widmung an Edmund Husserl, die bei der 5. Niemeyerauflage von 1941 aus den von Heidegger genannten Gründen wegbleiben mußte (vgl. *Unterwegs zur Sprache*, Pfullingen 1959, Hinweis S. 269 zu *Aus einem Gespräch von der Sprache,* und Heideggers *Spiegel-Gespräch* vom 23. 9. 1966, jetzt in *Antwort – Martin Heidegger im Gespräch*, hg. von G. Neske und E. Kettering, Pfullingen 1988, S. 89 f.)

Abb. 18: Auf dieses Photo, wiedergegeben in dem kleinen bibliophilen Heft: Martin Heidegger, *Gespräch mit Hebel* beim »Schatzkästlein« zum Hebeltag 1956 (Aus der Schriftenreihe des Hebelbundes, Sitz Lörrach e. V., Nr. 4, S. 3) bezieht sich H. Tanabe in dem oben S. 185 abgedruckten Brief an M. Heidegger vom 23. Juli 1957. Vgl. auch oben S. 192.

Abb. 20: Ekaku Hakuin (1685–1768) war einer der wichtigsten Zen-Meister der letzten Jahrhunderte und einer der bedeutendsten Zen-Maler. Heidegger, der das Tuschbild *mama-no-tsugihashi*, 118,6 × 52,3 cm, vor allem auch wegen der Darstellung des Steges besonders liebte und verehrte, hatte K. Tsujimura Ende der fünfziger Jahre gebeten, ihm eine gute Aufnahme und einen großformatigen Abzug dieses Bildes aus der berühmten Sammlung der Fürsten Hosokawa (Tôkyô) zu besorgen. Dieses Photo hing dann bis zu Heideggers Tod in dessen Haus in Freiburg-Zähringen. Was Heidegger angesichts japanischer und chinesischer Tuschbilder besonders beschäftigte, war der enge Zusammenhang und Einklang von Schriftzeichen (Wort, Sprache) und bildlicher Darstellung, wie er auch für alle Hakuin-Tuschmalereien charakteristisch ist. Das Gedicht auf dem Hakuin-Bild sagt in möglichst sachgerechter Übertragung etwa: »Auch über die Menschen dieser Welt versuche zu schlagen / eines jeden Herzens-Ursprung-Steg«. Dazu teilt E. Weinmayr mit: »Das auf dem Bild geschriebene, in zwei senkrechten Zeilen von links oben nach rechts unten zu lesenden waka- beziehungsweise tanka-Gedicht (das heißt ein japanisches Gedicht in fünf Versstollen zu 5–7–5–7–7 Silben) lautet auf japanisch: yo no naka no / hito no ue nimo / kakete miyo / tare ga kokoro no / mama no tsugihashi. Die zwei letzten Zeilen enthalten ein unübersetzbares Wortspiel, da sich das Wort ›mama‹ sowohl auf ›kokoro no mama‹ als auch auf ›mama no tsugihashi‹ bezieht und in jedem dieser beiden Bezüge einen anderen Sinn hat. In ›kokoro (Herz) no mama‹ bedeutet ›mama‹: so wie es (das Herz) ursprünglich von sich her ist, das heißt unvermittelt, direkt, natürlich, einfach, ungekünstelt. In ›mama no tsugihashi (Steg)‹ ist ›mama‹ eine Ortsbezeichnung. ›Mama no tsugihashi‹ ist ein sogenanntes ›utamakura‹ (wörtlich: Gedicht-Kopfkissen), das heißt ein Wort, das auf einen Ort anspielt, der bereits früher bedichtet wurde und dessen erneute Nennung damit zugleich ein Zitat und eine Anspielung auf ein altes Gedicht ist (auf das das neue Gedicht sich stützen kann wie auf ein Kopfkissen oder eine Kopfstütze). In unserem Fall: ›mama no tsugihashi‹ wird bereits erwähnt in einem Gedicht des *Manyôshû* (Bd. 14, Nr. 3387), der ältesten japanischen Gedichtsammlung. Es bezeichnet einen Ort in der Nähe des Kôbôji-Tempels in der Stadt Chikawa, Präfektur Chiba. Eine zusätzliche Bedeutungsnuance bekommt ›mama‹, insofern es als ein Teil des

›utamakura‹ mit zwei Schriftzeichen geschrieben ist, die ›wahr‹ und ›zwischen‹ bedeuten und so dem ›Steg‹ auch die Bedeutung von ›Steg des wahren Zwischen‹ geben. Für Auskünfte zu diesem Hinweis danke ich Herrn Keiichi Kashiwabara (Sendai) herzlich.«

Abb. 21: Zum Jubiläumsjahr 1954 der jahrhundertealten Meßkircher Fastnachtszunft, der sogenannten Katzenzunft, findet sich in der Zunftchronik folgende Eintragung: »... Am Festtag ist morgens Zunftmeisterempfang, bei dem Martin Heidegger als Katzenmeister freigesprochen wird...« Aus diesem Anlaß vermutlich hatte Heidegger das abgebildete Gedicht in das Zunftbuch geschrieben. Es handelt sich dabei um ein Kurzgedicht des berühmtesten japanischen Haiku-Dichters, Matsuo Bashô (1644-1694), dessen dichterisches Wandertagebuch *(Oku no hosomichi)* Heidegger hoch schätzte und von dem er sich wiederholt eine zureichende deutsche Übersetzung gewünscht hat. Woher Heidegger die Übersetzung des Haiku in der Meßkircher Katzenzunft-Chronik hatte, war nicht zu eruieren. – An einem Abend im Winter 1957/58 hielt K. Tsujimura in der Freiburger Wohnung von Ute und Alfredo Guzzoni für Martin Heidegger auf dessen ausdrücklichen Wunsch eine Einführung in die Dichtung und das Leben Bashôs, wobei Heidegger sich auch immer wieder Aufzeichnungen machte. Damals spielte auch das oben S. 174 im Bericht T. Tezukas genannte Bergpaß-Haiku von Bashô eine besondere Rolle. Heidegger wollte dieses Haiku so verstanden wissen – und von daher mochte er es besonders gerne –, daß gerade in dem Augenblick, da die (Lebens-)Wanderschaft ihren höchsten Ort (den Bergpaß) erreicht hat und zur Ruhe kommt, eine Lerche erscheint (sichtbar oder hörbar wird).

Abb. 23: Unter den zahlreichen Heften, die *Risô,* eine der führenden philosophischen Zeitschriften in Japan (Risôsha-Verlag Tôkyô), immer wieder bedeutenden Philosophen gewidmet hat, befinden sich allein neun Heidegger-Hefte: Nr. 23 (1931): *Heidegger- und Schelerforschung* (vgl. auch Bibl. Nr. 1a); Nr. 54 (1935): *Heidegger-Philosophie;* Nr. 223 (1951): *Heideggers Philosophie;* Nr. 305 (1958): *Heidegger-Forschung;* Nr. 444 (1970): *Heidegger. Sonderheft zum Gedenken des 80. Geburtstages* (vgl. auch Bibl. Nr. 55); Nr. 500 (1975): *Sonderheft zur 500. Nummer von Risô,* (vgl. auch Bibl. Nr. 62); Nr. 542 (1978): *Heidegger;* Nr. 626 (1985): *Heidegger nach/post Heidegger.* – Von dem in Nummer 444 übersetzten Grußwort Heideggers an die japanischen Leser hat sich bisher trotz intensiver Bemühungen in Japan keine deutsche Originalvorlage mehr finden lassen; auf eine Rückübersetzung aus dem Japanischen wurde angesichts der nicht immer klar zu treffenden späten heideggerschen Formulierungen verzichtet.

Der abgebildete Umschlag von *Risô* Nr. 305 (1958) mit Inhaltsangabe verzeichnet folgende Beiträge: S. 1–12 Tasuku Hara: *Die neueren Fragestellungen Heideggers;* S. 13–27 Jirô Watanabe: *Zum frühen Heidegger;* S. 28–39 Keiji Satô: *Zum »Sein« bei Heidegger;* S. 40–51 Sadao Hosoya: *Probleme der gegenwärtigen Ontologie;* S. 52–62 Seishirô Ôe: *Zur Bedeutung von »Wahrheit« bei Heidegger;* S. 63–66 Tsutomu Kuwaki: *Vom Weltbild zum Menschenbild;* S. 67–75 Jinjô Kiba: *Das Heilige bei Heidegger;* S. 76–84 Masao Asai: *Zur »Dichtung« bei Heidegger;* S. 85–98 H. Buchner: *Einiges über Martin Heidegger;* S. 99 Tsutomu Kuwaki: *Martin Heidegger – Werke und Literatur.*

Nach Auskunft von T. Kôzuma wurde *Risô* (dt. Ideal) von Seiichi (= Seishirô) Ôe begründet, die erste Nummer erschien im April 1927. Die Erscheinungsweise war zunächst vierteljährlich (Januar, April, Juli, Oktober), seit 1938 monatlich. Im Gefolge des Zweiten Weltkrieges wurde *Risô* im April 1945 mit Nr. 160 eingestellt und begann mit Nr. 161 im Januar 1946 wieder zu erscheinen. Als Monatsschrift wurde sie mit Nr. 633 *(Das Grundproblem des Buddhismus)* im Februar 1986 laut Ankündigung »endgültig« eingestellt, erscheint aber seit April 1987 mit Nr. 634 wieder als Vierteljahrsschrift. Außer in den neun angeführten Heidegger-Nummern finden sich auch in anderen Heften immer wieder Beiträge zur Philosophie Heideggers, insgesamt weit über 150.

Abb. 25: Vgl. oben S. 211 das *Protokoll* dieses Colloquiums und S. 189 das Gespräch *Wechselseitige Spiegelung,* Titelanmerkung. Auf dem Photo rechts neben Heidegger und Hisamatsu: Kôichi Tsujimura, Alfredo Guzzoni und Egon Vietta.

Abb. 26: Links neben Heidegger: Frau Elfride Heidegger, Sissi Hämmerle, rechts von Hisamatsu: Ute Guzzoni. Stehend von rechts: Guntram Hämmerle, Günther Neske, Kôichi Tsujimura, Alfredo Guzzoni, Brigitte Neske. Vor Heidegger auf dem Tische liegend das eben erschienene Werk von Shinichi Hisamatsu *Zen to bijutsu (Zen und die Künste)*, Bokubisha-Verlag, Kyôto 1958 (106 Seiten Text und 290 Abbildungen mit 18 Seiten Katalog), das als Hauptwerk auf diesem Gebiet gelten darf (eine englische Übersetzung *Zen and the Fine Arts* von Gishin Tokiwa erschien erstmals 1971 im Verlag Kodansha International Ltd., Tôkyô und New York). Zur Zusammenkunft in Wien vgl. oben S. 191 das Gespräch *Wechselseitige Spiegelung*, Anm. 6.

Abb. 27: Vordere Reihe von rechts: Jörg Heidegger, Martin Heidegger, Frau Elfride Heidegger, Bürgermeister Siegfried Schühle, hinter S. Schühle Bernhard Welte, dahinter Max Müller, 3. Reihe links außen Eugen Fink. Zum Vortrag s. oben S. 159.

Abb. 28: Vgl. den Vortrag *Ereignis und Shôki* von Kôichi Tsujimura oben S. 82; dort auch Übersetzung des im Japanischen so lautenden Spruches: masa ni todomaru tokoro nakushite sono kokoro o. Zu lesen senkrecht von links nach rechts (die Schriftzeichen jedoch in anderer Anordnung), rechts unten unterzeichnet: Hôseki (Meistername von Shinichi Hisamatsu). Das flammende Schriftzeichen in der Mitte: kokoro (Herz).

Abb. 29: Schriftzeichen *shôki* zum Vortrag *Ereignis und Shôki* von Kôichi Tsujimura, s. oben S. 79 (das Schriftzeichen dort auch in normaler Drucktype). Rechts unten unterzeichnet: Hôseki (Meistername von Sh. Hisamatsu).

Abb. 31: Der Kranz der japanischen Schüler wurde von Kôichi Tsujimura in Gegenwart von Fritz Heidegger und Hartmut Buchner am 18. Oktober 1976 niedergelegt. – Siehe auch das Gedenkwort *Heimgang* zum Tode Martin Heideggers von Kôichi Tsujimura, in: *Gedenkschrift der Stadt Meßkirch an ihren Sohn und Ehrenbürger Professor Martin Heidegger,* hg. von der Stadt Meßkirch, Meßkirch o. J. (= 1977), S. 15 f. – Die Japanische Gesellschaft für Existenzphilosophie sandte zum Tode Martin Heideggers folgendes Telegramm an Frau Heidegger: »Der große Stern ist erloschen. In tiefer Trauer nehmen wir Anteil am Hinscheiden des großen Denkers.« Siehe auch in diesem Band die Nachrufe von Keiji Nishitani, Eihô Kawahara und Jirô Watanabe.

Abb. 34: Zeilengleiche Übersetzung der Umschlag-Titelei (das Japanische von links nach rechts zu lesen):
Heidegger-Gesamtausgabe Bd. 9 / Wegmarken / 1. Abteilung Veröffentlichte Schriften (1910–76) / Tsujimura Kôichi – Hartmut Buchner Übersetzer / ... / ... / ... / ... / Herausgeber: Tsujimura Kôichi, Kayano Yoshio, Nishitani Yûsaku, Kôzuma Tadashi / Hartmut Buchner, Alfredo Guzzoni / Sôbunsha-Verlag. – Vgl. auch oben S. 241 *Zur Japanischen Heidegger-Gesamtausgabe.*

Zu den Autoren und Übersetzern*

Hartmut BUCHNER, geboren 1927 in München; 1950–1957 Studium der Philosophie in Freiburg i. Br. bei Eugen Fink und Martin Heidegger, der ihn für die Herausgabe einiger seiner Schriften heranzieht. 1958–62 Lehraufenthalt in Japan (deutscher Lektor und a. o. Gastprofessor an der Dôshisha-Universität Kyôto, a. o. Gastdozent an der Staatlichen Universität Kyôto sowie an der Kwansei-Gakuin-Universität in Nishinomiya bei Kôbe), 1962 Bungaku-hakushi (D. Litt.) an der Staatlichen Universität Kyôto. 1963–68 Hegel-Archiv Bonn (gemeinsam mit O. Pöggeler Bd. 4 der *Gesammelten Werke Hegels*), 1970–74 Assistent am Philosophischen Seminar 1 der Universität München, seit 1974 bei der Bayerischen Akademie der Wissenschaften München (historisch-kritische Schelling-Ausgabe). Lehrbeauftragter für die Philosophie Martin Heideggers an der Ludwig-Maximilians-Universität München. Arbeiten zu Platon, Aristoteles, Hegel, Schelling und Martin Heidegger (zum Teil in japanischer Übersetzung). Gemeinsam mit K. Tsujimura *Der Ochs und sein Hirte – Zengeschichte aus dem alten China*, 6. Aufl. Pfullingen 1988. Mitbegründer und -herausgeber sowie Mitarbeiter der *Japanischen Heidegger-Gesamtausgabe*. – Saß III Nr. 1579–1582, ferner: *Einiges über Martin Heidegger* (japanische Übersetzung), in: *Risô* Nr. 305, Tôkyô, Okt. 1958, S. 85–98; *Heidegger et la métaphysique*, in: *L'endurance de la pensée – pour saluer Jean Beaufret*, Paris 1968, S. 193–217. Vortrag *Natur und Geschick von Welt* auf Münchner Heidegger-Tagung vom Januar 1989 (erscheint im Verlag VCH Acta humaniora, Weinheim 1989).

Hôseki Shinichi HISAMATSU, 1889–1980. Studium an der Kaiserlichen Universität Kyôto bei K. Nishida. Lehrt seit 1938 ebenda Philosophie und Buddhismus, 1949–53 Professor für Buddhismus an der Hanazono-Universität, seit 1953 Professor für Philosophie und Religionswissenschaft am Kyôto City College of Fine Arts. Bedeutender Zen-Meister (Schüler von Shôzan Ikegami) und Kalligraph sowie Fachkenner der Zen-Kunst. Unternimmt seit den fünfziger Jahren ausgedehnte Vortrags- und Vorlesungsreisen nach den USA (Harvard) und Europa. – Gesammelte Werke: *Hisamatsu Shinichi chosakushû*. Tôkyô 1966ff. Ein Band mit seinen Kalligraphien *Bokkai, Hisamatsu Shinichi no sho (Tuschmeer, Die Kalligraphien von Shinichi Hisamatsu)* erschien Kyôto 1982. *Saß III* Nr. 2848; *Jap. Denken*.

---

* Heidegger-Arbeiten der Autoren sind bis ca. 1980 verzeichnet bei H.-M. SASS, *Martin Heidegger – Bibliography and Glossary*, Ohio (Philosophy Documentation Center) 1982, und werden nach den dortigen Nummern angeführt (*Saß III*) sowie ggf. ergänzt. *Japan-Hdb.* verweist auf *Japan-Handbuch*, hg. von H. HAMMITZSCH in Zusammenarbeit mit L. BRÜLL, Stuttgart ²1984. Ein Band *Japanisches Denken (Jap. Denken)*, hg. von R. ÔHASHI, erscheint demnächst und enthält eine Auswahl übersetzter Texte von Hauptvertretern der Kyôto-Schule der Philosophie, dort auch ausführliche Bibliographie aller in westliche Sprachen übersetzten Arbeiten dieser Vertreter. Für weitere biographische und bibliographische Hinweise siehe G. K. PIOVESANA SJ., *Recent Japanese Philosophical Thought 1862–1962, A Survey*, rev. ed Tôkyô (Enderle Bookstore) 1968, sowie den für dieses Jahr angekündigten Band *Die japanische Philosophie – Eine Einführung* von Lydia BRÜLL, Wissenschaftliche Buchgesellschaft Darmstadt.

Eihô KAWAHARA, geboren 1921. Studium der Philosophie an der Waseda-Universität Tôkyô, lehrt ebenda Philosophie seit 1950. 1968 o. Professor ebenda. Mehrere Studien-Aufenthalte in Deutschland; promoviert 1977 in Heidelberg. *Saß III* Nr. 3232–3247. *Nietzsche und die russischen Nihilisten* (dt.), in *Jahrb. der Literar. Abt. des Forschungskurses* Nr. 25. Waseda-Univers. Tôkyô 1979; *Hölderlin und Heidegger* (dt.), ebd. Nr. 29, Tôkyô 1983: *Heideggers Auslegung der Langeweile*, in: *Martin Heidegger – Unterwegs im Denken*, hg. von R. Wisser, Freiburg i. Br.–München 1987, S. 87–110. Veröffentlicht 1982 eine Monographie *Das Denken Martin Heideggers* (jap.); Übersetzungen ins Japanische von Friedrich Nietzsche, Martin Heidegger, Ivo Frenzel (Nietzsche), Karl Löwith. Mitarbeiter der *Japanischen Heidegger-Gesamtausgabe*.

Yoshio KAYANO, geboren 1925. Professor für Philosophie an der Staatlichen Universität Ôsaka. Forschungen zum Deutschen Idealismus und zu Heidegger. Mitherausgeber und Mitarbeiter der *Japanischen Heidegger-Gesamtausgabe*. *Saß III* Nr. 3249–3270.

Takehiko KOJIMA, geboren 1903. Studium der Philosophie an der Kaiserlichen Universität Tôkyô bei Genyoku Kuwaki und an der Kaiserlichen Universität Kyôto bei K. Nishida und H. Tanabe; hört in Berlin bei Eduard Spranger. 1932–42 Mitglied des Nationalen Instituts für die Japanische Kultur Tôkyô, seit 1952 Direktor der International Philosophical Research Association of Japan Tôkyô; 1964–1984 Professor an der Meisei-Universität Tôkyô. Hauptforschungsgebiete sind Aristoteles und der Übergang zum Hellenismus sowie die philosophische Physiognomie der Gegenwart. *Saß III* Nr. 3394–3395.

Tadashi KÔZUMA, geboren 1930. Professor für Ethik an der Staatlichen Tôhoku-Universität Sendai. Verschiedene Publikationen zu Hegel und Martin Heidegger. Mitherausgeber und Mitarbeiter der *Japanischen Heidegger-Gesamtausgabe*. Vortrag *Technische Welt und anderer Anfang des Denkens* auf Münchner Heidegger-Tagung vom Januar 1989 (erscheint im Verlag VCH Acta humaniora, Weinheim). *Saß III* Nr. 3426–3437.

Shûzô KUKI, Baron, 1888–1941. Studium der Philosophie an der Kaiserlichen Universität Tôkyô, hörte dort unter anderem auch bei Raphael Koeber. 1921–29 in Europa: 1922–23 bei Rickert in Heidelberg, wo er auch Eugen Herrigel kennenlernt, 1925–27 in Paris, seit April 1927 in Freiburg i. Br. und November 1927–Mai 1928 bei Heidegger in Marburg, anschließend wieder in Paris. Seit 1933 Dozent und a. o. Professor an der Staatlichen Universität Kyôto, ebenda seit 1935 o. Prof. (Lehrstuhl 4, neuzeitliche Philosophie). Über ihn ausführlich *Shûzô Kuki and Jean Paul Sartre, Influence and Counter-Influence in the Early History of Existential Phenomenology*, hg. von Stephan Light, Southern Illinois University Press Carbondale and Edwardsville 1987. *Saß III* Nr. 3510–11; *Japan-Hdb.* Sp 1335–38; *Jap. Denken. Ges. Werke: Kuki Shûzô zenshû*, Tôkyô 1980ff. – Heideggers Dialog *Aus einem Gespräch von der Sprache – Zwischen einem Japaner und einem Fragenden* (in: *Unterwegs zur Sprache*, Pfullingen ¹1959) ist »aus dem Andenken an den Grafen [= Baron] Kuki entsprungen« (S. 102, Gesamtausgabe Bd. 12, S. 97). – In Shûzô Kukis Handexemplar von *Sein und Zeit* (¹1927), das im Kuki-Archiv an der Kônan-Universität Kôbe aufbewahrt wird, fand sich ein von Kuki beschriftetes Kuvert mit einer 21seitigen handschriftlichen Liste *Übersetzung der fremdsprachlichen Worte und Zitate aus Martin Heidegger, »Sein und Zeit«* von Hermann Mörchen, dabei ein Brief Mörchens: »Großbadegast, 11. März 1928. Sehr geehrter Herr Baron! Beiliegend übersende ich Ihnen die Übersetzung der fremdsprachlichen Zitate aus dem Buch von Prof. Heidegger. Die Stellen, die Heidegger selbst übersetzt, habe ich nicht übersetzt, sondern nur mit ›H‹ bezeichnet. Bei längeren Zitaten habe ich nur die Anfangsworte des Urtextes notiert. Häufig wiederkehrende Worte habe ich z. T. mehrmals übersetzt. Freilich war es bei manchen Ausdrücken nicht möglich, einen völlig passenden und genügenden deutschen Ausdruck zu finden. Leider ist mir die grammatische Konstruktion des Zitates S. 423 aus Platos ›Timäus‹ unverständlich geblieben; natürlich bin ich gern bereit, Ihnen nach der Platon-Übersetzung von Schleiermacher (vorhanden im Philosophischen Seminar) die Ergänzung zuzustellen, wenn ich im

Sommersemester nach Marburg zurückgekehrt sein werde. In der Hoffnung, daß die Übersetzung zu Ihrer Zufriedenheit ausgefallen ist, bin ich hochachtungsvoll Ihr Hermann Mörchen, stud. phil., Großbadegast b. Köthen (Anhalt).« Dazu teilte Hermann Mörchen dem Herausgeber in einem Brief vom 15. August 1988 auf Anfrage dankenswerterweise mit: »In meinen ausführlichen Aufzeichnungen über die Marburger Studienjahre steht darüber leider nur: ›Ich konnte mir mein erstes Honorar (60 Mark) verdienen, indem ich dem japanischen Baron Kuki sämtliche nicht-deutschen Zitate aus ›Sein und Zeit‹ ins Deutsche übertrug, das er besser beherrschte als die anderen abendländischen Sprachen (März 1928). Shûzô Kuki, der mehrere Jahre bei Heidegger studiert hatte, stand später in seiner Heimat in hohem Ansehen, seit den 30er Jahren als Professor für Philosophie in Kyôto, und machte Heidegger dort wohl zuerst bekannt. Durch ihn vermittelt fand Löwith einen Lehrstuhl an der Universität Sendai.‹ Das ist so dürftig und unzulänglich, daß es einen ›Beitrag‹, wie Sie ihn mir freundlich zutrauen, nicht hergibt. Hinzufügen könnte ich allenfalls, daß ich Kuki als einen auffällig schweigsamen Menschen im Gedächtnis habe, der an den Seminargesprächen fast nur *hörend*, aber offensichtlich sehr intensiv, beteiligt war. Ich wüßte nicht, daß es je zu einem Gedankenaustausch zwischen ihm und mir gekommen wäre; ich hielt ihn wohl, mit Recht oder Unrecht, für unnahbar, ganz ›nach innen‹ (wie man sagt) gerichtet, darin vielleicht ›typisch‹ für ostasiatische Grundhaltung (wie wir uns die vorstellen). Er war sehr hager und schlank. — Und wie *Heidegger* damals dachte über die Möglichkeit, mit Denkenden dieser *fernen* Welt philosophierend ins Gespräch zu kommen, weiß ich nicht. Erst viel *später* hat er sich darüber auch *zu mir* mal, sehr wortkarg, geäußert, wohl 1955 in Todtnauberg; nach meiner etwas undeutlichen Erinnerung wohl etwa in dem Sinne, wie in den damaligen *ökumenischen* (evangelisch-katholischen) Gesprächsversuchen der katholische Theologe Joseph Lortz (Mainz) es bildhaft sagte: ›Soll eine Brücke gebaut werden, müssen die Pfeiler auf beiden *Ufern* stark sein‹, d.h. er traute den *raschen* Hinwendungen der vom Christentum enttäuschten Abendland-Renegaten zu asiatischen Gedanken und Bräuchen nicht viel zu; man müsse in langem Bemühen die *Grenzen* der *eigenen* Tradition erst schmerzhaft *erfahren* haben, ehe man mit einem Inder oder Japaner, der sich in *seiner* Ausgangssituation ähnlich angestrengt habe, Berührungschancen erkennen könne.«

Evelyn LACHNER, geboren 1961 in München, studiert Philosophie und Germanistik an der Ludwig-Maximilians-Universität München.

Johannes LAUBE, geboren 1937. 1971–74 Lektor an der Tenri-Universität Japan, seit 1975 Lehrbeauftragter in Paderborn und Marburg, 1979–80 Stipendiat der Japan Foundation an der Staatlichen Universität Kyôto; Habilitation für Allgemeine Religionsgeschichte und Vergleichende Religionswissenschaft in Marburg, 1981 Privatdozent ebenda. Seit 1987 Professor für Japanische Philosophie am Institut für Ostasienkunde (Japanologie) der Ludwig-Maximilians-Universität München. Tanabe-Spezialist (*Dialektik der absoluten Vermittlung – Hajime Tanabes Religionsphilosophie als Beitrag zum »Wettstreit der Liebe« zwischen Buddhismus und Christentum*, Freiburg–Basel–Wien 1984, 338 S., dort S. 327 weitere eigene Veröffentlichungen zu H. Tanabe).

Keiji NISHITANI, geboren 1900. Studium an der Kaiserlichen Universität Kyôto bei K. Nishida und H. Tanabe, dessen Nachfolger er wird. 1935 a.o. Professor, 1943 o. Professor für Philosophie und Religionsphilosophie ebenda. 1964 Gastprofessor an der Universität Hamburg. Seit seiner Emeritierung 1964 Lehrer an der buddhistischen Ôtani-Universität Kyôto. 1938–39 Studium bei Martin Heidegger in Freiburg i.Br. Nach dem Zweiten Weltkrieg wiederholt Reisen nach Europa, mehrere Besuche bei Martin Heidegger. Ausführlich über ihn Dora Fischer-Barnicol in ihrer *Einführung* zu K. Nishitani, *Was ist Religion?* Frankfurt a.M. [1]1982, S.11–36, ferner Hans Waldenfels, *Absolutes Nichts – Zur Grundlegung des Dialogs zwischen Buddhismus und Christentum*, Freiburg–Basel–Wien 1980 und öfter, bes. S.65ff. *Saß III* Nr. 4266–4270; *Jap. Denken*. Gesammelte Werke: *Nishitani Keiji chosakushû*, Tôkyô 1987ff. – Zur Bedeutung Martin Heideggers für sein Denken sagt Nishitani einmal: »Als ich dann 1937 nach Europa kam, um mich mit dem abendländischen Denken noch näher vertraut zu machen, wurde vor allem die Begegnung mit

Martin Heidegger für mich bedeutungsvoll und wegweisend. Durch Nishida dazu erzogen, unsere asiatischen Traditionen immer im Zusammenhang und in der Auseinandersetzung mit dem europäischen Denken zu betrachten –, erfuhr ich gerade in dieser Hinsicht durch Heidegger eine wichtige Förderung und Ermutigung. Ich meine, Heideggers Philosophie hat dem abendländischen Denken neue Denkmöglichkeiten erschlossen. Da ich ihn nun wiedersehen und sprechen durfte, kann ich das sagen: Es ist für ihn charakteristisch, daß er bis zum heutigen Tage ständig unterwegs geblieben ist, daß sein Denken nicht zum Stillstand kommt. Das bedeutet für mich und beweist es mir, daß er dem abendländischen Denken einen Weg in die Zukunft sucht. Daß dieses neue Denken insbesondere des späten Heidegger auch hierzulande als schwer verständlich empfunden wird, kann ich gut verstehen; es wäre verwunderlich, wenn es nicht so wäre. Doch das scheint mir ein Beweis seiner geistigen Aktualität zu sein. In diesem Denken zeigt sich etwas, wie sagt man doch – meldet sich an, was uns Asiaten nahe ist, dieses neue Denken steht in einem intimeren Kontakt zu unserer Denkweise. So erklärt sich auch ganz einfach der große Einfluß, den Heideggers Philosophie bei uns in Japan, insbesondere in Kyôto gewonnen hat.« (zitiert nach: Hans Fischer-Barnicol, *Fragen aus Fernost – Eine Begegnung mit dem japanischen Philosophen Nishitani*, in *Hochland*, Jg. 58, München–Kempten, Februar 1966, S. 214).

Yûsaku NISHITANI, geboren 1926. Sohn von Keiji Nishitani, Studium der Philosophie an der Staatlichen Universität Kyôto, längerer Studienaufenthalt und Lektorat an der Universität Hamburg, Extraordinarius für Ethik an der Staatlichen Universität Kyôto; Fachgebiet: Europäische Philosophie des 17. Jahrhunderts. Mitherausgeber und Mitarbeiter der *Japanischen Heidegger-Gesamtausgabe*.

Ryôsuke ÔHASHI, geboren 1944. Studium der Philosophie bei K. Nishitani und K. Tsujimura an der Staatlichen Universität Kyôto (1965–69) sowie an der Ludwig-Maximilians-Universität München bei Max Müller und H. Buchner, dort 1974 Promotion (*Ekstase und Gelassenheit – Zu Schelling und Heidegger*, München 1975), Habilitation 1983 an der Universität Würzburg (*Zeitlichkeitsanalyse der Hegelschen Logik – Zur Idee einer Phänomenologie des Ortes*, Schriftenreihe Symposion Bd. 72, Freiburg i. Br.–München 1984). Seit 1985 o. Professor für Philosophie und Ästhetik an der Kogei Seni Universität Kyôto. *Saß III* Nr. 4430–31; *Japanisches Denken. Kitarô Nishidas Heimat und die Philosophie*, Vortrag auf dem deutsch-japanischen Symposion Heimat der Philosophie 1985 in Meßkirch (in: *Partnerschaftsfeier Unoke–Meßkirch – Symposion Heimat der Philosophie*, hg. von der Stadt Meßkirch, Meßkirch o. J. [1987], S. 121–134); Vortrag *Heidegger und die Frage nach der abendländischen Moderne* auf der Münchner Heidegger-Tagung vom Januar 1989 (erscheint im Verlag VCH Acta humaniora, Weinheim).

Klaus OPILIK, geboren 1957 in Schongau. Studium der Philosophie, Geschichte und Psychologie an der Ludwig-Maximilians-Universität München. 1985 M. A. ebenda mit einer Arbeit über Martin Heidegger, zur Zeit Arbeit an einer Dissertation über Heidegger. Mitarbeiter der *Japanischen Heidegger-Gesamtausgabe*.

Daisetsu T. SUZUKI, 1870–1966. Lehrte 1909–1920 an der Gakushûin-Universität Tôkyô und an der Kaiserlichen Universität ebenda, 1921–40 an der buddhistischen Ôtani-Universität Kyôto. Zahlreiche Gastprofessuren und Gastvorträge in England, den USA (1952–57 Columbia-University New York) und Deutschland. Studienfreund von K. Nishida. Lange Zeit der Hauptvermittler des Zen-Buddhismus in der westlichen Welt, zahlreiche Werke dazu (unter anderem *Essays in Zen-Buddhism*, 3 Bände London [1]1927 ff. u. ö.). In Deutschland wurde er zuerst bekannt durch die beiden Werke *Die große Befreiung – Einführung in den Zen-Buddhismus*, Leipzig [1]1939 u. ö. und *Zen und die Kultur Japans*, Stuttgart–Berlin [1]1941 u. ö. Gesammelte Werke: *Suzuki Daisetsu zenshû*, 32 Bände, Tôkyô 1968 ff. Eine ausführliche Bio-Bibliographie Suzukis findet sich im Gedenkheft *In Memoriam Daisetz Teitaru Suzuki 1870–1966* der Zeitschrift *The Eastern Buddhist*, New Series, Bd. II, Heft 1, Kyôto 1967, S. 208–229.

Hajime TANABE, 1885–1962. Studium an der Kaiserlichen Universität Tôkyô, unter anderem bei Raphael Koeber. 1913 Dozent für Philosophie an der Kaiserlichen Universität Tôhoku, Sendai. 1919 Assistenzprofessor an der Kaiserlichen Universität Kyôto. 1922–23 Studium bei Husserl und Heidegger in Freiburg i. Br., 1927–45 o. Prof. an der Kaiserlichen Universität Kyôto. 1945 Ehrenprofessor ebenda, 1957 Dr. h. c. der Albert-Ludwigs-Universität Freiburg i. Br. Ausführlich über ihn die Arbeit von Johannes Laube, *Dialektik der absoluten Vermittlung – Hajime Tanabes Religionsphilosophie als Beitrag zum »Wettstreit der Liebe« zwischen Buddhismus und Christentum*, Freiburg–Basel–Wien 1984. Saß III Nr. 5700–5707; *Japanisches Denken*. Veröffentlichte 1924 den weltweit ersten Aufsatz über Heideggers eigenen philosophischen Ansatz (s. o); *Japan-Hdb*. Sp. 1374–78. Gesammelte Werke: *Tanabe Hajime zenshû*, 15 Bde. Tôkyô 1963 u. ö. – Über sein Verhältnis zu Heidegger schreibt Tanabe einmal in seinem Beitrag *Todesdialektik* zur Festschrift *Martin Heidegger zum siebzigsten Geburtstag 26. IX. 1959* (Pfullingen 1959, S. 94): »Seitdem ich begonnen hatte, die abendländische Philosophie zu studieren, trug ich solche Unzufriedenheit mit mir herum. Gerade deshalb wurde ich, als ich im Jahre 1922/23 an der Universität Freiburg i. Br. Gelegenheit hatte, die Vorlesungen von Professor Heidegger, damals noch Privatdozent, zu hören, dadurch tief ergriffen, daß in seinem Denken ein Sich-Besinnen auf den Tod zum Zentrum der Philosophie geworden ist und sie von Grund auf stützt. Ich konnte nicht umhin, den Eindruck zu haben, daß gerade hier ein Weg zu der von mir gesuchten Philosophie gefunden worden ist. Also habe ich erst durch Professor Heidegger den Weg des Philosophierens gelernt. In diesem Sinne ist er mein eigentlicher Lehrer, dem ich zu tiefem und herzlichem Dank verpflichtet bin. – Seither sind schon 35 Jahre verflossen. Während dieser Zeit hat sich das Denken Heideggers immer mehr vertieft, verschärft und in Reichtum entfaltet, so daß jetzt ein einzigartiges, über allen Vergleich mit den Zeitgenossen hinausragendes Denkmal der Philosophie gestiftet ist. Die Einwirkung seines Denkens ist nicht mehr nur auf Europa beschränkt, sondern erstreckt sich sogar bis in unser Land. Überall in der Welt sind seine Schüler tätig. Daß er heute in vollkommener Gesundheit und auf seiner so stillen und herrlichen Höhe sein siebzigstes Lebensjahr – man nennt es bei uns ›eine Seltenheit von alters her‹ – begehen und im Kreise der Seinen feiern kann, bedeutet auch für uns alle, denen seine hohe Freundschaft gewährt ist, eine ebenso große Freude. Es ist mir eine freudige Ehre, daß ich hier als einer seiner alten Schüler und Freunde zu Wort kommen darf.«

Tomio TEZUKA, 1903–1983. Führender japanischer Germanist, o. Professor an der Staatlichen Universität Tôkyô. Übersetzte neben Heidegger auch Goethe, Hölderlin, Kleist, Rilke, Carossa und andere. Saß III Nr. 5752–53. Gesprächspartner für Heideggers Dialog *Aus einem Gespräch von der Sprache – Zwischen einem Japaner und einem Fragenden* (*Unterwegs zur Sprache*, Pfullingen ¹1959, siehe besonders S. 269).

Kôichi TSUJIMURA, geboren 1922. Studium der Philosophie an der Kaiserlichen, später Staatlichen Universität Kyôto bei H. Tanabe und K. Nishitani, 1956–58 an der Universität Freiburg i. Br. bei Martin Heidegger. 1950–62 a. o. Professor für Philosophie und Logik am »Vorkurs« der Staatlichen Universität Kyôto, 1962–65 a. o. Professor, seit 1965 o. Professor für Philosophie am Philosophischen Seminar IV ebenda, 1965–85 Direktor des Philosophischen Seminars I ebenda; lehrt seit seiner Emeritierung 1985 an einer kleinen buddhistischen Universität in Kyôto Philosophie. Zen-Schüler von H. Sh. Hisamatsu und D. R. Ôtsu. Nach 1960 wiederholte Deutschlandaufenthalte zu Gastvorträgen; Gespräche mit Martin Heidegger. Mitbegründer und leitender Herausgeber sowie Mitarbeiter der *Japanischen Heidegger-Gesamtausgabe*. Saß III Nr. 5833–5844; *Japanisches Denken*. Ferner: *Seinsfrage und absolutes Nichts-Erwachen*, in: *Transzendenz und Immanenz*, Stuttgart 1977, S. 289–301; *Eine Bemerkung zu Heideggers »Aus der Erfahrung des Denkens«*, in: *Nachdenken über Heidegger*, hg. von Ute Guzzoni, Hildesheim 1980, S. 275–296; *Zu »Gedachtes« von Martin Heidegger*, in: *Philosophisches Jahrbuch* der Görresgesellschaft, Jahrgang 88, 2. Halbband, Freiburg–München 1981, S. 316–332; *Zur Bedeutung von Heideggers »übergänglichem Denken« für die gegenwärtige Welt*, in: *Neue Hefte für Philosophie* Nr. 23 (*Wirkungen*

Heideggers), Göttingen 1984, S. 46–58. – In Zusammenarbeit mit H. Buchner gab er auf ausdrücklichen Wunsch Martin Heideggers 1958 den Zen-Text *Der Ochs und sein Hirte – Zen-Geschichte aus dem alten China*, erläutert von D. R. Ôtsu und mit japanischen Bildern aus dem 15. Jahrhundert heraus (6. Auflage, Pfullingen 1988); *Dôgens Lehre von Sein=Zeit*, Übersetzung und Anmerkungen, in: *Medard Boss zum siebzigsten Geburtstag*, hg. von G. Condrau, Bern–Stuttgart–Wien 1973, S. 172–201. – Anläßlich einer Festgabe des V. Klostermann-Verlages zu Martin Heideggers 80. Geburtstag schrieb K. Tsujimura (in: *Dem Andenken Martin Heideggers – Zum 26. Mai 1976*, Frankfurt a. M. 1977, S. 60 f.): »Es war im September 1940, daß ein achtzehnjähriger japanischer Gymnasiast zum ersten Mal ›Sein und Zeit‹ am Leitfaden einer Erläuterung von Professor S. Kuki (gest. 1941) las. Das Begegnen mit dem Werk wurde für ihn ganz entscheidend. Von 1944 bis 1945 war das Buch immer bei ihm in der Kaserne einer Fliegertruppe. Seine Dissertation, deren Referent Professor K. Nishitani war, hat den Titel ›Heideggers Lehre von der Zeit‹ (1946). – Sich das in ›Sein und Zeit‹ aufbrechende Denken anzueignen, war ihm so außergewöhnlich schwierig, daß es von ihm einen langen Umweg, vor allem die Zen-Übung bei Professor H. S. Hismastu, verlangt hat. Anfang Dezember 1956 durfte er mit dem Empfehlungsschreiben von seinem Lehrer Professor H. Tanabe (gest. 1962) Herrn Professor Heidegger in seiner Zähringer Wohnung besuchen. Von 1956 bis 1958 wurde ihm ein zweijähriges, persönliches Lernen bei dem Denker selbst von der Alexander von Humboldt-Stiftung ermöglicht. – Seine eigentliche Danksagung an den Denker, d. h. sein Versuch zur Seinsfrage und zum Absoluten Nichts, kommt noch nicht zur Reife, – ein Versuch, in dem sich das Wesen des ›und‹ in ›Sein und Zeit‹, ›Zeit und Sein‹ als dasjenige ›Nichts‹ im zenbuddhistischen Sinne soll erläutern und erörtern lassen. – All dies kommt aber aus seiner anfänglichen Begegnung mit dem Werk, dessen Schöpfer jetzt seinen achtzigsten Geburtstag feiert. Der deutsche Dichter dichtet: Wie du anfingst, wirst du bleiben. Vielleicht gilt das Wort auch vom genannten Japaner, der jetzt aber mit einem alt-chinesischen Vers über den Spaziergang auf dem Feld dem Wort Hölderlins entgegnen möchte: Anfangs bin ich dem Duft der Gräser folgend hinausgegangen, jetzt sind die Blüten verweht und bin ich zurückgekommen.«

Jirô WATANABE, geboren 1931. Studium der Philosophie an der Staatlichen Universität Tôkyô. 1949–58 Dozent, 1962 a. o. Professor an der Seijo-Universität; 1964 a. o. Professor, seit 1978 o. Professor an der Staatlichen Universität Tôkyô. 1967–69 Studienaufenthalt in Freiburg i. Br. Arbeiten zur Phänomenologie, zur Existenzphilosophie und zum Problem des Nihilismus. *Saß III* Nr. 6106–6127.

Elmar WEINMAYR, geboren 1960. Studium der Theologie und Philosophie in Freiburg i. Br., Augsburg und Kyôto. Promoviert zur Zeit an der Universität Augsburg im Fach Philosophie über Heideggers Metaphysik-Interpretation im Kontext der Frage nach europäischem Denken und interkulturellem Gespräch. Artikel und Aufsätze (deutsch und japanisch) zu Themen interkultureller philosophischer Vermittlung; Übersetzungen aus dem Japanischen (insbesondere K. Nishida), Mitarbeiter der *Japanischen Heidegger-Gesamtausgabe*. Referat *Aspekte des Übersetzens zwischen Heidegger und Japan* zur Münchner Heidegger-Tagung vom Januar 1989 (erscheint im Verlag VCH Acta humaniora, Weinheim 1989).

Seinosuke YUASA, 1905–1970. Lebenslauf aus seiner Dissertation: »Ich, Seinosuke Yuassa, bin am 1. März 1905 zu Kobe, Japan, als Sohn des Kaufmanns Takanoske Yuassa und der Ehefrau Namiko Yuassa, geb. Umeda, geboren. Mein Bekenntnis ist das evangelische. – Ich trat 1911 in die Volksschule zu Kobe ein, besuchte von 1912 an daselbst die Mittelschule. 1921 wurde ich in die höhere Schule in Tokio aufgenommen, die ich aber 1922 krankheitshalber verlassen mußte. – Anfang 1926 kam ich nach Deutschland und wurde zu Ostern desselben Jahres in die Oberrealschule zu Eisenach aufgenommen, wo ich 1928 mein Reifezeugnis erlangte. 1928–1929 studierte ich in Heidelberg bei Prof. Jaspers Philosophie, ging 1929 nach Freiburg, um dort bei Prof. Heidegger und Prof. Becker mein philosophisches Studium fortzusetzen. Ich blieb dort 7 Semester (während der zwei letzten Semester war ich nur Hörer), bis ich im Winter 1932–33 nach Bonn kam, um mich als Lektor am Orientalischen Seminar der Universität zu betätigen, wurde aber im April 1933 wieder abgebaut. – Die mündliche Prüfung bestand ich am 13. Dezember 1933.« (S. Yuassa, *Die existenziale Grundlage der Philosophie Pascals*, Inaugural-Dissertation zur Erlangung der Doktorwürde, genehmigt von der philosophischen Fakultät der Rheinischen Friedrich-Wilhelms-Universität zu Bonn, Würzburg 1934, Buchdruckerei Richard Mayr, VI u. 82 S., Berichterstatter: Prof. Dr. O. Becker). Die Dissertation ist »Meinem Lehrer!« gewidmet. Die beiden folgenden Zitate zeigen den philosophischen Horizont von Yuasas Dissertation: »In unserer Arbeit ist die bisherige Pascal-Literatur nicht viel herangezogen worden. Die meisten Arbeiten über Pascal bewegen sich auf der Ebene des Existenziellen, – unter Vernachlässigung des Existenzialen. (Dies ist übrigens nicht im Sinne eines Werturteils gemeint.) Eine einzige Ausnahme davon bildet das leider japanisch geschriebene Pascalbuch von Prof. Miki. Ohne diese aufschlußreiche Arbeit wäre es uns kaum gelungen, einen Versuch zu unternehmen, die Philosophie Pascals auf ihre existenziale Grundlage zurückzuführen. Vor allem leistete sie uns bei Abfassung von §§ 1, 2, 3, 4, 5 des 3. Kapitels eine unentbehrliche Hilfe. Wir verdanken ihr auch einen Hinweis auf die Möglichkeit, ›Wahrheit‹ bei Pascal als Unverborgenheit zu interpretieren.« (a. a. O., S. 81). – »Ueber den Unterschied zwischen existenziell und existenzial sei hier kurz bemerkt, daß er dem Unterschied zwischen ontisch und ontologisch entspricht. Ontisch ist alles Seiende, was uns erfahrungsmäßig begegnet; ontologisch ist dagegen das, was das Wesen des Seienden, d. h. das Sein selbst ausmacht. Bei der Rede von existenziell und existenzial tritt allerdings an die Stelle des Seins überhaupt das Dasein, d. h. das menschliche Sein. Vgl. M. Heidegger, Sein und Zeit, S. 12. ›Das Sein selbst, zu dem sich das Dasein so oder so verhalten kann und immer irgendwie verhält, nennen wir *Existenz*. ... Die Existenz wird in der Weise des Ergreifens oder Versäumens nur vom jeweiligen Dasein selbst entschieden. Die Frage der Existenz ist immer nur durch das Existieren selbst ins Reine zu bringen. Das hierbei führende Verständnis seiner selbst nennen wir das *existenzielle*. Die Frage der Existenz ist eine ontische ›Angelegenheit‹ des Daseins. Es bedarf hierzu nicht der theoretischen Durchsichtigkeit der ontologischen Struktur der Existenz. Die Frage nach dieser zielt auf die Auseinandersetzung dessen, was Existenz konstituiert. Deren Analytik hat den Charakter nicht eines existenziellen, sondern *existenzialen* Verstehens‹. Existenz im Sinne Heideggers ist ein Strukturbegriff und nicht ein ethischer Begriff wie Existenz im Sinne Jaspers‹. ›Existenz ist, was nie Objekt wird, Ursprung aus dem ich denke und handle, worüber ich spreche in Gedankenfolgen, die nichts erkennen, Existenz ist, was [sich] zu sich selbst und dann zu seiner Transzendenz verhält‹. (Philosophie Bd. 1 S. 15). Selbst wenn Heidegger von der Existenz (= Ex-sistenz) (als der Seinsweise des Daseins, das die Freiheit ergreift, das Seiende in dem sein zu lassen, was und wie es ist) im Gegensatz zur Insistenz spricht (vgl. seinen noch nicht veröffentlichten Vortrag vom Wesen der Wahrheit Dez. 1930), ist sie von jeder ethischen Färbung freizuhalten.« (a. a. O., S. 2, Anm. 3). – Nach seiner Promotion veröffentlichte Yuasa noch eine Reihe kleinerer Artikel und Übersetzungen aus dem Japanischen in *Nippon*, Zeitschrift für Japanologie, hg. vom Japaninstitut Berlin und Japanisch-deutschen Kultur-Institut Tôkyô, Berlin Jahrgänge 1935, 1936, 1937, darunter einen kurzen Bericht *Was heißt »Ningen« – Von Professor Watsuji, Frei wiedergegeben von S. Yuasa*, und im gleichen Jahrgang 1936, S. 16–20 eine Übersetzung von Natsume Sôsekis Erinnerungs-Essay *Professor Raphael Koeber* mit folgendem Vorspann Yuasas: »Die folgende Skizze von *Sôseki* Natsume wurde hier deutsch wiedergegeben in Erinnerung an manche deutsche Lehrer und Erzieher, die bei uns in Japan tätig gewesen sind. Professor Raphael Koeber (1848–1923) war gleichsam die ideale Verkörperung des Verhältnisses zwischen Lehrer und Schüler. Er verstand nur ein paar japanische Brocken, er unterhielt sich mit seinen Schülern englisch oder deutsch. Aber sein Verhältnis zu ihnen war manchmal viel inniger als das zwischen den japanischen Professoren und ihren Schülern. Die Leser mögen sich indessen nicht nach dem hier beschriebenen Leben von Professor Koeber ein Bild machen, wie deutsche Lehrer bei uns leben. Von diesen sind die meisten mehr der Welt zugewandt. Professor Koeber war vielmehr eine Ausnahme – aber eine Ausnahme, die uns Japanern sehr sympathisch war.« Raphael Koeber (1848–1923), ein Schüler Eduard v. Hartmanns, bei uns so gut wie unbekannt, unterrichtete seit 1893 Philosophie an der Kaiserlichen Universität Tôkyô, bei ihm hörten unter anderem K. Nishida, T. Watsuji, H. Tanabe, K. Miki, N. Sôseki, Sh. Kuki. Koebers *Kleine Schriften* erschienen 1918 deutsch im Iwanami-Verlag Tôkyô, eine *Neue Folge* ebenda 1921. Für die Vermittlung der europäischen, besonders der deutschen Philosophie sowie der Musikgeschichte war R. Koeber damals von großer Bedeutung, ebenso hielt er seine japanischen Studenten an, für das Verständnis der Philosophie unbedingt Griechisch zu lernen. Über ihn vgl. das S. 267 Anm. angegebene Buch von G. K. Piovesana, S. 49–52. – Nach seiner Rückkehr nach Japan in den dreißiger Jahren trat S. Yuasa in die väterliche Firma ein. – Vgl. auch Martin Heideggers Dankwort bei der Meßkircher Geburtstagsfeier am 26. September 1969, oben S. 166, sowie *Aus einem Gespräch von der Sprache*, a. a. O., S. 108f.

Yasuo YUASA, Studium der Philosophie, Wirtschaftslehre und Literatur an der Staatlichen Universität Tôkyô, o. Professor für Ethik an der Tsukuba-Universität bei Tôkyô. Arbeiten zur zeitgenössischen japanischen Philosophie und zum Existenzialismus, zu C. G. Jung und T. Watsuji. Beschäftigte sich zuletzt mit dem Geist-Leib-Problem aus der Hinsicht der orientalischen Medizin und der Meditationspraxis. *Saß III* Nr. 6306–6309.

PERSONENREGISTER

Abe, Masao 44
Abraham a Santa Clara 147, 153–158, 203
Aischylos 140
Akutagawa, Ryunosuke 177
Alcopley s. A. L. Copley
Alexander der Große 142
Amane, Nishi 56
Anaximander 45, 48, 53
Arai, Shigeo Bibl. Nr. 69, 72, 73
Araki, Tokiji Bibl. Nr. 2
Arifuku, Kôgaku Bibl. Nr. 81
Aristoteles 45, 92, 96, 115f., 142f., 145, 191, 193, 197, 267f.
Armbruster, Ludwig Bibl. Nr. 42
Asai, Masao Bibl. Nr. 265; Abb. 23
Augustinus 66

Barth, Karl 30, 220
Bashô, Matsuo 15, 174, 179, 265; Abb. 21
Baumgarten, Alexander Gottlieb 131
Beaufret, Jean 267
Becker, Oskar 172f.
Beethoven, Ludwig van 191
Bellah, Robert 75
Benedict, Ruth 75
Benl, Oscar 15
Bergengruen, Werner 179
Bergsträsser, Arnold 182
Bertram, Ernst 30
Bethge, Eberhard 151
Bodhi-Dharma 164
Boeder, Heribert 197
Bollnow, Otto Friedrich 79
Bolzano, Bernard 27, 100
Bonhoeffer, Dietrich 151
Boss, Medard 18, 272
Bownas, Geoffrey 31, 73

Bragt, Jan van 34
Brentano, Franz 94, 99f.
Brockard, Hans Bibl. Nr. 93, 100
Bröcker-Oltmanns, Käte 25, 95, 106
Bröcker, Walter 106
Bröse, Siegfried 189, 211, 214f.
Browning, Robert 177
Brüll, Lydia 44, 56, 267
Brunner, Emil 30
Buchheim, Thomas 16, 20
Buchner, Annette 21
Buchner, Brigitte 21
Buchner, Hartmut 9, 35, 79, 82, 191, 221, 237–240, 242, 246, 263–267, 270, 272; Bibl. Nr. 27, 32, 33, 44, 60, 86, 92, 95; Abb. 22–24, 34
Buddha 152
Bultmann, Rudolf Abb. 6
Bunan, Shidô 156
Burnet, John 142

Carossa, Hans 271
Chan, Wing-cheuk 40
Char, René Bibl. Nr. 86
Cohen, Hermann 93
Cold, Eberhard 83
Condrau, Gion 272
Copley, Alfred L. (= Alcopley) 190, 211, 214; Bibl. Nr. 37a
Crusius, Christian August 131

Daitô, Kokushi 86
Descartes, René 65, 100, 117, 163, 170
Dilthey, Wilhelm 27, 69f., 77, 89, 92, 96, 103
Dôgen 162, 165, 272
Doi, Torakazu 55
Dostojewski, Fjodor M. 27, 34, 64, 109

Dschao-dschou 164
Dschuang-Dsi 193
Dümpelmann, Leo   Bibl. Nr. 101

Eckhart, Meister 34
Erikson, Erik H. 70
Ezawa, Kennosuke 228f.

Fichte, Johann Gottlieb 242
Fink, Eugen 183, 197, 266f.; Abb. 27
Fischer Johanna 83
Fischer-Barnicol, Dora 16, 34, 154, 269
Fischer-Barnicol, Hans 270
Franzen, Winfried 14f.
Frenzel, Ivo 268
Freud, Sigmund 24
Fujita, Masakatsu   Bibl. Nr. 97
Fujiyoshi, Jikai 189
Funabashi, Hiromu   Bibl. Nr. 39, 40, 47, 75

Gandhi, Mahatma 64
George, Stefan 191
Gethmann-Siefert, Annemarie 111
Goethe, Johann Wolfgang von 122, 263f., 271; Abb. 10
Gogarten, Friedrich 30
Grünewald, Eckhart 21
Gundert, Hermann 211f.
Gundert, Wilhelm 169
Guzzoni, Alfredo 211, 242, 265f.; Bibl. Nr. 33, 37a, 97; Abb. 25, 26, 34
Guzzoni, Ute 265f., 271; Abb. 26

Hämmerle, Guntram und Sissi 266; Abb. 26
Haftmann, Werner 190
Hakuin, Ekaku 14, 215, 264; Abb. 20
Halder, Alois 39
Hammitzsch, Horst 56, 267
Hara, Tasuku 265; Bibl. Nr. 22, 36, 57; Abb. 23
Hartmann, Eduard von 273
Hatano, Seiichi 34, 64
Hebel, Johann Peter 185–188, 192, 264
Hegel, Georg Wilhelm Friedrich 53, 74f., 78, 92, 143–145, 159, 197, 209, 218f., 242, 264, 267f.
Heidegger, Elfride 159, 171f., 185, 188, 196, 221, 266; Abb. 24, 26, 27
Heidegger, Fritz 19, 199, 201, 203–206, 266; Bibl. Nr. 44; Abb. 30
Heidegger, Hermann 20, 111, 230

Heidegger, Jörg 266; Abb. 27
Henrich, Dieter 16, 55
Heraklit 196
Herrigel, Eugen 268
Herrmann, Friedrich-Wilhelm von 96, 111, 199
Hirata, Takashi 83
Hisamatsu, Shinichi Hôseki 44, 79, 82f., 189–192, 211–215, 263, 265–267, 271f.; Bibl. Nr. 37a, 52, 56; Abb. 25, 26, 28, 29
Hölderlin, Friedrich 27, 64, 84, 177f., 180, 199, 203f., 217f., 244, 271f.
Hosokawa, Fürst 20, 264
Hosoya, Sadao 265; Bibl. Nr. 14, 39, 40, 47, 63, 75, 76; Abb. 23
Hull Monte 63
Husserl, Edmund 24, 28, 41, 65, 74, 89–102, 105, 126, 166, 182, 238, 263f., 271; Abb. 3

Ikegami, Shôzan 267
Isomura (jap. Moderator) 63
Itô, Satoshi 244

Jaspers, Gertrud 172
Jaspers, Karl 30, 108, 170–172, 220, 272f.; Bibl. Nr. 12
Jesus 151
Jiun, Sonja 2 (Frontispiz), 263
Jôshû, Jûshin 154f.
Jünger, Ernst 21, 239
Jung, Carl Gustav 274

Kafka, Franz 204
Kakihara, Tokuya 15, 196, 221, 239; Bibl. Nr. 32, 53–55, 62, 77, 85, 89; Abb. 22
Kamata, Shigeo 55
Kamei, Yutaka   Bibl. Nr. 39, 40, 47
Kant, Immanuel 26, 28, 53, 92f., 116, 129, 132, 242, 244, 264
Kashiwabara, Keiichi 265
Katô, Toshio   Bibl. Nr. 75
Katô, Yasuyoshi   Bibl. Nr. 46
Kauz, Franz 199
Kawahara, Eihô 32, 195, 266, 268; Bibl. Nr. 25, 45, 59, 70
Kawamura, Jirô   Bibl. Nr. 74
Kayano, Yoshio 32, 44, 242f., 266, 268; Bibl. Nr. 91, 100; Abb. 34
Kettering, Emil 264
Kiba, Jinjô 265; Bibl. Nr. 28, 48, 84; Abb. 23
Kierkegaard, Sören 27, 30, 64, 66, 71, 73, 108, 217

Kikuchi, Eiichi Bibl. Nr. 29
King, Franz 21
Kinoshita, Yasumitsu Bibl. Nr. 94
Kishida, Bansetsu Bibl. Nr. 27
Kisiel, Theodore 96
Klee, Felix 190f.
Klee, Paul 189–191, 214
Kleiner, Erwin und Irma 21
Kleist, Heinrich von 271
Klostermann, Michael 239
Klostermann, Vittorio 240
Ko, Hyong-kon 40
Kobayashi, Hideo 56
Koeber (oder Köber), Raphael 71, 268, 271, 273f.
Kojima, Takehiko 20, 216–227, 268; Bibl. Nr. 42
Kondô, Isao Bibl. Nr. 84
Konfuzius 205f.
Kôsaka, Masaaki 196, 237f.; Bibl. Nr. 23
Kôzuma, Tadashi 15, 20, 237, 242, 244, 265f., 268; Abb. 34
Kreutzer, Conradin 203, 216
Kuboi, Masaaki 240
Kuboi, Ritsuo 238–240
Kuki, Shûzô 15f., 18–20, 23f., 28–30, 32f., 36, 126, 160, 170, 173, 263, 268f., 272, 274; Abb. 7–11
Kunze, Stefan 20
Kuwaki, Genyoku 268
Kuwaki, Tsutomu 107, 265; Bibl. Nr. 18, 24, 30, 31, 34; Abb. 23

Lachner, Evelyn 20, 78, 158, 269
Lao Tse 193
Larese, Dino 216, 226
Laube, Johannes 95, 108, 269, 271
Leibniz, Gottfried Wilhelm von 92, 129, 218f.
Lévi-Strauss, Claude 77
Light, Stephen 170, 268
Löwith, Karl 19, 197, 263, 268f.; Abb. 11
Lortz, Joseph 269

Maraldo, John C. 44
Marcel, Gabriel 220
Marx, Karl 74
Matoba, Tetsurô 246
Matsui, Yoshigasu 20
Matsunami, Shinzaburô 107f.; Bibl. Nr. 45
Matsuo, Keikichi 228f.; Bibl. Nr. 21, 43

Matthäus, Evangelist 150
Meinecke, Friedrich 24
Meinong, Alexius 98
Miki, Kiyoshi 16, 18, 23f., 26–28, 30, 32f., 36, 64–73, 76, 273f.
Miki, Masayuki 244; Bibl. Nr. 37, 98
Mine, Hideki Bibl. Nr. 101
Mizoguchi, Kyôhei Bibl. Nr. 80
Mörchen, Hermann 268f.
Mozart, Wolfgang Amadeus 191
Müller, Max 13, 197, 211, 213f., 266, 270; Abb. 27
Müller, Severin 244
Munetaka, Iijima 107f.; Bibl. Nr. 35, 36
Murata, Shûko 190
Mutai, Risaku 263

Nagamoto, S. 63
Nâgârjuna 78
Nagasawa, Kunihiko Bibl. Nr. 83
Nakai, Tadanori 13
Nanji, Yoshinori Bibl. Nr. 29
Neske, Brigitte 266; Abb. 26
Neske, Günther 20, 221, 263–266; Abb. 26
Nietzsche, Friedrich 27f., 30, 34, 41, 57, 64, 67, 71, 73, 149, 160, 196, 201, 217–219, 268
Nishida Kitarô 13–16, 18, 20, 24, 32–36, 39–61, 64, 71, 78f., 170f., 263, 267–270, 272, 274; Abb. 1, 2, 10, 32
Nishida, Koto 170
Nishitani, Fumi Abb. 17
Nishitani, Keiji 13, 15, 20, 23, 33–35, 41, 61, 147, 154, 160, 166, 193, 237f., 263, 266, 269–272; Bibl. Nr. 43a, 48; Abb. 17, 19
Nishitani, Yûsaku 242f., 266, 270; Abb. 34
Nitta, Hiroe Bibl. Nr. 82

Ôe, Seishirô (= Seiichi) 20, 209, 265; Bibl. Nr. 1, 1a, 11–13, 26; Abb. 23
Ôhashi, Ryôsuke 13, 17f., 20, 41, 44, 145, 239f., 241, 244, 246, 267, 270; Bibl. Nr. 93
Okakura, Tenshin (oder Kakuzô) 71
Onogi, Satoshi Bibl. Nr. 88
Opilik, Klaus 20, 78, 158, 244, 270
Ôtsu, Daizôkutsu R. 271f.

Park, Soon-Young 56
Parkes, Graham 17, 20, 63
Parmenides 81, 196
Pascal, Blaise 27, 65f., 69, 218, 273

Petzet, Heinrich Wiegand 111
Picasso, Pablo 190
Piovesana, Gino K., S. J. 267, 274
Platon 43, 66, 92, 115–126, 133f., 142–144, 175, 193, 267f.
Pöggeler, Otto 17, 111, 267; Bibl. Nr. 80
Pörtner, Peter 16

Ranke, Leopold von 203
Rauser, Robert 13, 20
Reinauer, Konrad 21
Rickert, Heinrich 24, 64, 90, 92–94, 96f., 268
Ries, Rita 20
Rilke, Rainer Maria 177f., 218, 271
Rinzai, Gigen 152, 169
Rodin, Auguste 171
Rombach, Heinrich 14

Saigusa, Mitsuyoshi 55
Saitô, Giichi Bibl. Nr. 99
Saitô, Shinji Bibl. Nr. 3, 4, 7, 11, 15
Sartre, Jean-Paul 29, 63, 65–67, 69, 170, 193, 268
Sasaki, Akira 244
Sasaki, Kazuyoshi Bibl. Nr. 61
Saß, Hans-Martin 14f., 245, 267–274
Satô, Keiji 265; Bibl. Nr. 5; Abb. 23
Satô, Yoshihito Bibl. Nr. 9
Scheler, Max 92, 265
Schelling, Friedrich Wilhelm Joseph von 267
Schilling, Thomas 20, 242
Schinzinger, Robert 145
Schleiermacher, Friedrich 268
Schopenhauer, Arthur 163
Schrader, Wolfgang Bibl. Nr. 99
Schühle, Siegfried 13, 147, 159, 266; Abb. 27
Shakamuni 171
Shibazaki, Masako Bibl. Nr. 91
Shidô, Bunan 156
Shikaya, Takako Bibl. Nr. 95
Shimizu, Takichi Bibl. Nr. 67, 68
Shimizu, Yasuo Bibl. Nr. 74
Shimomura, Eiji Bibl. Nr. 49
Shinran 27, 71
Shirai, Kenzaburô Bibl. Nr. 46, 47
Sokrates 142–144
Sonoda, Muneto Bibl. Nr. 71, 78, 79
Sôseki, Natsume 71, 273f.
Spaemann, Robert 16

Spengler, Oswald 24
Spiller, Jürg 189
Spranger, Eduard 179, 268
Staiger, Emil 177
Sugaya, Kikuo Bibl. Nr. 67
Sugita, Taiichi Bibl. Nr. 40, 63
Sumi, Shinobu Bibl. Nr. 96
Suzuki, Daisetsu T. 16, 59, 169, 173, 197, 263, 270
Swedenborg, Emanuel 171

Takahashi, Hideo Bibl. Nr. 17, 35
Takahashi, Teruaki 145
Takayama, Mamoru 244
Takeichi, Akihiro Bibl. Nr. 19, 49, 58, 80, 82, 83
Takeuchi, Toyoji Bibl. Nr. 15
Tanabe, Hajime 13, 15, 18–20, 23–26, 29f., 32–35, 64, 79, 89–91, 93, 95f., 99, 101f., 104–108, 139f., 159, 166f., 181–183, 238, 263, 268–272, 274; Abb. 3–6
Tanaka, Masuo Bibl. Nr. 16
Taniguchi, Shizuhiro 20
Tellenbach, Gerd 181f.
Terajima, Jitsujin Bibl. Nr. 6, 8; Abb. 15
Teruoka, Ryôzô Bibl. Nr. 12
Tezuka, Tomio 173, 179, 263, 271; Bibl. Nr. 10, 15, 17, 35, 49
Thomas von Aquin 239
Tokiwa, Gishin 266
Tokusan, Senkan 169
Trakl, Georg 177
Treziak, Heinrich 244; Bibl. Nr. 94
Troeltsch, Ernst 24
Tsuchida, Sadao Bibl. Nr. 15
Tsujimura, Kôichi 13f., 18, 20, 33, 35f., 39f., 55, 58, 107, 166, 181, 183, 196, 230, 237–242, 264–267, 270–272; Bibl. Nr. 20, 23, 33, 37a, 38, 41, 44, 51, 52, 56, 58, 60, 86, 92; Abb. 24–27, 30, 34
Tsujimura, Toru 166
Tsunetoshi, Sôsaburô Bibl. Nr. 101

Uchigaki, Keiichi 173
Ueda, Shizuteru 20, 82, 147, 238
Utsunomia, Yoshiaki Bibl. Nr. 64–66, 90

Vietta, Dorothea Bibl. Nr. 20
Vietta, Egon 211f., 265; Bibl. Nr. 20; Abb. 25

Wada, Minoru Bibl. Nr. 63
Waldenfels, Hans 269
Walther, Gerda 99f.
Watabe, Kiyoshi Bibl. Nr. 87
Watanabe, Jirô 32, 199, 265f., 272; Bibl. Nr. 57; Abb. 23
Watsuji, Tetsurô 16, 18, 23f., 29–33, 36, 64, 71–78, 273f.
Weber, Max 24, 114, 239
Weinmayr, Elmar 18, 20, 44, 126, 145, 157, 172, 180, 192, 194, 198, 201, 206, 241, 246, 264, 272; Bibl. Nr. 96, 98
Welte, Bernhard 266; Abb. 27
Winkler, Robert 99f.

Wisser, Richard 39, 268; Bibl. Nr. 59
Wolff, Christian 45

Yamamoto, Ikuo Bibl. Nr. 91
Yamamoto, Keizo 20
Yamanouchi, Tokuryû 159
Yashiro, Azusa Bibl. Nr. 68
Yuasa, Namiko 272
Yuasa, Seiji 20
Yuasa, Seinosuke 20f., 76, 111, 166, 209f., 239, 272–274; Bibl. Nr. 1, 1a, 2a; Abb. 12, 13
Yuasa, Takanosuke 272
Yuasa, Yasuo 17, 63, 75, 274

Martin Heidegger in Schriften der Stadt Meßkirch

1. *Conradin Kreutzer-Stadt Meßkirch.* 100. Todesjahr des Meßkircher Heimatsohns Conradin Kreutzer geb. am 22. November 1780 zu Meßkirch gest. am 14. Dezember 1849 zu Riga. Festschrift. Hrsg. Männer- und Gemischter Chor »Conradin Kreutzer« 1847 Meßkirch. Meßkirch (Heuberg-Druckerei F. G. Aker) 1949. 60 unpag. Seiten mit Abb. und Reklame. Enthält auf S. 39–40 von Martin Heidegger: *Der Feldweg* (Erstdruck). – *Vergriffen*
2. *Martin Heidegger – 26. September 1959* (Zum 70. Geburtstag und zur Verleihung des Ehrenbürgerrechts). o. O. (= Meßkirch) und o. J. (= 1960). 36 S. mit Abb. Enthält die Ehrenbürgerrecht-Verleihungsurkunde sowie neben den Ansprachen von Bürgermeister Siegfried Schühle, Bernhard Welte, Anton Vögtle, Eduard Sangmeister, Max Müller, Günther Neske und Erhart Kästner auf S. 32–36 von Martin Heidegger: *Dankrede* (Erstdruck). – *Vergriffen*
3. *Meßkirch gestern und heute.* Heimatbuch zum 700-jährigen Stadtjubiläum 1961. Hrsg. von der Stadt Meßkirch. o. O. (= Meßkirch) und o. J. (= 1961). 96 S. mit Abb. Enthält auf S. 84–86 von Martin Heidegger: *Dank an die Meßkircher Heimat.* Fast textidentisch mit der in Nr. 2 enthaltenen Dankrede. – *Vergriffen*
4. *700 Jahre Stadt Meßkirch.* Festansprachen zum 700-jährigen Meßkircher Stadtjubiläum 22. bis 30. Juli 1961. Hrsg. von der Stadt Meßkirch. Meßkirch (Heuberg-Druckerei F. G. Aker) o. J. (= 1962). 36 S. mit Abb. Enthält neben Beiträgen von Bürgermeister Siegfried Schühle, Bernhard Welte und Altgraf Salm auf S. 7–16 von Martin Heidegger: *Ansprache zum Heimatabend am 22. 7. 1961* (Erstdruck). – *Vergriffen*
5. *Meßkircher Schultreffen 2./3. Mai 1964.* Stadt Meßkirch (Eigenverlag) o. J. (= 1964). 27 unpag. S. mit Abb. Enthält auf S. 14–21 von Martin Heidegger: *Über Abraham a Santa Clara* – Gesprochen beim Meßkircher Schultreffen am 2. Mai 1964 im Martinssaal (Erstdruck). – *Vergriffen*
6. Martin Heidegger: *Über Abraham a Santa Clara.* Gesprochen beim Meßkircher Schultreffen am 2. Mai 1964 im Martinssaal. Hrsg. von der Stadt Meßkirch. Meßkirch (Heuberg-Druckerei F. G. Aker) o. J. (= 1964). 16 S. mit Abb. Fast textidentisch mit der in Nr. 5 enthaltenen Ansprache. – DM 5,–
7. *Martin Heidegger – Ansprachen zum 80. Geburtstag am 26. September 1969 in Meßkirch.* Hrsg. von der Stadt Meßkirch. Meßkirch (Heuberg-Druckerei F. G. Aker) o. J. (= 1970). 37 S. mit Abb. Enthält neben Ansprachen von Bürgermeister Siegfried Schühle, Kôichi Tsujimura (Festrede) und Eugen Fink auf S. 33–36: *Dankansprache* von Professor Martin Heidegger (Erstdruck). – DM 7,–

8. *Festschrift zur Einweihung des neuen Gymnasiums in Meßkirch am 14. Juli 1973.* Hrsg. von der Stadt Meßkirch. Meßkirch (Druckerei H. Schönebeck) o.J. (= 1973). 36. unpag. S. mit Abb. Enthält auf S. 9–12 von Martin Heidegger: *Statt einer Rede* – Zur Einweihungsfeier für das Gymnasium in Meßkirch am 14. Juli 1973 (Erstdruck). – DM 7,-

9. *Ehrenbürgerfeier Professor Dr. Bernhard Welte.* Erinnerungs-Festschrift der Stadt Meßkirch mit Ansprachen zu Ehren des neuen Ehrenbürgers Professor Dr. Bernhard Welte Freiburg. Hrsg. von der Stadt Meßkirch. Meßkirch (Druckerei H. Schönebeck) o.J. (= 1978). 36 S. mit Abb. Enthält neben den Ansprachen von Bürgermeister Siegfried Schühle, Max Müller und Bernhard Welte auf S. 17: *Grußwort* des am 26. Mai 1976 in Freiburg verstorbenen Professors Martin Heidegger, Ehrenbürger der Stadt Meßkirch, an Professor Dr. Bernhard Welte (Erstdruck). – DM 7,-

10. *Zum Gedenken an Martin Heidegger.* Gedenkschrift der Stadt Meßkirch an ihren Sohn und Ehrenbürger Professor Martin Heidegger. Hrsg. von der Stadt Meßkirch. Meßkirch (Druckerei H. Schönebeck) o.J. (= 1977). 46 S. mit Abb. Enthält neben Beiträgen von Bürgermeister Siegfried Schühle, Bernhard Welte (Grabrede), Kôichi Tsujimura und Walter Strolz auf S. 13–14: Verse von Friedrich Hölderlin (Vorbemerkung: Die nachfolgenden Hölderlin'schen Verse wurden in dieser Reihenfolge von M.H. selbst ausgesucht und von seinem Sohn Hermann wunschgemäß am offenen Grab gesprochen). – DM 8,-

11. Partnerschaftsfeier Unoke–Meßkirch. Symposion *Heimat der Philosophie.* Reden und Vorträge am 3. und 4. Mai 1985 in Meßkirch. Hrsg. von der Stadt Meßkirch. Meßkirch (Druckerei H. Schönebeck) o.J. (= 1987). 131 S. mit Abb. Mit dem Text des Freundschaftsvertrages Unoke/Japan–Meßkirch, den Begrüßungsansprachen der Bürgermeister Robert Rauser und Tadanori Nakai, der Festansprache von Heinrich Rombach, den Gedenkworten am Grabe Martin Heideggers von Alois Halder sowie den Symposions-Referaten von Ryôsuke Ôhashi, Hartmut Buchner, Wolfgang Welsch, Heinrich Treziak und Hans Brockard. – DM 20,-

Die noch lieferbaren Schriften sind zu beziehen über das

Bürgermeisteramt Stadt Meßkirch, 7790 Meßkirch

Im Verlag Vittorio Klostermann erschien im Auftrag der Stadt Meßkirch:

Martin Heidegger – Zum 80. Geburtstag von seiner Heimatstadt Meßkirch. Frankfurt a. M. 1969. 64 S. mit Abb. Das Bändchen enthält folgende Meßkircher Beiträge Martin Heideggers: *Vom Geheimnis des Glockenturms* (1954, Erstdruck), *Der Feldweg* (1949, s. Nr. 1), *Gelassenheit* (Rede bei der Feier zum 175. Geburtstag des Komponisten Conradin Kreutzer am 30. Oktober 1955 in Meßkirch), *Ein Wort des Dankes* (1959, s. Nr. 2 u. 3), *700 Jahre Meßkirch* (1961, s. Nr. 4), *Über Abraham a Santa Clara* (1964, s. Nr. 5 u. 6). Am Ende des Bändchens steht *Ein Geburtstagsbrief* an Martin Heidegger von seinem Bruder Fritz.

Ausdrücklich hingewiesen wird auf das seit einigen Jahren im Aufbau befindliche *Heidegger-Archiv der Stadt Meßkirch*. Das Archiv hat sich zum Ziel gesetzt, alle biographischen Materialien zu Heidegger, seine Schriften und ihre Übersetzungen sowie alle das heideggersche Denken betreffenden Publikationen (auch Zeitungsberichte) zu sammeln und Interessierten zur Benutzung vor Ort zur Verfügung zu stellen. Die Stadt Meßkirch bittet um Mithilfe durch Überlassen von Werken, Schriften und anderen Materialien, die mit dem Denken und der Person Martin Heideggers zu tun haben.